普通高等教育“十一五”国家级规划教材

新世纪高职高专物流管理专业规划教材

物流中心运作管理

第 2 版

主　编　孙学琴

副主编　赵继新

参　编　王登清

主　审　陈松岩

机 械 工 业 出 版 社

本书共分12章，从实际运作层次介绍了物流中心运作与管理的基本理论和方法。内容包括物流中心概述、物流中心战略管理、物流中心客户管理、物流中心运输管理、物流中心仓储管理与库存控制、物流中心订单及配货管理、物流中心流通加工管理、物流中心配送包装管理、物流中心信息管理、物流中心设施与设备管理、物流中心运作成本管理、物流中心运作绩效评价等。本书的特点是在全面介绍物流中心各环节的管理手段、方法和运作时，注重理论联系实际，注重实际操作，每章后都附有案例分析。为了有助于学习者对本书知识的理解和掌握，每章都有学习目标、小结和复习思考题。

本书可作为高等专科院校、高等职业院校、成人教育物流管理专业的学生用书，也可作为第三方物流企业及工商企业物流管理人员的参考书籍。

图书在版编目（CIP）数据

物流中心运作管理/孙学琴，何民爱主编. —2版. —北京：机械工业出版社，2008.1（2024.10重印）

普通高等教育“十一五”国家级规划教材. 新世纪高职高专物流管理专业规划教材

ISBN 978-7-111-14808-1

Ⅰ. 物… Ⅱ. ①孙…②何… Ⅲ. 物流－物资管理－高等学校：技术学校－教材 Ⅳ. F252

中国版本图书馆CIP数据核字（2007）第206426号

机械工业出版社（北京市百万庄大街22号 邮政编码100037）
策划编辑：孔文梅 责任编辑：孙 聪
封面设计：饶 薇 责任印制：郜 敏
北京富资园科技发展有限公司印刷
2024年10月第2版第11次印刷
169mm×239mm · 20印张 · 388千字
标准书号：ISBN 978-7-111-14808-1
定价：45.00元

电话服务
客服电话：010-88361066
010-88379833
010-68326294

网络服务
机 工 官 网：www.cmpbook.com
机 工 官 博：weibo.com/cmp1952
金 书 网：www.golden-book.com
机工教育服务网：www.cmpedu.com

第3版序

由全国20多所高职高专院校的物流管理专业的专家、学者和教师共同规划、共同编写的“新世纪高职高专物流管理专业规划教材”，于2003年2月由机械工业出版社出版发行第1版。这套教材是我国高职高专院校开办物流管理专业初始阶段，内容体系较为完整，实用性和操作性较强，适合高职高专物流管理专业人才培养定位和教学特点的第一套教材。为了适应我国物流行业业态变化快、管理模式和技术创新速度快的现实，我们在征求广大院校教师和读者意见以及深入了解物流企业用人需要的基础上，于2004年6月完成了本套教材第1版的修订。

2006年，教育部下发了教高［2006］16号文《关于全面提高高等职业教育教学质量的若干意见》（简称“16号文”）。“16号文”对未来高等职业院校的工学结合人才培养模式改革、面向工作任务和内容的课程内容和教学方式改革、教材建设等提出了新的要求。为了适应教育部“16号文”的高等职业教育改革精神的要求，以职业能力培养为目标，以国家物流师职业资格标准为参照，以物流运营管理相关工作岗位过程和内容为缆绳，以适合“教学做”一体化教学为宗旨，我们组织了对第2版教材的修订，陆续推出第3版系列教材（其中部分教材是第2版系列教材中新增加的书目）。

第3版教材具有如下特点：

（1）在内容上更能突出物流运营管理相关岗位的工作实际。

（2）在组织结构上更符合相关岗位群的业务流程。

（3）采用案例更具时代性和实用性。

（4）例题和作业更能如实反映企业实际。

（5）配套的多媒体课件更有助于提高教学效率和效果。

（6）行业企业教学资料库更加充实。

（7）本套教材均配有电子课件，凡用作教材的学校或教师可向出版社索取，电子邮件：cmpgaozhi@sina.com，咨询电话：010-88379375。

本套教材既可作为高职高专院校物流类专业课程的教材，也可作为各类、各层次学历教育和短期培训的物流课程选用教材，以及物流从业人员的参考用书。

由于物流行业发展变化快，我国高等职业教育改革日益深入，再有作者水平的限制，书中难免有不尽人意之处。恳请广大读者提出宝贵意见，以期保持这套教材的时代性和实用性，使其与物流管理高等职业教育的发展和谐共进。

新世纪高职高专物流管理专业
规划教材编审委员会

第2版序

由全国交通系统22所高职高专院校的专家、学者共同规划、共同编写的“新世纪高职高专物流管理专业规划教材”（第1版），于2003年2月由机械工业出版社出版发行，这也是我国高职高专开办物流管理专业以来，内容体系较为完整、实用性和操作性较强，适合高职高专物流管理专业培养目标和教学特点的第一套教材。该套教材自面市以来，深受广大师生和业界读者的欢迎。通过一年多的使用、实践，我们广泛收集了各院校和读者对本套教材的反馈意见和建议，并深入调查和了解了物流企业的用人需要，深感有必要对第1版教材从结构到内容进行调整与修订，以使本套教材更能适应物流行业对人才实际要求的变化，更适合高职高专的培养目标和教学特点，更方便广大师生的使用。

第2版教材的特点是：

（1）为了适应不同行业、不同地区院校物流管理专业办学要求，在原来规划的第1版15本教材的基础上，增加了《货物学》、《物流电子商务》、《物流经济学》、《物流中心运作与管理》、《物流采购管理》。

（2）教材各章增加了学习目的，并尽可能附本章小结，内容结构更加适合学校教学的要求。

（3）克服以往要么理论分析过深，要么泛泛介绍等缺点，减少了理论分析和公式推导，突出实用性和操作性，因此更适合高职高专培养目标和教学特点要求。

（4）每章后面的案例和复习思考题侧重运作管理方法与技术，突出专题性，突出实训展开，更有利于培养学生的分析问题、方法应用和解决实际问题的能力，体现高职特点。

（5）章节内容和案例更能体现现代物流运作的技术和管理实际，更能反映当今物流行业新技术、新管理方法和工具的应用。

（6）为了方便广大教师的备课和教学，每本教材增加了助教多媒体课件，帮助教师组织教学过程，使教学更生动直观，提高教学效率。

本套教材既可作为高职高专院校物流类专业课程的教材，也可作为各类、各层次学历教育和短期培训的选用教材，也适合广大物流业界人员作为学习参考用书。

我们相信，“新世纪高职高专物流管理专业规划教材”（第2版）的面世，必将为推动我国高职高专物流管理专业教育事业的发展和物流行业的进步，发挥积极的推动作用。

由于物流行业发展变化快，再有编者水平的限制，书中难免有不足之处，恳请广大读者提出宝贵意见，以期保持这套教材的时代性和实用性，使其和高职高专的物流管理专业教育与时俱进。

新世纪高职高专物流管理专业
规划教材编审委员会

前言

随着现代物流业的蓬勃发展，作为物流活动载体的物流中心也日益得到了人们的高度重视。但是，我国物流中心建设仍处于起步阶段，发展还不平衡，对物流中心的运作管理更是如此，在运作流程、各功能环节之间的协调、组织管理、信息技术的应用等方面还存在很多问题。所以，对物流中心运作管理进行研究是当务之急。此外，我国物流中心要有较大的发展，还需要从事物流管理和作业的从业人员具备一定的物流专业知识和管理经验，发达国家为此建立了一整套物流教育和培训制度，而我国要想真正使物流中心在国民经济中发挥作用，物流的教育和培训也应当是目前一个亟待解决的问题。

目前，我国有关物流中心运作管理方面的教材还不多。许多需要学习和掌握物流中心运作管理知识的人员和企业也普遍缺乏这方面的书籍。编写本书的目的是为了较为系统而具体地介绍物流中心运作管理的理论与方法，本书可作为高等专科院校、高等职业院校、成人教育院校的物流管理专业的教科书，也可作为在职物流从业人员的培训教材。

本书第1版自2004年7月出版以来，得到了广大教师、学生及社会各界读者的好评，并被教育部列为普通高等教育“十一五”国家级规划教材。为了适应新形势的要求，让读者及时了解到物流中心运作管理的新理论、新方法，本书对原有内容和结构进行了重新修订和补充。本次修订在基本保留第1版结构体系和内容的基础上，合并、增加了部分章节（将原书第一章和第二章合并修订，增加了物流中心客户管理一章），并对原有各章的内容进行了完善。本书的结构更加合理，内容更加详实。为了高质量地完成本书的再版工作，使其达到“十一五”国家级规划教材的要求，对配套的教学光盘，也进行了重新制作。

本书的特点是在全面介绍物流中心各环节的管理手段、方法和运作时，注重理论联系实际，强调实际操作，每章后都附有案例分析。为了帮助学生对本书知识的理解和掌握，每章都有学习目标、小结和复习思考题。

参加本书各章的修订或编写工作的教师是：孙学琴（山东交通学院，第一章、第四章）；何民爱（山东交通学院，第二章、第十二章）；赵继新（广西交通职业技术学院，第五章、第六章）；邹珺（湖北交通职业技术学院，第八章、第九章）；王登清（福建交通职业技术学院，第七章、第十章）；焦新龙（宁波高等专科学校，第十一章）；倪新正（山东交通学院，第三章）。本书由孙学琴、何民爱任主编，赵继新、倪新正任副主编。本书的教学课件由赵继新老师制作，孙学琴老师负责全书的统编定稿。山东交通学院的陈松岩教授对全书进行了审阅，并提出了宝贵的意见，在此表示感谢。

本书共分为十二章。在用作教材时，可参考如下教学时数的安排：共计总学时为60学时。其中，第一章4学时，第二章5学时，第三章4学时，第四章8学时，第五章7学时，第六章4学时，第七章4学时，第八章5学时，第九章6学时，第十章5学时，第十一章4学时，第十二章4学时。

在本书的编写过程中，学习和借鉴了物流界学者和同行的理论研究成果，在此深表感谢。本书在编写过程中也得到了各参编学校领导、机械工业出版社、教材编委会的支持和帮助，得到宁波高等专科学校梁军教授的关心和指导，在此表示衷心的感谢。

由于编者水平有限，书中难免有不妥之处，真诚地希望得到广大读者的批评、指正。

编者

2007年2月

目录

第一章　物流中心概述

【知识目标】

通过本章学习，使学生了解物流中心的产生背景、国内外物流中心的发展等方面的内容；重点掌握物流中心的一般动作流程；掌握物流中心的概念、分类及功能，物流中心管理的基本概念、基本内容，物流中心组织结构形式，为后续章节的学习奠定基础。

【能力目标】

通过本章学习，使学生初步具备根据不同类型的物流中心设计相应的动作流程及管理组织结构的能力；能正确区分实践中的物流中心和配送中心。

第一节　物流中心的基本概念

一、物流概念的产生及发展

物流概念伴随着社会经济的演变在不断地发展和完善。物流一词最早出现于美国。1915 年阿奇·萧在《市场流通中的若干问题》一书中提到物流一词，并指出“物流是与创造需求不同的一个问题”。此时的物流指的是销售过程中的物流（Physical Distribution），为传统的物流概念，简称 PD。物流的概念在二战时期得到了进一步的扩展，不仅包含销售过程中的物流，也包含了生产过程中的物流，为现代物流概念（Logistics）。Logistics 包含生产领域的原材料采购、生产过程中的物料搬运与厂内物流和流通过程中的物流或销售物流（Physical Distribution），可见其外延更为广泛。

由于不同国家的社会经济、文化以及管理体制、国情差异很大，目前国内外物流的概念有很多，以美国和日本的解释居多。在国际上，普遍采用的是美国物流管理协会的定义：“物流是供应链运作中，以满足客户要求为目的，对货物、服务和相关信息在产出地和销售地之间实现高效率和低成本的正向和反向的流动和储存所进行的计划、执行和控制的过程。”这种对物流概念的理解，上升到了供应链的高度。我国对物流概念的解释与国外众多的解释也不尽相同，参考国外的一些物流概念，根据我国的国情，我们认为“物流是物品从供应地向接收地的实体流动过程。根据实际需要，将运输、储存、装卸、搬运、包装、流通加工、配送、信息处理等基本功能实施有机结合。”（《物流术语》中的解释）。

无论何种物流，就其基本功能而言，一般都离不开以下几项内容。

（1）运输（Transportation）功能　运输是物质资料或产品在空间较长距离的位移，它是物流活动的核心业务。一切物流过程均离不开运输。在物流费用中，运输费用所占比重很大，所以，运输是一个十分关键的环节。应充分发挥我国铁路、公路、水运、航空和管道各种运输方式的特性和联合运输的优势，推行合理运输，实现社会物流过程合理化。

（2）储存（Storing）功能　仓库在物流网络组织体系中起结点的作用，一般的货运站（各类货运中转站等）都应具备一定的仓储功能，并能产生商品的时间效用。功能更为完备的仓库（货运站等）还可提供库存控制服务和物品配送服务。

（3）装卸（Loading and Unloading）功能　运输、配送、仓储等过程在两端点的作业多离不开装卸，其内容包括物品的装上卸下、搬运、分类等作业内容。装卸搬运在物流各环节间起连结和转换作用。装卸搬运作业的机械化、电子化和自动化可以大大加快物流的中转和流动速度。

（4）包装（Packaging）功能　包装依其商品在流通中的作用不同，可以分为销售包装和运输包装。总体来讲，商品包装要满足消费者、运输商和销售商的要求，既起到保护产品、方便储运、促进销售的作用，同时还须降低包装成本。

（5）配送（Distribution）功能　配送是在经济合理区域范围内，根据用户要求，对物品进行拣选、加工、包装、分割、组配等作业，并按时送达指定地点的物流活动。面向城区、区域内、短距离、多频率的商品送达服务，其本质也是物品的位移，但与运输功能相比，又具有自身的基本特点，如配送中心到连锁店、用户等的物品搭配及空间位移均可称为配送。

（6）流通加工（Distribution Processing）　流通加工是指物品在从生产者到消费者间移动的过程中，为保证产品质量、促进产品销售和实现物流高效化，而对物品进行的有关加工和作业。例如，大包装改小包装、装袋、分拣、质量检查、贴标签等作业。此外，生产过程的外延流通过程中对产品所进行的剪裁、组装等作业也属于这一范畴。流通加工一般是在仓库、物流据点、物流中心、配送中心等地点进行的。

（7）物流信息处理　主要是指为沟通物流各环节、各作业间活动而建立物流信息网，有效地为用户提供有关物资的购、储、运、销一体化服务及有关信息的咨询服务，协调各部门、各环节的物流作业。信息包括与商品数量、质量、作业管理相关的企业内部物流信息、物流市场信息、物流政策信息，以及与订、发货和货款支付相关的商流信息等。目前，一些先进的信息处理技术在物流发达国家的物流企业中得到广泛的应用，如 GPS 技术、GIS 技术、EDI 技术、条码技术等。

二、物流中心的产生背景

（一）国外物流中心产生的原因

二战以后，欧美、日本为适应经济发展和商品流通需要，在仓储、运输、批发等企业基础上发展建立了众多形态各异的商品物流中心。这些物流中心或作为独立的企业而存在，并提供社会化的物流配送服务，或作为企业集团的一个重要组成部分，以保障集团内部生产和流通业务需求。到了20世纪80年代，这些物流中心已经取代了传统批发体系，发展成为商品流通体系的骨干力量，为促进国内流通向现代化发展、实现贸易国际化，起到了重要的保障和中介作用。尤其是各国大型零售连锁企业，在抢占国际市场的过程中，往往就是以完善的物流体系为先导，相应的物流中心建设为载体的。

物流中心之所以受到经济发达国家和众多商家的青睐，并得以迅速发展和完善，基本上是基于以下几方面原因：

（1）传统的物流设施（仓库、运输线路等）布局不合理，影响了商品的正常流通。

（2）传统流通结构不合理，多环节、低速度、大损耗以及“三流”（物流、商流、信息流）分割，制约了整个国民经济的发展。

（3）市场区域的不断扩大，市场竞争的日益激烈，要求最大限度地降低成本，而科技进步和先进管理技术的运用，已经使得自然资源和劳动力资源的潜力基本得以最大限度地发掘，物流成本逐渐成为生产和流通领域竞相角逐的“第三利润源泉”。

（4）经济繁荣、人口增长速度加快，带来了严重的“城市病”，交通拥挤则是最突出的一个。合理地组织运输、提高运输效率，减少社会运输需求，成为解决这一问题的重要措施。经统一规划、合理布局的社会化物流中心，采取集中货源、合理配送的方式，可以更有效地利用车辆，减少货运需求。

总之，作为物流组织形式之一的商品物流中心，连接着生产与消费，并通过多种物流功能创造商品的时间和空间价值，从而创造较大的经济效益和社会效益。

（二）国内物流中心产生的原因

国内物流中心是随着社会生产的发展和社会分工的细化而产生的，这主要基于以下条件：

（1）降低物流成本的要求迫切　订单的小型化趋势及商品的多元化趋势使集中理货、集中处理、统一送货为商品的流通节约了成本。集中处理订单、集中拣货使单位订单的处理成本大大降低。统一配送使单位品种的送货成本降低。

竞争的压力和追求高额利润的动力，迫使厂商不断降低自己的物流成本。当市场竞争的压力还不是足够大的时候，厂商、仓库和运输业主之间是彼此相对独立的，但当市场竞争压力逐渐增大之后，这三者才发现，他们之间必须密切配合才能降低物流成本。首先，拥有自备仓库的厂商觉得必须将仓储业务交给专业仓储企业去干，减少自己在仓储的投入，增加生产资金，扩大生产规模；其次，必须减少产品的库存量，减少产品成本的资金占压，这就需要加快运输速度，减少货物损耗，需要与仓储运输企业密切合作，才能缩短货物在库、在途时间，降低物流成本；最后，专业化的操作使复杂的业务流程简单化，工作熟练程度的提高，可以使处理货物流通的速度加快，从而达到降低成本的要求。

（2）商品流通量急剧增加　随着科学技术的进步和迅速发展，开发利用自然资源的规模在迅速扩大，资源分布的不均衡、各地区经济技术发展的不均衡，导致原材料、产品的大量流动。货流量的增加，促进了运输业的增长，也促进了作为物流结点的仓库功能的变化：从原来的单一保管功能发展到收货、分货、装卸、加工、配送等多种功能。港口、码头、汽车货站和火车货站、城市仓库等物流结点都在扩展自己的功能，许多物流结点逐渐变为现代的物流中心。

（3）运输方式和运输工具的巨大变革　单一运输工具可能不需要货物在运输工具之间的转换，但当飞机、火车、汽车、轮船等多种运输工具和多种运输方式等因素融合在一起的时候，货物在运输工具之间的转换使物流业务变得异常复杂；货物需要在物流结点装卸、转载、理货、配载，工作量大大增加，货损货差的可能性大大增加；不同货物的同一流向、同一货物的不同流向、不同货主的同一流向货物、同一货主的不同流向货物、不同运输工具之间的转换和交接，使得物流结点必须拥有足够的场地、泊位、铁路专用线、站台、仓库才能完成，这些因素要求物流结点发展为物流中心。

（4）科学技术的推动　自动识别技术，计算机技术，信息传递技术，卫星定位技术以及货物递送、分拣、装卸、运输等技术的发展，使得大型物流中心有了先进的技术支持，从而使规模处理成为可能，这也变成了物流中心最主要的竞争优势之一。

（5）大量新的零售形式的出现　在零售行业，随着激烈的商业竞争，超市、仓储超市、连锁商业、专卖店等新的零售形式大量出现，贴近顾客、低价格销售的营销方式使物流中心应运而生。现在物流中心的主要服务对象中，商业企业仍然占据相当大的比例。物流中心这种新的物品流通方式为企业提供增值服务、降低运作成本，也是它在商业界得以迅速推广的重要因素。

（6）完善城市功能的需要　城市是一个国家或地区政治、经济、文化的中心，也是物流的集结之地。城市经济的发展，对物流中心的形成及类别、功能起着至关重要的作用；城市经济规模的扩大，需要较大的物流场所与之适应，那种较小的单一功能的仓库也就被规模较大的多功能物流中心所取代；城市中心仓库由于地价昂贵、交通不畅、装卸不便等因素，促使其向城市边缘转移，向交通的主干线和结点靠拢，也由单一的仓储功能向着物流中心的多功能方向转变。这些因素都促使城市的物流结点向着物流中心转化。

三、国内外物流中心的发展

传统仓储业务的整个过程是由商品的验收入库、保管、保养以及商品的发放为主要内容的一系列作业过程和作业环节组成的。物流中心是综合性、地域性、大批量的商品物理位移集中地，它把商流、物流、信息流、资金流融为一体，成为产销企业之间的中介，它承担产品从出厂直到最终用户过程中的全部业务、劳务及其他相关服务。顾客需求的变化使产品流通渠道发生了大规模的重组，商品流通领域出现了多级经销制、多级代理制及配送制。传统仓储企业所提供的储存、运输、包装服务在流通渠道的重组中被集成化、系列化、增值化的现代物流所取代，传统的仓储企业也将被现代物流中心所替代。现代物流中心的作业内容已经发生了质的变化。物流中心集中了所有的物流功能，成为具有多种物流功能的流通形式和作业体系，现代物流中心通过先进的管理、技术和现代化信息网络，对商品的采购、进货、储存、分拣、配送等业务进行了科学、统一、规范的管理，使商品运动过程达到高效、协调、有序。传统的仓储业务只是物流中心作业的组成部分，现代物流中心跳出了传统仓储具体业务环节的圈子，在更大范围、更系统层次上对传统储运业务进一步优化。这一点可以从以下几个方面得以体现：

（1）由人力化、机械化仓储作业发展为具有强大信息功能的自动化、智能化物流中心。传统的仓储作业主要是人工通过使用众多的仓储设施、机构来完成，所以作业强度大，劳动生产率低，物流作业的差错多，商品在库滞留时间过长，物流成本高。而现代化的物流中心已实现了物流领域网络化、信息化，信息系统已成为了物流中心的灵魂。现代化的物流中心通过计算机通信网络、企业局域网（Intranet）来实现物流中心与供应商或制造商的联系、与下游顾客之间的联系、企业内各部门的联系；通过专家系统、机器人等相关技术实现物流作业过程大量的运筹和决策，如库存水平的确定、运输（搬运）路径的选择、自动导向车的运行轨迹和作业控制、自动分拣机的运行、物流中心经营管理的决策支持；通过先进的信息处理和传输系统提供极好的信息服务，以赢得客户的信赖；通过ECR（有效客户反映）和JIT系统实现客户信息反馈和提高服务水平。理解了信息系统是物流中心的灵魂的真正内涵，就会理解“从宏观意义上来说，信息系统比拥有车队和仓库更为重要”的深刻含义。

（2）物流服务内容已由原来的商、物合流进化为商流、物流分离，而新的物流中心模式又在更高层次上实现了商流、物流、信息流的有机结合。传统的仓储业务只负责与物资实体运动有关的包装、装卸、储存、运输等“物流”工作，不参与转移物资所有权有关的采购、销售、结算等“商流”工作。经济的发展出现了现代流通运行过程中的商流与物流、商流与信息流的“三流分立”，而信息化、社会化和现代化的物流中心把三者有机地结合在一起，使商流和物流在信息流的指令下运作，现代物流中心畅通、准确、及时的信息保证了商流和物流的高质量与高效率。

（3）供求关系由临时、随机的关系发展到长期、固定的关系。传统仓储业在部门或地区分割、相互封闭的局面下完成从接收物资到发放物资的活动，所以它的业务范围有限，与货主的关系是临时、随机和不固定的，而物流中心为有效完成物流活动，提高自我竞争优势，强调与供应商及顾客的合作，重视成员间的紧密联系，它通过综合从供应者到消费者供应链的运作，使物流与信息流达到最优化，追求全面、系统的综合效果。物流中心不仅重视与生产厂家保持紧密的伙伴关系，而且要及时了解客户的需求信息，沟通厂商和客户，与货主企业结成战略伙伴关系，因为长期、固定的供求关系，既有助于货主企业的产品迅速进入市场，又能使物流中心有稳定的资源。

四、物流中心的定义

物流中心是物流的枢纽，在物流管理中具有重要的作用。我国学术界和亚洲其他地区一般将物流中心相应地翻译成“Logistics Center”。而欧美国家经常使用的是“Distribution Center”，即我们平时所讲的配送中心，其主要原因是人们早期对配送的认识比对物流的认识要深刻。

《物流术语》（GB/T 18354—2006）中对物流中心的定义是：“是从事物流活动且具有完善信息网络的场所或组织，应基本符合以下要求：主要面向社会提供公共物流服务；物流功能健全；集聚辐射范围大；存储、吞吐能力强；对下游配送中心客户提供物流服务。”

准确把握物流中心的含义及其在物资流通中的地位与功能，必须把物流中心和商贸中心、物流中心与配送中心区分开来。

（1）物流中心与商贸中心　物流中心和商贸中心都是商品交换发展的产物，是进一步扩大商品流通不可缺少的重要条件。两者有一定的联系，也有明显的区别。

物流中心和商贸中心的区别表现在：

1）业务范围的不同　物流中心的基本业务是承办各地过境物资的中转、储存、发运；组织合理运输；进行经济合理的流通加工；为用户开展物资配送；收集、处理、传递商贸物流信息。而商贸中心的基本业务是：同生产企业开展展销、联销、经销；开展代购、代销、托运、函购信托；开辟多种流通渠道，实行多种经营方式，可批发、零售，可现货交易，可期货交易；收集、处理、传递商品交易信息，进行市场调查、预测预报，开展信息咨询服务。由此可见，商贸中心是以产需连接和购销活动为主的商流组织形式，而物流中心则是以商品实体的物理移动为主的物流组织形式。

2）交换的内容不同　商贸中心是货币价值和有形商品价值的交换，而物流中心是无形劳务价值同货币价值的交换。

3）交换的方式不同　商贸中心的交换是交换双方（或三方）在同一时间、同一地点完成的；而物流中心的交换，则需要在不同的时间、不同的地点才能完成。

物流中心和商贸中心的联系表现在：一方面，物流中心是商贸中心存在的基础。商品交换的最终目的是实现商品使用价值的交换，可以说，价值的交换只是使用价值交换的手段。如果不能实现商品实体的移动，商流中价值的转移则不能顺利进行下去。物流中心的布局与设计的合理与否，物流设施是否配套齐全，都直接影响物资实体的流转，从而影响商贸中心的资金周转和经营成果。因此，商贸中心的业务开展在一定程度上受到物流中心的制约，商贸中心的形成要以物流中心的形成为基础。另一方面，物流中心要以商贸中心为依托。物流要以商流为前提，在商品经济社会中，没有商流的物流是极少的，商品价值的交换为物流劳务的交换提出了需求。物流中心只有以商贸中心为依托才能进一步发展扩大。因此，物流中心的经营必须方便购销，为商贸中心的经营提供优质服务。

（2）物流中心与配送中心　物流中心与配送中心都是从事物流活动的一种场所或组织，功能相似，都具有完善的物流配送功能以及完善的信息网络。因此，是经常被混淆的两个概念，甚至把对方作为自己的代名词，有些教科书中也把两个概念混合使用，没有加以区分，实际上，两个概念之间是有区别的。

根据物流术语上的解释："配送中心是从事配送业务且具有完善信息网络的场所或组织，应符合下列要求：主要为特定客户或末端客户提供服务；配送功能健全；辐射范围小；提供高频率、小批量、多批次配送服务"。与上面解释的物流中心的概念相比较，配送中心与它主要存在以下几方面的区别：

1）服务的客户群的差别　物流中心主要面向整个社会服务，而配送中心主要为特定的用户服务。

2）服务范围的差别　物流中心辐射范围大，而配送中心相对于物流中心来讲，其辐射的范围较小。

3）服务品种与批量上的差别　物流中心一般从事的是少品种、大批量的配送，而配送中心相对于物流中心来讲，从事的是高频率、小批量、多批次的配送服务。一般情况下，物流中心的上游是工厂，下游是配送中心或批发商，而配送中心的上游是物流中心或工厂，下游是零售店或最终消费者。

4）存储的差别　存储是物流中心的一项主要业务和功能，但却是配送中心的一项辅助业务。

第二节　物流中心的类型及功能

一、物流中心的类型

物流业在诞生后几十年中获得了飞速的发展，由于不同的环境和需求，形成了多种形态的物流中心。物流中心从不同的角度划分就有不同的种类。

（一）按物流中心的功能和性质不同划分

（1）专业物流中心　专业物流中心大体上有两个含义，一是物流配送的对象、配送技术是属于某一专业范畴，在某一专业范畴有一定的综合性，综合这一专业的多种物资进行配送，如多数制造业的销售物流中心。我国目前在石家庄、上海等地的物流中心大多采用这一形式。专业物流中心的第二个含义是指以物流配送为专业化职能，基本不从事经营的服务型物流中心。

（2）柔性物流中心　这种物流中心不向固定化、专业化方向发展，而能随时变化，对用户要求有很强的适应性，不固定供需关系。

（3）供应物流中心　专门为某个或某些用户（例如联营商店、联合公司）组织供应的物流中心。例如，代替零件加工厂送货的零件物流中心，使零件加工厂对装配厂的供应合理化。我国上海地区六家造船厂的物流配送钢板中心，也属于供应型物流中心。

（4）销售物流中心　比较起来看，国外和我国的发展趋向，都向以销售物流中心为主的方向发展。即以销售经营为目的，以配送为手段的物流中心。销售物流中心又有三种不同的类型：一种是生产企业将本身产品直接销售给消费者的物流中心，在国外，这种类型的物流中心很多；另一种是流通企业作为本身经营的一种方式，建立物流中心以扩大销售，我国目前拟建的物流中心大多属于这种类型，国外的例证也很多；第三种是流通企业和生产企业联合的协作型物流中心。

（5）储存型物流中心　即有很强储存功能的物流中心，一般来讲，在买方市场下，企业成品销售需要有较大库存支持，其物流中心可能有较强储存功能；在卖方市场下，企业原材料，零部件供应需要有较大库存支持，这种供应物流中心也有较强的储存功能。大范围配送的物流中心，需要有较大库存，也可能是储存型物流中心。瑞士 GIBA—GEIGY 公司的物流中心拥有世界上规模居于前列的储存库，可储存 4 万个托盘；美国赫马克物流中心拥有一个有 163 000 个货位的储存区，可见其存储能力之大。我国目前拟建的物流中心，大都采用集中库存形式，库存量较大，多为储存型。

（6）流通型物流中心　基本上没有长期储存功能，仅以暂存或随进随出方式进行配货、送货的物流中心。这种物流中心的典型方式是，大量货物整进并按一定批量零出，采用大型分货机，进货时直接进入分货机传送带，分送到各用户货位或直接分送到配送汽车上，货物在物流中心里仅作少许停滞。

（7）加工型物流中心　以流通加工为主要任务的物流中心。包含两种形式的中心，一种是设在靠近生产地区，以运输、存储加工为主；另一种是设在靠近消费地区，以销售服务为主。加工型物流中心除具有加工设备外，还应有一定的储运、装卸、包装设备。加工型物流中心的实例，目前很少见。我国上海市和其他城市已在配煤加工中心进行配煤加工，开展配煤配送；原物资部北京剪板厂都属于这一类型的中心。

(8) 综合型物流中心　综合物流中心是将两种以上不同类型的物流中心集约在一起，成为一个有综合职能和高效率的物流设施。目前，将铁路货站和公路运输货站集约在一起的综合物流中心，是较为简单、较为实用、较为广泛的一种综合物流中心。此外，还有将铁路货站、公路货站、港口码头集约在一起的和将铁路货站、公路货站、航空货站集约在一起的综合物流中心。当然，从理论上来讲，也还有将铁路货站、公路货站、港口码头、航空货站集约在一起的综合物流中心。但是，由于水运和空运两种运输方式的运输对象、运费负担能力、物流速度等有差异，将这两种物流方式通过综合物流中心加以衔接也许是不现实的，所以实际上这种综合物流中心存在的可能性极小。

（二）按服务的范围分

(1) 城市型物流中心　以城市范围为配送范围的物流中心，由于城市范围一般处于汽车运输的经济里程，这种物流中心可直接配送到最终用户，且采用汽车进行配送。所以，这种物流中心往往和零售经营相结合，由于运距短，反应能力强，因而从事多品种、少批量、多用户的配送较有优势。

(2) 区域物流中心　全国物流网络上的节点，以大中型城市为依托，服务于区域经济发展需要，将区域内外的物品从供应地向接受地进行物流活动且具有完善的信息网络的场所或组织，即为区域物流中心。一般而言，这种物流中心配送批量较大，而且，往往是既配送给下一级的城市物流中心，也配送给营业所、商店、批发商和企业用户，虽然也从事零星的配送，但不是其主要形式。这种类型的物流中心在国外十分普遍，美国马特公司的“蒙克斯帕物流中心”就属于这种类型。

二、物流中心的功能

物流中心要满足用户需求，必须具备以下全部或部分功能。

1. 采购功能

物流中心必须首先采购所要供应的商品，才能及时、准确地满足用户需求。物流中心应根据市场的供求变化情况，制定出科学、合理的采购计划，在制定计划时，要努力降低采购集货风险，制定合理的采购批量。由专门人员与部门组织实施计划。

2. 存货控制功能

存货量对物流中心的成本有很大影响，但物流中心为了保持一定的客户服务水平，需要一定数量的存货。存货过高，会造成资金积压和物流成本的上升；而存货过低，会影响物流中心的顾客服务水平，进而影响其竞争力。所以，物流中心必须在充分掌握客户信息的基础上，作出准确预测，严格控制存货水平。

3. 组配功能

由于每个用户企业对商品的品种、规格、数量、质量、送达时间和地点等的要求不同，物流中心就必须按用户的要求对物品进行拣选和配货。物品组配功能是物流中心实现价值的重要功能。这是因为通过物品组配，可以减少单位物品运输费用、减少单位品种订货成本、降低客户订货批量限制，从而降低客户存货成本。

4. 拣选功能

物品拣选是按照订单或出库单要求从储存场所拣出物品的作业。通过拣选满足客户所需物品的数量。同时由于物流中心面对广泛的用户且用户之间存在差异性，因此，对所需货物要进行规模性分离、拣选，从而满足客户订单品种及数量要求。

5. 物品的流通加工功能

物流中心根据用户要求和根据合理配送物品的原则，将物品加工成一定的规格、尺寸和形状。流通加工功能是具有增值性的功能，有着很大的市场潜力。

物流中心具备加工功能，通过积极开展加工业务，既方便了用户，又有利于提高物品的利用率和配送效率。

6. 存储和集散功能

一般情况下，由于物流中心规模大，辐射范围大，从事配送物品的品种少、批量大，所以要求物流中心有很强的存储功能。为此，物流中心通常要兴建现代化的仓库并配备一定数量的仓储设备。

物流中心凭借其特殊的地位以及拥有的各种先进的设施和设备，能够将分散在各个生产企业的产品集中到一起，然后通过其特有的功能向多家用户发运。

7. 运输功能

物流中心需要自己拥有或租赁一定规模的运输工具，具有竞争优势的物流中心不只是一个点，而是一个覆盖全国的网络。因此，物流中心首先应该负责为客户选择满足客户需要的运输方式，然后具体组织网络内部的运输作业，在规定的时间内将客户的商品运抵目的地。除了在交货点交货时需要客户配合外，整个运输过程，包括最后的市内配送都应由物流中心负责组织，以尽可能地方便客户。

8. 信息处理功能

具备完善的信息网络，是物流中心应符合的基本要求，也是现代物流中心与传统物流中心的根本区别。物流中心的整个业务活动必须严格按照订货计划、各用户的订单、库存准备计划等内容进行有效操作，而这一过程本身就是信息处理过程。如果没有信息，物流中心就会处于瘫痪状态。

9. 结算功能

物流中心的结算功能是物流中心对物流功能的一种延伸。物流中心的结算不仅仅是物流费用的结算，在从事代理、配送的情况下，物流中心还要替货主向收货人结算货款等。

10. 物流系统设计咨询功能

物流中心要充当货主的物流专家，因而必须为货主设计物流系统，代替货主选择和评价运输商、仓储商及其他物流服务供应商。国内有些专业物流公司正在进行这项尝试，这是一项增加价值、增加物流中心竞争力的服务。

11. 物流教育与培训功能

物流中心的运作需要货主的支持与理解，通过向货主提供物流培训服务，可以培养货主与物流中心经营管理者的认同感，可以提高货主的物流管理水平，可以将物流中心经营管理者的要求传达给货主，也便于确立物流作业标准。

前八项功能属于物流中心的基本功能，后三项属于增值功能。每个物流中心的功能集合都不会完全一样，有的物流中心可能只提供前八项基本功能中的部分功能。因此，在设计物流中心功能时需要创新。

随着信息技术在世界范围的普遍应用，物流将成为制约商品流通的真正瓶颈，现代物流中心应该更多地考虑如何提供增值性物流服务，这些增值性物流服务是物流中心基本功能的合理延伸，其作用主要是加快物流过程，降低物流成本、提高物流作业效率、增加物流的透明度等。因此，提供增值性服务是现代物流中心赢得竞争优势的必要条件。

第三节　物流中心管理的内容与物流中心组织

一、物流中心管理的含义与内容

随着世界各地物流中心的迅速发展，加强对物流中心的管理逐渐引起各国企业的重视。通过加强对物流中心的管理，可以使现有的物流中心，在各个不同的领域充分发挥其使用效能，满足不同行业对物流中心的需求。

所谓物流中心管理，是通过物流中心管理组织，应用管理的基本原理和科学方法，对其整个经营活动进行计划、组织、指挥、协调、控制和监督，使各项活动实现最佳的协调与配合，以降低企业物流成本，提高物流效率和经济效益。

物流中心管理的内容十分广泛，从不同的角度划分有不同的内容。

（一）按物流活动中具体职能划分

物流中心的管理内容，按物流活动中具体职能划分可分为：

（1）物流计划管理　是指对企业的采购、生产、销售等整个物流过程的计划管理，即对物流过程的每个具体环节都要进行科学的计划管理，具体体现在对物流活动各种计划的编制、执行、修正及监督的全过程。物流计划管理是物流中心管理工作的首要职能。

（2）物流质量管理 包括物流中心的物流服务质量、物流工作质量、物流工程质量等方面的管理。物流质量的提高意味着物流中心物流管理水平的提高，从而进一步表明企业竞争能力的提高。因此，物流质量管理是物流中心管理工作的中心问题。

（3）物流技术管理 包括物流中心物流硬件技术和物流软件技术方面的管理。对物流硬件技术进行管理，即是对物流基础设施和物流设备的管理。如物流设施的规划、建设、维修、运用；物流设备的购置、安装、使用、维修和更新；提高设备的利用效率；日常工具管理工作等。对物流软件技术进行管理，主要是物流各种专业技术的开发、推广和引进；物流作业流程的制定；技术情报和技术文件的管理；物流技术人员的培训等。物流技术管理是物流中心管理工作的依托。

（4）物流经济管理 物流中心物流费用的计算和控制；物流劳务价格的确定和管理；物流活动的经济核算、分析等。成本费用管理是物流中心经济管理的核心。

（二）根据物流活动诸环节划分

物流中心的管理内容，按物流活动诸环节划分可分为：

（1）运输管理 主要内容包括：运输方式及服务方式的选择；运输路线的选择；车辆调度与组织等。

（2）储存管理 主要内容包括：原料、半成品和成品的储存策略；储存统计、库存控制、物品的保管和养护等。

（3）装卸搬运管理 主要内容包括：装卸搬运系统的设计、设备规划与配置和作业组织等。

（4）包装管理 主要内容包括：包装容器和包装材料的选择与设计；包装技术和包装方法的改进；包装系列化、标准化、自动化等。

（5）流通加工管理 主要内容包括：加工场所的选定；加工机械的配置；加工技术与方法的研究和改进；加工作业流程的制定与优化等。

（6）配送管理 主要内容包括：物流中心及配送中心选址及优化布局；配送机械的合理布局与调度；配送作业流程的制定与优化；配送方案的选择等。

（7）物流信息管理 主要指对反映物流活动内容、物流管理要求、物流作用、物流特点的信息所进行的搜集、加工、处理、存储和传输等。目前，信息管理在物流中心管理中的作用越来越重要。

（8）客户服务管理 主要指对于物流活动相关服务的组织和监督，如调查和分析顾客对物流活动的反映，决定顾客所需要的服务水平、服务项目等。

（三）根据物流系统诸要素划分

从物流系统的角度看，物流中心管理的内容包括：

（1）人的管理　人是物流中心或物流活动中最活跃的因素。对人的管理包括：物流从业人员的选拔和录用；物流专业人员的培训和提高；物流管理教育和物流人才培养规划与措施的制订等。

（2）物的管理　“物”指的是物流活动中的客体即物质资料实体。物的管理贯穿于物流活动的始终。它涉及物流活动诸功能，即物的运输、储存、包装、流通加工等。

（3）财务管理　主要指物流中心管理中有关降低物流成本，提高经济效益等方面的内容，它是物流中心管理的出发点，也是物流中心管理的归宿。主要内容有：物流成本的计算与控制；物流经济效益指标体系的建立；资金的筹措与运用；提高经济效益的方法等。

（4）设备管理　指对物流设备管理有关的各项内容。主要有：各种物流设备的选型与优化配置；各种设备的合理使用与更新改造；各种设备的研制、开发与引进等。

（5）方法管理　物流中心方法管理的主要内容有：各种物流技术的研究、推广和普及；物流科学研究工作的组织与开展；新技术的推广与普及；现代管理方法的应用等。

（6）信息管理　信息是物流中心的神经中枢，只有做到有效地处理并及时传输物流信息，才能对物流中心内部的人、财、物、设备和方法等要素进行有效的管理。

二、物流中心组织机构

（一）确立物流中心组织机构的原则

确立物流中心组织机构的原则如下：

（1）组织结构合理的原则　物流中心各类部门的组建应同企业的规模和经营的业务相适应，要求合理设置管理层次，合理配置工作人员。物流企业的组织结构伴随着技术水平的发展，在市场竞争的压力下发生着变化，从多层次的宝塔结构向扁平化演变。我国原有的国有运输、储运企业或企业的后勤部门大多存在人员过剩问题，在向现代物流转变过程中首先面对的是削减冗余人员的问题，这是物流中心结构合理化同时或之前所必须要解决的问题。物流中心应该在服从经营需要的前提下，因事设机构、设职，因职用人，尽量减少不必要的机构和人员，力求精兵简政，以达到组织机构设置的合理化，提高工作效率。同时，各级组织机构要有明确的职责范围、权限以及相互间的协作关系；具有健全和完善的信息沟通渠道；制定合理的奖惩制度；还应有利于发挥职工主动性和积极性。

（2）权责明确原则　在物流中心管理层次设计中，各层次的机构要形成一条职责、权限分明的等级链，不得越级指挥与管理。实行这种管理的优点就是：谁指挥、谁执行都很清楚，执行者负执行的责任，指挥者负指挥的责任，自上而下地逐级负责，层层负责，保证经营业务的顺利开展。同时也要注意保证各部门、各环节机构在自己的职责和权限范围内能够独立行使权力，发挥各级组织机构的主动性和积极性。上级对下级在其职责范围内作出的决定不能随意否定。

（3）高效原则　效率，是建立组织机构都必须遵循的根本原则，它是验证物流中心组织结构合理与否的准绳，组织机构必须具有管理工作的高效率和经营运作的高效益。因此，组织机构必须讲究科学分工，明确职责，实行责、权、利的统一，以提高管理效率和全员劳动效率。

（4）协调一致、利于沟通原则　不管是哪种类型的物流中心，构成物流中心的各个部门，必须是一个有机结合的统一的组织体系。在这个组织体系中，所有的经营活动都要有效地协调起来，实现企业的总目标。现代物流与传统物流的根本区别就在于，现代物流引入了系统的观点，追求的是整体最优，而不是单个或几个部分的最优。因此，所有组成部门都应该在企业总目标的基础上，把作业活动协调起来，以实现物流活动的整体最优。

另外，良好的沟通是提高物流中心整体能力和及时了解、满足客户需求的关键，物流中心组织机构的设置既要便于企业内部各部门之间的沟通，也要便于与企业外部、与客户之间的沟通。物流中心内部的沟通是要保证信息在企业内部的无障碍传递及决策的快速性。外部沟通是保证客户信息能有效、快速地传递到位，客户要求能得到快速反应。

（5）与客户服务相适应的原则　物流中心，特别是第三方物流中心，其活动的要点就是面向社会，满足客户物流服务需求。因此，客户业务特点及组织机构的特征是物流中心设置组织管理机构的重要考虑因素。物流中心组织机构的设立既要考虑企业内部机构设置的合理性，同时又要考虑机构设置对客户的影响。

上述各项原则，是物流中心建立和健全组织机构应当遵循的基本原则，但是，每个物流中心在具体实践中，要根据自己的具体情况和特点有所侧重。

（二）物流中心组织机构的形式

物流中心组织机构的形式，是指物流中心的整个组织机构按部门划分和按层次划分，组成纵横交错关系的组织管理形式。它决定于物流中心的规模、经营内容、人员素质、经营管理水平和内外部环境等多种因素。而且，物流中心组织机构形式，也是随着物流中心的发展和管理水平和技术手段的不断提高而不断改进的，从一般的发展过程来看，主要有以下几种形式：

1. 直线制形式

直线制形式如图 1-1 所示。这是早期的、也是最简单的形式。它的特点是组

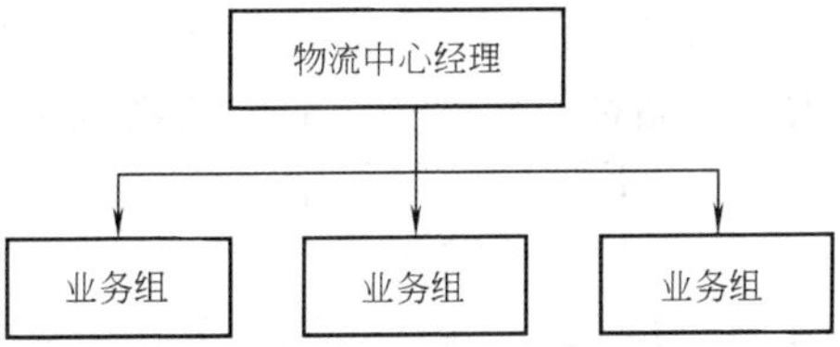

图 1-1　直线制组织机构形式

织内部各级行政领导按照直线从上到下进行垂直领导，不另设专业职能机构。这种组织管理形式的优点是机构层次少，权力集中，命令统一，决策和执行迅速，工作效率高。缺点是管理者需要处理的事务太多，精力受牵制，不利于提高经营管理水平。该形式更适用于经营规模小，经营对象简单的物流中心。

2. 职能制形式

这种形式的特点是物流中心的经理把专业管理的职责和权限交给相应的职能管理部门，由它们在专业活动上直接经营指挥业务机构的活动。这种组织管理形式的优点是，能够充分发挥职能机构专业管理的作用和专业管理人员的专长，加强了管理工作的专业化分工，提倡内行领导，达到管理工作的正确性和高效率。缺点是各职能机构都有指挥权，形成多头领导，相互协调比较困难，另外此结构不适于大型企业及网络化布置的物流中心。职能制形式如图 1-2 所示。

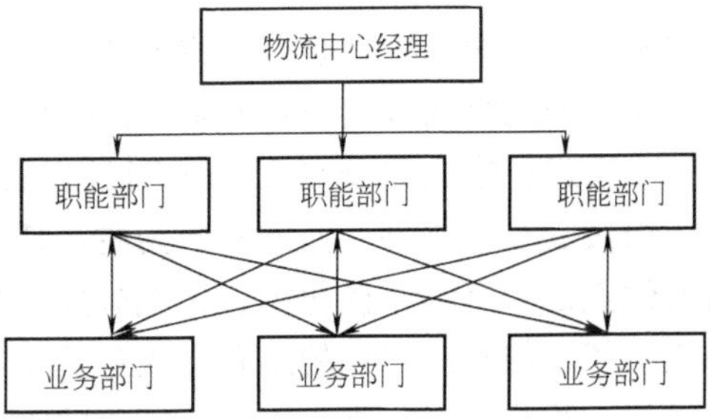

图 1-2　职能制组织机构形式

3. 直线职能制形式

直线职能制形式是以直线制形式为基础将职能制形式结合在一起的一种组织机构形式。它的特点是各管理层的负责人自上而下进行垂直领导，并设职能机构或职能人员协助经理工作，但职能机构或人员对下级单位不能下达指示命令，只能在业务上进行指导监督，下级负责人只接受上一级负责人的领导。这种形式的优点是取直线制和职能制两种形式之长，舍二者之短，是一种较好的形式，在单一物流中心的组织结构中得到比较广泛的应用。直线职能制形式如图 1-3 所示。

4. 事业部制形式

事业部制形式是国外大型企业普遍采用的一种组织机构模式。第三方物流中心和独立于企业的物流中心运作也可以采用这种模式。它的特点是按货品类别、经营业务或地区设若干个事业部，实行集中决策下的分散经营和分权管理。事业部是实现经营目标的基本经营单位，具体管理经营活动。这种组织机构的优点是：有利于上层管理者摆脱日常的行政事务，集中进行决策；有利于事业部根据市场变化作出相应的经济决策；有利于组织专业化生产，提高效率。缺点是：由于事业部是一个利益中心，往往只考虑自己的利益而影响相互协作。它适宜于规模大、货品种类多、分布面广的物流中心。事业部制组织机构如图 1-4 所示。

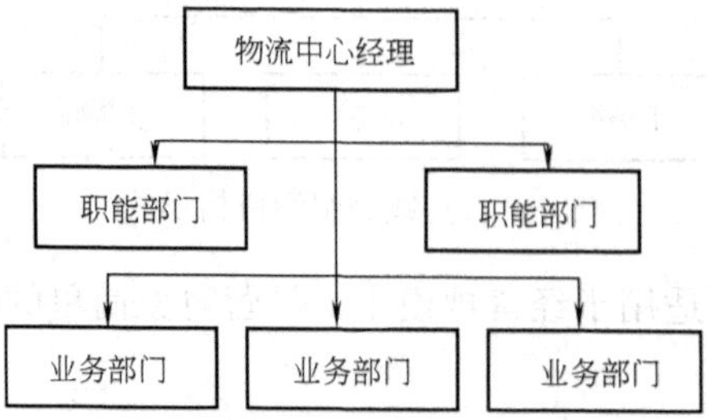

图 1-3　直线职能制组织机构形式

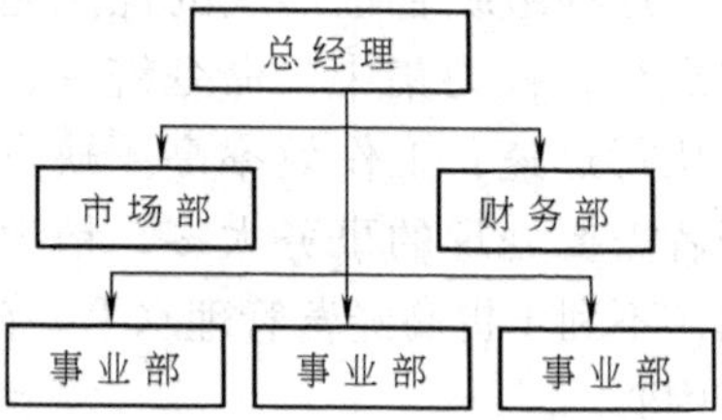

图 1-4　事业部制组织机构形式

5. 矩阵式组织机构

它是由纵横两套管理系统组成的机构。物流中心为了完成某项任务或目标，从直线职能制的纵向职能系统中抽调专业人员，组成临时或较长时期的专门小组，由小组进行横向系统联系，协同各有关部门的活动，并有权指挥各参与人员。小组接受双重领导，而以横向为主，任务完成后便各自回原部门。这种组织结构的优点是：有利于优化组合，充分发挥各部门、各专业人员的优势；有利于纵向集中指挥与横向协调的结合。缺点是小组成员易产生临时观点，出现问题时难以解决，往往给工作带来困难。矩阵式组织机构如图 1-5 所示。

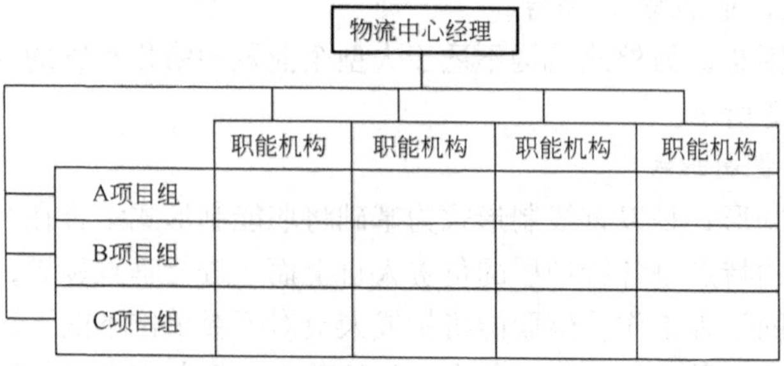

图 1-5　矩阵式组织机构形式

三、物流中心的部门划分与组织职责

（一）物流中心的部门划分

物流中心内部的组织机构，从纵向来看可以划分成若干不同的部门。组织机构应该服从各种经营管理活动的需要，根据各自经营分工的专业、经营对象的技术复杂程度及其品种、经营操作的物质技术装配先进程度、经营规模等具体因素加以权衡，从经营管理的水平加以确定。一般来讲，物流中心的一级部门可以由业务部门、职能管理部门和行政事务部门组成。而各部门的进一步分工则因物流中心的具体情况不同而有所不同。

1. 业务部门

业务部门是直接参加和负责组织物流中心业务活动的部门，包括各个物流业务机构，担负着从货品进入物流中心到按用户要求送达目的地的全部工作，按照不同的业务种类可以分为：仓储管理部、运输管理部、存货控制部、客户服务部等。业务部门的规模和分工程度直接影响着其他部门的机构设置。

业务部门的组织机构划分和设置，主要有四种方法：

（1）根据物流中心处理的货品类别分设二级业务部门，即设置下级机构分别负责一类或几类货品的全部物流业务。

（2）根据经营业务的不同环节分设二级业务部门，即按采购和进货、保管、加工、配货、出库、运输等不同环节设置机构，分别负责不同的业务内容。

（3）把前两种方法结合起来，就是在货品种类分工的基础上，再把该类货品处理的各个业务环节交由一个二级机构来负责。

（4）根据地理区域范围的划分分设二级业务机构。

2. 职能管理部门

职能管理部门是指与业务部门活动有着直接关系，专为业务部门开展工作而提供服务的管理部门。物流中心的职能管理部门是按照管理职能及管理工作的复杂性、分工的需要而设置的。

3. 行政事务部门

行政事务部门指的是既不直接从事物流业务经营活动，又不直接对经营业务进行指导和监督，而是间接地服务于经营业务和职能管理部门活动的行政事务机构，包括秘书、总务、教育、保卫等机构。

以上的各个部门在不同类型的物流中心中会出现不同的组成形式。在生产企业和商业企业的物流中心里，可能不会单独设立行政事务管理部门，而由整个企业或公司对该部分工作进行统一管理；第三方物流中心是一个独立的经营实体，只有设立了所有的这三种部门才能正常地开展业务。

（二）物流中心组织职责

1. 物流中心的主要职责

第三方物流中心与生产企业和商业企业的物流中心由于地位不同，其主要的职责也有所区别。

物流中心的主要职责有如下几条：

（1）制订和完善物流业务管理规程。

（2）制订经营目标和物流计划。生产企业和商业企业的物流中心要根据企业总目标的要求，制定本部门的经营目标和物流计划。

（3）监督和协调物流中心各部门各业务环节按计划进行日常业务活动。

（4）为实现经营目标和计划任务，制订相应的策略和措施。

（5）第三方物流中心为客户企业提供一体化的物流解决方案；生产企业和商业企业的物流中心提供本企业物流系统规划和改进方案。

（6）第三方物流中心要注意加强与客户企业的联系，及时了解和满足他们的需求；生产企业的物流中心要注意加强与生产、采购、销售、财务会计等部门的联系，经常交换信息，协调物流活动；商业企业的物流中心要强调同采购、销售、营销、财会等部门的联系。

（7）职工培训。

（8）发展和巩固与供应商、用户之间的长期友好合作关系。

（9）评价计划执行情况。

2. 业务部门职责

物流中心的业务部门是其组织机构的主体。它们的主要任务是直接从事物流的经营、操作，对外建立经济联系，并负责处理经营业务纠纷等。作为物流中心的业务部门，无论它是第三方物流中心的还是隶属于生产或销售企业的物流中心的业务部门，其基本职责是相同的。以下列出了仓储、运输、存货控制和客户服务部门的典型职责，物流中心根据机构规模和组织复杂性对相应职责进行细化。

（1）仓储部职责　按照货品质量要求接收、检验货品；负责进出货品的装车和卸车工作；合理储存、保管在库货品，保证货品的存储环境；按货品出入库顺序要求理货（先进先出，或后进先出）；按照订单要求分拣货品；及时传递货品信息，使相关部门做到快速反应；负责物流中心设备的维护及更新。

（2）运输部职责　按照订单数量运输到达或发出的货品；负责货品的在途质量及安全；以合理、经济的运输手段运输货品；合理安排路线，使单位货品的运输费用最低；负责协调组织社会运输力量，完成物流中心运输能力以外的运输工作；传递客户信息，保证送货信息反馈及时；在联运方式中，负责货品的中转、交接，文件的完整性传递。

（3）存货控制部职责　客户市场信息的收集整理；物流中心库存货品的订单发出、确认及跟踪；物流中心安全存货量和最佳订货批量的确定；供应商的产品及库存信息收集及传递；存货成本最佳的控制；与货品相关的清关、检疫等事项的处理；库存产品的信息更新。

（4）客户服务部职责　客户订单的接收与输入；客户信息的收集与反馈；客户投诉的处理；送货实施情况的跟踪与处理；与客户协调订货批量、间隔及提前期，寻求满意方法；客户的定期走访，客户需求的及时跟踪和物流中心运作与客户运作的协调。

3. 职能管理部门职责

职能管理部门直接承担计划、指导、监督和调节职能，包括计划统计、财务统计、劳动工资、价格等管理，以及在专业技术上给予帮助；按领导的委托向业务部门布置工作，负责收集、整理经营业务信息，是各级领导的参谋机构，不直接从事物流中心的经营活动。

4. 行政事务部门职责

行政事务部门的主要任务和职责权限是为经营和管理工作提供事务性服务、人事管理、安全保卫和法律咨询等。

（三）物流中心经理职责

物流中心的经理作为物流中心的领导，其工作内容是极具复杂性和挑战性的。物流经理必须既是一个技术专家，又是具有多方面才能的多面手。首先，物流经理要熟知货物运输运价率、仓库布局、库存分析，以及生产、采购、销售和运输法规。其次，还要熟悉和善于处理本部门各业务环节之间的关系，以及在企业内部与其他职能部门之间、企业外部与供应商和用户之间的关系。

另外，物流经理还要使物流中心为企业或有助于企业提高利润水平。美国著名物流顾问 B. W. 赫普指出，人们都认识到物流通过提高经营效率以降低成本，能增加企业的利润；但忽略了通过物流服务可以提高顾客服务水平，从而促进销售、增加利润。物流为企业创造利润所做出的贡献是巨大的。根据美国物流管理委员会统计，物流费用约占美国 GDP 的 10.5%，其中一部分费用由企业的供应商和用户负担。因此，在原料运输费用占比例较大的食品、化工、医药等行业中，物流费用一般约占销售收入总额的 10%。而企业的物流管理改进 5%、10%、15%，税前利润也相应增加 5%、10% 或 15%，是一个明显的增长。因此，作为企业物流中心的管理者，可以从自己的业务入手，开发物流这个第三利润源泉，为企业创造更多的效益。

第四节　物流中心的运作流程

物流中心运作流程是对物流中心运作过程的描述，是物流实践过程的表达。对物流中心的运作流程进行了解和总结有着非常重要的意义。

一、研究物流中心运作流程的意义

（1）通过对物流中心流程的研究可以深入理解物流运作过程、信息传递过程，可以根据企业整体的运作特点，对物流在系统中的作用和定位进行研究，从而找出对整体系统最优的解决方法。

（2）流程的研究是信息系统开发必不可少的一个环节。要进行信息系统的设计就必须对物流中心的运作过程和信息传递的每一个点进行详细的描述和深入的了解，否则所设计系统的信息系统就不能达到高效、实用、快速的目的。

（3）对物流流程的研究也是对物流功能进行整合的必要过程。通过对不同企业、不同阶段的物流过程、沟通过程的研究，可以找出较佳的物流整合方案。

（4）对于一个物流体系的了解，从物流流程的了解入手也是快速掌握物流整体概念的最佳程序。通过对流程的了解可以达到从线到面，从整体到局部的快速真实地掌握物流整体概貌的目的。

二、物流中心运作流程

由于物流中心本身规模大小、设施条件、客户服务定位、服务功能等诸多因素不同，物流中心的作业流程形式也就有多种。

（一）物流中心的一般运作流程

物流中心的一般作业流程包括以下内容。

（1）订单处理作业　是由接到客户订货开始至准备着手拣货之间的作业阶段，称为订单处理，包括有关客户、订单的资料确认、存货查询、单据处理等，它是物流中心作业流程的开端。

收集和汇总客户的订货单，当确认无法按客户要求的时间及数量交货时，业务部门需进行协调。每日的订单处理和与客户的经常沟通是客户服务的主要功能。此外还需统计该时段的订货数量，确定调货、分配、出货程序及数量。退货数据也在此阶段处理。另外，业务部门需制定报价计算方式，作报价历史管理，制定客户订购最小批量、送货间隔，订货方式或订购结账截止日。

（2）采购作业　采购作业功能一是将物流中心的存货控制在一个可接受的水平，二是寻求订货批量时间与价格的合理关系。有些由批发业务改造的物流中心或服务于连锁企业的物流中心将存货控制功能交由存货控制部或仓储部管理，采购部门只负责购买等相关事务。采购信息来源于客户订单、历史销售数据和物流中心存货量，所以物流中心的采购活动不是独立商品买卖。物流中心需向供货厂商或制造厂商订购商品，采购作业包括商品数量需求统计、查询供货厂商交易条件，然后根据所需数量及供货厂商提供的经济订购批量提出采购单。采购单发出后要进行收货的跟进工作。

（3）进货入库作业　发出采购订单或订货单后，库房管理员即可根据采购单上预定入库日期进行入库作业安排，在商品入库当日，进行入库商品资料查核、商品质检，当质量或数量与订单不符时应进行准确的记录，及时给采购或存货控制部门反馈信息，并更新入库数据。库房管理员按库房规定的方式安排卸货、托盘堆叠、薄膜缠绕和货品入位。对于同一张订单分次到货，或不能同时到达的商品要认真地记录，并将部分收货记录资料保存到规定的到货期限。到货商品入库后有三种作业方式：

1）需要储存的商品放入存货区，用于拣货区货品不足时的补充。高货架库房的商品入库需由计算机或管理人员按照仓库区域规划管理原则或商品保质期等因素来指定储放位置并登记，以便日后的货品先进先出管理或出货查询。

2）小批量的货品放入拣货区，直接进行拣货处理。

3）直接出库作业或直接转运。管理人员要为直接转运的商品安排临时存放空间，或合理安排到货及出货车辆的对接时间，以避免商品在周转区的混乱和车辆资源的浪费。

（4）仓储管理作业　仓储管理作业包括商品在仓库区域内摆放方式、区域大小、区域分布等规划；商品进出仓库的控制（先进先出或后进先出）；进出货方式的制定（商品所需搬运工具、搬运方式）仓储区货位的调整及变动；商品存储期内的卫生及安全；在库商品的数量盘点等。包括制定库存盘点方法，定期负责打印盘点清单，并根据盘点清单内容清查库存数、修正库存账目并制作盘盈盘亏报表。仓库区的管理还包括包装容器使用与包装容器保管维修。

（5）流通加工作业　流通加工是最能创造附加价值的物流活动。流通加工作业包括商品的分类、称重、拆箱重包装、贴标签及商品组合包装。这就需要进行包装材料及包装容器的管理、组合包装规划的制定、流通加工包装工具的选用、流通加工作业的调度、作业人员的调派。

（6）拣货作业　根据客户订单的品种及数量进行出货商品的拣选。拣选工作包括拣选之前的商品在库量核对，按照送货规范要求进行按路线或按订单进行拣选。还包括拣货区域的规划布置、工具选用及人员调派。拣选不只包括拣取作业，还需要补充拣货架上商品，使拣货区不至于缺货，这包括补货量及补货时点的制定、补货作业调度、补货作业人员调派。

（7）包装作业　物流中心将客户所需要的货物拣选出来以后，为了便于运输和识别不同客户的货物，有时还要对配备好的货物重新进行包装，并在包装物上贴上标签。这样，在拣选作业之后，常常续接包装作业。

（8）配装作业　为了充分利用载货车辆的容积和提高运输效率，物流中心常常把同一条送货线路上，不同用户的货物组合、配装在同一辆载货车上。

以上（5）、（6）、（7）、（8）项作业可统称为配货作业。它是整个作业流程的关键环节。

（9）出货作业　出货作业是物流中心的末端作业，也是整个作业流程中的一个重要环节，它包括装车和送货两项经济活动。出货作业包括送货文件的准备工作，为客户打印出货单据，准备发票，制定出货调度，打印装车单，画装车图，出货批次报表、出货商品上所需地址标签及出货核对表。一般由仓库人员决定出货方式、选用出货工具、调派出货作业人员，由运输调度人员决定运输车辆大小与数量。仓库管理人员或出货管理人员决定出货区域的规划布置及出货商品在车上的摆放方式。

1）装车　根据配装计划组织装车。装车时要按送货点的先后顺序组织装车，先到的要放在混载货体的上面或外面，后到的要放在下面和里面；要做到“轻者在上，重者在下，重不压轻”。

2）送货　送货包括送货路线的规划，与客户的即时联系。在商品配送途中进行商品跟踪、控制及配送途中意外状况的处理，送货后文件的处理。

（10）会计作业　会计作业是物流中心经营活动目的最终能得以实现的重要保证。送货单在得到客户的签字确认后或交给第一承运人并签署后，可根据送货单据制作应收账单，并将账单转入会计部门作为收款凭据。商品入库后，则由收货部门制作入库商品统计表以作为供货厂商催款核对用，并由会计部门制作各项财务报表供经营政策制定及经营管理参考。

物流中心的运作流程图如图1-6所示。

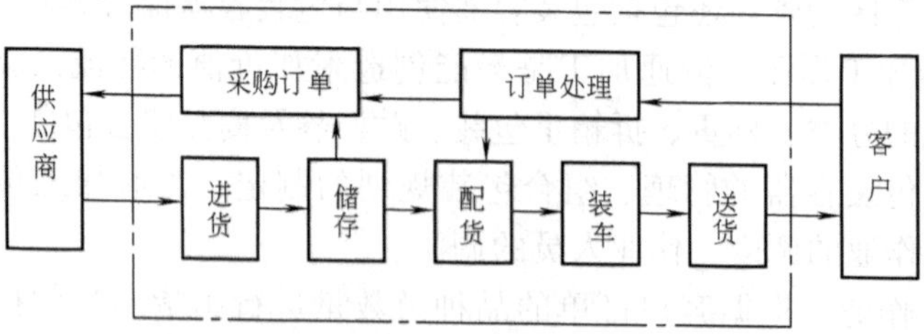

图1-6　物流中心的一般运作流程

（二）物流中心的特殊作业流程

所谓特殊作业流程是指某一物流中心（即个别物流中心）进行物流作业时所经过的过程。主要有以下几种类型的作业流程。

（1）流通型物流中心的作业流程　这种物流中心基本上没有储存功能，是仅以暂存或随进随出方式进行配货、送货的物流中心。该种物流中心本身不设置储存库和存货场地，而是利用设置在其他地方的“公共仓库”来补充货物。据此，在其作业流程中没有储存工序。为了保证配货、送货工作顺利开展，有时物流中心也暂存一部分货物。但一般都把这部分货物放在理货区，不单独设置储货区。在现实生活中，配送生鲜食品的物流中心通常都按照这样的作业流程开展业务活动。其作业流程如图1-7所示。

图1-7　流通型物流中心的作业流程

（2）加工型物流中心的作业流程　加工型物流中心多以加工产品为主，因此在其作业流程中，储存作业和加工作业居于主导地位。

由于流通加工多为单品种、大批量产品的加工作业，并且是按照用户的要求安排的，因此，对于加工型的物流中心来说，一般都不单独设立拣选、配货等环节。通常，加工好的产品（特别是生产资料产品）可直接运到按用户户头划定的货位区内，并且要进行包装。其作业流程如图1-8所示。

图 1-8　加工型物流中心的作业流程

三、企业内部的物流中心与业务流程再造

现代物流与传统物流的根本区别就在于现代物流引入了系统的观点，把企业的物流活动看作一个系统进行统一运作与管理。而目前物流活动在多数企业内部被分割的支离破碎，并没有进行系统化的运作。所以企业要发展现代物流就必须进行业务流程再造，将企业内部分散的物流功能进行整合，成立企业的物流中心统管企业的物流活动。在这方面海尔成为流程再造发展现代物流的典范。海尔通过流程再造，把分散于各个事业部的物流功能进行了整合，组建起了现代化的物流中心，由物流中心对海尔的全部物流功能进行统一管理、统一运作。海尔业务流程的重组与物流中心的组建大大增强了海尔的国际竞争能力。

（一）业务流程再造的基本目标

业务流程再造也称业务流程重组，简称 BPR（Business Process Reengineering）。以顾客为中心、以员工为中心、以效率和效益为中心，是企业整个业务流程的核心，整个业务流程就是围绕这三个目标进行的。业务流程再造的核心思想同时体现了再造的两个不同层次的目标。

（1）通过对企业原有的业务流程的重新塑造，包括进行相应的资源结构调整和人力资源结构调整，使企业在赢利水平、生产效率、产品开发能力和速度以及顾客满意程度等关键指标上有一个巨大的进步，最终提高企业整体竞争力。

（2）通过对企业业务流程的重新塑造，使企业不仅取得经营业绩上的巨大提高，更重要的是，使企业形态发生革命性的转变，其内容是：将企业形态转变为以流程为中心的新型流程导向型企业，实现企业经营和企业管理方式的根本转变。

（二）业务流程再造的方法

业务流程再造的方法可分为两种：

1. 渐进式的流程改进

渐进式的流程改进通常利用某种持续式流程改进模式来改进流程，这种模式一般步骤如图 1-9 所示，包括理解和评估当前流程，当前流程的归档、设计，基于客户需求的评价准则、执行流程并评价结果，根据收集的数据分析和鉴别改进机会来实施流程改进，最后对新的流程进行评估。这些步骤周而复始，循环往复，以市场为导向，不断地对业务流程进行改进，以迎合客户的各种不同需求，扩大市场份额，增加企业绩效。

总的来看，这种流程再造风险相对较小，成功率高，具有再造范围窄、牵扯面小、再造流程的方式简单易行、实施起来阻力也相对小的特点。这种流程再造方式也存在其无法避免的问题：其一，这种系统化的再造只是对局部的关键性流程进行了基于原有流程的再造，因而缺乏依据流程要素状态和任务可能出现根本性的变化进行调整；其二，企业的文化和行为模式上存在的趋同性可能使流程的差异性减小。

图 1-9 渐进式流程改进步骤

2. 激进式的流程重组

激进式的流程重组是一种极端方式，它把企业中的现有流程都看作是不合理的并加以彻底摒弃，它使流程设计人员彻底忘却现有流程，摆脱旧有的惯性思维方式，以新的思维方式，主要是信息和网络技术的思维方式，轻装上阵，从头开始重新设计流程。

激进式的流程重组是伴随着信息技术的发展，特别是互联网的出现而产生的一种流程再造方式，信息技术让企业获得了一种全新的思维方式，使企业可以站在战略的高度，重新思考和审视其业务流程，对之加以彻底化的改造和摒弃，增强企业的效率和竞争力。

激进式流程重组要求流程设计人员须具备一种高瞻远瞩的目光，有远见独到的见识，心中须具备未来组织和业务流程的理想蓝图并切实加以实现，这需要一种宏大的魄力、勇气和创造力。激进式流程重组的步骤如图 1-10 所示。

图 1-10 激进式流程重组步骤

首先是定义重组项目的范围和目标，然后须经历一个学习的过程（学习新的 IT 技术、向竞争对手学习等），当具备了一定的知识基础，便可以构想和设计新流程的蓝图，制定行动计划，实现从现有流程、技术和组织结构到所构想的新流程和新组织的跨越，最后便是方案的实施。激进式流程重组一旦成功，会给企业带来巨大的效益；一旦失败，可能导致企业内部业务运作的混乱，效益滑坡，甚至竞争力的衰退。

从实际应用来看，激进式重组带来了 BPR 项目失败的高风险。许多激进式 BPR 项目的失败（失败率高达 70%）使人们重新思考渐进式改进的价值，并在随后的 BPR 项目实施中引入渐进式改进方式。所以从一般意义和实际实施的角度上看，BPR 不仅仅指激进式的流程重组，也涵盖了渐进式的流程改进方式。

（三）流程再造的重要成果之一——物流中心

物流是企业进行流程再造的核心，通过流程再造建立高效的物流运作体系，而物流中心就是这种高效物流运作体系的实体。在建立高效的物流运作体系过程中，必须解决几个最基本的问题。

（1）必须用整合的观点来看待物流体系　物流体系涉及众多部门，如计划、采购、运输以及销售部门。各部门的目标各异，比如销售部门通常根据销售额来确定最终奖励，往往热衷于发现热销商品，希望采购部门在进货时尽量压价，并尽量避免打折清货；而计划部门则往往注重保证货物充沛、货物周转顺畅，所以通常情况下只重视采购的批量和频率，从而造成库存成本的上升；采购部门为了能拿到供应商产品的最低价通常要大批量采购，也会导致库存成本的上升。

所以，企业中的这些物流活动通过流程重组进行整合，由企业内部的物流中心进行统一运作和管理。

（2）全程优化　物流流程的局部优化往往造成整个物流体系的恶化。因为构成物流流程的各功能环节之间可能存在效益的背反，即通过对某一个功能环节的局部优化，会使其成本下降，但同时可能会导致其他功能环节成本的上升。所以构建物流体系要注意整体优化。

案例评析

【案例1】 美国凯利伯物流中心的基本功能和增值性功能的设计

美国凯利伯物流公司是一家在世界范围内较有影响的专业物流公司，该公司设立的物流中心为客户提供如下服务：

1. JIT 物流计划

该公司通过建立先进的信息系统，为供应商提供培训服务及管理经验，优化了运输路线和运输方式，降低了库存成本，减少了收货人员及成本，并且为货主提供了更多更好的信息支持。

2. 合同制仓储服务

该公司推出的此项服务减少了货主建设仓库的投资，同时通过在仓储过程中采用 CAD 技术、执行劳动标准、实行目标管理和作业监控来提高劳动生产率。

3. 全面运输管理

该公司开发了一套专门用于为客户选择最好的承运人的计算机系统，使用该系统客户可以得到如下利益：使运输方式最经济，在选定的运输方式中选择最佳的承运人，可以获得与凯利伯公司关联的企业提供的服务，对零星分散的运输作业进行控制，减少回程车辆放空，可以进行电子运单处理，可以对运输过程进行监控等。

4. 生产支持服务

该公司可以进行如下加工作业：简单的组装、合并与加固、包装与再包装、JIT 配送、贴标签等。

5. 业务过程重组

该公司使用一套专业化业务重组软件，可以对客户的业务运作过程进行诊断，并提出专业化的业务重组建议。

6. 专业化合同制运输

该公司的此项功能可以为客户提供的服务有：根据预先设定的成本提供可靠的运输服务，提供灵活的运输管理方案，提供从购车到聘请司机直至优化运输路线的一揽子服务，降低运输成本，提供一体化的、灵活的运输方案。

7. 回程集装箱管理

公司提供的服务包括：回程集装箱的跟踪、排队、清洗、储存等，可以降低集装箱的破损率，减少货主的集装箱管理成本，保证货物安全，对环保也有好处。

案例分析：

美国凯利伯物流中心的功能设计告诉我们，在设计物流中心功能时，物流中心所具备的功能必须满足物流市场中的客户需求；相反，如果物流中心所设计的功能中，包含了客户不需要的功能，会造成物流中心投资的浪费。美国凯利伯物流公司物流中心功能的设计，在它所服务的物流市场背景下是非常完善的，既设计了一些必要的基本功能，也设计了一些增值性的服务功能，能全方位地满足客户的物流服务需求。

【案例 2】 海尔的国际物流中心与流程再造

一、达沃斯会议引发海尔“物流革命”

在瑞士达沃斯召开的世界经济论坛是高水平的非官方国际会议，会上，来自世界各国的知名专家学者、企业界人士将对世界经济形势及管理问题提出前瞻性的见解与建议。因此，达沃斯会议历来受到各国企业界的高度重视。海尔 CEO 张瑞敏是 1999 年及 2000 年达沃斯会议的特邀代表，其中 1999 年的达沃斯会议对张瑞敏的触动很大。1999 年的达沃斯会议提出 21 世纪的企业有三个标准：一是企业内部组织要适应外部组织的变化；二是要有一个知名品牌；三是要有一套网上销售策略。达沃斯会议后海尔立即根据会议提出的三个标准于 1999 年 3、4 月份在重建企业内部构架的指导思想方面提出了三个转移：一是从原来的直线职能制管理转移到市场链的管理，使企业内部组织结构适应外部经营环境的变化，做到扁平化、信息化；二是从国内市场向国外市场转移，创立世界级名牌；三是由制造业向服务业转移，通过零距离销售模式，形成网上销售的基础。海尔根据三个转移的指导思想对包括物流管理在内的全集团的组织结构进行了大调整，由此拉开了物流管理创新的序幕。

二、海尔的“物流瓶颈”

物流在海尔集团的过去同国内其他企业一样，仅仅意味着做纯粹功能基础上的仓储与运输工作，随着市场的开拓，对物流系统提出了越来越高的要求：不单纯是产品产量是否满足市场，更重要的是如何在市场需要的时候，生产和递交顾客需要的产品及服务。

集团空调产品本部是海尔物流改革的试点部门。空调产品本部从1999年开始，对内部的物流管理进行了回顾与检查，对照国际先进企业的物流管理找差距。

1. 工厂布局及总体规划布局中的物流格局不清晰。未考虑中心仓库，集中仓储与配送较困难；生产节奏难协调，车间暂存库较大。

2. 物流、商流、信息流和资金流的结合不紧密。销售及服务是整个集团运作较成功的部门，但物流成本相对较高；库存控制尚未达到最佳状态，供方供货周期长、检验时间长而造成库存量大；各部门采用局部的计算机管理，尚未统一采用ERP系统，信息共享程度差。

3. 物流专业管理功能不完善。外租库较多，功能单一，其他的分装、拣选、配送、信息管理等均不具备，各外租库分散于各处，不便于集中管理；库位利用率不高，增加了仓储及运输费用；物流管理的最基本的工作——容器的单元化、标准化、通用化没有完全达到。

在海尔冲击“世界500强”的征程中，物流问题成为不可忽视的瓶颈。这使海尔的物流改革显得更加必要与紧迫。

三、流程再造催生物流推进本部

海尔物流管理改革首先涉及的是物流管理组织的创新，组织创新作为物流改革的保障，具有极其重要的地位与作用，其中，成立物流推进本部是物流管理组织创新的重要内容。物流推进本部从原来十几个产品事业部职能部门剥离出来后，由集团统一运作管理。海尔流程重组前和重组后的结构图如图1-11和1-12所示。

海尔在全集团范围内由物流推进本部统一协调和管理全集团的物流改革工作，科学地推进企业物流管理系统的建设。各事业部也成立了相关的接口部门，具体实施推进本部部署的工作。物流推进本部由集团副总裁亲自负责。本部下设采购、配送、储运三个事业部，使得采购、生产支持、物资配送从战略上实现了一体化。

采购事业部的职责主要是负责从供应商处采购产品所需要的零部件，并对供应商进行管理。具体包括以下内容：供应商的优化，招标、下达采购计划，零部件的选购以及全球化采购，管理全球网络资源。海尔物流整合开始后，第一步就是整合采购，将集团的采购活动全部集中，开展规模化经营，全球化经营、全球

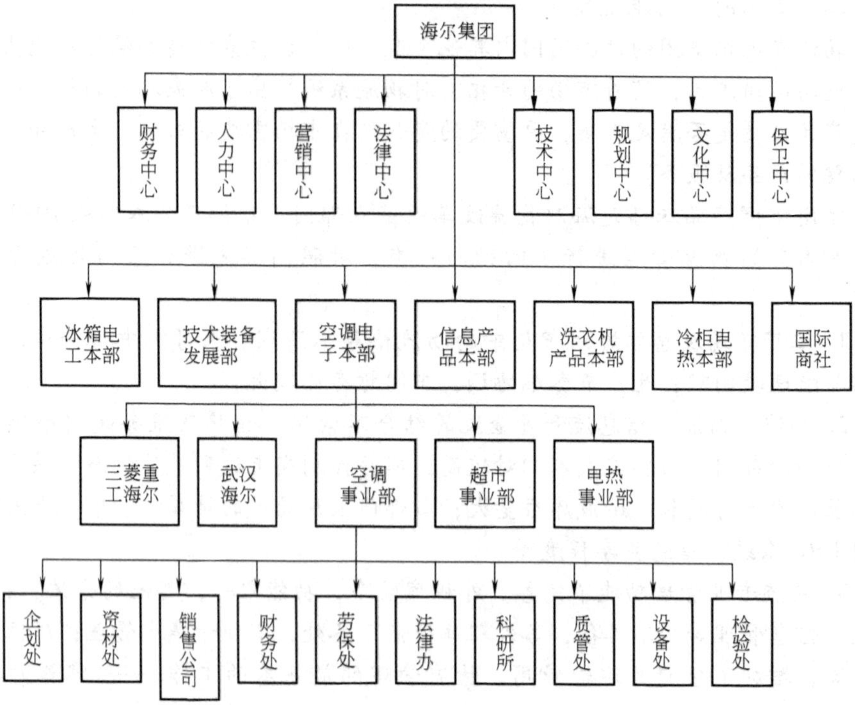

图 1-11 流程重组前的组织结构图

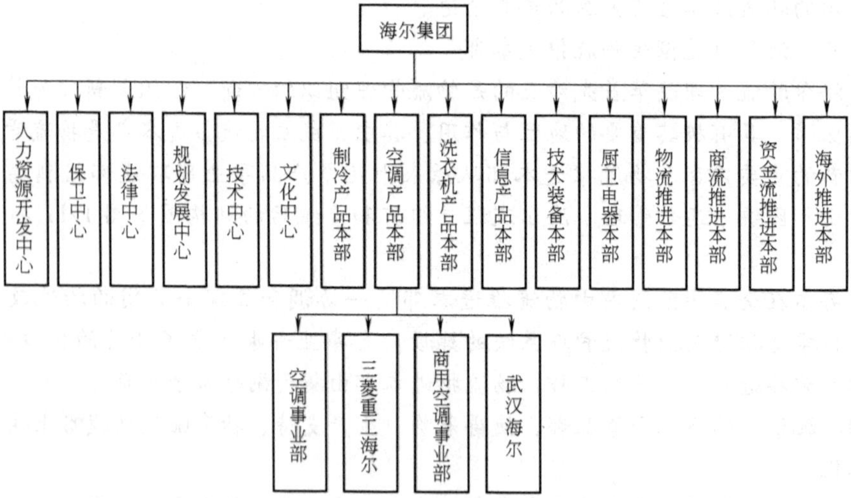

图 1-12 流程重组后的组织结构

化采购，并纳入了国际化的供应商，在全球范围内采购质优价廉的零部件，其战略是在最低总成本条件下通过及时购买来支持制造系统。大到几百万元的设备，小到一些办公用品诸如圆珠笔、订书机等都按统一采购进行操作。利用整合后的集团优势，大宗物料实现了大规模采购，从而获得国内同行业内最优的性能价格比。比如彩色显像管，整合前只能拿到生产商二、三类用户的价格，统一采购后，就可享受生产商一类客户价格，平均每台至少可便宜 10 元，而且供货服务得到保障，仅此一项，海尔全年至少节约 580 万元。海尔一年的采购费是 100 多亿，大约 15 000 个品种，供应商有 2 000 多家。海尔通过整合采购，加强采购管理，使供应商的数目减少到 1 000 多家，集团采购人员减掉了 1/3，并且通过集中采购、招标竞价使成本每年降低 5% 以上，一旦实施网上采购，采购价格更会大幅度下降。但海尔认为优化供应商比单纯降价更重要。因此，海尔与供应商建立长期的战略合作伙伴关系，让供应商参与有关零部件的设计。海尔美高美彩电的开发过程就是同供应商进行联合开发、并行开发的典型事例。美高美彩电的开发周期一般需要 6 个月的时间，但海尔使供应商成为合作伙伴，让其参与开发过程，同供应商不断进行技术交流，并且让供应商提前进入模具设计，通过联合开发使美高美彩电开发周期大大缩短，全程仅用了 2 个多月的时间。

配送事业部负责集团内部物流的运作，将原材料与零部件及时配送到各生产车间，实现车间 JIT 运作要求。配送管理突出两点：一是减少库存；二是保证 24h 的快速反应，确保生产线的正常运转。海尔集团内部的库存管理实施 JIT 管理，增加批次，减少批量，以库存速度降低库存水平。在进行 ABC 分类分析的基础上，实施配送需求计划，并利用先进的资源管理系统实施企业内外部物资的统一配送战略。海尔在集团内部实施了 JIT 送料后，加快了库存资金的周转速度，减少了呆滞物资。整合前，各配送处以满足生产不停线为目标，遇到计划变动，有些物料又未及时办理退库，时间一长就变成呆滞物资，造成浪费。整合后，物流人员首先转变观念，物流的目标是零库存资金占用，在这个思想的指导下，推行 4HJIT 送料，即控制物资在线时间不得超过 4h，超过 4h 立即退库查明原因，使呆滞物资减少了 50%。

储运事业部承担降低库存成本并对制造系统进行物流保障的重要作用。对各企业内部的运输资源进行整合重组，按照物流一体化的策略构建储运事业部，统一协调及控制运输业务，为零距离销售提供物流配送的保障，达到“以时间消灭空间”的战略目的。海尔集团的物流配送网络随着产品销售网络的扩大而不断延伸，哪里有海尔产品的用户，海尔物流就延伸到哪里，物流服务就跟进到哪里。经过近 20 年的发展，海尔集团已拥有全国网络化的配送体系，目前在全国拥有 300 多万 m^2 的仓储资源，与 300 多家运输公司建立了紧密的合作关系；青岛总部物流中心自有运输车辆 800 余辆，全国可调配车辆 1.6 万辆，车型有箱式和敞篷车两种，吨位从 3t 到 5t 以至 12t，而且所有箱式车采用国际上最先进的多门设计，可从不同方位装卸货物。海尔物流拥有完善的成品分拨物流体系、回收物流体系和备件配送体系，目前可以做到物流中心城市配送6~8h到位，区域配送24h到位，全国主干线分拨配送平均3.5天，形成全国最大的分拨物流体系。此外，海尔物流还代理铁路运输、航空运输、远洋运输等业务，具备综合物流服务能力，大规模、全方位的服务使海尔物流的运输成本远远低于市场运输价格。从国际方面来说，海尔集团目前已在海外发展了62个海尔经销商，销售网点可辐射3万多个，产品出口到100多个国家和地区。1999年，海尔在迪拜和德国汉堡港设立了物流分拨中心。通过汉堡港物流分拨中心，海尔向欧洲客户供货的时间缩短了一半以上。

四、海尔国际物流中心

在海尔集团总体物流战略的指引下，集团制定了物流改革的实施计划，该计划突出了以点带线，以线带面，全面突破的方针。即选择空调部件库为点建设现代化的物流中心，该物流中心为立体高架仓库，依次推向部件采购配送物流及车间的物料配送系统的物流改革，并以空调事业部为试点，向集团各事业部全面推进。使用物流中心是海尔物流的一个突破口，看起来仅仅是仓库设备的换代，实质是观念的更新，甚至是整个集团物流观念的一场革命。正是通过这一突破口，海尔物流开始走向规范的现代物流之路，开发了企业的“第三利润源泉”，为企业创造了良好的经济效益。

海尔于1999年9月建成现代化物流中心，这是海尔最早建成的物流中心。该国际化物流中心从1998年11月进行建设，于1999年9月正式投入使用，历时10个月。物流中心的设计能力为日进出1 600个标准托盘；仓库占地面积7 200m^2，使用面积5 400m^2，建筑高16m；物流中心的库位数为9 168个托盘位，可存放所有事业部关键的零部件；物流中心24h运转。物流中心的作业流程如图1-13所示。

海尔国际化物流中心建成后，集团的物流资源得到整合，并且以库存控制和完善配送流程为重点，通过ERP的物流管理手段，实现3PL仓储和JIT配送模式，建立现代化的有海尔特色的配送系统，统筹管理集团各部门的配送作业，彻底消除资源浪费，形成海尔新的核心竞争能力。物流中心建成之前，海尔平均库存时间长达30天，物流中心建成后，经过海尔人的不懈努力，到2000年年底，平均库存时间已减至12天，2001年的目标是确保7天，大宗原材料、进口件不超过15天，某些零部件力争维持仅3天的库存量。

案例分析：

海尔物流是制造业物流运作的典范，是我国制造业物流觉醒的第一家企业，海尔物流，作为海尔的一种核心竞争力，为海尔的国际化发展立下汗马功劳。

海尔在我国制造企业中，是首家进行企业内物流流程再造的。该案例详细介绍了海尔流程再造前物流运作所存在的问题，以及流程再造后所发生的巨大变

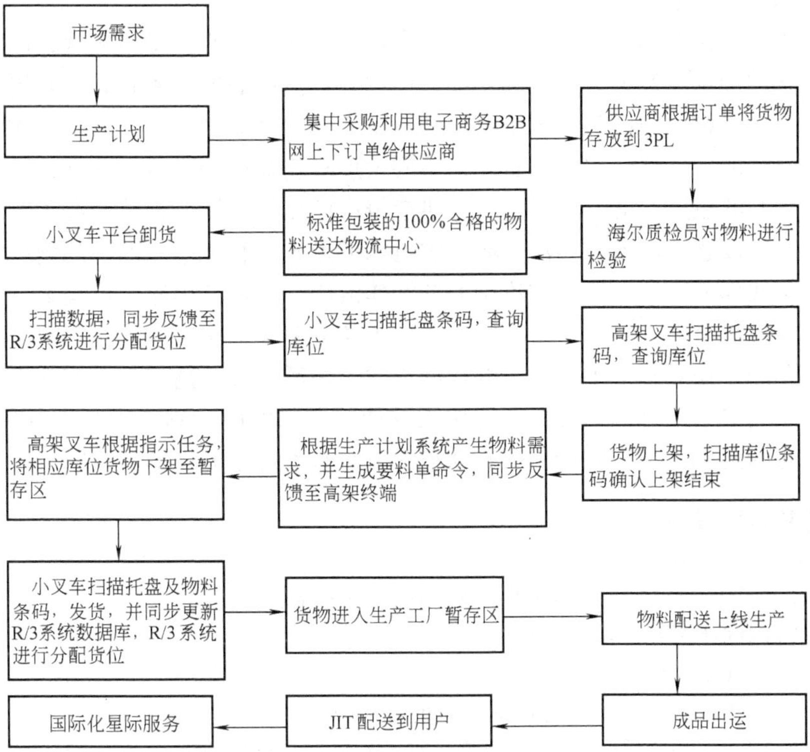

图1-13　海尔物流中心作业流程

化。从该案例中，我们可以得到如下几点启示：

（1）选好标杆。在进行流程再造时，首先要做的是对企业物流运作存在的问题进行调查分析。而本企业是否存在问题，存在哪些问题，问题的严重性如何，必须有一个可对比的企业才能得到答案，这个作为参照物的企业，就是企业进行流程再造时所选择的标杆，标杆企业相对于进行流程再造企业必须具有一定的先进性。海尔进行物流流程再造的起点是非常高的，它所选择的标杆企业是国际上的先进物流企业，对照国际先进物流企业的物流管理找差距。

（2）管理组织的再造。海尔物流管理改革首先进行的是物流管理组织的创新，组织创新是物流改革的保障。成立物流推进本部是海尔物流管理组织创新的重要内容，由物流推进本部对海尔整个集团的物流活动进行统一运作、统一管理。

（3）广泛采用各种先进技术。海尔在再造后的物流运作中广泛采用各种先进的技术，如建立了自动化的物流中心、采用ERP的物流管理手段、JIT配送模式、零库存等先进的管理手段和管理理念。

海尔物流可作为制造业的物流标杆。

【本章小结】

本章共包括五部分内容。第一部分介绍的是物流中心的基本概念，内容包括物流概念的产生与发展，物流的功能，国内外物流中心的产生背景及发展，物流中心的概念，物流中心与商贸中心、配送中心的关系。第二部分介绍了物流中心的分类及功能，这部分内容，首先从不同角度对物流中心进行了分类，随后介绍了物流中心的主要功能及物流中心在供应链中的作用。第三部分介绍了物流中心管理的基本概念、内容，物流中心组织机构的形式，物流中心的部门划分与组织职责。第四部分内容介绍了物流中心的运作流程，这部分内容不仅是本章的一个重点，而且是全书内容的一条主线，以后各章节基本上是按运作流程包含的主要环节展开的，是对各个主要环节的详细论述。最后一部分内容是案例分析，介绍了美国凯利伯物流公司物流中心的功能设计和海尔的国际物流中心与流程再造，并分别对两案例进行了分析，这有助于学生对基本理论的理解和掌握。

【复习思考题】

1. 解释物流、物流中心的概念。
2. 怎样区分物流中心与商贸中心、物流中心与配送中心？
3. 物流中心有哪些分类？
4. 物流中心的主要功能是什么？
5. 什么是物流中心管理？物流中心管理的内容是什么？
6. 物流中心的组织结构形式主要有哪几种？分析海尔流程重组前后的组织结构形式各属于哪种形式？
7. 物流中心的一般运作流程是怎样的？
8. 完成一项对某个物流中心调查的任务。通过调查，了解该物流中心的组织结构形式和运作流程。

第二章　物流中心战略管理

【知识目标】

通过本章学习，要求掌握物流战略概念和战略管理的工作内容；掌握物流中心战略的层次结构；掌握物流中心环境分析的方法；掌握物流中心战略的类型、选择及实施方法。

【能力目标】

通过本章学习，使学生牢固树立物流战略的观念，能够调查、分析、研究企业所处的环境；可以在将来的工作岗位上协助物流中心决策者制订出适合本企业的物流战略。

第一节　概　　述

一、物流战略与战略管理

1. 物流战略及其产生的背景

战略（Strategy）是为实现企业的长远目标所选择的发展方向、所确定的行动方针，以及资源分配方针和资源分配方案的一种总体规划。战略是要为企业的发展指明方向、重点和资源分配的优先次序。物流战略是企业总体战略的重要组成部分，它是为实现企业的长远目标所提出的物流发展方向和资源分配方案的总体计划。

众所周知，20 世纪 70 年代，世界经济环境发生了人们意想不到的变化，石油危机爆发，资源供应紧张，通货膨胀加剧，生态环境恶化等，这种变化使得企业的经营环境越来越复杂和恶化。与此同时，新的技术革命席卷全球，新科学、新技术为企业提供了新的生存空间，同时也向企业提出了前所未有的挑战，市场竞争越来越激烈。面对如此错综复杂的外部环境，企业如何捕捉发展机会，如何抵御经营风险，如何完善和发展企业的经营结构，如何实现企业的资源能力和外部环境的动态平衡等，成为企业经营管理重点关注的问题之一。企业的战略管理就是在这样的背景下产生的，可以说企业战略就是研究企业如何与外部环境相适应，以便持续生存和不断发展的问题。物流战略（Logistics Strategy）是指为寻求物流的可持续发展，就物流发展目标以及达成目标的途径与手段而制定的长远性、全局性的规划与谋略。

随着经济的不断发展，物流产业被视为未来企业发展的核心竞争力，物流领域更被人看作经济增长的"黑暗大陆"，因此，第三方物流作为物流专业化的表现形式之一得到了长足发展，在经济全球化和信息技术迅猛发展的今天，物流市场的竞争越来越激烈，物流的战略管理在企业经营中的地位和作用越来越重要，得到社会和企业界的普遍关注和认可。海尔集团总裁张瑞敏说得好——"不搞现代物流，企业将无物可流"，并于2000年提出了海尔的三个战略转移：一是企业内部组织要适应外部环境的变化，从原来的直线职能式的管理转移到市场链的管理；二是从国内市场向国际市场转移；三是要建立一套电子商务信息网络。三个转移对海尔物流提出了更高的要求，就是海尔物流不仅要做企业物流，而且必须走向市场发展成为第三方物流。海尔物流的市场定位：以大型生产企业、商业企业和电子公司为服务对象，以对包括原材料物流、生产物流、销售物流在内的供应链过程提供物流支持为服务内容，以提供物流能力评估、系统设计与咨询和全过程物流代理为服务方式的国际化专业化的第三方物流。海尔物流的发展战略：整合企业内外物流资源，联合专业物流公司，进行物流结盟，走低成本、高扩张的规模发展道路。构建开放式的物流信息平台，完善物流功能，提供以市场营销为核心的全过程物流服务，走品牌化发展之路。

2. 物流战略管理的内容和基本过程

物流战略管理（Logistics strategy management）是指通过物流战略设计、战略实施、战略评价与控制等环节，调节物流资源、组织结构等，以最终实现物流系统战略目标的系列动态过程的总和。物流战略管理大致可分为物流战略规划和物流战略实施两大阶段。

在物流战略规划阶段的主要工作是在企业总体发展战略指导下，制定企业物流发展的方针和政策，分析影响物流发展的内外部环境，在此基础上确定物流发展的战略目标，结合企业自身的资源情况，选择物流发展的战略类型，最终制定出切实可行的物流战略方案，并对方案进行评价。其基本工作内容和工作步骤如图2-1所示。

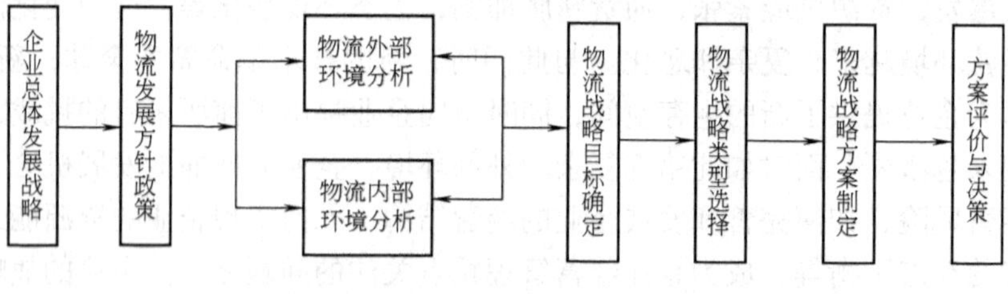

图2-1　物流战略规划的基本步骤

物流战略方案一经确定，为了实现物流战略目标，就必须按照既定的物流战略方案有条不紊、循序渐进地推进战略方案的实施。在战略实施阶段主要工作包括战略实施准备、战略实施推进和战略实施控制。

如何进行战略实施准备呢？主要应该包括三个方面的工作：

一是编制物流战略实施行动计划。在这个计划中重点考虑由谁来执行战略计划，在执行战略计划过程中必须做什么事情，如何做好这些必须要做的事情，通过这个计划使企业的日常经营活动与物流战略目标有机结合起来。二是要根据物流发展战略及时组织机构调整工作，具体包括建立与物流战略相适应的组织结构模式，科学地进行工作岗位设置，以及为关键岗位选配合适的人才等。三是进行资源配置。具体包括对物流资源的有效整合，战略项目的规划与预算，提出重点项目的资源保障及资源使用的优先次序等。

二、物流中心战略的层次结构

（一）物流中心战略的四个组成部分

一般讲，一个完整的物流中心战略是由战略思想、战略目标、战略重点、战略部署这四个部分组成的。

1. 战略思想——灵魂

战略思想是整个战略与管理的指导思想与准则。要形成一个正确的战略思想，首先要有敏感、超前的意识，或者说是战略性的设想（Idea）。但单有这个意识或设想是不够的，还必须进行周密的分析，以验证战略设想，并使之系统化、科学化。为此要进行下述三个阶段的工作：

（1）态势分析　包括：宏观分析（经济环境分析，技术趋势预测等），微观分析（市场需求状况分析，竞争对手状况分析等），自身分析（本企业的优势与劣势分析）。

（2）方针确定　确定总体方针是进攻战略，防御战略，撤退战略，还是有进有退战略。

（3）战略方向确定　战略本质上总是主动的，即便是全线撤退也必然是为了今后某一时间在某一方向的进攻，因此必须确定当前或今后“进攻”的主导方向。

2. 战略目标——核心

单纯有一个正确的战略思想是不足以具体指导整个企业经营活动的，为此，必须把战略思想演化为具体的可操作的战略目标。在战略目标中必须十分明确地阐述三个问题：

（1）物流中心定位——做什么。

（2）发展目标——达到什么目标。

（3）时间进程——什么时间完成。

对战略目标我们要求正确，特别是要求明确。大量的调研表明，物流中心在战略上的失误，20%在于战略本身的不正确所致，80%的错误是由于战略的不明确造成的。

3. 战略重点——关键

有了战略思想，并有了正确且明确的战略目标，下一步就是要确定关键的、全局性的“进攻策略”与“重点战役”。具体讲要确定：

（1）正确的产品组合战略　即用什么产品去竞争，如物流中心是用空运货代、海运货代、陆上运输、仓储这样单个的服务，还是以空海联运、海陆空联运或者集约化物流，作为主要产品进入市场。

（2）市场竞争战略　即战线拉多长。

（3）技术创新战略　即进攻方式，这里又有四种策略可供选择。抢先策略——第一名（国际第一，国内第一）；紧随策略——紧跟国际，紧跟国内；模仿策略——再慢一步；市场服务策略——产品不新但可通过提供完善的物流服务来取胜。

4. 战略部署——保证

任何战略行动都是要有周密的、切实可行的资源配置和思想动员来保证，否则都是一纸空文。为此在完成了上述三步后就要进入一个仔细计算、全面筹划与协调平衡的战略部署阶段。简单讲就是必须有硬、软两方面的周密部署，即：

（1）战略资源配置，资金、设备、人力资源的支撑体系与计划。

（2）战略文本编制。

（3）战略动员。

（二）物流中心战略的层次结构

一个物流中心的经营战略往往不是单一的战略，而是由多个战略构成的战略体系。经营战略一般由三个层次的经营战略构成，即：总体战略、经营领域战略和职能战略。

1. 总体战略（公司战略）

总体战略是指导物流中心在今后若干年的总体发展、统帅全局的综合性战略。它是在充分考虑到资源能力和协同作用的条件下，解决企业应在哪些经营领域里从事生产经营活动的问题。总体战略的制定，实际上是对经营领域结构的优化，它是物流中心各个经营领域战略和各职能战略制定的依据。根据物流中心在同行业中所处的地位和基础水平不同，一般将总体战略分为发展型战略、稳定型战略和紧缩型战略。

2. 经营领域战略（事业部或分公司战略）

经营领域战略是指物流中心在某一行业或某一细分行业内确定其市场地位和发展态势的战略。经营领域战略与总体战略的关系是：某一经营领域的战略服从于总体战略，而总体战略的制定又要以经营领域战略为依据。

3. 职能战略

职能战略是在总体战略和经营领域战略的指导下，针对物流中心各职能部门、各专业工作的重大问题所制定的战略。它是总体战略和经营领域战略的具体实施战略，并结合研究开发、生产、财务、营销、人力资源、组织等专业职能的实施，使总体战略确订的战略目标和战略方针得以实现。

第二节　物流中心环境分析

一、物流中心环境分析的意义

经营战略的环境是指在制订经营战略时要着重考虑的与物流中心经营有关的外部环境和内部条件的总和。经营战略环境分析的任务是通过外部环境分析明确企业将要面临的机会（Opportunity）和威胁（Threat），通过内部条件分析明确自身的优势（Strength）和劣势（Weakness），从而为制定能够发挥优势，克服或弥补劣势的经营战略及其实施提供依据。其中，外部环境主要包括宏观环境，如政治、经济、技术、社会等因素；行业状况，如行业结构、行业生命周期、竞争状况等因素。内部条件分析主要是针对影响物流中心实力的内部可控因素进行分析，如对产品或服务、销售情况、人财物等资源要素进行分析。

一个正确的战略思想往往起源于一个正确的、超前的竞争设想（Idea）或者几个竞争设想的结合。这些设想显然不可能凭空产生，而是有水平、有经验的企业家对竞争态势的一种直觉的判断与反应。这种判断尽管是比较粗的，但却是十分可贵与重要的，可以说这是管理者特别是中高级管理人员的一个十分重要、十分可贵的素质。高级管理人员的一个很重要的素质就是鼓励市场营销、技术开发和战略经营单位的经理们提出各种新设想与判断，但更重要的是要善于集中大家的智慧形成一个超前的、有创新意识的设想与判断。但是单单有这种设想是不够的，必须对这种设想进行科学的检验，检验其正确与否，确切与否，还必须使之完善、细化，以成为一个科学的、严密的战略思想。

二、物流中心宏观与中观环境分析

（一）物流中心宏观环境分析

宏观环境是指所有物流中心共有的一般环境条件，主要包括国内外的政治、经济、技术、社会和自然条件等环境因素。这些因素一般被称为间接环境，但这并不意味着它们对经营活动的影响较小。恰恰相反，由于宏观环境的变化性和不可控性，往往会给企业的经营活动带来重大的影响。当然，同样的宏观环境因素可能对于某一领域是机会，而对于另一领域来说就可能是威胁。

1. 政治或法律环境

政治或法律环境主要是指一个国家的政治形势、政治体制、法律法规和对外友好关系等，这些都会对物流中心的经营产生重大影响。

2. 经济环境

经济环境是指一个国家的经济制度、经济结构、产业布局、资源状况、经济发展水平以及未来的经济走势等，它涉及国家、社会、市场及自然等多个领域，也是国家进行宏观调控，影响物流中心经营决策的重要环境。其中国民经济结构、经济发展水平、经济体制和经济政策是应该重点分析的问题。

3. 技术环境

技术环境是指与物流中心的产品或服务有关的科学技术的现有水平、发展趋势和发展速度等。在现代化大生产中，科学技术是第一生产力，科学技术的发展变化对企业的经营活动产生巨大影响。当今，整个世界都处于新的技术革命时期，在信息技术、生物技术、新材料技术、新能源技术、空间技术和海洋开发技术等方面都有突破性进展。技术革命一方面给企业带来新的发展机遇，同时也使企业面临新的挑战。

4. 社会文化环境

社会文化环境是指一个国家的社会性质、人口状况、教育程度、社会风俗习惯、宗教信仰等。社会文化因素比较复杂，包含的内容很多，对物流中心有着多方面的影响，其中有些是直接的，有些是间接的。社会文化环境主要通过两个方面影响物流中心的经营。

（1）社会的价值观念规范着人们和组织的社会行为，从而影响企业的价值观念和企业文化，规范物流中心的经营行为。

（2）影响人们的消费结构和消费行为，从而影响物流中心的产品或服务，即市场战略和经营策略的选择。

5. 自然环境

自然环境是指一个国家的自然资源和生态环境。具体包括：自然资源拥有情况、气候、能源、自然灾害、生态平衡、环境保护等方面的状况。这些因素的变化，同样会给物流中心提供新的市场或者是生存的威胁。在这些环境因素中，自然资源储藏量以及一定时期的开发利用状况，是制约企业经营活动的重要因素。企业应学会充分利用现有的自然资源去开发新产品和市场。战略的制定必须考虑资源的可得性。

（二）物流中心中观环境分析

物流中心中观环境分析也可称为行业环境分析。物流中心所处的行业环境就是它的直接经营环境。行业环境主要从两个方面影响物流中心的经营活动：一是行业长期盈利能力及其影响因素决定了行业的吸引力，同时也决定该行业中企业的盈利能力。二是物流中心在行业中相对竞争地位影响了其战略选择及获利水平。因此，在进行行业环境分析时，可根据表2-1来进行，主要分析行业结构和竞争状况以及行业生命周期。

表2-1 行业环境分析

经济环境：是上升还是下降	经济周期进入上升期，加入WTO后将进一步推动景气
产业环境：是夕阳还是朝阳	对物流而言是朝阳产业，加入WTO与我国成为世界制造业中心之一将大大推动物流发展
技术预测：本行业技术的重大变动	信息技术的广泛使用，制造业、连锁商业、跨国采购的发展将大大推动我国物流产业的转型，对物流集约化水平、信息技术的水平要求将迅速提高

1. 产业结构和竞争状况分析

可以用迈克尔·波特的“五方力量图”来分析行业结构和竞争状况。波特教授认为形成竞争战略的实质就是将一个企业与其环境建立联系。尽管相关环境的范围广阔，包含着社会的、也包含着经济的因素，但企业的环境最关键部分就是企业投入竞争的一个或几个产业。产业结构强烈地影响着竞争规则的确立以及潜在的可供企业选择的战略。产业外部力量主要在相对意义上有显著作用，因为外部作用力通常影响着产业内部的所有企业。波特认为，一个行业的吸引力是决定企业盈利能力的首要和根本的因素，而任何企业的盈利能力是由五种竞争作用力决定的，即潜在进入者的威胁、替代品的威胁、买方的讨价还价能力、供应商的讨价还价能力以及现存竞争对手之间的竞争。为此，他提出了著名的五要素产业结构分析理论。

一个行业内部竞争激烈，这既不是偶然的巧合，也不应归咎于“坏运气”。相反，行业内部的竞争根植于其基础经济结构，并且远远超越了现有竞争者的行为范围。一个行业内部的竞争状态取决于五种基本竞争作用力，这五种基本力量决定了行业的竞争结构，如图 2-2 所示。这些作用力汇集起来决定着该产业的最终利润潜力。因此，企业在进行战略分析时，应把重点放在产业结构分析上。

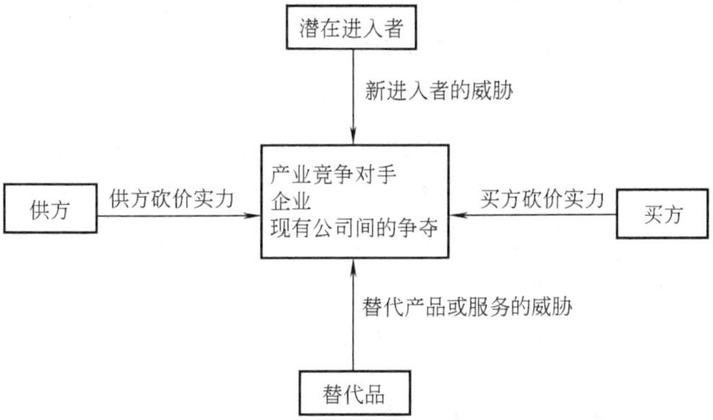

图 2-2　驱动产业竞争的力量

这五种基本竞争力量的现状、消长趋势及其综合强度，决定了行业竞争的激烈程度和行业的获利能力。但是，这五种力量的综合作用力随行业的不同而不同，随行业的发展而变化，结果表现为所有行业从其内在盈利能力来看并不一致。

一个企业的竞争战略目标在于使企业在行业内部处于最佳定位，保卫自己，抗击五种竞争作用力，或根据自己的意愿来影响着五种竞争作用力。

五种竞争作用力（Competitive Force）包括进入威胁、替代威胁、买方砍价能力、供方砍价能力、现有竞争对手间的竞争。下面对五种竞争力进行简要分析。

（1）进入威胁　加入一个行业的新对手将引进新的业务能力，带有获取市场份额的欲望，同时也常常带来客观的资源。导致的结果是行业内服务价格可能被压低，行业的利润率下降。对一个行业来讲，进入威胁的大小在很大程度上取决于进入行业的壁垒。

（2）现有竞争对手间争夺的激烈程度　现有竞争对手以人们熟悉的方式争夺地位，战术应用通常是价格竞争、广告战、新服务引进、增加顾客售后服务内容。

某些竞争形式如价格竞争是极不稳定的，并且从利润的角度看，很可能导致整个行业受损。竞争很容易并很快就导致价格的削减，这种情况一旦发生，所有企业的收入都减少。另一方面，广告战却可能很好地扩大需求从而使行业中所有企业受益。从总体看，激烈的竞争往往导致利润率的下降。因此，在制定物流战略时，对行业竞争的激烈程度要有一个正确的分析和预测。

（3）替代产品压力　替代品设置了行业中企业可谋取利润的定价上限，从而限制了一个行业的潜在受益。第三方物流服务的一个很奇特的替代产品就是客户企业的物流由外包而转为自营。由此，设立了物流服务价格的上限，物流中心要取得高利润，就必须通过集约化经营，以较高的效率，较低的成本，提供较高水平的物流服务，充分显示出专业化物流服务的优势，客户才有可能选择第三方物流服务。

（4）买方砍价能力　在物流服务上买方的砍价实力取决于：自营的可能性，该行业竞争的激烈程度，还有它自身面临的竞争压力，如许多物流客户自身面临着降低价格的巨大压力，他在砍价时往往出乎意料的强硬。

（5）供方砍价能力　在物流服务上，供方是指货物或商品的提供者。它的砍价能力取决于其综合实力，如果供方企业市场规模很大，物流业务量很高时，在选择物流服务商时往往具有较强的砍价能力，导致物流服务商利润的削减。

2. 行业的生命周期分析

行业的生命周期是指从行业出现直到行业完全退出社会经济活动所经历的时间。行业生命周期由幼稚期、成长期、成熟期、衰退期四个发展阶段构成，如图 2-3 所示。

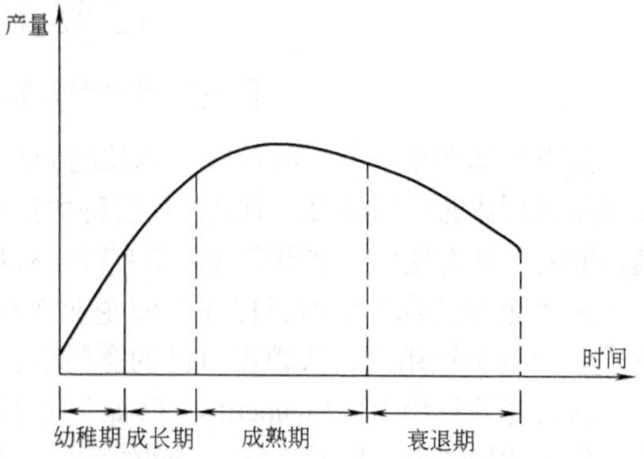

图 2-3　行业生命周期曲线

行业的生命周期是由社会对该行业的产品需求情况决定的。因为行业是随着社会某种需求的产生而产生，又随着社会需求的发展而发展，最后，当这种需求消失时，整个行业就随之消失。由于不同行业阶段所具有的不同特点，对于企业经营战略的选择和实施有重大影响。因此，正确识别物流中心所处行业的发展阶段非常重要。在识别一个行业处于哪个阶段时，主要的衡量指标有：市场增长率、需求增长率、产品品种、竞争者数量以及进入和退出壁垒、技术创新和用户购买行为等。

研究行业生命周期的目的是确定行业所处的发展阶段，可以对行业的现状和前景有基本的了解。然后，根据行业在该阶段的特点决定适合于物流中心发展的总体战略。

三、物流中心微观环境分析

物流中心微观环境分析也可称为内部条件分析，包括微观分析和自身分析两方面。

（一）微观分析——行业的需求与供给分析

物流中心内部条件分析的目的，是评估物流中心自身所拥有的资源和能力，分析资源和能力的变化趋势，从而把握自身的优势和劣势，这对物流中心正确制定经营战略非常关键。企业的内部条件是由若干要素组成的，这些要素都以各自不同的方式影响着企业的实力。根据表2-2对供给和需求两方面进行分析，具体要从以下四个重要方面进行分析，即：物流中心的经济效益分析、产品实力分析、竞争优势分析、内部管理分析。

表2-2 行业的供给与需求分析

需求：数量上是上升还是下降，上升速度多快	上升而且是快速上升，今后每年增长速度在10%以上，集约化物流年增长速度在25%以上
在质量上有何新变化	由于大型制造业、连锁商业与跨国采购的高速增长，集约化、一站式的服务将逐步取代粗放的单功能服务
供给——竞争对手情况	（1）承运人如轮船公司与铁路部门正大规模进入物流领域，形成新的供应与竞争能力 （2）民营物流公司大量出现，少数已完成资本积累，而进入高速扩张期 （3）国外物流企业进入我国的步伐正在加快 （4）目前，就国内公司而言，不管是大公司还是小公司，对集约化物流还缺乏经验，但是在货代、仓储、运输等集约化程度较低，服务要求较低的业务上，却形成了一窝蜂而上的无序竞争，由此导致利润率的持续下降，且有愈演愈烈之势

1. 经济效益分析

经济效益水平是衡量企业实力的重要指标。经济效益分析主要从物流中心的获利能力和资金周转状况两方面来分析。

（1）企业获利能力　评价企业获利能力的财务指标有：资产报酬率、所有者权益报酬率、销售利润率、成本费用利润率等。

（2）资金周转状况　资金周转状况反映了资金使用的效率及有效性，因此，可以反映物流中心的经营状况及管理水平。常用的指标有：存货周转率、应收账款周转率、流动资产周转率、固定资产周转率、总资产周转率等。

2. 产品实力分析

产品实力分析可以从以下几个方面进行，即产品的质量分析、产品的品种分析、产品成本与价格分析、产品的销售与服务分析、产品技术水平分析、产品及企业形象分析、产品获利能力分析等。

3. 竞争优势分析

竞争优势分析的目的是要发现物流中心自身的优势，培养优势，并且充分发挥优势。不同的企业由于处于不同的行业和不同的竞争环境，因此需要建立和突出的竞争优势也不同。企业应根据环境的特点和自身的特点，建立不同类型的竞争优势。常见的竞争优势有：技术优势、成本优势、资源优势和品牌优势等。

4. 内部管理分析

企业内部管理分析主要是分别针对管理的五大职能，即计划、组织、人员配备、指导与领导和控制进行分析。

（二）自身分析——SWOT 分析

1. 优势（Strong Points）

要分析自身在设备、设施、信息技术、市场占有率与营销网络、资金、人力资源、与供方关系等方面的优势，而且这种分析应该是一个详尽的比较分析，即要与各个主要竞争对手作比较，可能的话，应该是定量比较。

2. 弱点（Weakness）

即要分析自身在物流服务过程中的弱点和这些弱点对竞争能力的影响，另外还要考虑针对这些弱点的补救措施。

3. 机会（Opportunities）

通过宏观与微观分析，寻找需求与供应之间的缺口，这种现实的或者潜在的缺口正是企业的生存与发展的机会。对这种缺口的分析应该分门别类，在量与质上面都进行，从而为物流中心的市场定位打下基础。

4. 威胁（Threaten）

主要是分析现实竞争者、潜在竞争者的竞争能力与主攻方向，从物流行业看，既要看到现有物流企业的竞争，更要看到承运人以至大客户从企业物流而转化出新的独立的物流企业的可能性。当然也要分析市场总体需求在质上的变化对物流中心所产生的新的要求及不适应可能产生的后果。

第三节 物流中心战略的选择与实施

一、物流中心战略的类型及选择

物流中心在行业竞争中，为了生存、发展、获得较好的投资收益，必须根据企业自身的具体情况与行业环境，采用不同的发展战略。一般情况下，有三种基本战略可供企业选择：总成本领先战略（Overall Cost Leadership）、标新立异战略（Differentiation）、目标集聚战略（Focus）。

1. 总成本领先战略

总成本领先战略的核心是通过采用一系列降低成本的具体政策和措施，以总成本最低的优势在行业竞争中取胜。总成本领先战略要求建立起达到经济规模的物流服务基础设施，抓好每一环节的成本控制，最大限度地减少研究开发、服务、推销、广告等方面的成本费用。尽管质量、服务以及其他方面也不容忽视，但贯穿于整个战略中的主体是使成本低于竞争对手。

对物流中心而言，采用总成本领先战略要求有一个覆盖面较宽、效率较高、弹性较大的公共服务平台，保持一个较宽的相关产品系列以分散成本和费用，以及以批量购买的折扣价格向客户群提供服务等。因此，采用总成本领先战略就可能需要有很高的前期投资、激进的定价和承受初始亏损，以便取得较高的市场份额。而较高的市场份额又可获得采购的经济性而使成本进一步降低。一旦赢得了成本领先地位，所获得的较高的利润又可对新设备、新设施和现代化信息系统进行再投资以维护成本上的领先地位。这种再投资往往是保持低成本地位的先决条件。实行这种战略的物流中心必须努力处理好这个良性循环，而不能落入被动状态。

2. 标新立异战略（歧异化战略）

标新立异战略也称为歧异化战略。它是将企业提供的产品或服务标新立异，形成一些在全行业范围中具有独特性的东西，向客户提供独特的服务。采用歧异化战略可以有许多方式：设计品牌形象（如 Fedex、UPS）、技术特点、外观特点、经销网络及其他方面的独特性。最理想的情况是使企业在几个方面都标新立异。应当强调，这个战略并不意味着企业可以忽略成本，但此时成本不是企业的首要战略目标。如果标新立异战略可以实现，它就成为在行业中赢得超常收益的可行战略。标新立异战略利用客户对品牌的忠诚以及由此产生对价格的敏感性下降使企业得以避开竞争。它也可使利润增加却不必追求低成本。客户的忠诚以及某一竞争对手要战胜这种独特性需付出的努力就构成了进入壁垒。

实施这个战略有时会与争取获得更大的市场份额相矛盾。它往往要求企业对于这一战略的排它性有思想准备，即这一战略与提高市场份额两者往往不可兼顾。较为普遍的情况是，提供标新立异战略的服务往往成本高昂，如广告的研究、产品设计、高质量的材料或周密的顾客服务等，因而实现产品或服务歧异将意味着以成本地位为代价。但是，即便全行业范围内的顾客都了解企业的独特优点，也并不是所有顾客都愿意或有能力支付企业所要求的较高价格。

3. 目标集聚战略

目标集聚战略是指主攻某个特定的顾客群、某产品系列的一个细分区段或某一个地区市场。集聚战略的核心是围绕着很好地为某一特定目标服务这一中心建立的。这一战略的前提是：企业能够以更高的效率、更好的效果为某一狭窄的战略对象服务，从而超过在更广阔范围内的竞争对手。结果是，企业或者通过较好地满足特定对象的需要实现了标新立异，或者在为这一对象服务时实现了低成本，或者二者兼得。尽管从整个市场的角度看，目标集聚战略未能取得低成本或歧异优势，但它的确在其狭窄的市场目标中获得了一种或两种优势地位。

4. 三种基本战略的比较

成功地实施上述三种基本战略需要不同的资源和技能。基本战略也意味着在组织安排、控制程序和创新体制上的差异。现将三种基本战略在这些方面的含义进行说明，见表2-3。

表 2-3 三种基本战略比较

基本战略	通常需要的基本技能和资源	基本组织要求
总成本领先战略	持续的基本投资和良好的融资能力 对工人严格监督 低成本的分销系统	结构分明的组织和责任 以满足严格的定量目标为基础的激励 严格的成本控制
标新立异战略	强大的营销能力 满足严格的定量目标 对创造性的鉴别能力 很强的基础研究能力 在质量或技术上领先的公司声誉 在产业中有悠久的传统或具有从其他业务中得到的独特技能组合 得到销售渠道的高度合作	在研究与开发和市场营销部门之间密切合作 重视主观评价和激励而不是定量指标 有轻松愉快的气氛，以吸引高技能工人、科学家和创造性人才
目标集聚战略	针对具体战略目标，由上述各项组合构成	针对具体战略目标，由上述各项组合构成

5. 基本战略的其他表述形式

美国学者 Michael Treacy 教授在其企业战略专著中，指出企业战略有以下三种基本形式，即：

（1）产品领先——Product Leader，以 Sony 为例，Sony 产品总是在技术与质量上处于世界领先地位，尽管其价格较贵但以其品牌赢得了良好的市场份额与利润。

（2）操作优异——Operation Excellence，以 Fedex 为例，由于其巨大的规模、网络与较先进的设施，它可以较低的价格提供全球范围的优质服务。

（3）顾客亲和——Customer Intimacy，企业由于受制于技术水平和经济规模，不可能在大范围全行业展开有利竞争，转而对特定领域、特定顾客提供优质服务，以在其特定细分市场上获取优势，他以 Airborne 为例说明了这个战略。

归纳上述意见，可以说任何企业战略都应该是主动的、积极的、进攻的，总是追求在某一方面的领先以确保主动地位。而这领先无非是三种，即技术领先（标新立异战略、产品领先战略）、经济规模领先（低成本战略、操作优良战略）、对特定客户的服务领先（目标集聚、顾客亲和）。世界上没有追求被动、追求落伍的战略，只有寻求领先的战略，问题是要审时度势，从自身资源出发，确定合适的、明确的领先战略。

二、物流中心战略的实施

物流中心战略的实施是在战略选择的基础上进行的。通过对物流中心内外部环境的分析，确定出物流中心的发展战略，接下来战略管理的重点就转向了战略实施。所以，战略选择是战略实施的前提，而战略实施是战略选择得以实现的保证。

战略实施的主要内容是制订物流中心的战略实施计划。计划是物流中心系统地开发可以达到预定经营目标的各种行动和项目，而战略实施计划强调物流中心组织的整体性，它是一个在 3～5 年的期限内，将物流中心视为一个整体，共同实现物流中心目标的长期计划。

1. 战略实施计划系统的设计

战略实施计划没有统一的模式，而且不同的物流中心由于影响其计划系统设计的因素不同，在进行战略实施计划设计之前，首先要分析影响战略计划设计的因素。

（1）影响战略计划系统设计的因素　所谓影响因素主要是指它们对计划系统规范程度有影响。影响因素主要有以下几方面：

1）物流中心的规模　这是影响战略实施计划系统设计的一个主要因素。首先是物流中心形态的影响，小物流中心一般表现出比较宽松、灵活性强、非正式程度高的特点。因此，小物流中心战略实施计划趋于非规范化，较为简单。大物流中心的特点正好与小物流中心相反，一般情况下，大物流中心的战略实施计划规范程度较高，较为详尽。其次是计划角色的影响。小物流中心参与计划的人员少，作业较为简单，所以它的战略实施计划系统不如大物流中心的战略实施计划系统复杂，同时物流中心的经理往往迫于环境的压力，不得不用大量的时间与精力去处理当前的经营问题，很少有时间进行战略方面的思考；在大物流中心中，参谋人员能够解决日常工作中的问题，高层经理便可以有时间去研究全局性的战略问题。再次是组织结构的影响，物流中心如果采用集权式的组织结构，经营业务又比较单一，该物流中心的计划系统则会简单些；若物流中心采取分权制，又经营若干个互不联系的业务，该物流中心的计划系统就比较复杂。

2）管理风格　物流中心高层管理的风格对于计划工作系统的设计有较大的影响。不同的管理风格产生出不同的计划工作系统。一般来讲，高层管理人员的思维方式、信奉的管理哲学、制定决策的方式、解决问题的方法等都会明显地表现出他们内在的风格。研究管理风格会更清楚地认识到一个物流中心的计划系统的特色，以便采取相应的实施措施或竞争战略。

3）经营过程的复杂程度　具有资本密集型或高技术密集型的物流中心需要相对复杂的、正式的计划系统。与此特性相反的物流中心则倾向于较为简单的、比较灵活的计划系统。

4）物流中心环境的复杂程度　这是一个重要的影响因素。物流中心处于一种竞争较弱的相对平衡环境中时，一般很少有计划，即使有计划，也往往是形式上的。如果物流中心处于动荡的环境之中，竞争压力较大，则物流中心需要有相应的战略实施计划，而且该计划要有相当大程度的灵活性与非正式性。除以上因素之外，影响战略实施计划系统设计的因素还有战略实施计划的目的、改变组织结构的能力、有效制定计划的信息等因素。不同条件的物流中心要根据自己所处的环境来考虑影响因素，从中找出关键因素，不能照抄照搬其他成功物流中心的战略实施计划。

（2）战略实施计划系统设计的方法　战略实施计划系统设计一般有三种不同的方法：

1）自上而下的方法　在西方国家的物流中心中，实行集权制的物流中心在采取这种方法制订计划时，一般是首先由公司总部的高层管理人员制订出整个物流中心的计划，然后，各部门再根据自己的实际情况以及总部要求来实施计划。实行分权制的物流中心一般由公司总部给各事业部提出计划指导书，要求他们制订详细计划，公司总部检验并修改这些计划之后，再将计划返还各事业部去执行。

这种方法最突出的优点是物流中心的高层管理者决定着整个物流中心的经营方向，可以对各事业部或各部门如何实现经营方向提供具体的指导。这样，物流中心的高层管理人员可以集中精力去思考经营方向，制订应达到的战略目标，以及可能贯彻实施的战略。不足之处是，高层管理者可能会因为没有经过深思熟虑，对下层各部门或事业部提不出详尽的指导。另外，事业部的管理人员也可能会认为这种自上而下的指导是一种约束，不能发挥他们的主观能动作用。

2）自下而上的方法　物流中心运用这种方法时，高层管理者对事业部不给予任何指导，只是要求各事业部提交计划。高层管理人员从中掌握主要的机会与威胁、主要的目标、实现目标的战略、计划实现的市场占有率等信息，对此加以检验平衡，然后给予确认。

此方法的优点是，由于高层管理者对事业部没有具体的指导，各事业部会感到计划中的约束较少，可以提出更加完善的计划。不足之处是，有些习惯于指导方式的事业部的管理人员会感到无所适从，从而影响计划的质量。

3）上下结合的方法　在制订计划的过程中，既有高层管理人员参加，也有事业部的管理人员参与。此方法的最大优点是，可以产生较好的协调效果，从而物流中心可以用较少的时间和精力完成更具有创造性的计划。这种方法多为分权制的物流中心所采用。

2. 战略实施计划的制订程序

物流中心的管理层次一般分三层，即总部、事业部与职能部门，因而产生三种主要战略与计划：全局性（总体）战略与计划，经营战略与计划，职能战略与计划。为使这三种战略与计划相互衔接，密切配合，有必要考虑运用一定的程序来制订战略实施计划。

（1）建立物流中心总体目标　在计划的最初阶段，物流中心总部的经理与事业部经理之间要进行初步对话，共同探讨物流中心总体目标。在探讨过程中，各事业部对目标深入的程度与范围可以有不同的看法。在对话的基础上，物流中心总部为事业部经理制订本事业部的战略实施计划规定了一定的方向，然后，各事业部根据自己的战略来制订计划，最后，物流中心总部在均衡配置物流中心各项资源的基础上，阐明物流中心的总体战略。

（2）制订事业部的战略方案　在物流中心总体目标确定以后，总部高层管理者应要求各事业部的经理制订出本事业部的战略方案，详细说明该事业部所确定的经营活动范围和目标，提出经营战略与下一年度的临时目标。在计划过程中，这一步骤相当重要。一个清楚的战略方案可以使各事业部更加明确自己的经营范围，减少各事业部之间相互竞争的风险。

战略方案制订以后，事业部经理要向物流中心总部高层管理人员提交自己的经营目标与战略，以及贯彻实施的计划，最后由物流中心总部来平衡。

（3）达成贯彻实施的行动计划的临时协议　各事业部的负责人与职能部门的经理达成有关要贯彻实施的行动计划的临时协议。之所以是临时协议，是因为这时不可能明确地指出销售目标或利润目标，因为过细的计划会约束部门经理的行为，使他们失去了创造性地实现事业部目标的机会；另一方面是因为只有在物流中心总部同意了事业部的计划并给予相应的资源后，事业部的目标才能最后确定下来。

（4）确定资源分配，安排详细的资金预算　事业部负责人与总部再次协商，最后决定资源的分配，安排详细的资金预算。在资源分配上，物流中心总部既要考虑满足每个事业部的要求，也要有个通盘的安排，确保整体的平衡。

案例评析

【案例】 日本物流环境发生重大变化后所采取的战略

一、日本物流环境发生的重大变化

(1) 多批次、小批量配送急剧增加　企业将所开发的各种各样的新产品不断地推向市场，目的是为进一步适应：①个性化、多样化；②由看重数量到看重质量；③现用现买等消费需求得到了进一步的发展。

面对这样的市场，零售商必然采取以下措施：①及早发现畅销商品和滞销商品；②提高柜台利用效率；③采取小批量进货。因而零售商对多批次、小批量配送的要求迅速增多。

(2) 物流的供求缺口　1965～1974 年，是高速经济增长时期，物流增长与经济增长同步。1973 年石油危机之后进入低速经济成长时期，物流量停止增长。后来一个时期的情况，如通产省“物流及经济成长研究会”的报告指出：“1981 年以后，由于扩大内需，日本国内的生产及消费都很活跃，由于物流量的增加，由于各种原因造成的运输距离的扩大，由于物流所需根据各种因素以及产业构造的软件化、服务化的进展，由于生活方式、价值观的改变等原因形成的日本国内需求结构的变化，在物流服务方面产生了新的物流需求。这种物流时期下的服务需求的增长又成为一种新的物流需求，带动了物流量的增加。”

从物流的供应来看，汽车运输的比例增加，特别是汽车运输中的营业性运输的急剧增长，出现了驾驶员不足、载货效率降低以及由于道路拥挤所造成的运输效率下降等问题。

(3) 人手不足与工时缩短　运输省政策审议会在其咨询恢复报告《关于物流业劳动力对策问题》中提出：从物流业的劳动密集型性质考虑，劳动力缺乏十分严重，如不及早解决，劳动力问题将成为瓶颈，日益影响运输服务的顺利开展。关于工时缩短问题，报告中警告说：2000 年按一个劳动力全年总劳动时间为 1 800h 计算，则需比现在增加 86 万人，使之达到 213 万人，即使按 2 000h 计算，总人数也将达到 193 万人。可以预料，劳动力不足的问题将日趋突出。

今后在物流业中劳动力问题，将成为长期性的、结构性的紧迫问题，可能成为制约国民经济发展和国民生活水平提高的瓶颈。

(4) 地价高涨　日本由于 20 世纪 80 年代后期出现泡沫经济，地价大幅度上涨。地价的上涨成为阻碍物流中心、仓库等物流设施投资的一大原因。

(5) 社会环境恶化　1965～1974 年经济高度成长时期，由于物流量增大，需要重视并解决物流基础设施不足、交通事故增多、汽车废气污染等问题，但这些问题还没有发展到影响国民经济增长、影响国民生活水平提高的瓶颈的程度。1987 年以后，由于国民经济转为内需主导型经济，物流量增大，多批次、小批量配送急剧增多，汽车运输增多，以致交通公害、环境污染、能源过量消耗等问题使社会环境迅速恶化。

特别是城市运输和地区内运输，使用载重汽车成为唯一手段。单纯依靠汽车运输致使大都市的汽车过多，在引发交通阻塞、交通混乱和交通事故的同时，也引发大气污染、振动、噪声等环保问题和能源问题。

在这种情况下，物流必须采取措施努力使自己符合社会的要求，并与社会系统相协调。

(6) 物流成本上升　由于多批次、小批量和 JIT 等高物流服务，以及其他的（非正规的、过高的）服务需求造成了运输费用上升；由于商品多品种化和商品生命周期缩短等难以确定的因素造成了库存费用上升；由于劳力不足造成了人头费用增加；由于地价上升造成了物流中心的投资费用增多；由于道路混乱造成了公路运输的效率下降。可见，物流成本上升已成为企业经营上必须解决的重大问题。

二、日本物流企业采取的战略

针对物流环境的变化，日本物流企业采取的战略有以下几点：

(1) 按不同性质的企业实行不同的配送方案，如对一般商店实行多批次、少批量配送；对超市、减价商店实行大额配送。

(2) 集中处理货物统一配送。

(3) 争取实现生产（进货）、销售等物流业务的功能整合以及厂家、批发商、零售商流程整合，亦即实现物流的整合。

(4) 缩短物流路线或厂家、批发商和零售商直接挂钩或组成产销同盟，将货物迅速、有效地送到柜台。

(5) 争取实现物流一体化。

(6) 批发商争取实现全品类经营。

以上简要地论述了由于物流环境的变化日本物流企业所采取的一般战略，今后随着竞争的加剧，对于物流战略的要求将会更高。

案例分析：

战略是为实现企业的长远目标所选择的发展方向、所确定的行动方针，以及资源分配方针和资源分配方案的一个总纲。制订战略要从分析企业所处的环境入手，目的是为企业发展指明方向、重点和资源分配的优先次序。

20 世纪 60 年代以后，日本经济迅速发展，人民生活水平不断提高，人们的生活方式和价值观念发生了改变，导致了日本国内需求结构的变化，需求呈现出个性化、多样化、服务的及时性等特点。这种宏观环境的变化，导致了日本国内对物流行业的高水平需求。企业为满足这种需求，不得不投入大量的人力、物力和财力，造成企业物流成本大大上升，并且带来一系列的社会问题，如交通拥挤、环境污染等，物流问题已经成为制约国民经济发展和人民生活水平提高的瓶颈。为此，日本政府大力发展物流业，物流中心作为第三方物流服务企业，采取不同的企业发展战略，通过优化资源配置，提高专业化管理水平，及时满足了社会对物流多批次、小批量和JIT的服务需求，同时降低了物流成本，因此，第三方物流行业蓬勃发展，在日本国民经济发展中起到了举足轻重的作用。

【本章小结】

物流中心战略管理是物流中心运作管理的一个重要组成部分。目前，物流业的竞争愈演愈烈，在这种环境下，制订一个合适的战略，对物流中心来说至关重要，它关系到企业的生存与发展。本章共包括四部分内容：首先介绍了物流中心战略及战略管理的基本概念。在此基础上，按照制定战略的顺序对制定战略所涉及到的几个内容展开。第二部分介绍的是物流中心的环境分析，分为物流中心宏观、中观、微观环境分析。在环境分析的基础上，展开第三部分，这部分介绍的是物流中心的战略选择与实施。最后一部分是案例分析，对日本物流环境的变迁进行了详述，并在此基础上简述了日本物流企业所采取的战略措施。

【复习思考题】

1. 简述战略、物流战略、物流战略管理的概念。
2. 战略管理分哪几个阶段？各阶段的工作内容分别有哪些？
3. 简述物流中心战略的组成部分和层次结构。
4. 物流中心的宏观环境有哪些？
5. 简述产业结构和竞争状况分析的方法。
6. 简述SWOT分析法。
7. 简述物流中心战略的基本类型。

第三章　物流中心客户管理

【知识目标】

通过本章学习，重点掌握物流中心客户服务要素，确定客户服务战略的方法；掌握物流中心客户的类型、物流中心客户管理程序及物流中心客户服务业务运作流程，以及客户服务战略的类型；了解客户服务对物流中心运营的重要性等方面的内容。

【能力目标】

通过本章学习，使学生初步具备利用所学方法确定客户服务战略的能力；能利用 ABC 分析法找出企业的重点服务客户；并具备制订科学合理的客户服务流程的能力。

第一节　概　　述

客户管理是物流中心运作管理的一项重要内容。在当今竞争日趋激烈的物流市场上，谁能赢得客户谁就能获得竞争优势。因此，物流中心管理的第一目标就是客户满意，在经营战略中首先确立客户服务的目标，通过差别化的物流服务满足客户的不同需求。

一、物流中心客户管理的概念

客户管理是从“以产品为中心”向“以客户为中心”转变过程中的必然产物，它使企业的关注焦点从企业的内部运作拓展到与客户的关系上来。它能帮助企业广泛获得客户的真实信息，在客户需求的拉动下，重组企业内部资源以及其他企业的优势资源，通过个性化的客户服务，提高客户价值和企业价值。

物流中心客户管理是指在客户信息收集和分析的基础上对客户的状况进行把握，并作出客户服务决策的过程。搞好物流中心客户管理首先就要了解客户的需求，实现快速反应，提供个性化需求的满足，以超出客户期望值的服务赢得客户信任，不断通过改善客户服务质量来提升客户价值，最终实现双赢。

二、物流中心客户服务

客户服务是物流中心客户管理的重要内容，或者说是核心内容。

（一）客户服务的定义

客户服务的定义是随企业而变化的，不同的企业对客户服务这一概念有不同的理解。对大多数企业来说，客户服务可以用如下一种或几种方式来定义：

（1）一项管理活动或职能，如订单处理、客户投诉处理等。

（2）特定参数的实际业务绩效，如在24h内实现98%的订单送货率。

（3）企业整体经营理念或经营哲学的一部分，而非简单的活动或绩效评价尺度。

广泛地讲，客户服务可以定义为：发生在买方、卖方及第三方之间的一个过程，这个过程使交易中的产品或服务实现增值，这种增值意味着双方都得到价值的增加。从过程管理的观点来说，物流的客户服务是通过节省成本费用为整个物流交易提供重要的附加价值的过程。

客户服务是所有物流活动或供应链过程的产物。物流中心的客户服务水平是衡量其物流系统为客户创造的时间和地点效用能力的尺度，它决定了物流中心能否留住现有的客户及吸引新客户的能力，影响着物流中心的市场份额和物流总成本，并最终影响其盈利能力。

（二）物流中心的客户服务要素

人们经常将客户服务与客户满意相混淆，其实，客户满意是指客户对产品和服务可感知的效果，它是对产品和服务全方位的评价。客户服务的质量直接影响着客户满意程度，因而，了解客户服务要素，对于为客户提供全方位的服务非常重要。以买方与卖方发生交易的时间为参照，客户服务要素的构成为：交易前要素、交易中要素、交易后要素。

1. 交易前要素

交易前要素为开展良好的服务创造适宜的环境。这部分要素尽管并不都与交易直接相关，但对后面的服务营销产生重要影响。客户对物流中心的印象和整体的满意度都与交易前要素密切相关。物流中心为稳定持久地开展客户服务活动，必须先对交易前要素做好以下几个方面：

（1）提供给客户的服务说明书　让客户能了解到自己能够获得什么样的服务，否则客户可能产生一些不切实际的要求。同时，客户也可以知道在没有得到应有的服务时该与谁以什么方式联系（如果客户在遇到问题或需要了解某些信息时找不到具体的人询问，他很可能一去不复返）。

（2）关于客户服务的员工岗位操作手册　操作手册要对客户服务条例进行说明，阐明服务的标准，明确每个员工的责任和具体业务内容；所规定的每项服务绩效不仅要可量化考核，还应有可操作性。

（3）便于快速沟通的组织结构　尽管不存在适合于所有企业的通用的最优组织结构模式，但对每个企业而言，都应该有一个较好的组织结构，以保障和促进各职能部门之间的沟通与协作，以便在市场出现任何状况时可以及时组织、协调，做出反应。总体负责客户服务工作的人在物流中心中应该具有相当的职责和权威，因为这项工作涉及物流中心多个部门，往往需要多方面协作和快速响应。

（4）反应灵活的物流系统　物流系统在设计时要注意柔性和必要的应急措施，以便顺利地响应诸如原材料短缺、自然灾害、劳动力紧张等突发事件，及时补充库存，避免因缺货造成的损失。

（5）其他服务　物流中心应当为客户（特别是中间商）提供购买、存储等方面的管理咨询服务。具体的方式包括发放培训手册、举办培训班、面对面培训等，这类服务往往免费或收费较低。

上述交易前要素是相对稳定而长期的，较少发生变动，从而使得客户对所获服务的期望值保持稳定，也有利于物流中心良好形象的树立。

2. 交易中要素

交易中要素主要指直接发生在交货过程中的客户服务活动，也就是最经常与客户服务相联系的活动，主要包括以下内容：

（1）信息的完全性与准确性　订货信息，即向客户快速准确地提供所购商品的库存信息、预计的运送日期。对客户的购买需求，物流中心有时难以一次完全满足，这种订单需要通过延期订货、分批运送来完成。延期订货发生的次数及相应的订货周期是评估物流系统服务优劣的重要指标。延期订货处理不当容易造成脱销，对此，物流中心要给予高度重视。客户不仅希望快速获得广泛的数据信息，同时也要求这些关于订货的信息是准确无误的。物流中心对不准确的数据应当注明并尽快更正，对经常发生的信息失真要特别关注并努力改进。

（2）订货周期的稳定性　订货周期是从客户下订单到收货为止所跨越的时间。订货周期包括下订单，订单汇总与处理，货物拣选，包装与配送。客户往往更加关心订货周期的稳定性而非绝对的天数。当然，随着对时间竞争的日益关注，物流中心亦越发重视缩短整个订货周期。

（3）订货的便利性　指客户下订单的便利程度。客户总是喜欢同订货条件便利和友好的卖方打交道。如果单据格式不正规，用语含糊不清，或在电话中等待过久，客户都有可能产生不满，从而影响客户与物流中心的关系。对于这方面可能存在的问题，物流中心可以通过与客户的直接交流来获悉，并要予以详细记录和改进。

（4）缺货水平　是对物流中心产品可供性的衡量尺度。对每一次缺货情况要根据具体产品和客户做完备记录，以便发现潜在的问题。当缺货发生时，物流中心要为客户提供合适的产品，或尽可能地从其他地方调运，或向客户承诺一旦有货立即安排运送，目的在于尽可能保持客户的忠诚度，留住客户。

（5）替代产品　客户所购的某种产品暂时缺货时，不同规格的同种产品或者其他品牌的类似产品可能也能够满足客户的需要，这种情况在现实中时有发生。物流中心在制订产品替代策略时要广泛征求客户的意见，并及时将有关的政策和信息通知客户。在有必要向客户提供替代产品时，应征询客户意见并取得其认可。例如，某家具制造商需要容量为2L的罐装漆，而油漆经销商正好卖光了这种油漆。油漆经销商若提供6L装的产品，则不是正确的替代方式，因为该家具制造商每次工作只需要1.5L油漆，6L的罐装产品打开后一次只能用一小半，多次使用也不方便。相反，如果油漆经销商提供1.5L装的产品，对方很可能会乐意接受。

（6）特殊送货　有些订单的送货不能通过常规的运送体系来进行，而要借助特殊的送货方式。例如，有的货物需快速运送或需要特殊的运送条件。物流中心提供特殊货运的成本要高于正常运送方式，但能争取客户的信任度。因此在使用特殊送货时，要注意应用的对象和条件。

客户服务的交易中要素往往备受客户关注，因为对客户而言，这些要素是最直接和显而易见的，有80%的客户认为产品的运送甚至与产品质量本身同等重要。所以，处理好客户服务的交易中要素对于减少客户不满十分重要。

3. 交易后要素

客户服务的交易后要素是物流中心对客户在接收到产品或服务之后继续提供的支持。这类要素曾经是客户服务要素中最常被忽视的部分，但是现在却得到了越来越多的关注。售后服务对提高客户满意度和留住客户至关重要，主要包括以下内容：

（1）服务跟踪　为防止客户因产品或服务问题提出投诉，物流中心必须对产品与服务进行跟踪并及时从市场上收回存在隐患的产品。

（2）客户的批评、投诉和退货　为消除客户的批评，需要一个准确的在线信息系统处理来自客户的信息，监控事态的发展，并向客户提供最新的信息。物流系统的设计目标是将产品顺利传递到客户手中，而那些非经常性的操作，特别是客户退货的处理，其费用是很高的，但这一环节处理的恰当与否对给客户留下的印象好坏却很重要。因此，物流中心对客户批评要有明确的规定，以便尽可能及时有效地处理，维护客户的忠诚度。

（3）暂时借用　当客户所购买的产品未到货或先前购买的产品正在维修时，可将物流中心的备用品借给客户暂时使用，如通信设备、车辆等。这样既给客户提供了便利，也可以增强客户忠诚度。

（三）客户服务对物流中心运营的重要性

（1）客户服务水平是决定物流中心经营绩效的重要因素　物流服务水平是物流系统构建的前提条件，在物流开始成为经营战略重要一环的过程中，物流服务越来越具有经济性的特征，即物流服务受市场机制和价格机制的作用，或者说市场机制和价格机制的变动通过供求关系既决定了物流客户服务的价值，又决定了一定客户服务水平下的成本。所以，物流客户服务水平不是越高越好，而是应该在一个合理的成本水平上。否则，不切实际的、过高的物流客户服务水平对物流中心的绩效有弊无益。

（2）客户服务的差异性为物流中心提供竞争优势　在当今市场竞争激烈的时代，很多企业都提供了在价格、特性和质量方面相似的产品，这时候，客户服务的差异性将为企业提供超越于竞争对手的竞争优势。面对日益激烈的国内、国际市场竞争和消费者价值取向的多元化，物流管理者已发现加强物流管理，改进客户服务是创造持久的竞争优势的有效手段。

（3）客户服务方式的选择是降低成本的重要途径　低成本战略历来是企业营销竞争中的重要内容，也是企业在市场上取得价格优势的基本保证。客户服务方式的选择对成本有较大影响。合理的服务方式不仅能提高商品的流通效率，而且能降低生产及流通成本，成为企业的第三利润源泉。

（4）客户服务是有效联结供应商、制造商、批发商和零售商的重要手段　美国营销专家菲利浦·科特勒在《市场营销原理》一书中指出：随着现代社会经济全球化、网络化的发展，现代企业的竞争已不是单个企业之间的竞争，而是一种网络间的竞争；现代企业的竞争优势不是单一企业的优势，而是一种网络优势。因此，企业经营网络的构造是当今竞争战略的主要内容，物流客户服务作为一种特有的服务方式之一，一方面以商品为媒介，打破了供应商、厂商、批发商和零售商之间的隔阂，有效地推动了商品从生产到消费全过程的顺利流动，另一方面，物流服务通过自身特有的系统设施（POS、EOS 等）不断将商品销售、在库等重要信息反馈给流通中的所有企业，并通过对信息的挖掘、分析和决策支持系统，使整个流通过程能协调一致，及时地应对市场变化，进而创造出一种超越单个企业的供应链价值。

三、物流中心客户的类型

物流中心的客户从不同的角度划分就有不同的类型。

（一）按客户需求的物流服务业务划分

根据客户对物流中心提出的不同物流服务需求，将客户分为：

（1）运输服务需求型客户　就是委托物流中心实现其物品空间位置移动的委托企业或个人。运输是物流中心的主体功能之一，运输服务需求型客户也是物流中心的主要客户类型。此类客户向物流中心提出的是完成区域间货物干线运输的单项物流服务需求。从物流系统来讲，运输是实现物品空间位置的物理性转移，是实现物流空间效用的。运输所完成的物品空间位置的物理性转移过程，就是物流运输客户服务过程。

要进行有效的物流运输客户管理，除了要了解运输管理的基本原理外，还应了解物流运输客户的特点，即了解其类型、期望与价值让渡关系等。物流运输日趋扩大，运输方式日趋增多，运输方法日趋科学。客户在寻找合作伙伴时，除考虑运输价格外，更多地是去选择服务到位、设备先进、运输方便的物流运输。因而，物流中心必须充分认识到上述有关方面，才能更好地满足运输服务型客户的需求。

（2）仓储服务需求型客户　仓储是物流中心的主体功能之一，仓储服务需求型客户也是物流中心的主要客户类型。物流中心为客户提供的仓储服务可以分为以货物保管为主的传统仓储服务和以加速商品流通为目的，可以为客户提供从出入库作业到库存管理、信息提供、商品配送等综合服务的现代仓储服务，也可以只是将仓库出租给客户，客户自己负责仓库的运营管理。仓储的主要任务是克服物品在生产与消费时间上的差异，以提供物流的时间效用。

（3）流通加工需求型客户　流通加工是在流通领域对商品进行的简单加工活动，目的在于提高商品的附加价值，满足客户对于商品的多样化需求，提高运输效率等。

（4）配送需求型客户　配送活动几乎包含了物流的所有功能，它是按照客户订单的要求进行货品的拣选、加工、包装、组配等作业，并按客户要求的时间送达客户要求的地点。物流中心相对于配送中心来讲，它所完成的是“少品种、大批量”的作业，所以，物流中心的配送需求型客户主要是大客户，它的服务对象一般是周边城市配送中心、大型零售店等企业型客户，一般不针对个人等小型客户。

（5）综合服务需求型客户　这类客户要求物流中心为其提供一体化的物流服务。要求物流中心能针对其物流服务需求，设计物流解决方案，对其整个物流系统进行优化管理和系统化运作。它与物流中心结成一种战略联盟关系，是物流中心的长期合作伙伴。

（二）按客户对物流中心的贡献度划分

按客户对物流中心的贡献度划分，可将客户划分为以下几种类型（见表3-1）：

表3-1　按贡献度划分的客户类型

客户类型	比重	档次	利润
头顶客户（关键客户）	5%	高	80%
潜力客户（合适客户）	15%	中	15%
常规客户（一般客户）	80%	低	5%

（1）常规客户或称一般客户　物流中心主要通过让渡财务利益给客户，从而增加客户的满意度，而客户也主要希望从物流中心那里获得直接好处，获取满意的客户价值。他们是经济型客户，消费具有随机性，讲究实惠，尤其注重价格优惠。从数量上看，他们是物流中心与客户关系的最主要部分，可以直接决定物流中心的短期现实收益。

（2）潜力客户或称合适客户　他们希望从与物流中心的关系中增加价值，

从而获得附加的财务利益和社会利益。这类客户通常与物流中心建立一种伙伴关系或者“战略联盟”，他们是物流中心与客户关系的核心。

（3）头顶客户或称关键客户　他们除了希望从物流中心那里获得直接的客户价值外，还希望从物流中心那里得到社会利益，如成为客户俱乐部的成员等，从而体现一定的精神满足。他们是物流中心比较稳定的客户，虽然数量不占多数，但对企业的贡献高达80%左右。

四、物流中心客户服务业务运作流程

客户服务业务的水平和方式直接影响到物流企业的经营绩效，因此合理的运作流程对于物流中心至关重要。客户服务业务运作流程如图3-1所示。

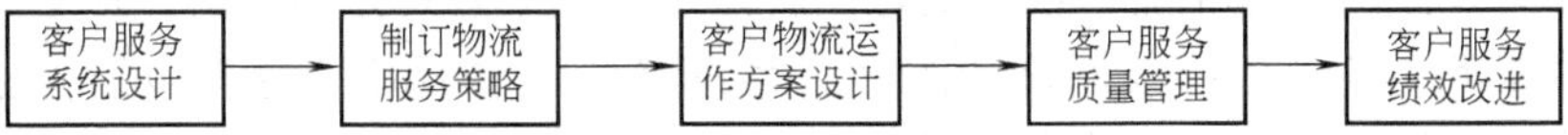

图3-1　客户服务业务运作流程

（一）客户服务系统设计

物流中心客户服务系统是指发生在客户与物流中心之间的包括物流服务设施和物流服务作业在内的体系。良好的客户服务系统是开拓物流客户的基本途径。

物流中心客户服务系统包括有形的设施和无形的设施。其中有形的设施是指服务中心、服务组织机构、设备场所；无形的设施主要包括管理监控和物流信息系统。只有客户服务系统与物流业务运作相适应时，才能满足企业增强市场竞争力的需要。

（二）制订物流服务策略

客户服务策略是向客户提供服务的确切方案。要提供杰出的客户服务，首要任务是制订一套客户服务策略，没有一套科学合理的物流服务策略，物流服务必然处于混乱状态，从而影响到整个物流运作的质量。

良好的客户物流服务策略应该建立在以下三个核心问题之上：

客户的有效需求是什么？

企业的服务方向定位是什么？

企业的价值观是什么？

（三）客户物流运作方案设计

企业的物流运作活动，包括运输、保管、装卸、配送直到最后商品通过销售到消费者手中。物流运作的合理化将在保证物流服务质量的前提下，提高物流服务效率与降低物流成本。

客户物流运作方案设计的主要内容包括：客户物流现状及存在的主要问题分析；物流中心拟建议的物流方案；物流中心具备的运作保证体系，如有效的资源整合方式、高效的物流管理信息系统、物流服务内容和质量、物流成本控制、投诉处理反馈、客户回访制度等；运作效果分析，重点论述物流中心物流运作方案的可行性和优越性，如有可能，应提供相关效益测算数据。

（四）客户物流服务质量管理

客户物流服务质量管理的内容就是对服务质量进行持续的监督和改进，不断追求更高品质的服务，以提高客户的满意度，增强企业的市场竞争力。持续地进行物流服务质量的改进，应当设定服务质量标准，改善服务流程，改进服务方法。

总之，物流服务质量的改进是一个循序渐进的过程。对于忽视质量改进的物流企业将很难赢得新客户，甚至会导致其原有客户的流失。

（五）客户物流服务业务绩效改进

作为一流的物流企业，仅有良好的客户服务质量管理是不够的，还必须定期对物流服务业务进行绩效评价和改进。客户服务的绩效评价指标包括价格、质量、作用、形象、名誉、关系和服务等指标。

要提高客户服务绩效必须首选立足于掌握客户的需求。明确客户对服务的需求，不断改进原有服务系统中的不足，引进国内外先进的管理方法和理念，制定合适的客户服务战略，以最低的服务成本为企业留住及争取最有价值的客户。

第二节 物流中心客户管理程序

物流中心客户管理是基于物流、资金流、信息流，通过合作伙伴关系，实现信息共享、资源互动和客户价值最大化，并以此提升企业竞争力。它是融入企业经营理念及生产管理、市场管理和客户服务等内容为中心的管理。

物流中心客户管理首先应当对物流客户进行识别和选择，以支持企业在合适的时间和合适的场合，通过合适的方式，将合适价格的合适产品和服务提供给合适的客户。它的管理流程如下：

一、客户需求信息资料的收集

收集、整理和分析客户信息是客户管理的基础，根据客户信息制订客户物流服务方案，以满足客户的个性化物流服务需求。

（一）物流客户信息的收集要领

信息的收集是信息流运行的起点，也是重要的第一步。收集信息的质量（即真实性、可靠性、准确性、及时性）决定着信息时效价值的大小。在信息收集过程中要求遵守如下原则：

（1）要有针对性　重点围绕物流活动进行，针对不同信息需求以及不同经营管理层次、不同目的和要求进行收集。

（2）要有系统性和连续性　系统的连续的信息是对一定时期经济活动变化概况的客观描述，它对预测未来的经济发展具有很高的使用价值和研究价值。

（3）要有计划性　信息收集过程的管理工作要有计划性，使信息收集过程成为有组织、有目的的活动。

（二）客户需求信息收集的内容

客户需求信息收集的内容从客户服务要素的角度考虑主要包括交易前、交易中和交易后与客户需求有关的各种信息。交易前的此类信息主要包括客户服务说明书、客户服务员工岗位操作手册、客户服务系统的组织结构等方面的内容；交易中的此类信息主要包括订货周期、订货的方便性、缺货水平、特殊送货方式等内容；交易后的此类信息主要包括客户投诉和退货、客户索赔、服务跟踪等内容。

（三）客户需求信息收集的方法

客户需求信息收集按获取方式可分为一般收集方法、客户调查收集法以及现代收集方法等。

1. 一般收集方法

一般收集方法主要包括统计资料法、观察法、会议现场收集法、阅读法、视听法、购买法等。

2. 客户调查收集法

所谓客户调查法，就是物流中心有意识地获取客户的意见，包括需要尽量收集所有与客户经历相关的信息，如物流服务的质量、客户经历等。

客户调查一般使用电话调查、邮件调查、对失去的客户的调查、内部客户信息统计等方式来收集与物流中心相关的客户信息。

3. 现代收集法

现代收集法主要包括网络收集法和数据库收集法。网络收集法是现代信息收集的主要方法，它具有快捷、直观、丰富等特点。数据库收集法是物流中心从一些大型数据组中寻找所需客户资料的方法，如银行和信用卡公司、电信公司，以及其他须储存客户大量信息数据的公司，存储的数据不仅包括客户的地址，还包括他们的职业以及年龄、家庭人数、收入以及其他信息。

二、客户需求信息分析

（一）客户需求分析的目的

利用客户需求分析可以查清客户需求与物流中心提供的物流服务水平之间存在什么差距，并根据需求信息明确企业需要改善或提高物流服务的哪些方面，以及提高到什么水平。要真正全面掌握客户的真实需求及其对物流中心物流服务的愿望，调查时所提出的问题要尽可能具体、全面。此外，还应当注意的是，客户需求肯定会有先后顺序，一般位于优先位置的是企业物流服务的核心要素，而且针对不同的细分市场，服务要素的先后顺序也不尽一致。可以采用列表的方式，将客户服务要素与其需要达到的水平进行量化，以便接下来重新制定客户服务目标。

（二）客户需求信息分析

1. 对客户需求信息进行分类

由于在不同的细分市场中客户对服务的要求也不一样，所以物流服务水平的设定必须从分析市场特性开始。此外，客户思维方式以及行为模式的差异也会使得客户需求呈现出多样化的特征。在这种情况下，以什么样的特征为标准来区分客户群，成为制订物流服务战略、影响核心服务要素的重要问题。另外，在对客户需求类型化的过程中，应当充分考虑不同客户对物流中心的贡献以及客户的潜在能力，也就是说，针对物流中心重要的客户群体，应在资源配置、服务等方面予以优先考虑。

2. 根据不同的客户群体制订相应的物流服务组合

对客户需求进行分类之后，首先需要做的是针对不同的客户群体制订出相应的物流服务基本方针，从而在政策上明确对重点客户群体实现经营资源的优先配置。此后，进行物流服务水准设定的预算分析，特别是要确定商品单位、进货时间、特别附加服务等重要服务要素的变更会对成本产生什么样或多大的影响，这样既能保证物流中心实现高水平的物流服务，又能将费用成本控制在物流中心所能承受或确保竞争优势的范围之内。在预算分析的基础上，结合对竞争企业服务水平的分析，根据不同的客户群体制定相应的物流服务组合，这里应当重视在物流服务水平变更的状况下，物流中心事先预测这种变更会对客户带来什么样的影响，从而确保核心服务要素水平至少维持原来的水平。

3. 物流服务组合的管理与决策流程

物流服务组合的确定不是一个静态行为，而是一种动态过程，也就是说，最初客户群体物流服务组合一经确定，并不是以后就一成不变，而是要经常定期进行核查、变更，以保证物流服务的效率化。从物流服务管理决策的全过程来看，决策流程可以分为五个步骤，即客户服务现状追踪、客户服务评价、服务组合策略、物流系统重建、客户满意度的定期评价等几个方面。这几个方面之间不断循环往复，从而推动物流服务水平不断提高，同时促进物流中心的整体优化。

三、信息交流与反馈管理

客户管理过程就是与客户交流信息的过程。实现有效的信息交流是建立和保持物流中心与客户良好关系的途径。客户反馈衡量了物流中心承诺目标实现的程度，对及时发现客户服务过程中的问题等方面具有重要作用。

四、服务管理

服务管理主要包括：服务项目的快速录入；服务项目的安排、调度和重新分配；搜索和跟踪与某一业务相关的事件；生成事件报告、服务协议和合同；订单管理和跟踪；建立问题及其解决方法的数据库。

五、时间管理

时间管理的主要内容有：进行日程安排；进行团队事件安排；查看团队中其他人的安排，以免发生冲突；把事件的安排通知相关的人；制作任务表、预算表、预告与提示、记事本、发送电子邮件、进行配送安排等。

第三节　物流中心客户服务战略

一、客户服务战略的类型

物流中心客户服务战略主要分为以下几种：

1. 成本最低战略

成本最低战略是追求物流系统的固定成本与可变成本最低的战略。实施成本最低战略，物流中心必须将目标确定为满足较为集中的客户需求，向客户集中的地区提供快速服务，通过储运资源和库存政策的合理搭配使物流成本达到最小化。

2. 服务最优战略

服务最优战略是指物流系统的有效性最强和运输绩效最高，服务水平最佳的战略。实施服务最优战略必须充分利用服务设施，认真规划线路布局，尽量缩短运输的时间，为客户提供最优的服务。当然提供最优服务的同时也必须能够得到与之相适应的收益，否则，这种战略就得不偿失。同时，什么是最优的服务对不同的客户来说也是不同的，这就要求物流中心必须认真分析客户的需求，针对客户的不同需求实行差别化的优质服务，从而构筑起物流中心的差别竞争优势。

3. 利润最高战略

利润最高战略是使物流系统的利润达到最大化的战略。这种战略是大多数物流系统希望通过战略规划达到的最终目标。实施利润最高战略需要对每一种物流设施所带来的利润进行认真的分析，构建起能够以最低成本得到最高利润的物流系统。

4. 竞争力最强战略

竞争力最强战略是力争达到整体的竞争力最强，寻求最大的竞争优势的战略。这种优势可以采用针对性的服务改进和合理的市场定位这两种方法来获得。

要使竞争力增强，必须保证能为物流中心带来利润的客户能得到最好的服务，如果发现有重要的客户没有接受到卓越的服务，就必须改进服务水平或增加服务能力来适应这些客户。另一种获得竞争优势的方法是确立更加合理的市场定位，针对确立的目标市场建立起具备竞争优势的物流服务系统，提供个性化的物流服务。

5. 资产占用最少战略

资产占用最少战略是指整个物流系统占用的资产达到最少的战略。这种战略的好处是将物流中心的风险降到了最小。

二、制定客户服务战略时应考虑的因素

1. 物流客户服务政策

通过向客户提供书面的声明，使客户对物流中心的服务有正确的认识。客户服务政策的声明应当基于客户需求，有明确的服务标准，同时应当是能够被实施的。

2. 物流客户服务的组织结构

为保证客户服务政策的顺利实施，公司应当选择一种有利于职能部门之间沟通与合作的组织结构形式，并且明确各职能部门的权责范围。优化物流系统设计和行政管理，可以使物流系统提供最优的服务，同时又能将成本降到最低。

3. 应急服务

在管理人员规划控制物流系统高效运作的同时，还要准备处理由于可能的意外事件导致的系统瘫痪或系统运行在短时间内剧烈变化的情况。

4. 增值服务

增值服务是物流中心提高竞争力的重要武器。客户服务的增值服务可以有很多形式，比如计划一项用来帮助客户提高库存管理水平的培训活动，就是客户服务增值的一种体现。

5. 服务过程中的要素控制

缺货水平、订货周期、订货信息、加急发货等要素是物流中心服务过程中需要合理控制的，这些因素对客户服务水平和物流中心运作成本都有着很重要的影响，因此，在制定客户服务战略时，应权衡利弊，作出正确的决策。

6. 售后服务

售后服务是物流客户服务中最能提升客户价值却也最容易被忽略的要素。客户服务政策应当规定如何进行索赔、投诉和退货的处理方法。同时，在设计物流系统时，售后服务所形成的逆向物流也是需要特别引起重视的。

三、确定客户服务战略的方法

（一）确定客户的重要度——ABC 分析和帕累托定律

ABC 分析是物流管理中常用的工具，利用 ABC 分析将各种产品和客户按其相对重要性进行分类。对企业来说，某些客户和产品相比其他客户和产品而言可能更有利可图，因而应受到特别的关注。以利润率指标为例，利润率最高的客户产品组合应配以最高的客户服务水平。

与 ABC 分析相类似，帕累托定律指出：样本总体中的大多数事件的发生源

于为数不多的几个关键因素，这一概念通常也被称作80/20定律。

作为ABC分析和帕累托定律的一个应用实例，表3-2所示的客户产品贡献矩阵，将不同客户的重要性与不同产品的重要性联系起来考虑，以确定能给企业带来最大收益的客户服务水平。为了便于理解，我们将盈利能力（利润率）作为度量客户和产品重要性的指标，但应当注意，这一指标并不是绝对的。

表3-2中A类产品利润率最高，以下为B、C、D类。在整个产品线中，A类产品通常只占很小的比例，而利润率最低的D类产品在产品总数中则可能占80%。Ⅰ类客户对企业来说最为有利可图，他们能产生较为稳定的需求，对价格不太敏感，交易中发生的费用也较少，但这类客户数量通常很少，可能只有5～10个；Ⅴ类客户为企业创造的利润最少，但在数量上占了企业客户的大多数。对企业最有价值的客户—产品组合是Ⅰ-A，即Ⅰ类客户购买A类产品，以下是Ⅱ-A，依此类推。管理人员可以使用一些方法对客户—产品组合排序或打分，表3-2用1～20简单地作了排序（优先等级）。

表3-2　客户—产品贡献矩阵

客户分类	产品			
	A	B	C	D
Ⅰ	1	3	5	10
Ⅱ	2	4	7	13
Ⅲ	6	9	12	16
Ⅳ	8	14	15	19
Ⅴ	11	17	18	20

表3-3提供了在制订客户服务战略时如何使用表3-2中数据的例子。例如，排序在1～5的客户—产品组合应给予100%的存货可供率，低于48h的订货周期，以及99%的按订单送货完备率。

表3-3　客户—产品贡献矩阵应用举例

优先等级	存货可供率(%)	订货周期时间/h	按订单送货完备率(%)
1～5	100	48	99
6～10	95	72	97
11～15	90	96	95
16～20	85	120	93

值得注意的是表3-3中较低的服务水平并不意味着所提供的服务缺乏稳定性。企业无论提供什么水平的服务，都要尽可能保持100%的稳定性，这是客户

所期望的；而且，企业以高稳定性提供较低水平的客户服务（例如送货时间），其费用通常低于以低稳定性提供高水平的客户服务。例如，高度稳定的72h订货周期比不稳定的48h订货周期更节省费用，也更令客户满意。

编制能良好反映客户与企业真实情况的客户—产品贡献矩阵的关键，在于切实了解客户对服务的要求，并从中识别出最为重要的服务要素以及确定要提供多高的服务水平。上述信息可通过客户服务审计获取。

（二）客户服务审计

客户服务审计是评估企业客户服务水平的一种方法，企业可以此作为参考对其客户服务策略作调整。审计的目标是：识别关键的客户服务要素；识别这些要素的控制机制；评估内部信息系统的质量和能力。

客户服务审计包括四个阶段：外部客户服务审计，内部客户服务审计，识别潜在的改进方法和机会，确定客户服务水平。

1. 外部客户服务审计

外部客户服务审计是整个客户服务审计的起点，其主要目标是：识别客户在作购买决策时认为重要的客户服务要素；确定本企业与主要的竞争对手为客户提供服务的市场比例。

（1）要确定哪些客户服务要素是客户真正重视的，主要工作是对客户进行调查与访谈。例如，某种普通消费品的零售商在衡量其供应商服务时主要考虑以下的客户服务要素：订货周期的稳定性，订货周期的绝对时间，是否使用EDI，订单满足率，延期订货策略，单据处理程序，回收政策等。

（2）确定了重要的客户服务因素之后，下一步就是对企业的有代表性的和统计有效的客户群体进行问卷调查。问卷调查可以确定客户服务要素及其他市场组合要素的相对重要性，评估客户对本企业及主要竞争对手各方面服务绩效的满意程度以及客户的购买倾向。依据调查的结果，企业要加强客户重视的服务要素。此外，问卷还能反映出客户对关键服务要素的服务水平的期望值。

问卷调查的结果能帮助管理层发现潜在的问题和市场机会。对大多数行业来说，下面这些服务要素都是最为重要的：按承诺日期送货的能力，按订单完备送货率，对送货延迟的提前通知，订货周期的稳定性，送货信息，送货提前期的长短，产品的质量价格比，有竞争力的价格，销售队伍的促销活动。

企业在把握各服务要素重要性的同时，也要关注客户对本企业及竞争对手提供的各项服务的横向比较。企业和客户对服务有各自的评价标准，但在市场竞争中，只有客户是永远正确的。有时候客户尚未认识到企业某方面服务的努力，企业就有必要通过与客户的交流来引导和告知客户。

2. 内部客户服务审计

内部客户服务审计是审查企业当前的服务业务的运作状况，为评估客户服务水平发生变化时所产生的影响确立一个衡量标尺。为此，内部客户服务审计应当回答下列问题：

- 企业内部当前是如何评估客户服务的？
- 各服务项目的工作业绩如何？
- 服务的标准或目标是什么？
- 当前企业达到了什么样的服务水平（与目标值相比较）？
- 如何从企业的信息系统或订货处理系统中来导出这些测量值？
- 企业的内部客户服务报告体系是什么？
- 各个业务职能部门（如信息部门、市场部门）如何理解客户服务？
- 各个业务职能部门之间的沟通与控制关系是什么？

内部客户服务审计的主要目的是检查企业的服务现状与客户需求之间的差距。客户实际接收到的企业客户服务水平也有必要测定，因为客户的评价有时会偏离企业的实际运作状况。如果企业确实已经做得很出色，则应当注意通过引导和促销来改变客户的看法，而不是进一步调整企业的服务水平。

内部客户服务审计的另一个重要内容是考察客户与企业和企业内部的沟通渠道，包括服务业绩的评估和报告体系。沟通是理解与客户服务有关的问题的重要基础，缺乏良好的沟通，客户服务就会流于事后的控制和不断地处理随时发生的问题，而难以实现良好的事前控制。客户与企业之间的沟通在订货——送货——收货过程中，问题主要发生在以下方面：接收订单、订单检查与修改、送货等发生的各种问题的报告，因单据错误而发生的纠纷，与付款有关的问题。

内部客户服务审计应确定提供给客户的信息类型、负责提供各类信息的部门与人员、客户与这些部门及人员的沟通方法、对客户询问的平均反应时间，以及如何确保负责处理客户询问的人员能获取充分的信息来答复客户。

3. 识别潜在的改进方法和机会

外部客户服务审计明确了企业在客户服务和市场营销战略方面的问题，结合内部客户服务审计，可以帮助管理层针对各个服务要素和细分市场调整战略，提高企业的盈利能力。管理层在借助内、外部客户服务审计提供的信息制定新的客户服务和市场营销战略时，需针对竞争对手作详细的对比分析。当客户对本企业和各主要竞争者的服务业绩评价相比较并相互交流时，竞争性的标尺显得更为重要。

以竞争为导向确定物流客户服务水平的步骤为：

（1）根据企业所作的外部客户服务审计的结果制作数据表　数据表是进一步绘制竞争地位图与绩效评估图的数据依据。表3-4是数据表的示例。表中的数据来源是企业所作的外部客户服务审计。

表 3-4 数据表示例

编号	要素	重要性	绩效评估		
			本企业	标杆	相对绩效
1	履行订单的准确程度	5.71	5.35	5.03	0.32
2	对加急订单的处理速度	5.56	4.93	5.65	-0.72
3	对投诉采取行动	5.40	4.79	4.61	0.18
4	发货日期准确	5.27	4.53	3.89	0.64
5	发货的完整率	5.06	5.21	5.69	-0.48
6	快速调整发货误差	4.75	4.63	4.36	0.27
7	快速调整开票误差	4.05	4.98	3.69	1.27
8	交付频率	3.82	5.01	5.48	-0.47
9	订单处理人员距离客户较近	3.19	5.24	4.64	0.60
10	网络输入订单	2.05	4.12	4.14	-0.02

数据表包含有以下项目：每个物流客户服务要素的重要性均值；企业在每个物流客户服务要素上的绩效表现均值；比较标杆在每个物流客户服务要素上的绩效表现均值；与标杆相比，企业在每个物流客户服务要素上的相对绩效。其中企业相对绩效的计算公式为：

$$\text{相对绩效}=\begin{matrix}\text{企业在某物流客户服务}\\\text{要素上的绩效表现均值}\end{matrix}-\begin{matrix}\text{标杆在该要素上}\\\text{的绩效表现均值}\end{matrix}$$

设立比较标杆可以采用多种方式：①企业可以将整个行业的所有竞争对手的平均物流客户服务水平作为比较标杆，这时计算所得的相对绩效体现了企业与行业整体水平之间的差别，由此绘制的竞争地位图能够反映出企业在整个市场中所处的竞争地位。②可以将企业在每个细分市场的主要竞争对手的表现作为比较标杆，并分别进行比较，这时计算所得的相对绩效体现了企业在每个细分市场与主要竞争对手之间的差别，由此绘制的竞争地位图能够反映出企业在每个细分市场中的竞争地位，并有利于企业针对各细分市场进行物流客户服务水平决策。③针对某些客户，将企业的物流客户服务水平与同时服务该类客户的某个竞争对手进行比较，这时相对绩效体现了企业与该竞争对手之间的差别，由此绘制的竞争地位图能够反映出对于某一同时从两家企业购买产品与服务的客户来说，本企业相对于另一个企业的竞争地位，从而使企业能够制定针对具体客户和竞争对手的物流客户服务水平决策。

（2）绘制绩效评估图　首先将物流客户服务要素的重要性作为纵轴、本企业绩效作为横轴，建立一个二维坐标系。然后根据表 3-4 中的数据，将各物流客户服务要素描点在该坐标系上，如编号为 1 的物流客户服务要素，履行订单的准确程度的重要性均值为5.71，企业绩效表现均值为5.35。依此类推，当所有的要素都在该坐标系中描点完毕后，绩效评估图就绘制完成了。

绩效评估图的形式如图3-2所示。

绩效评估图可划分成9个单元格，如图3-2所示。各要素落在图中的不同区域时的含义，以及应当对现有水平作出的调整各不相同，具体如表3-5所示。

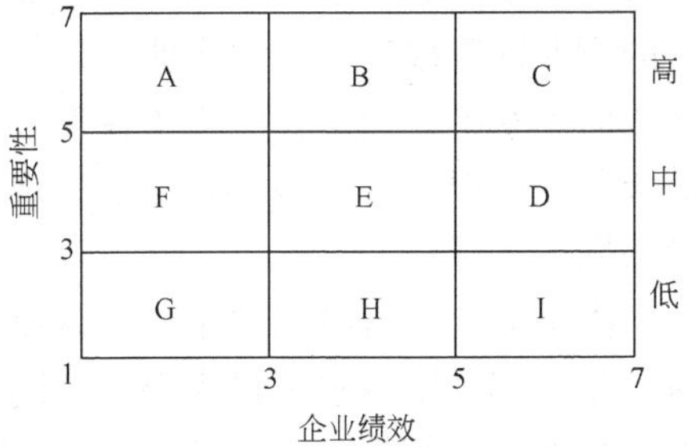

图3-2　企业绩效评估图

表3-5　绩效评估图释义

区域	客户服务要素状态	应采取的措施	区域	客户服务要素状态	应采取的措施
A	重要性高,绩效水平低	绝对提高服务	F	重要性中等,绩效水平低	提高服务
B	重要性高,绩效水平中等	提高服务	G	重要性低,绩效水平低	保持服务
C	重要性高,绩效水平高	保持/提高服务	H	重要性低,绩效水平中等	降低/保持服务
D	重要性中等,绩效水平高	降低/保持服务	I	重要性低,绩效水平高	降低/保持服务
E	重要性中等,绩效水平中等	保持服务			

由表3-5可知：当物流客户服务要素落在A区域时，意味着该要素在客户心目中的重要性等级很高，但企业在该要素上的表现却并不能令客户满意，这时就应当绝对提高该要素的服务水平。当然如果内部客户服务审计的结果显示，企业实际在该要素上表现并不差，只是由于和客户沟通不够或其他原因，导致客户产生了误解，这时就要加强同客户的沟通，使得客户认识到该要素的真实服务水平，而不是提升现有水平。当服务要素落在B区域时，意味着该要素在客户心目中的重要性等级很高，但企业在该要素上表现一般，这时应当提高该要素的服务水平，同样如果是由于沟通等产生误解的话，则应该消除误解。当服务要素落在C区域时，意味着该要素在客户心目中的重要性等级很高，而企业在该要素上的表现非常令客户满意，这时应当提高或保持该要素的服务水平。当服务要素落在D区域时，意味着该要素在客户心目中的重要性等级中等，但企业在该要素上的表现非常令客户满意，这时应当保持或降低该要素的服务水平。当服务要素落在E区域时，意味着该要素在客户心目中的重要性等级中等，企业在该要素上的表现一般，这时应当保持该要素的服务水平。当服务要素落在F区域时，意味着该要素在客户心目中的重要性等级中等，但企业在该要素上的表现令客户很不满意，这时应当提升该要素的服务水平。当然如果是由于沟通不畅引起了客户误解，还是应该先消除误解。当服务要素落在G区域时，意味着该要素在客户心目中的重要性等级很低，企业在该要素上的表现也令客户不满意，这时应当

保持该要素的服务水平。当服务要素落在H区域时，意味着该要素在客户心目中的重要性等级很低，但企业在该要素上的表现一般，这时应当保持或降低该要素的服务水平。当服务要素落在I区域时，意味着该要素在客户心目中的重要性等级很低，但企业在该要素上的表现令客户非常满意，这时应当保持或降低该要素的服务水平。

由上面的分析可以看出，当各物流客户服务要素落在绩效评估图的对角线上时，物流客户服务水平最为合理。同时，弄清客户对物流客户服务水平的评价与真实情况是否相符，及时消除误解也是十分重要的。

（3）绘制竞争地位图　首先将物流客户服务要素的重要性作为纵轴、相对绩效作为横轴，建立一个二维坐标系。然后根据表3-4中的数据。将各物流客户服务要素描点在该坐标系上，如编号为1的物流客户服务要素“履行订单的准确程度”的重要性均值为5.71，该要素的相对绩效为0.32。依此类推，当所有的要素都在该坐标系中描点完毕后，竞争地位图就绘制完成了。

竞争地位图的形式如图3-3所示。

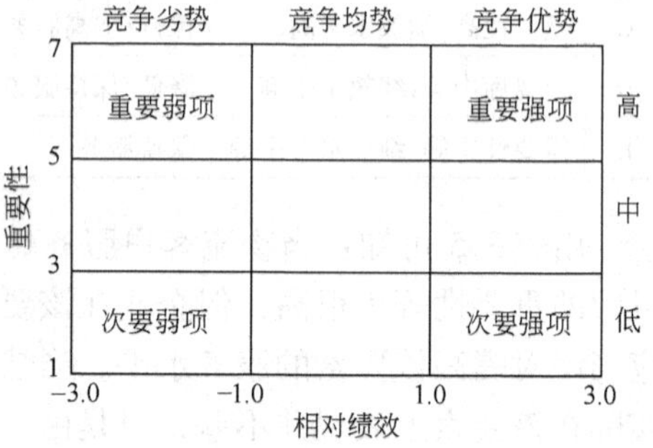

图3-3　竞争地位图

竞争地位图中的9个单元格可以被划分成三大类，如图3-3所示。①竞争优势区：落在该区域的要素属于企业强于比较标杆的方面，它包括重要强项（重要程度高，相对绩效值高）与次要强项（重要程度低，相对绩效值高）。②竞争均势区：当要素落在该区域时，说明企业在该要素上与比较标杆势均力敌，没有显著差异。③竞争劣势区：落在该区域的要素属于企业弱于比较标杆的方面，它包括重要弱项（重要程度高，相对绩效值低）与次要弱项（重要程度低，相对绩效值低）。

落在重要强项区的服务要素需要在与客户的沟通过程中得到加强，落在重要弱项区的服务要素应该得到改善，或者需要说服客户，让他们感到这些要素的重要性并不像他们认为的那么高。当服务要素落在次要强项区时，代表了企业在这些要素上优于竞争对手，但客户并不认为这些要素的重要性高，应该使客户相信这些要素对他们是很重要的，或者需要减少这方面的支出，降低这些要素的服务水平。

（4）确定企业物流客户服务水平　为了能够更加全面地考虑问题，使物流客户服务决策更加科学合理，可以把绩效评估图与竞争地位图结合起来进行最终的决策。具体原则如下：

① 竞争地位图反映了企业与标杆相比的竞争优势与劣势。

② 绩效评估图反映了企业实际达到的绩效水平。

③ 竞争地位图反映应当提高水平的要素，同时还可以通过绩效评估图考量企业在该要素上的绩效表现，提升绩效表现好的要素的效益，要低于提升绩效表现低的要素的效益。

④ 对于绩效评估图显示应当降低水平的要素，同时还应观察该要素与标杆相比的竞争地位，如果处于竞争均势或竞争劣势，则应慎重下调。

（5）使用以竞争为导向的方法确定物流客户服务水平时应注意的问题

① 一个行业所有的主要企业可能都处在物流客户服务的“极限”水平，或处于大体相同的水平上，这使得客户很难对这些企业的绩效进行优劣区分，从而给物流客户服务水平的确定带来困难。

② 客户会根据各企业在其重视要素上的表现来给各企业分配业务量，但是多个企业在这些要素上的表现同质时，客户会根据那些企业间绩效存在显著差异的要素来分配业务量。

③ 客户可能会对某一要素特别重视，但很少有或没有企业能够提供该方面的令客户满意的物流服务水平。这样的要素为企业向市场提供差异化物流服务提供了机会。

④ 某个差异较低的要素的重要性可能被评价得很低。

⑤ 如果没有哪个企业能够为某个要素提供足够的物流客户服务水平，那么客户可能不能够识别该要素水平高时的好处。如果某个企业提高了该要素的绩效水平，就有可能获取更高的竞争优势和更多的市场份额。

⑥ 为了确定哪些变量能体现增加竞争优势、市场份额的最佳机会，重要性指标和绩效指标两者都必须重视。

⑦ 企业必须将客户对物流服务的印象与企业内部的绩效评估进行比较。这可能会使企业发现客户并不知道所提供的物流服务的真实水平，或者企业的经营者对物流服务绩效进行了不正确的评价。

4. 确定客户服务水平

确定客户服务水平是客户服务审计的最后一步，也就是制定客户服务业绩标准和考核方法。管理层必须为各个细分领域（如不同的客户类型、不同的地理区域、不同的分销渠道以及产品）确定详细的目标服务水平，并将之切实传达到所有的相关部门及员工，同时辅之以必要的激励政策来激励员工努力实现企业的客户服务目标。此外，还要有一套正式的业务报告文本。

管理层必须定期地按上述步骤进行客户服务审计，以确保企业的客户服务政策与运作满足当前客户的需要。收集客户信息是企业战略管理最重要的基石。

（三）成本与收益权衡法

以成本/收益为导向制定物流客户服务水平的方法，强调以成本最优化为基础，为实现企业的整体利润服务。

这一方法的核心思想是：企业提供的物流客户服务水平越高，为此耗费的成本也就越高。因此，企业不能只一味地考虑客户的需要和要求。对于企业来说适合的做法是：从企业的利益出发，将企业能从客户那里得到的收入与企业为其提供各项服务所要支付的成本进行比较，选择利润较大的物流客户服务水平作为最终的服务目标。

以成本/收益为导向确定物流客户服务水平的主要做法是以成本/收益权衡图为工具，确定物流客户服务水平。企业首先要估算出不同物流客户服务水平下，企业的最小狭义物流成本之和以及可以取得的相关收入，然后企业将不同物流客户服务水平下的狭义物流成本线与收入线绘制到成本/收益权衡图中，如图 3-4 所示。

从图 3-4 可以看出：随着物流客户服务水平提高到一定程度后，相关的狭义物流成本的总额将以递增的速度增加，而由于服务提升所带来的收入却以递减的速度增加；某一物流客户服务水平点成为分界点，在该点之下，随着物流客户服务水平的上升，狭义物流成本增加速度低于收入的增加速度；在该点之上，随着物流客户服务水平的上升，狭义物流成本增加速度高于收入的增加速度，因此，该点便是能够帮助企业获得最大利润的物流客户服务水平点。

利用成本/收益权衡图制定物流客户服务水平较为直观，但是估算不同物流客户服务水平下企业可实现的最低狭义物流成本之和与收入相对来说较为困难。

还可以通过另外一种方式来利用成本/收益权衡图：确定物流客户服务水平时，在物流客户服务水平权衡图中以企业的现有服务水平为基础，将定量提升现有物流客户服务水平时所带来的最小成本的上升与由于物流客户服务水平上升所带来的收入的上升相比较，以确定将现有物流客户服务水平提升多少，才能使企业获得最大的利润增量。如图 3-5 所示，狭义物流成本的增量，是实现不同物流客户服务水平时的最小成本之间的差额。因此，可以选取图中利润增量最大的一点作为物流客户服务水平提升量，在该点企业可以获取最大化的利润增量。

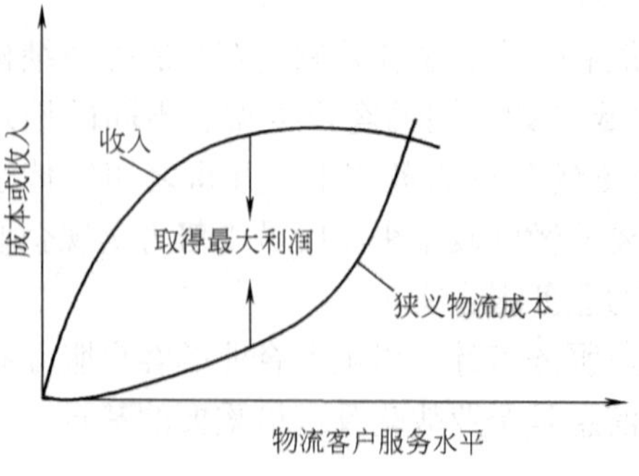

图 3-4　成本/收益权衡图 1

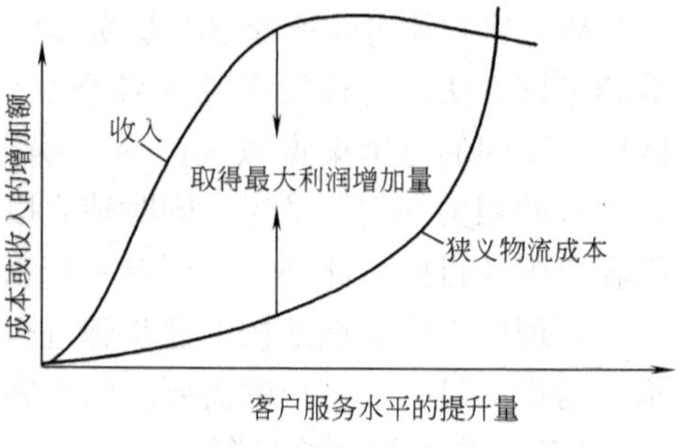

图 3-5　成本/收益权衡图 2

案例评析

【案例】 联邦快递的客户服务质量管理——做客户的“全球物流专家”

近年来，物流企业越来越重视物流规划、管理与咨询层面的增值服务功能，以实现提升客户经济效益、服务水平及企业竞争力的三大使命。联邦快递的“做客户的全球物流专家”的物流服务理念，正是在此背景下应势而生。

随着电子商务风潮在全球的崛起，客户对物流的需求大大增加了。企业间为了解决物流方面的问题，以适应越来越迅速的信息交换趋势，势必会越来越依赖快递业所提供的服务。

联邦快递认为，快递业应该增加自己对客户的附加价值，朝着做客户的“全球物流专家”的角色迈进，特别是对企业用户来说，联邦快递的全球物流专家角色，可以为客户提供增值服务，要成为企业全球物流管理的后盾，联邦快递势必要与客户建立良好的互动与信息沟通模式，这样企业才能掌握货品的所有配送过程与状况，就如同掌握企业内部的物流部门一样。

物流管理起初只是联邦快递的内部服务而已，用以解决联邦快递日益庞杂的系统中的物流作业问题，并协调各部门之间的关系。联邦快递由偶尔为客户免费提供全球物流管理服务，演变为替客户解决其产销的物流问题，由于客户普遍对此服务反应良好，以致到后来全球物流服务已渐渐发展成联邦快递企业内一个具有独立咨询服务的单位和利润中心。

联邦快递的全球物流管理部门，已经成为能为客户提供高增值服务的部门，其业务内容包括：

1. 提供整合式维修运送服务

联邦快递提供货件的维修运送服务，例如，将损坏的电脑或电产品维修后送还使用者。

2. 扮演客户的零件或备料基地

联邦快递可扮演客户的零售商的角色，提供诸如接受订单与客户服务处理及仓储服务功能等。

3. 协助客户合并分销业务

联邦快递可协助客户协调数个地点之间的产品组件运送过程。在过去这些作业都必须由客户自己设法将零组件由制造商处送到终端用户手上，现在的快递公司则可全程代劳。

综上所述，联邦快递的全球物流业务利用其快递物流中心，协助客户节省仓储系统的大笔固定成本投资，同时客户还能享有变动成本的便利（使用才付费），更重要的是，客户将货品交由联邦快递运送后，随时可以通过联邦快递提供的各种客户关系管理机制，确切掌握货品的行踪。

联邦快递在亚太区推出其首项WAP功能货件追踪服务。服务内容包括追踪联邦快递承运的货件，联络联邦快递服务热线，查询收件箱地点及服务中心地位，并阅览有关联邦快递的最新消息。通过WAP功能，联邦快递帮助客户规划最佳的全球物流路线与方案，协助客户简化与缩短货品运转的流程。

联邦快递一向致力于提供最先进、最具效率的电子方案。透过最新推出的WAP追踪货件服务，客户可突破时间及地域限制，在亚洲快捷、方便地阅览大量有关联邦快递的资讯，并以此使用各项不同服务。除了现时的电子商贸工具组合，联邦快递还提供如客户销售预测、客户商品促销等服务，不论何时何地均可满足公司及个人客户的不同需要。

联邦快递在2002年8月初，已加强其电子商贸工具组合，并为其整套专为亚洲区客户而设的电子商贸服务重新命名，此电子商贸工具组合由四部分组成，包括EC网站送运服务、EC虚拟商店、EC库存管理系统，以及EC退货管理系统。

此项崭新的WAP货件追踪服务，已率先在香港及新加坡推出，并计划陆续拓展至马来西亚，澳洲、泰国、菲律宾及中国等地。

联邦快递服务的范围很广。每天为全球210个国家及地区运送230万件货件，提供快捷、可靠及准时的速递服务。公司提供24h至48h的户到户服务，并设“原银奉还”保证。公司的空运航线遍布全球，并拥有世界一流的空运设备，现已成为全球最具规模的速递运输公司之一，赢得了客户的信任。

案例分析：

客户服务是物流管理的重要问题，关系到第三方物流企业的市场扩展，甚至影响企业的生存。注重客户服务，把客户服务作为企业的首要任务，充分满足客户的物流服务需求，是每一个第三方物流企业应建立的重要理念及目标。

联邦快递之所以能发展为全球最大的快递公司，其中一个非常重要的原因就是注重客户服务，把客户服务质量看作是企业的生命。联邦快递的全球物流管理部门，已经成为能为客户提供高增值服务的部门：提供整合式维修运送服务、扮演客户的零件或备料基地、协助客户合并分销业务。只要是客户需要的，都是联邦快递的任务，联邦快递工作的出发点是客户的需求，工作的终结点是客户的满意，这是联邦快递的服务宗旨。

联邦快递的客户服务质量管理，不仅重视建立良好的物流服务关系，还十分重视在服务全过程中与客户的合作关系：不断满足客户需求，以超出客户期望值的服务，赢得客户信任，不断通过改善客户服务质量来提升客户价值，最终达到双赢的局面。

【本章小结】

本章内容共包括四部分。首先是物流中心客户管理概述，主要内容包括物流中心客户管理的概念、物流中心客户服务、物流中心客户的类型及物流中心客户服务的业务运作流程。接下来介绍了物流中心客户管理程序，包括客户需求信息资料的收集，客户需求信息分析，信息交流与反馈管理，服务管理，时间管理。第三部分内容是物流中心客户服务战略，包括客户服务战略的类型，制定客户服务战略时考虑的因素，确定客户服务战略的方法；这部分内容是该章的核心内容，制定科学合理的客户服务战略是物流中心客户管理的重中之重，它关系到物流中心能否留住老客户，开发新客户。为了使学生对物流中心的客户管理内容有一个感性认识，最后一部分内容对联邦快递的客户服务质量管理进行了全面剖析，特别是对联邦快递如何做客户的“全球物流专家”，进行了较为详细的介绍。

【复习思考题】

1. 物流中心的客户服务要素包括哪些内容?
2. 物流中心客户服务业务运作流程是怎样的? 客户物流运作方案设计的内容主要包括哪些?
3. 物流中心的客户类型有哪些?
4. 物流中心的客户管理程序是怎样的?
5. 简述如何利用客户服务审计的方法确定客户服务战略。
6. 在确定客户服务战略中如何利用 ABC 分析法和帕累托定律?
7. 如何理解成本与收益权衡法?
8. 联邦快递的客户服务质量管理对您有何启示?

第四章　物流中心运输管理

【知识目标】

通过本章学习，了解运输管理的特殊性；掌握运输管理的业务流程；熟悉运输方式、运输服务商、运输车辆的选择方法；掌握运输路线的选择方法——最小生成树、图上作业法、表上作业法；了解运输路线的类型、目标等方面的内容。

【能力目标】

通过本章学习，使学生初步具备制订最优运输方案的能力；能够根据客户提出的服务要求及货物本身的特点，合理选择运输方式、运输服务商、运输车辆，并能选择合适的方法确定最优调度路线；初步具备编制各种货物运输合同的能力。

第一节　运输管理的内容

运输是物流的主体功能，对物流成本、物流效率、物流服务质量有很大影响。为了充分发挥物流中心的运输功能，必须对其所提供的运输服务进行系统全面的管理，即运输管理。运输管理主要包括运输规划和管理决策、运输业务管理、运输成本管理等，这里要讨论的是运输管理的一般问题。

一、运输管理的特殊性

运输交易与一般的商品交易不同，一般的商品交易只涉及买方和卖方，而运输交易往往受到五方的影响。他们是托运人（起始地）、收货人（目的地）、承运人、政府和公众。为了加强运输管理，了解运输决策机制，考察这五方面各自的作用和影响有助于理解运输环境的复杂性和运输决策机制的复杂性。

托运人和收货人的共同目的，是要在规定的时间内以最低的成本将货物从起始地转移到目的地。运输服务中应包括具体的提取货物和交付货物的时间、预计转移的时间、损坏赔偿以及精确和适时地交换装运信息和签收单据。

承运人作为中间人，他的目的与托运人和收货人多少有点区别，他期望以最低的成本完成所需的运输任务，同时获得最大的运输收入。因此，承运人希望按运输决策的参与者（或收货人）愿意支付的最高费率收取运费，而使转移货物所需要的劳动、燃料和运输工具的成本保持最低，并且期望在提取和交付时间上有灵活性，以便能够使个别装运整合成经济运输批量。

经济要发展，运输要先行。所以运输对国民经济的发展有很大影响，是联系国民经济各部门的纽带。政府期望形成稳定而有效率的运输环境，促使经济持续增长，使产品有效地运送到全国各市场中去，并以合理的成本获得产品。为此，政府比一般企业更多地干预了承运人的活动，这种干预往往采取规章管制、政策规范、拥有承运人等形式。政府通过限制承运人所能服务的市场或确定他们所能收取的价格来规范他们的行为；通过支持研究开发或提供诸如公路或航空交通控制系统之类的通行权来促进承运人发展。在英、德等国家，某些承运人为政府所拥有，政府对市场、服务和费率保持绝对的控制。这种控制权使政府对地区、行业或厂商的经营成功具有举足轻重的影响。

公众是最后的参与者，他们关注运输的可达性、费用和效果，以及环境上和安全上的标准。公众按合理价格产生对周围商品的需求并最终确定运输需求。尽管最大限度地降低成本对于消费者来说是重要的，但与环境和安全标准有关的交易代价也需要加以考虑。尽管目前在降低污染和消费安全方面已有了较大进展，但空气污染所产生的影响仍是运输的一个重大问题。既然要把降低环境风险或运输工具事故的成本转嫁到消费者身上，那么他们必然会共同参与对运输的安全作出判断和决策。显然，各方的参与使运输关系变得很复杂，运输决策也相应变得复杂。这种复杂性要求运输管理需要考虑多方面的因素，顾及各个方面的利益。

二、运输计划的制订

运输计划是物流中心管理的重要职能，它为实现物流中心运输功能的预期效果提供纲领性的安排。运输计划的重要组成部分是车辆运行作业计划，其主要内容是车辆运行路线安排和时间安排，它需要考虑车辆设备资源，司机工作时间，客户接货时间等诸多因素。

1. 满意的运行路线和时间安排原则

由于诸多约束条件导致运输问题的复杂化，所以，有时很难确定一个最优的运行路线方案，只能安排一个满意的计划。满意的运行路线和时间安排要遵循下列几条原则。

（1）在满足约束条件的前提下，尽量实现循环回路配送　将相互接近的服务点的货物装在一辆车上运送，车辆的运行路线应将相互接近的服务点连起来，从而提高车辆的利用率，这样也可在一定程度上缓解交通问题。

（2）将集中在一起的服务点尽量安排同一天送货　当服务点的送货时间是定在一周内的不同日期进行时，应当将集中在一起的服务点安排在同一天送货。这样有助于使所需的服务车辆数目和运行时间、运行距离最小化。

（3）车辆顺次途经各服务点的路线要成不交叉的环状，以避免重复经过某一个服务点造成运输距离的增加，这种情况往往是由于服务点工作时间的约束和送货后再提货的要求导致。

（4）提货应混在送货过程中进行　提货应尽可能在送货过程中进行，以减少交叉路程量，而在送货结束后再进行提货经常会发生交叉路程。提货混在送货过程中进行，究竟能做到什么程度，则取决于送货车辆的形状、提货量以及所提的货物对车辆后续送货的影响程度。

（5）对过度偏离的服务点可应用单独的送货方案　这类服务点宜选用小吨位的车辆单独送货。送货的经济效益取决于该服务点偏离的程度和送货量，偏离度越大，送货量越小，使用小载重量的车辆专门为这些服务点送货的效果就越比与其他服务点同车配送效果好。

（6）尽量避免服务点工作时间太短的约束　服务点工作时间太短常会迫使途经服务点的顺序偏离理想状态。由于服务点的工作时间约束不是绝对的，因此如果服务点的工作时间确实影响到合理的送货路线，则可以与服务点商量，调整其工作时间或放宽其工作时间约束。

2. 制订车辆运行路线

车辆运行路线的确定是一个比较复杂的问题。由于线路成网、路况复杂、交通限制、道路收费等诸多约束条件的存在，使得利用一些运输路线的优化方法求出的最优方案将可能不是最优的。如确定车辆运行路线常用的方法中的图上作业法、表上作业法，这些方法在求最优运行路线考虑约束条件时，更多考虑的是交通路线网中每段路线的长度、各服务点的供需量，目标是实现合理运输、实现运输费用最小。由于这些方法考虑的约束条件较少，所以在利用这些方法求出最优方案后，应在此基础上，考虑其他约束条件调整出一个满意的方案。

确定运输路线的方法将在第四章第三节详细讲述。

3. 安排车辆运行时间

车辆运行路线的设计，一般是一辆车服务于一条运行路线，如果路线短，就有可能使车辆的总车时利用率较低。为了提高车辆的总车时利用率，可安排车辆再进行第二条运行路线的送货。因此，物流中心送货车的需求量也取决于路线之间的衔接，要力求使车辆的空闲时间压缩到最小。

三、特种商品运输管理

有些商品具有危险、长大、笨重、易腐、贵重等特点，它们对于装卸、运送和保管等作业有特殊要求，这类货物统称为特种货物。特种货物一般可分为三大类，即危险货物、长大笨重货物和鲜活货物。

（一）危险货物运输管理

凡具有燃烧、爆炸、腐蚀、毒害、放射等性质，在运输过程中能引起人身伤亡、财产受损的货物，均称为危险货物。危险货物的危险性主要取决于它们自身的理化性质，但在具备一定外界条件的影响下，如摩擦、撞击、振动、接触火源、日光曝晒、遇水受潮、温度变化或与其他性质抵触的物质相接触，往往会酿成爆炸、燃烧、毒害等严重事故。因此，掌握各类危险货物性质及变化规律，认真做好危险货物的包装、配载、装卸、保管、运送、鉴定、防护等项工作，对于危险货物的运输安全十分重要。

发货人托运危险货物时，除了对少数性质比较稳定，在规定的包装方法、包装质量、浓度、含水量等条件下，能保证运输安全的危险货物可按普通货物规定办理运输外，必须严格按照危险货物运输规则的规定，正确填写托运单，并提出有关证明。

危险货物在包装时应注意以下几点：

（1）危险货物一般应单独包装，同一件包装内的货物必须是同一项或同一配装号（除爆炸品外），而且消防方法不相抵触的物品。

（2）包装的种类、材质、封口等应适应所装货物的性质。

（3）包装规格、形式及单位包装质量应便于装卸、搬运，以及可保证运输过程中的安全。

（4）包装应有规定的标志。危险货物应在指定地点进行装卸作业，运输部门、物资部门和装卸部门应密切配合。装运危险货物要求调派技术状况良好的车辆，装车前应对车辆作认真检查，装卸工人应严格执行有关安全防护措施，准备好相应的防护用品和装卸工具，装卸作业中，要切实做到轻拿轻放，严格遵守操作规程。卸车后，应对车辆进行认真的洗刷和消毒。

运输危险货物应选派素质较好的驾驶员担任，并应指定专人押运，装运危险品的车内严禁搭乘其他人员。行驶时间和线路的确定，应按当地公安部门指定的办理；行驶中必须提高警惕，应保持车辆的平稳和适宜的速度，严禁超速、超车和强行会车，中途停车应选择安全地带，押运人员不得远离。

放射性物质能自发地、不断地放出人眼所看不见的射线，其危害性很大。因此，做好放射性物品的防护工作更显重要。射线对于人体的损害可分为内照射和外照射。

内照射是因为放射性物质经呼吸道、消化道、伤口创面甚至健康的皮肤侵入人体内造成的，它主要由 α 射线和中子的电离所致。运输工作人员防止射线内射主要应采取如下措施：

（1）防止放射性粉尘的形成与散布。

（2）穿戴防护用品。

（3）防止放射性物质从口腔进入体内。

（4）皮肤如有破裂，不宜参加放射性物品的装卸作业。

（5）被放射性物质污染的衣物、工具、场地等，应及时清除。

外照射对人体的损害，主要是由 γ 射线和中子的穿透作用引起的。防止外照射通常可采用如下方法：

（1）采用屏蔽防护　其基本原理是对同一射线来讲，物质的密度愈大，电离密度也愈大，该物质对射线的阻挡作用一般也就愈大。因此，在选择防护材质时，对具有 α 射线的危险品可采用普通容器封装，对 β 射线可采用铝板或玻璃板等；对于 γ 射线可用大密度且有一定厚度的材料入铅罐封装；对于中子流一般可用 18 ~ 20cm 厚，含 20g/kg 硼酸的石蜡材料。选择适宜的防护材料后，可再按射线种类、物理状态、射线强度等确定运输包装的结构。

（2）距离防护　它的基本原理是空气对射线有一定的吸收作用，人体与放射源距离愈大，接受的剂量就愈小。因此，在装卸或搬运放射性物质时，要重视距离的防护作用，应使用抬架、手推车、叉车等机具进行作业。

（3）时间防护　它的基本原理是根据人体接受射线剂量的大小与照射时间成正比，按规定的每人每天最大允许剂量标准，算出每人每天的最大允许作业时间。

（二）大件货物运输

在运输的货物中，有些货物具有长、大或重的特点，甚至几者皆有之，这些货物称为长大笨重货物，简称大件。运输长大笨重货物时，通常都要采取相应的技术措施和组织措施。鉴于长大笨重货物的特点，对于装运车辆的性能和结构，货物的装载和加固技术等都有一定的特殊要求，为了保证车辆和货物完好，保证车辆运行安全，必须满足下列基本技术条件：

（1）货物装卸应尽可能选用适宜的装卸机械，装车时应使货物的全部支承面均匀地、平稳地放置在车辆底板上，以免损坏大梁。

（2）载运货物的车辆，应尽可能选用大型平板等专用车辆。除有特殊规定者外，装载货物的质量不得超过车辆的核定吨位，其装载的长度、高度、宽度不准超过规定的装载界限。

（3）支承面不大的笨重货物，为使其质量能均匀地分布在车辆底板上，必须将货物安置在纵横垫木上，或相当于起垫木作用的设备上。

（4）货物的重心应尽量置于车底板纵、横中心线交叉点的垂直线上，如无可能时，则对其横向位移应严格限制；纵向位移在任何情况下都必须保证负荷较重一端轮轴或转向架的承载质量不超过车辆设计标准。

（5）重车重心高度应有一定限制，重车重心如偏高，除应认真进行装载加固外，还应采取配重措施以降低其重心高度。车辆应限速行驶。

（三）鲜活易腐货物运输

鲜活货物是指在运输过程中，需要采取相应的保鲜活措施，并须在规定期限内运抵目的地的货物。鲜活货物一般具有季节性较强，运输责任性较大，运送时间比较紧迫等特点。

良好的运输组织工作，对保证鲜活货物的质量十分重要。承运鲜活货物时，应由车站货运员对托运货物的质量、状态进行认真的检查。要求质量新鲜，包装合乎要求，热状态符合规定。对已有腐烂变质现象的货物，托运前应加以适当的处理；对不符合规定质量的鲜活易腐货物不予承运。

托运鲜活易腐货物时，发货人须向车站提出最长的运达期限，并在托运单上注明；承运人应根据发货人的要求和承运方的可能等情况，及时地安排适宜车辆予以装运。

车站在接受承运鲜活货物的同时，也要根据货物的种类、运送季节、运送距离和运送方向确定相应的运输组织方法，如选择适用的车辆、确定货物装载方法和沿途提供的服务等。

四、运输合理化

（一）运输合理化的概念及影响因素

由于运输是物流中最重要的功能要素之一，物流合理化在很大程度上依赖于运输合理化。因此，运输合理化是物流中心进行运输管理的最基本要求。运输合理化就是按照货物流通规律，组织货物运输，力求用最少的劳动消耗，得到最高的经济效益。

运输合理化的影响因素很多，起决定性作用的有五方面的因素，通常称作合理运输的“五要素”。

（1）运输距离　在运输时，运输时间、运输货损、运费、车辆或船舶周转等运输的若干技术经济指标，都与运距有一定比例关系，运距长短是运输是否合理的一个最基本因素。缩短运输距离从宏观、微观看都会带来好处。

（2）运输环节　每增加一次运输，不但会增加起运的运费和总运费，而且必然要增加运输的附属活动，如装卸、包装等，各项技术经济指标也会因此下降。所以，减少运输环节，尤其是同类运输工具的环节，对合理运输有促进作用。

（3）运输工具　各种运输工具都有其使用的优势领域，对运输工具进行优化选择，按运输工具特点进行装卸运输作业，最大限度地发挥所用运输工具的作用，是运输合理化的重要一环。

（4）运输时间　运输是物流过程中需要花费较多时间的环节，尤其是远程运输，在全部物流时间中，运输时间占绝大部分，所以，运输时间的缩短对整个流通时间的缩短有决定性的作用。此外，运输时间短，有利于运输工具的加速周转，充分发挥运力的作用，有利于货主资金的周转，有利于运输线路通过能力的提高，对运输合理化有很大贡献。

（5）运输费用　运费在全部物流费中占很大比例，运费高低在很大程度上决定整个物流系统的竞争能力。实际上，运输费用的降低，无论对货主企业来讲还是对物流中心来讲，都是运输合理化的一个重要目标。运费的高低，也是各种合理化措施是否行之有效的最终判断依据之一。

（二）不合理运输的表现形式

不合理运输是指在组织货物运输过程中，违反货物流通规律，不按经济区域和货物自然流向组织货物调运，忽视运输工具的充分利用和合理分工，装载量低，流转环节多，从而造成了运力浪费、运输时间增加、运费超支等问题的运输形式。目前我国存在的不合理运输形式主要有：

1. 返程或起程空驶

空车行驶，可以说是不合理运输的最严重形式。在实际运输组织中，有时候必须调运空车，从管理上不能将其看成不合理运输。但是，因调运不当、货源计划不周、不采用运输社会化而形成的空驶，是不合理运输的表现。造成空驶的不合理运输主要有以下几种原因：

（1）能利用社会化的运输体系而不利用，却依靠自备车送货提货，这往往出现单程重车、单程空驶的不合理运输。

（2）由于工作失误或计划不周，造成货源不实，车辆空去空回，形成双程空驶。

（3）由于车辆过分专用，无法搭运回程货，只能单程重车，单程回空周转。

2. 行驶路线安排不当

（1）对流运输　亦称“相向运输”、“交错运输”，指同一种货物，或彼此间可以互相代用的货物，在同一线路上或平行线路上作相对方向的运输称对流运输。

（2）迂回运输　是指货物绕道而行的运输现象。由甲地发运货物到丁地，本来可以直接从戊地到达，却经过了乙、丙两地至丁地，则在从甲地到戊地的过程中发生了迂回运输。迂回运输有一定的复杂性，不能简单处之，只有因计划不周、地理不熟、组织不当而发生的迂回，才属于不合理运输，如果最短距离有交通阻塞、道路情况不好或有对噪声、排气等特殊限制而不能使用时发生的迂回，不能称为不合理运输。

（3）重复运输　是指一种货物本来可以直达目的地，但是却在目的地之外的其他场所将货卸下，再重复装运送达目的地，这是重复运输的一种形式。另一种形式是，同品种货物在同一地点一面运进，同时又向外运出。重复运输增加了不必要的中间环节，这就延缓了流通速度，增加了费用，增大了货损。

（4）倒流运输　是指货物从销地或中转地向产地或起运地回流的一种不合理运输现象。其不合理程度要甚于对流运输，因为往返两程的运输都是不必要的，形成了双程的浪费。

（5）过远运输　是指舍近求远的货物运输现象。近处有资源不调而从远处调，这就造成可采取近程运输而未采取，拉长了货物运距的浪费现象。过远运输占用运力时间长、运输工具周转慢，物资占压资金时间长，而且易出现货损，增加了费用支出。

3. 运力选择不当

在选择运输工具时，未选择各种运输工具优势而不正确地利用运输工具造成的不合理现象，常见有以下若干形式：

（1）弃水走陆　在同时可以利用水运及陆运时，不利用成本较低的水运或水陆联运，而选择成本较高的铁路运输或汽车运输，使水运优势不能发挥。

（2）大型运输工具的过近运输　不是大型运输工具的经济运行里程却利用这些运力进行运输的不合理做法。主要不合理之处在于大型运输工具起运及到达目的地的准备、装卸时间长，且机动灵活性不足，在过近距离中利用，发挥不了运速快的优势。相反，由于装卸时间长，反而会延长运输时间。另外，与小型运输设备比较，大型运输工具装卸难度大、费用也较高。

（3）运输工具承载能力选择不当　不根据承运货物数量及重量选择，而盲目决定运输工具，造成过分超载、损坏车辆及货物不满载、浪费运力的现象。尤其是“大马拉小车”现象发生较多。由于装货量小，单位货物运输成本必然增加。

（4）托运方式选择不当　对于货主而言，可以选择最好托运方式而未选择，造成运力浪费及费用支出加大的一种不合理运输。例如，应选择整车未选择，反而采取零担托运，应当直达而选择了中转运输，应当中转运输而选择了直达运输等，都属于这一类型的不合理运输。

以上对不合理运输的描述，主要就形式本身而言，是从微观观察得出的结论。在实践中，必须将其放在物流系统中作综合判断，在不作系统分析和综合判断时，很可能出现“效益背反”现象，即单从一种情况来看，避免了不合理，做到了合理，但它的合理却使其他部分出现不合理。只有从系统角度，综合进行判断才能有效避免“效益背反”现象，从而优化全系统。

第二节　运输管理业务流程

由于运输环境的复杂性，要求物流中心内部必须有一个专业的管理部门来管理运输服务，也就是运输管理部门。运输业务管理就是对企业提供的运输服务进行计划、安排、监督以及货单审查、运价和服务谈判、货损索赔的预防和处理等活动，运输管理部门就是执行这些职能的部门机构。

一、运输管理的业务流程

由于物流中心有不同的类型，可能会使其运输管理部门的流程有所不同，但一般流程可以概括如图 4-1 所示。

物流中心的运输业务流程中所包含的主要业务内容有：

1. 制订货运计划

制订货运计划的任务就是要与采购和分销或生产部门互相协调，不断监控运入和运出货物的日程，保证生产的连续进行不因运输而受到阻碍。另外，商品的装卸应根据有效地利用码头、站台和劳动力的原则按计划进行。运输管理应保证

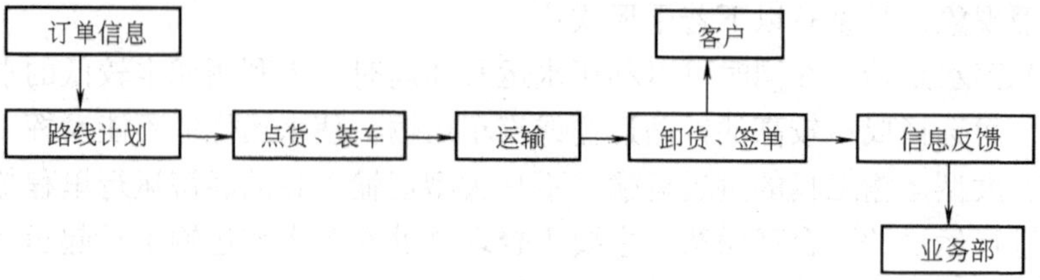

图 4-1 运输业务流程

在时间安排上，不过早或超过实际需要，否则将会因货位、车道拥挤，设备滞留和拖延而支付额外费用或罚款。

2. 选择运输方式与运输公司

运输管理工作涉及对货物运输方式及运输公司的选择问题。无论是企业自有运输资源或是购买外部运输服务，运输经理在选择运输服务时首先要考虑的是成本效益问题。也就是说，如果使用自有运输资源的成本低于购买外部运输服务的成本，企业可以选择使用自有运输资源，否则应该购买外部运输服务。关于运输方式和运输服务商的选择，将在本节最后两个问题中详述。

3. 安排运输服务工作

安排运输服务工作要与相关车辆调度人员取得联系，由他们安排空车或电话通知汽车货运公司当地的调度人员。在这两种情况下，都应向运输公司人员通报货主的姓名和接货地点、货物重量，有时还需知道货物体积、类别和到站情况，以便车辆一送到就可开始各项装货作业。这些工作步骤通常根据预先制定的货运计划进行，货运计划包括指定人员、安排装货、货物固定、货物衬垫、办理有关文件手续和其他工作。

4. 发运/货运跟踪

这类业务工作包括连续跟踪货运过程和在必要时提醒运输公司中途改变运输路线。有些货主通过计算机网络直接与运输公司的货运系统联网。这样，每天都可得到货主的所有车辆和货物位置的报告。发运/货运跟踪对托运人和收货人都具有重要意义，据此他们能根据货运进程或出现的问题来计划他们的生产和接运。

5. 验货/确定运费

验货是为一次货运确定适当运费的过程。托运人在运输公司填写货单前会同承运人验货，这样可以避免或减少超收或少收运费情况的发生。

6. 审验/付费

审验是指检查货单的计费是否准确。这项工作在运输公司提出货单或付费后进行。一些企业由本单位审核，有的则在付费后再请外部顾问完成这项工作。货单一般要经运输部门核实再交给负责支付的部门。

7. 延期/滞留

延期费或滞留费是由于装卸超过规定的时间而使运输工具耽搁，由运输公司向托运人或收货人收取的费用。运输经理一般要对延期和滞留负责监控、管理和付费。运输经理必须在利用机械装卸和人力装卸成本与设备延期费用之间权衡比较，作出决策。

8. 索赔

在货运过程中，可能发生货差和货损。运输经理要负责办理索赔，以补偿部分或全部损失。此外，还要处理货单多收运费等事宜。

9. 自用货车和汽车车队的管理

在一些企业中，运输经理还要负责对自用货车和汽车车队的管理。为此，需要做好协调和管理工作，以降低车队成本和提供优质服务。

10. 运输预算管理

运输预算管理是防止财政超支的一项重要工作。运输经理应随时掌握现在和未来的各项活动及其开支，并与原定计划相对照。例如能源费用的上涨使大多数试图在计划预算内运营的运输经理都遇到了难题。而未来，费用的上涨还会使成本和预算问题越来越复杂化。

总之，为了完成运输管理任务，运输经理必须熟悉上述业务程序，在选择运输服务时，运用总成本分析方法进行全面的权衡比较，把存货量、顾客服务、生产和其他费用考虑在内，作出总成本最低的选择。

二、物流过程中的运输决策

运输决策在物流决策中具有十分重要的地位，因为运输成本要占到物流总成本的35%～50%，对许多商品来说，运输成本要占商品价格的4%～10%，即运输成本占物流总成本的比重比其他物流活动大。运输决策包含的范围很广泛，其中主要的是运输方式的选择、运输服务商的选择、运输路线选择、运输计划编制及运输能力配备等问题。在运输决策中，首先面对的问题就是运输方式的选择，这也是运输决策要讨论的重点问题，其他方面的内容将在本章中不同的地方进行分述。

如何选择适当的运输方式是物流合理化的重要问题。一般来讲，应根据物流系统要求的服务水平和允许的物流成本来决定，可以使用一种运输方式也可以使用多种运输方式联合运输。

选择运输方式，可以在考虑具体条件的基础上，根据下述五项具体项目作出大致的判断：

（1）货物品种　在选择运输方式时，不但要选择适合这些货物特性和形状的运输方式，而且还要考虑货物本身价值对运费的负担能力。一般来讲，货物本身的价值越低对运价的承受能力也就越弱，反之亦然。

（2）运输期限　运输期限必须与交货日期相联系，应保证按时交货。必须调查各种运输工具所需要的运输时间，根据运输时间来选择运输工具。运输时间的快慢顺序一般情况下依次为航空运输、汽车运输、铁路运输、船舶运输。各运输工具可以按照各自的速度编组来安排日程，加上它的两端及中转的作业时间，就可以计算出所需的运输时间。在商品流通中，要研究这些运输方式的现状，进行有计划的运输，一个准确的交货日期是基本的要求。

（3）运输成本　运输成本因货物的种类、重量、体积、运距不同而不同。而且，运输工具不同，运输成本也会发生变化。在考虑运输成本时，必须注意运输费用与其他物流子系统之间存在着二律背反的关系，如运输费用的降低可能会引起仓储费用的增加，即它们之间存在一种此消彼长的关系。因而不能只考虑运输费用来决定运输方式，而要考虑全部总成本来决定。

（4）运输距离　从运输距离看，一般情况下可以依照以下原则：500km 以内，用汽车运输；500km 以上的区间，用铁路运输；如果运输路径有可能利用水运路线，则 800km 以上可以采用船舶运输，这样的选择是比较经济合理的。

（5）运输批量　从运输批量看，因为大批量运输成本低，应尽可能使商品集中到最终消费者附近，选择合适的运输工具进行运输是降低成本的良策。

在上述五个选择条件中，货物的品种、输送量和运输距离三个因素是由货物自身的性质和存放地点决定的，因而属于不可变量。事实上，对这几个条件进行大幅度变更，从而改变运输方式的可能性很小。与此相反，运输时间和运输成本是不同运输方式相互竞争的重要条件，运输时间与成本的变化必然带来所选择的运输方式的改变，换句话说，这两个因素作为运输机构竞争要素的重要性日益增强。

运输时间和运输成本之所以如此重要，原因在于企业物流需求发生了改变。运输服务的需求者一般是企业，目前企业对缩短运输时间、降低运输成本的要求越来越强烈，这主要是在当今经营环境较复杂、困难的情况下，只有不断降低各方面的成本，加快商品周转，才能提高企业经营效率，实现竞争优势。所以，在企业的物流体系中，JIT 运输在快速普及，这种运输方式要求为了实现商品在库的最小化，对其所需的商品在必要的时间，以必要的量进行运输。JIT 运输方式要求必须削减从订货到进货的时间。正因为如此，从进货方来讲，为了实现迅速进货，必然会在各种运输方式中选择最为有效的手段来从事物流活动。例如，以缩短运输时间为主要特征的宅急便就是一个很典型的例子，正因为宅急便能实现第二天在全国范围内进行商品配达的服务，因此，它在世界各地不断迅速成长，而且目前顾客群体的范围不仅包括一般消费者，也包括很多要求实现迅速运输服务的企业。

此外，削减成本是企业在任何时期都十分强调的战略，尤其在企业经营面临挑战与困难的当代，运输成本的下降更是企业生存发展的重要手段之一，物流成本一直被称作企业经营中的“黑暗大陆”，只有真正高度重视运输成本的削减，选择合适的运输方式，才能使物流成为企业利润的第三大来源。因为从运输方式的发展来看，不同的运输方式具有不同的成本构成。

缩短运输时间与降低运输成本是一种此长彼消的关系。如果要利用快速的运输服务方式，就有可能增加运输成本；同样，运输成本的下降有可能导致运输速度减缓。所以，如何有效地协调这两者间的关系，使其保持一种均衡状态是企业选择运输方式时必须考虑的重要因素。

三、运输服务商的选择

只要运输业没有垄断存在，对于同一种运输方式，托运人或货主就有机会面临不同的运输服务商。而且托运人或货主甚至是供应商，可以在确定运输方式后，再对选择哪个具体的运输服务商作出决策。当然，不同的客户会有不同的决策标准和偏好，但通常情况下，需要考虑以下几个因素：

（1）运输时间　运输时间的长短往往是主要的选择条件。一般都愿意选一家公司直运，而不愿由几家公司联运，并力求避开拥挤的场站。但在某些情况下，当托运人和收货人都不想增加货物库存时，他们也会寻求速度慢的运输。此时，运输车辆被当作活动仓库，而运输中的货物是不用花费库存费用的。

（2）运输时间和计划安排的一致性　有些运输任务要求符合发货计划，使托收双方都能预计到货时间。这对严格按进度进行装配的行业，或在收货人希望能满足生产实际需要而只保有小量库存的情况下，都是要重点考虑的因素。为按时到货，一些运输经理宁愿选择速度较慢的或花钱较多的但十分可靠的运输服务商，而不选择速度较快但只有少部分货物能按时到达的运输服务商。研究表明，运输时间的准确性已成为选择运输服务商时所要考虑的主要因素。

（3）运价　这是一个重要的选择因素，在同等服务水平情况下，人们愿意选择运价低的公司。当然除了运价低，还应该使包括运费在内的总费用最低。

（4）设备可利用性　当获取运输服务或运输工具比较困难时，货主们往往根据其提供货运工具的能力来选择运输服务商。例如，由于铁路车辆的专用化，货主往往根据铁路服务商所能提供的专用车辆数量选择运输服务商或分配运输量。

（5）货差与货损　发生货差货损的相对次数以及处理索赔的快慢和赔偿金的比例，也在运输服务商的选择中起着一定的作用。货主多愿选择历来货差、货损少的运输服务商，而在这方面声誉不佳的运输服务商往往遭到货主的拒绝。

在选择运输服务商时，物流中心常采用的方法有以下几种：

（1）服务质量比较法　客户在付出同等运费的情况下，总是希望得到好的服务，因此，服务质量往往成为选择运输服务商的首要标准。服务质量主要包括两方面的内容，即运输质量和服务理念。

运输质量是物流服务质量的一个重要体现，因为物流过程中的货损和货差很大程度上是在运输过程中造成的。运输质量不但包括运达商品本身的安全性，还包括运输商品的时间保证程度。

由于运输技术及运输工具的发展，目前各运输服务商之间的运输质量差异正在缩小，而为了吸引客户，服务商不断更新服务理念，以求与其他服务商有服务差异，为客户提供高附加值的服务，从而稳定自己的市场份额，增强竞争力。客户在选择不同的运输服务商时考虑的其服务理念有以下几方面：

1）运输的准时率。较高的准时率可以方便客户对货物的库存和发运进行控制，当然也为安排其接运等提供了便利。

2）合理的间隔。这里的间隔是指发车的时间间隔、船舶的发船密度、铁路运输的发车间隔等，合理的间隔同样也将方便客户选择托运的时间及发货的密度等。

3）单证的准确率。单证的准确率影响到运输服务的效率，影响到客户企业的人力成本等。

4）信息查询的方便程度。不同的服务商除了提供运输以外还在附加服务上进行投入，如价格查询、航班查询以及货物跟踪等服务。

5）货运纠纷的处理。无论服务商如何提高运输质量，改进服务水平，货运纠纷仍然难免会发生，发生后如何及时圆满地处理是客户所关心的。

物流中心所具有的服务理念方面的差异，为客户选择不同的服务商提供了更多空间，客户可以根据自己的需求确定选择目标。

（2）运输价格比较法　虽然运输服务质量已日益受到越来越多客户的关注，但就我国目前整体经济环境来讲，运输价格仍然是客户选择运输服务商的一个重要因素。况且目前各运输服务商为了稳定自己的市场份额，都会努力提高服务质量。随着竞争的日趋激烈，对于某些货物来说，不同的运输服务商所提供的服务质量已近乎相同，因此运价很容易成为各服务商的最后竞争手段。于是客户在选择时，如面对几乎相同的服务质量，或有些客户对服务质量要求不高时，运输价格成为另一个重要的选择因素。

（3）综合选择法　当然会有更多的客户在选择运输服务商时会同时考虑多个因素，如同时考虑服务质量和运输价格，以及服务商的品牌、服务商的经济实力、服务商的服务网点数量等。通过对多方面的因素进行综合权衡，作出选择。

四、运输车辆的选择

运输车辆是物流的直接载体，选择合理的运输车辆对物流成本、物流效率、物流服务质量有着很大影响。对于物流中心，车辆的选择分为两方面，一是车辆的购置选择，二是车辆的租赁选用。相对于车辆租赁选用来讲，车辆购置选择时考虑的因素要更全面，一般应考虑如下因素：

(1) 车辆类型的确定　购买车辆的形式取决于物流中心常进出的货品的类型。服务于一般货品的物流中心可选择箱式车，也有些物流中心购置敞棚式平板车用于批量货品的运输，但随着物流服务水平的不断提高，使用箱式货车是必然趋势；服务于冷藏货品的物流中心可选择冷藏车。

(2) 车辆吨位的确定　车辆吨位关系到单位货品的运输费用，车辆吨位越大，承载能力越大，每次运输的单位运输成本就有可能越低。所以在可能的情况下，选择大吨位车辆进行运输是降低成本的有效措施。但选择大吨位车辆受到很多条件的限制，一是订单批量的限制，若一个或同车配载的几个客户的订单运量较小，使用大吨位的车辆就是一种浪费。二是交通法规的限制，城市对车辆都有时间和吨位的限制，一般不允许大吨位车辆在白天进入市区。所以要权衡各种条件确定车辆的吨位。

(3) 车辆箱体体积的确定　选择车辆箱体体积要根据运输货物的比重确定。运输较重的货品，应选择箱体较小，或有标准配置的车辆箱体；运输的货品比重较轻，则宜选择的车辆箱体较大。但为了使物流中心有限的车辆最大限度地发挥其运输能力，在可选择的范围内应尽量选择较大箱体的车辆以提高车辆的适用范围。

(4) 车辆标准的确定　物流中心选择车辆，要按照标准化的原则。一是在标准的车辆系列中选择适合物流中心的系列车辆，车辆的品种尽可能地少。二是车辆的配置、尺寸、侧门等要求要统一。标准化的车辆系列和配置是物流中心运输高效化的保证，它能增加车辆的替代性，减少维修成本。

(5) 车辆其他配置的确定　车辆附属装备的配置是车辆型号选择和再设计的重点。车辆附属装备是为了更好地实现运输、装卸、监控等目的。例如，是否加装车辆尾板，车辆尾板是为了方便在没有卸货平台的情况下的装卸货作业；是否选择车厢侧门，车厢侧门的设计是为了卸货的方便，特别是多客户的配送。

第三节　运输路线的选择

物流中心在实际运作过程中，由于其面对的是客户分布在不同的地点、路线的分布成网络、不同的道路条件和不同的车辆类型等，因此，即使在相同收发货点间完成同样任务时，所采用的运输路线方案也可能不同。而车辆按不同运输路线完成同样运输任务时，其利用效果是不一样的。所以，为提高车辆的利用效果，就必须对运输路线进行选择。

一、运输路线的类型

车辆在运输生产活动中，按预定计划在道路上的运行路线，即是车辆运输路线。车辆运输路线的类型从不同角度划分就有不同的类型。

（一）按出发地和目的地数目划分的路线类型

（1）单一出发地和单一目的地　单一的出发地和目的地的车辆路线问题可以视为网络规划问题，可以用运筹学的方法解决，其中最简单直接的解法是最短路线方法。

（2）多起点、多终点　实际运输中常常碰到有多个供应商并供给多个工厂的问题，或者把不同工厂生产的同一产品分配到不同客户的问题。在这些问题中，起点和终点都不是单一的。在这类问题中，各供应商的供应量往往有所限制。

（3）起点和终点为同一地点　自有车辆运输时，车辆往往要回到起点。比较常见的情况是，车辆从物流中心出发到不同的配送点送货并回到物流中心，这一问题实际是出发地和目的地不同的问题的延伸，但相对而言更为复杂一些。它的目标是找到一个走遍所有地点的最佳顺序，使得总运输路线时间最少或距离最短。这一类问题没有固定的解题思路，在实践中通常是根据实际情况的不同，结合经验寻找适用的方法。

（二）按运输路线的几何形状划分的路线类型

（1）往复式运输路线　车辆在两个装卸作业点之间的路线上，作一次或多次重复运行的运输路线。这种运输路线的几何形状可近似看作是直线型。这种运输路线可分为单程有载往复式、回程部分有载往复式和双程有载往复式三种。这三种路线类型，以双程有载往复式路线的里程利用率最高，而单程有载往复式路线的里程利用率最低，在实际的运输组织工作中应尽量避免选择单程有载往复式运输路线。

（2）环行式运输路线　环行式运输路线是指车辆在若干个装卸作业点组成的封闭回路上，作连续单向运行的运输路线。在环行式运输路线的选择中，以里程利用率最高为原则。

（3）汇集式运输路线　汇集式运输路线是指车辆沿分布于运行路线上各装卸作业点，依次完成相应的装卸作业，且每次货物装卸量均小于该车额定载重量，直到整个车辆装满（卸空）后返回出发点的行驶路线。这种形式的运输路线，其组织工作较为复杂，但有利于做到“取货上门，送货到家”，能为客户提供良好的服务。这种线路在配送运输中被广泛运用。在汇集式运输路线的选择中，以运输费用最低为原则。

二、运输路线选择的目标

运输路线选择的目标就是运输路线的合理化。所谓运输路线合理化就是按照货物流通规律，组织货物运输，力求用最少的劳动消耗，得到最高的经济效益，即在完成货运任务，满足客户需求的前提下，使货物运输以最短的里程，经过最少的环节，用最快的时间、最低的成本完成。运输路线合理化是物流中心进行运输管理的最基本的要求，合理化的运输路线可以节省运力、缩短运输时间，最终表现为节约运输成本和提高运输质量，增强物流中心的竞争优势。在确定运输路线选择目标时，可根据物流中心具体情况，选择如下的某一个具体目标。

（1）以效益最高或成本最低为目标　即以利润最大化或成本最低化为目标值，这也是所有企业追求的目标。因此，该目标是运输路线选择时常用的一个。

（2）以里程最短为目标　如果运输成本与运输里程相关性较强，而与其他因素相关性较弱时，运输里程最短的实质就是运输成本最低，这时则可考虑用运输里程最短为目标；当运输成本不能通过运输里程来反映时，如道路收费、道路运行条件严重影响成本，单以最短里程作为目标就不合适了。

（3）以配送服务水准最优为目标　如准时配送要求成为第一位时，或需要牺牲成本来确保服务水平时，就要以保证服务水准为首选目标。这种成本的损失可以从其他方面弥补回来，如优质服务可采用较高的价格策略。

（4）以运输周转量最小为目标　在完成货运任务的前提下，运输周转量越小运输费用就有可能越低。

三、商品运输的优化模型

按商品自然流向组织商品合理运输是市场经济规律的客观要求，它直接决定着商品物流的效率与效果，合理的商品运输不仅能节约物流成本，提高商品运动的速度，而且还由于它能有效连接生产与消费，从而既有利于物流服务和商品附加价值的实现，又能有效地促进生产商能按需生产，真正使供应链的管理建立在实需经营的基础上。要实现合理组织商品运输就必须在满足经济发展和顾客生活需求的前提下，保证商品的生产和流通的社会劳动耗费最小。因此，要求用系统分析等现代管理方法，科学合理制定运输方案，防止迂回、对流、过远等不合理运输的发生，实现最优的运输活动。

系统分析方法，即把运输活动看作一个由多种因素组成的相互影响、相互制约的整体。把影响系统功能的各种因素，模拟成约束条件，在客观因素定量化的前提下，加以系统组合，形成严密的数学模型，运用运筹学的方法进行定量分析，从中选择最优方案。

1. 商品运输模型

商品运输模型是数学模型在商品运输中的应用，具体表现形式如下：

要将某类商品从 m 个产地 A_1，A_2，…，A_m 运往 n 个销地 B_1，B_2，…，B_n。产地 A_i 的发运量为 a_i（$i=1, 2, \cdots, m$），销往 B_j 的需要量为 b_j（$j=1, 2, \cdots, n$），并且已知从产地 A_i 运到 B_j 的单位运价为 C_{ij}（$i=1, 2, \cdots, m$；$j=1, 2, \cdots, n$）和运输里程为 L_{ij}（$i=1, 2, \cdots, m$；$j=1, 2, \cdots, n$）则

从产地 A 运往销地 B 的商品运量应满足：

$$\sum_{i=1}^{m} a(i) = \sum_{j=1}^{n} b(j) \quad （总产量与总销量平衡）$$

如 X_{ij}表示由 A_i到 B_j的商品运量，而 X_{ij}又满足下列约束条件：

$$\begin{cases} \sum_{j=1}^{n} X(ij) = a_i & (i = 1,2,\Lambda,m) & (4\text{-}1) \\ \sum_{i=1}^{n} X(ij) = b_j & (j = 1,2,\Lambda,n) & (4\text{-}2) \\ X_{ij} \geqslant 0 & (i = 1,2,\Lambda,m; j = 1,2,\Lambda,n) & (4\text{-}3) \end{cases}$$

式（4-1）表示从每个产地运往各销地去的商品数量等于此产地总产量；式（4-2）表示对于每一个销地来说，从各地运去的某种商品总量等于各销地需要量；式（4-3）表示商品运量最小为零，不能为负数。

现在确定一个最合理的产销地联系方案，X_{ij}各值满足上述各方程的约束条件，同时使总的运费（或运输吨公里）最小。

$$\text{Min }(f) = \sum_{i=1}^{m}\sum_{j=1}^{n} C(ij)X(ij)$$

或

$$\text{Min }(f) = \sum_{i=1}^{m}\sum_{j=1}^{n} L(ij)X(ij)$$

2. 最小生成树

最小生成树可以直接或间接地用来设计运输网络，在处理复杂问题时常常起着重要作用。它适合的问题是一个供应点供应多个需求点的运输问题。通过该方法可得到运输路线最短的方案。方法有丢边法（破圈法）和加边法（避圈法）两种。

（1）丢边法（破圈法）在连通无向图中，任取一个圈，将该圈中最长的一条边（如有两条或两条以上这样的边，可任取其一）去掉；在余下的圈中重复这一步骤，直到不含圈为止，就得到了最小树。

（2）加边法（避圈法）对含有 n 个点的连通无向图，从其所有边中选出一条最小的边，并把它纳入树中；在余下的未选边中，再选出一条最小且与已选入树中的边不构成圈的边，将其纳入树中；如此重复，直至树中含有 $n-1$ 条边为止，这就构成了最小树。

例 4-1 用破圈法求图 4-2 所示路线图的最小树。

解： 在图 4-2 上顺次考虑圈（v_1，v_2，v_3），（v_2，v_3，v_5），（v_2，v_4，v_6，v_8），（v_4，v_5，v_7，v_6），（v_5，v_3，v_9，v_7），（v_8，v_7，v_9），（v_8，v_9，v_{10}）并依次去掉相应圈的最长边（v_1，v_2），（v_2，v_5），（v_2，v_8），（v_4，v_6），（v_3，v_9），（v_8，v_7），（v_9，v_{10}），得到图 4-3。

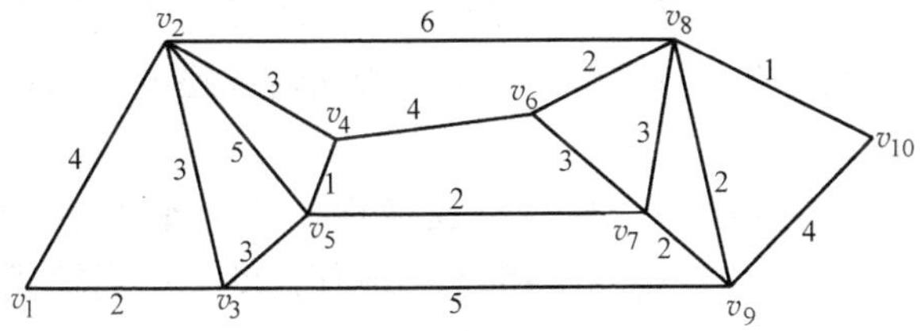

图 4-2　路线图

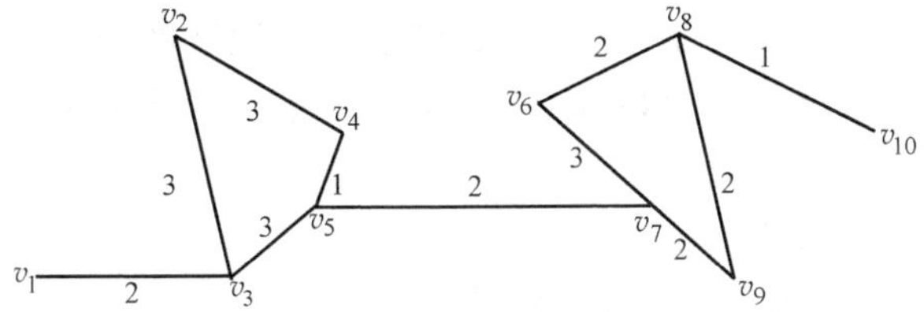

图 4-3　去掉一些圈后的图

在图 4-3 上依次考虑圈，去掉相应的最长边，得到图 4-4。图中已不含有圈，即为最小树，总边长为 18。

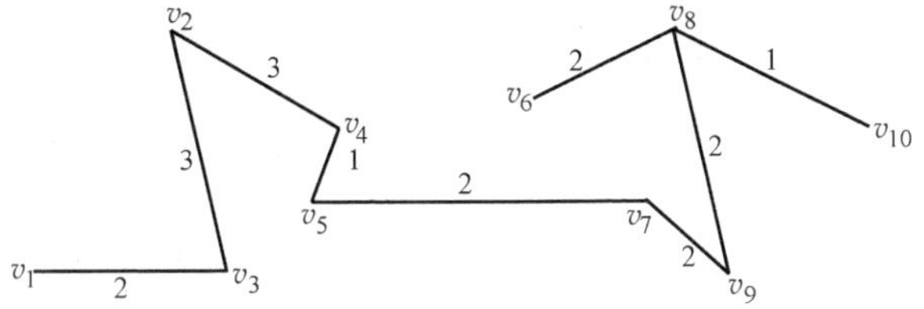

图 4-4　最小树

在图 4-3 中，圈（v_2，v_3，v_5，v_4）中最长边不唯一，可任取一条去掉。若去掉（v_2，v_4），则得到另一方案如图 4-5 所示。此题方案不唯一，其他方案不再示出。

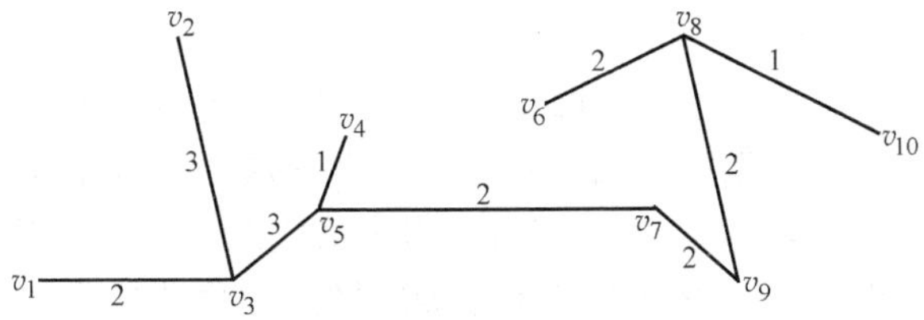

图 4-5　另一最小树

3. 图上作业法

图上作业法和下面要讲的表上作业法适合的问题都是多个供应点和多个需求点的供需平衡问题，另外表上作业法也可使用于供需不平衡问题。

图上作业法是按照生产地与消费地的地理分布，根据有利于生产、有利于市场供给、近产近销的原则，应用交通路线示意图和商品产销平衡表找出产销之间经济合理的商品运输路线。图上作业法又分为交通线路成圈问题图上作业法和不成圈问题图上作业法。

（1）交通线路不成圈问题（树状交通线路）图上作业法　树状交通图是指所有发货点和收货点之间的一切道路都不构成任何圈，即运输线路的交通图中没有回路，是树状的。它的选优标准是：只要流向图中无对流，即为最优流向图。

例 4-2　某企业有 S_1、S_2、S_3、S_4 四个工厂，其生产的产品销往 D_1、D_2、D_3、D_4 四个地区。各工厂的位置、产量和各销售地区的位置和需求量如图 4-6 所示。由于工厂和销售地之间的交通线路图为树状，该企业利用图上作业法确定产品调运的最佳方案。

其基本的计算步骤为：

1）编制调运平衡表，如表 4-1 所示。

表 4-1　调运平衡表

收货点 / 发货点	D_1	D_2	D_3	D_4	发货量
S_1					100
S_2					20
S_3					60
S_4					140
收货量	140	20	60	100	320

2）绘制实际交通示意图。在图中，以“○”表示发货点，以“□”表示收货点，“○”或“□”内的数字代表发货量或收货量；两点间的直线表示实际交通路线，直线旁边带“( )”的数字代表两点的里程，发点以“S”标号，收点以“D”标号，如图 4-6 所示。

3）从图中的端点开始，按就近供应的原则安排运量，得出一个没有对流的最优流向图，见图 4-7。箭线旁边的不带“( )”的数字代表流量。

4）将图 4-7 上各调运量填入表 4-1，得出最优调运方案。最优调运方案如表 4-2 所示。需要说明的是，交通线路不成圈问题图上作业法求解出的最优调运方案不是唯一的。

（2）交通线路成圈问题图上作业法　道路成圈是指在发货点和收货点间的线路中，有些线路构成圈状。此时，要根据“消灭对流和迂回”的原则来进行图上作业，当最后的货物流向图中没有对流、没有迂回的要求时，就得到了最优调运方案。

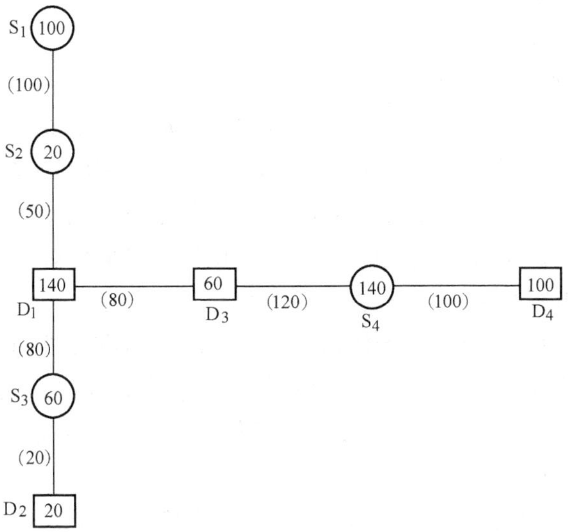

图 4-6　实际交通示意图

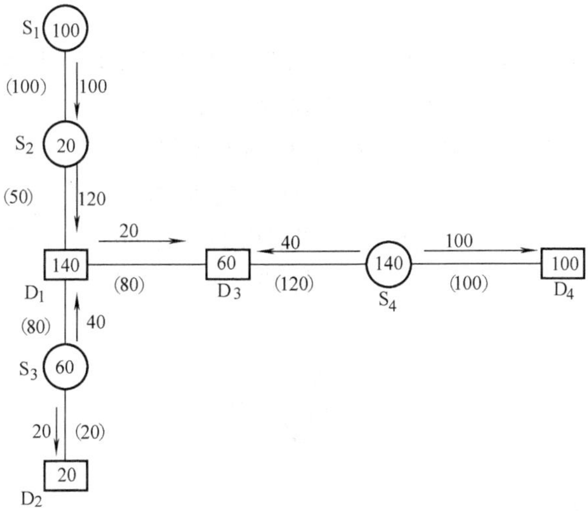

图 4-7　货物调运最优流向图

表 4-2　最优调运平衡表

收货点 发货点	D_1	D_2	D_3	D_4	发货量
S_1	100				100
S_2	20				20
S_3	20	20	20		60
S_4			40	100	140
收货量	140	20	60	100	320

其计算步骤为：

1）先作出调运平衡表。

2）画实际交通示意图。

3）在交通图上任意安排一个没有对流的初始调运方案。

其方法是：从图上任意一点出发，按一定方向，根据各点的供、需量进行安排，只要最后图中无对流及保证供需平衡即可。此时，要注意凡流向为顺时针的流量要画在圈内，构成内圈流向；逆时针方向的流量要画在圈外，构成外圈流向。这个初始方案是否最优还要再进行检验。

4）检验初始调运方案。若初始调运方案满足内圈和外圈流向的总弧长（即流向经过的里程长）均小于等于半圈长，则这个初始方案就是最优调动方案，可据以填表，停止计算。若不满足上述条件，即这个初始方案不是最优方案，需要对其进行调整。

5）调整初始调运方案。采用缩圈法进行调整，即外圈不符合要求就缩外圈，内圈不符合要求就缩内圈。缩圈时，首先找出不合要求的内圈或外圈中流量最小的流向，将它去掉，然后依次调整各收发点的供需量，使之重新平衡，即得一新流向图。

对新流向图进行检验，若仍有不合要求的内圈或外圈，则需按缩圈法继续调整，然后再检验，再调整，直到得到最优流向图。

6）根据最优流向图填调运平衡表，得到最优调运方案。

例 4-3 某企业有 S_1、S_2、S_3、S_4 四个配送中心，要为所为属的 D_1、D_2、D_3、D_4 四个超市补充库存。配送中心和超市的位置如图 4-8 所示。配送中心的供应量、超市的需求量也在图上标出，请确定最佳的调运方案。

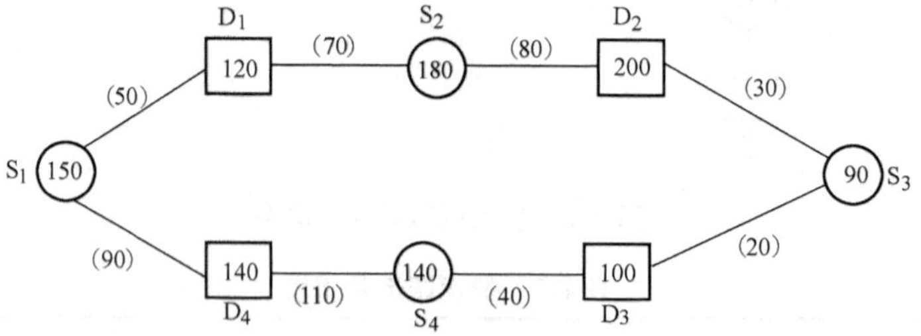

图 4-8 实际交通示意图

解：

1）作出配送平衡表，见表 4-3。

表 4-3　配送调运平衡表

收货点 / 发货点	D_1	D_2	D_3	D_4	发货量
S_1					150
S_2					180
S_3					90
S_4					140
收货量	120	200	100	140	560

2）在交通示意图上任意安排一个没有对流的初始方案，见图 4-9。

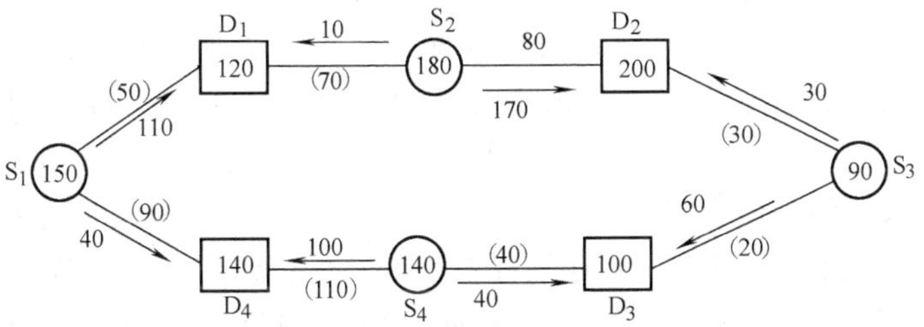

图 4-9　初始调运方案

3）检验初始调运方案。全圈长度的一半为 245，内圈总长度为 260，外圈总长度为 230。内圈不符合要求，需对内圈进行调整。

4）调整初始方案。找出内圈中运量最小的流向为 $S_3 \rightarrow D_3$ 的 60，将其去掉，即表示 S_3 的 90 供给量全部运给 D_2，现依次调整各点的供需量，得到一个新的流量图，见图 4-10。

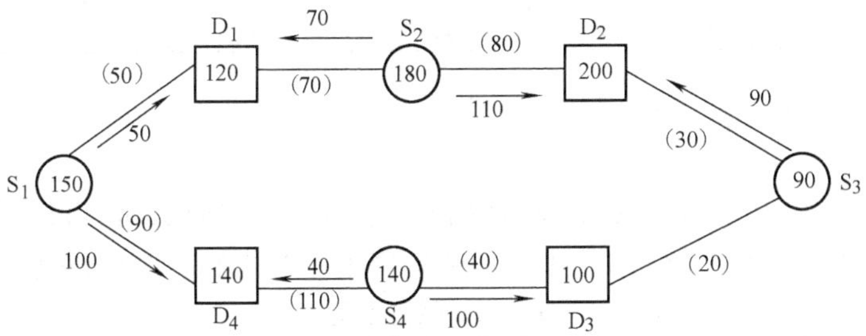

图 4-10　调整后的调运方案

5）对调整后的新流向图进行检验。内圈总长度为 240，外圈总长度为 230，均小于半圈长度，所以图 4-10 已是最优流向图。

6）根据最优流向图，编制配送方案表，如表 4-4 所示。

表 4-4 最优配送表

收货点 / 发货点	D_1	D_2	D_3	D_4	发货量
S_1	50			100	150
S_2	70	110			180
S_3		90			90
S_4			100	40	140
收货量	120	200	100	140	560

4. 表上作业法

利用表上作业法寻求运费最少的调运方案，要经过三个基本步骤：首先依据问题列出调运物资的供需平衡表以及运价表；其次确定一个初始的调运方案（当然不一定就是最优的方案）；然后根据一个判定法则，判定初始方案是否为最优方案。当判定初始方案不是最优方案时，再对这个方案进行调整。一般来说，每调整一次得到一个新的方案，而这个新方案的运费比前一个方案要少些，如此经过几次调整，就会得到最优方案。下面通过一个例题说明这种方法。

例 4-4 某公司下属三个储存某种物资的料库，供应四个工地的需要。三个料库的供应量以及由各料库到诸工地调运单位物资的运价（元/t）由表 4-5 给出：

表 4-5 某公司物资供应状况表

工地 / 运价/(元/t) / 料库	B_1	B_2	B_3	B_4	供应量/t
A_1	3	11	3	10	700
A_2	1	9	2	8	400
A_3	7	4	10	5	900
需求量/t	300	600	500	600	2 000

试求运输费用最少的合理调运方案。

解：

（1）列出调运物资平衡表和运价表　运用表上作业法时，首先要列出被调运物资的供需平衡表（简称平衡表）和运价表，形式如表 4-6 和表 4-7 所示。

表 4-6 供需平衡表

需 / 供	B_1	B_2	B_3	B_4	供应量/t
A_1					700
A_2					400
A_3					900
需求量/t	300	600	500	600	2 000

表 4-7　运价表

运价/(元/t) 工地 料库	B_1	B_2	B_3	B_4
A_1	3	11	3	10
A_2	1	9	2	8
A_3	7	4	10	5

平衡表和运价表是表上作业法的基本资料运算依据。表上作业法的实质就是利用运价表在平衡表上进行求解。

为了叙述和考虑问题的方便，通常把上面的平衡表看作矩阵，并把表中的方格记为（i，j）的形式。如（2，3）表示第二行第三列的方格；（1，3）代表第一行第三列的方格等。此外，在求解的过程中，如果平衡表的（2，1）方格中写上 600，即表示由 A_2 仓库调运 600 单位物资供给 B_1 工地，此时简记为（2，1）=600，而空格表示供销双方不发生调运关系。

（2）编制初始调运方案　物资调运规划总的目的是寻求一个运费最少的最优调运方案。一般最优方案是由初始方案经过反复调整得到的。因此，编制出较好的初始调运方案显得非常重要。因为最好的调运方案也就是使运费最省的方案，因此结合本例来介绍一种考虑运价因素来制订初始调运方案的方法——最小元素法。

所谓最小元素法，就是按运价表依次挑选运费小的供-需点尽量优先安排供应的方法。具体做法是在运价表（表 4-7）内找出最小的数值（当数值不止一个时，可任意选择一个），方格（2，1）数值是 1，最小，这样，仓库 A_2 尽可能地满足 B_1 工地的需要，于是在平衡表中有（2，1）=300，即在空格（2，1）中填入数字 300。此时，由于工地 B_1 已经全部得到满足，不再需要 A_1，A_3 仓库供应给它了，运价表中的第一列数字已不起作用，因此将原运价表 4-7 的第一列划去，并标注①，见表 4-8。

然后在运价表未被划去的各行、列中，再选取一个最小的数值，即（2，3）=2，让 A_2 料库尽量供应满足 B_3 工地的需要。由于 A_2 库储存量 400t 已供应给 B_1 工地 300t 了，所以最多只能供给 B_3 工地 100t。于是在平衡表（2，3）空格中填入 100；相应地由于仓库 A_2 所储存物资已全部供应完毕，因此在运价表中与 A_2 同行的运价也不再起作用，所以也将它们划去，并标注②。

仿照上面方法，一直作下去，就可得到如下的表格 4-8 和 4-9。

表 4-8　运价表

运价/(元/t) 工地 料库	B_1	B_2	B_3	B_4	
A_1	3	11	3	10	
A_2	1	9	2	8	②
A_3	7	4	10	5	⑤
	①	④	③		

表 4-9　供需平衡表

需 供	B_1	B_2	B_3	B_4	供应量/t
A_1			400		700
A_2	300		100		400
A_3		600		300	900
需求量/t	300	600	500	600	2 000

此时，在运价表中只有方格（1，4）处的运价没有划去，而 B_4 尚有 300t 的需求没有满足，为了满足供需平衡，所以最后在平衡表上应有（1，4）=300。这样就得到表 4-10 的初始调运方案。

表 4-10　供需平衡表

需 供	B_1	B_2	B_3	B_4	供应量/t
A_1			3 400	10 300	700
A_2	1 300		2 100		400
A_3		4 600		5 300	900
需求量/t	300	600	500	600	2 000

表中方格中的右上角数字是其相应的运价（元/t）。根据得到的初始调运方案，可以计算其运输费用是：

$$S=(1\times300+4\times600+3\times400+2\times100+10\times300+5\times300)\text{元}=8\ 600\text{元}$$

对于编制初始方案应说明以下几点：

1）应用最小元素法编制初始调运方案，这里的“最小”系指局部而言，就整体考虑的运费不见得一定是最小的。

2）特别需要指出，并不是任意一个调运方案都可以作为表上作业法的初始方案。可以作为初始方案的调运方案，其填有数字的方格数目应是供应点个数加需求点个数之和再减 1，即（$m+n-1$）。本例表 4-10 所填有数字的方格数恰好是 $3+4-1=6$，因此，可以作为初始调运方案提出。但是，在制订初始方案时，有时会碰到按最小元素所确定的方格中，其相应的供应点再无物资可供或需求点已全部得到满足的情况，此时平衡表上填有数字的方格数小于（$m+n-1$）。我们规定，在未填有数字的方格中必须填上一个零，并将它和其他发生供需关系的格子同样看待，而不能视作为空格。其目的是保证使填有数字的方格数满足$(m+n-1)$的要求。

下面用一个例子说明上述情况的处理。

表4-11和表4-12给出了一个物资调运问题，运用最小元素法经过三次运算后，得到表4-13和表4-14。

表4-11　供需平衡表

产地 \ 销地	B_1	B_2	B_3	供应量/t
A_1				10
A_2				20
A_3				40
需求量/t	10	20	40	70

表4-12　运价表

运价/(元/t) 销地 \ 产地	B_1	B_2	B_3
A_1	1	2	2
A_2	3	1	3
A_3	2	3	1

表4-13　运价表

运价/(元/t) 销地 \ 产地	B_1	B_2	B_3	
A_1	1	2	2	
A_2	3	1	3	
A_3	2	3	1	②
	①	③		

表4-14　供需平衡表

产地 \ 销地	B_1	B_2	B_3	供应量/t
A_1	10			10
A_2		20		20
A_3			40	40
需求量/t	10	20	40	70

可以看出，表4-15虽然构成了一个调运方案，但在运价表4-13中，(1，3)及(2，3)方格尚未被划去，所以在平衡表4-14中方格(1，3)及(2，3)处应各填上一个"0"，随后得到表4-15。

表4-15　初始调运方案

产地 \ 销地	B_1	B_2	B_3	供应量/t
A_1	10		0	10
A_2		20	0	20
A_3			40	40
需求量/t	10	20	40	70

(3) 初始方案的检验与调整　在制订了初始调运方案后，需要对它进行检验，如果判定初始调运方案不是最优方案，需要对其进行调整直到获得最优调运方案。为了对初始方案进行检验，引进了最优方案的数字表征——检验数的概念。

1）最优方案的数字表征——检验数　首先我们介绍闭回路的概念。对于表上作业法的初始方案来说，从调运方案表上的一个空格出发，存在一条且仅存在一条以该空格（x_{ij}）为起点，以其他填有数字的点为其他顶点的闭合回路，简称闭回路。这个闭合回路具有下列性质：每个顶点都是转角点；闭合回路是一条封闭折线，每一条边都是水平或垂直的；每一行（列）若有闭合回路的顶点，则必有两个。

只有从空格出发，其余各转角点所对应的方格内均填有数字时，所构成的闭合回路，才是我们这里所说的闭回路；另外，过任一空格的闭合回路不仅是存在的，而且是唯一的。下面以表 4-10 给定的初始调运方案为例，说明闭回路的性质。表 4-16 给出了空格（1，1）和（3，1）所形成的闭回路：

(1,1)-(1,3)-(2,3)-(2,1)-(1,1)

(3,1)-(2,1)-(2,3)-(1,3)-(1,4)-(3,4)-(3,1)

其他空格的闭回路与此同理。

表 4-16　初始调运方案

需 供	B_1	B_2	B_3	B_4	供应量/t
A_1			400	300	700
A_2	300		100		400
A_3		600		300	900
需求量/t	300	600	500	600	2 000

在调运方案内的每个空格所形成的闭回路上，作单位物资的运量调整，总可以计算出相应的运费是增加还是减少。我们把所计算出来的每条闭回路上调整单位运量而使运输费用发生变化的增减值称为检验数。如果检验数小于零，表示在该空格的闭回路上调整运量使运费减少；相反，如果检验数大于零，则会使运费增加。

有了检验数这一概念，对于求运费最小的物资调运方案问题来说，如果所有空格的检验数都小于零，那么如果再对调运方案进行任何调整，都会增加运输费用。因此调运方案是否是最优方案的判定准则是：初始调运方案，如果它所有的检验数都是非负的，那么这个初始方案一定最优。否则，这一调运方案不一定是最优的。

下面介绍一种用于求检验数的方法 —— 位势法。

仍以前面的物资调运问题为例。设 c_{ij}（$i=1，2，3；j=1，2，3，4$）表示变量 x_{ij} 相应的运价，将初始调运方案中填有数值方格的 c_{ij} 分解成两部分：

$$c_{ij}=u_i+v_j$$

其中 u_i 和 v_j 分别称为该方格对应于 i 行和 j 列的位势量。因为 i 有 $m=3$ 行，j 有 $n=4$ 列，故位势的个数有 $m+n=3+4=7$ 个。但填有运量数的单元只有 $m+n-1=6$ 个。这样，有 $m+n-1=6$ 个 c_{ij} 的方程，要解出 $m+n=7$ 个未知的位势量，u_i 和 v_j 可以有很多解。所以，可以先任意给定一个未知数的位势量，如表 4-17 所示。

表 4-17　位势计算表

需点 供点	Ⅰ	Ⅱ	Ⅲ	Ⅳ	u_i
A			3	10	$u_1=2$
B	1		2		$u_2=1$
C		4		5	$u_3=-3$
v_j	$v_1=0$	$v_2=7$	$v_3=1$	$v_4=8$	

假设取 $v_1=0$，则由 $c_{21}=u_2+v_1=1$，可以得到 $u_2=1$；再由 $c_{23}=2$，又得到 $v_3=1$；由 $c_{13}=3$，可得 $u_1=2$。依次可以得到 $v_4=8$，$u_3=-3$，$v_2=7$ 等。

由上面所求出的行位势 u_i 和列位势 v_j 对应相加填入表 4-17 的空白处，得到准检验数表 4-18。

表 4-18　准检验数表

需点 供点	Ⅰ	Ⅱ	Ⅲ	Ⅳ	u_i
A	[2]	[9]	3	10	$u_1=2$
B	1	[8]	2	[9]	$u_2=1$
C	[-3]	4	[-2]	5	$u_3=-3$
v_j	$v_1=0$	$v_2=7$	$v_3=1$	$v_4=8$	

注：表中带有[ ]者为初始调运方案表里的空格。

用该调运问题的相应运价减去表 4-18 中的数值，那么对初始方案中每个填有运量数值的方格来说，都会满足

$$c_{ij}-(u_i+v_j)=0$$

而对于每个空格来说，相应得到的数值就是该空格的检验数，即

$$\Delta x_{ij}=c_{ij}-u_i-v_j$$

该式就是用位势法求检验数的公式。按照该公式计算初始调运方案的检验数，计算结果列表构成该初始调运方案的检验数表 4-19。

表 4-19 检验数表

需点 供点	Ⅰ	Ⅱ	Ⅲ	Ⅳ
A	1	2		
B		1		-1
C	10		12	

在本例中，由于检验数出现负值，依照最优方案判定准则，可知该初始调运方案不一定是最优的，需进行调整。

2）调运方案的调整　当判定一个初始调运方案不是最优调运方案时，就要在检验数出现负值的该空格内进行调整。如果检验数是负值的空格不只一个时，一般选择负检验数绝对值大的空格作为具体的调整对象。具体调整的方法仍用前例加以说明。

由初始调运方案的检验数表 4-19 发现，空格 x_{24} 的检验数是负值，因此对其进行调整，具体过程见表 4-20。

表 4-20 调运方案调整表

x_{13} $400+100=500$	x_{14} $300-100=200$
x_{23} $100-100=0$	x_{24} $0+100=100$

从空格 x_{24} 处开始，沿闭回路在各奇数次转角点中挑选运量的最小值作为调整量。本例是将 x_{23} 方格的 100 作为调整量，将这个数填入空格 x_{24} 内，同时调整该闭回路中其他转角点上的运量，使各行、列保持原来的供需平衡，这样便得到一个新的调运方案，如表 4-21 所示。

表 4-21 新调运方案

需点 供点	B_1	B_2	B_3	B_4	供应量/t
A_1	3	1	3 500	10 200	700
A_2	1 300	9	2	8 100	400
A_3	7	4 600	10	5 300	900
需求量/t	300	600	500	600	2 000

按新方案计算调运物资的运输费用为

$$S=(3\times500+10\times200+8\times100+1\times300+4\times600+5\times300)\text{元}=8\ 500\text{元}$$

新方案是否是最优方案，还需要对它再进行检验。经计算，该新方案的所有检验数都是非负的，说明这个方案已经是最优调运方案了。

（4）表上作业法基本步骤小结　综上所述，采用表上作业法求解平衡问题的物资调运最优方案，其计算步骤可以归纳如下：

1）列出调运物资的供需（产销）平衡表及运价表。

2）按最小元素法建立初始调运方案。

3）采用位势法计算初始方案每个空格的闭回路的检验数 Δx_{ij}。

4）检查检验数，如所有 $\Delta x_{ij} \geqslant 0$，说明方案是最优的，已经得到想要的方案，结束求解。

5）如果有某个或某几个 $\Delta x_{ij} < 0$，则选择负检验数中绝对值最大的闭回路进行调整，建立新的方案。

6）重复 3 ~5 步，直至获得最优调运方案。

第四节　运 输 合 同

一、货物运输合同的概念和特征

货物运输合同是指承运人和托运人、收货人之间为实现一定的货物运输计划，明确相互权利、义务关系的协议。它具有如下特征：

（1）它的标的是运送货物的行为　从表面上看，在货物运输合同履行中，货物从甲地转移到乙地，但是，合同当事人的权利、义务关系，并不是围绕着货物产生的，而是围绕着为他人运送货物的行为而产生的。

（2）货物运输合同具有标准合同的性质　除运输个体户及集体经济组织从事某些运输所建立的运输关系外，以国有运输企业作为承运人的运输合同，大多具有标准合同的性质，其主要条款基本上是由国家的交通运输部门统一规定；其形式多为表格式；运输费一般由行政法统一规定。

（3）货物运输合同具有较强的计划性　交通运输是国民经济的命脉，目前，我国的交通运输任务很繁重。所以，要进行大宗货物运输时，必须要有计划，以便按时、按量组织合理运输，避免造成人、财、物的浪费。

（4）有约束第三者的性质　货物运输合同的收货人和托运人可以是同一人，但在大多数情况下不是同一人，而是第三人。收货人不参加合同订立，但可直接获得合同规定的利益并自动受合同约束。因此，收货人虽然没有直接参与合同的订立，但他的权利和义务已经按有关法律、法规的规定明确地载明在合同中。

二、货物运输合同的种类

货物运输业务本身的复杂性，决定了组织这种业务活动的运输合同具有种类的多样性。货物运输合同，根据运输工具的不同，可以分为铁路货物运输合同、水上货物运输合同、公路货物运输合同、空中货物运输合同、管道运输合同。另外，还有货物联运合同，如公路货物联运合同，水陆货物联运合同等。

所谓铁路货物运输合同是指利用铁路运输货物的托运方与经营铁路运输的国有企业签订的规定相互权利、义务关系的协议。铁路运输合同有两个明显特点：一是承运方的特定性，即从事铁路运输的一方只能由国有企业承担。二是承运线路的特定性，即签订铁路运输合同的承运者应是在铁路部门公布的运输线上经营货物的运输者。

所谓公路货物运输合同是指利用公路运输货物的托运方与经营公路货物运输的企业或个人签订的规定相互权利、义务关系的协议。公路货运合同与铁路货运合同不同，其承运方既可以是国有企业，也可以是集体企业，还可以是个人。在符合国家法律和有关规定的前提下，都可以承接货运任务，签订公路货运合同。

所谓水上货物运输合同是指利用水路运输货物的托运方与在我国沿海、江河、湖泊以及其他通航水域中经营货物运输的企业或个人签订的规定相互权利、义务关系的协议。它可以分为海上货物运输合同和内河货物运输合同。水上货物运输，具有运送大批货物的能力，运费较低的特点。

所谓航空货物运输合同是指利用航空运输货物的托运方与经营航空货物运输企业签订的规定相互间权利、义务关系的协议。航空货物运输合同与铁路货物运输合同一样其经营和管理由国家有关部门统一掌握。航空运输的货物主要是中小件贵重物品，生产急需器材，仪器和稀有金属等。它具有货物运送速度快，运输质量好等优点，但运费较高。

所谓管道货物运输合同是指利用管道运输货物的托运方与经营管道运输的企业之间签订的规定相互权利、义务关系的协议。管道运输也是我国货物运输方式之一，它是近年来随着石油化学工业的发展而采用的一种新的运输方式。目前大庆油田和华北油田运送到北京的原油，采取全部或部分管道运输。管道运输的物质只能是液体或气体，即流体货物。所以，其运输范围有限。

所谓联合货物运输合同是指多式联运经营人凭以收取运费、负责完成或组织完成不同运输方式之间或同一运输方式不同运输部门之间的运输衔接、完成某项运输任务的全程运输，与托运方签订的规定相互间权利、义务的协议。联合货物运输，分为铁路和水路联运，铁路与公路联运，铁路与公路及水路联运，航空与铁路及公路联运等。联合货物运输具有方便托运货物，简化手续，提高运输效率，节约能源，提高经济效益等优点。

三、货物运输合同的主要内容

由于货物运输的工具不一样，加之具体要求也不一样，所以，货物运输合同的形式和主要内容也有差异。例如，铁路运输，大宗物资的运输，有条件的可按年度、半年度或季度、月度签订货物运输合同，也可以签订更长期限的合同；其他整车货物运输，也应按月签订运输合同。零担货物和集装箱货物运输，一般以货物运单直接作为运输合同。下面根据有关货物运输合同的实施细则，介绍几种常见运输合同的主要内容。

（1）铁路按年度、半年度、季度或月度签订的货物运输合同的基本内容：托运人和收货人名称；发站和到站；货物名称；货物重量；车种和车数；违约责任；双方约定的其他事项。

（2）铁路货物运单的基本内容：托运人，收货人名称及其详细地址；发站、到站及到站的主管铁路局；货物名称；货物包装、标志；件数和重量（包括货物包装重量）；承运日期；运到期限；运输费用；货车类型和车号；施封货车和集装箱的施封号码；双方商定的其他事项。

（3）公路货物运输合同的主要内容：货物的名称、性质、体积、数量及包装标准；货物起运和到达地点、运距、收发货人名称及详细地址；运输质量及安全要求；货物装卸责任和方法；货物的交接手续；批量货物运输起止日期；年、季、月度合同的运输计划；提送期限和运输计划的最大限量；运杂费计算标准及结算方式；变更、解除合同的期限；违约责任；双方商定的其他条款。

（4）按月度签订的水上货物运输合同的主要内容：货物名称；托运人和收货人名称；起运港和到达港，海江河联运货物应载明换装港；货物重量，按体积计费的货物应载明体积；违约责任；特别条款。

（5）水路货物运单的主要内容：货物名称；重量，件数，按体积计费的应载明体积；包装；运输标志；起运港和到达港，海江河联运货物应载明换装港；托运人，收货人的名称及其详细地址；运费，港口费和有关的其他费用及其结算方式；承运日期；运到期限（规定期限或商定期限）；货物价值；双方商定的其他事项。

四、货物运输合同参考文本样式

货物运输合同

订立合同双方：

托运方：__________

承运方：__________

托运方详细地址：________________

收货方详细地址：________________

根据国家有关运输规定，经过双方充分协商，特订立本合同，以便双方共同遵守。

第一条　货物名称、规格、数量、价款。

货物编号	品名	规格	单位	单价	数量	金额(元)

第二条　包装要求。托运方必须按照国家主管机关规定的标准包装；没有统一规定包装标准的，应根据保证货物运输安全的原则进行包装，否则承运方有权拒绝承运。

第三条　货物起运地点，货物到达地点。

第四条　货物承运日期，货物运到期限。

第五条　运输质量及安全要求。

第六条　货物装卸责任和方法。

第七条　收货人领取货物及验收办法。

第八条　运输费用，结算方式。

第九条　各方的权利义务。

（1）托运方的权利义务

1）托运方的权利：要求承运方按照合同规定的时间，地点，把货物运输到目的地。货物托运后，托运方需要变更到货地点或收货人，或者取消托运时，有权向承运方提出变更合同的内容或解除合同的要求。但必须在货物未运到目的地之前通知承运方，并应按有关规定付给承运方所需费用。

2）托运方的义务：按约定向承运方交付运杂费。否则，承运方有权停止运输，并要求对方支付违约金。托运方对托运的货物，应按照规定的标准进行包装，遵守有关危险品运输的规定，按照合同中规定的时间和数量交付托运货物。

（2）承运方的权利义务

1）承运方的权利：向托运方，收货方收取运杂费用。如果收货方不交或不按时交纳规定的各种运杂费用，承运方对其货物有扣压权，查不到收货人或收货人拒绝提取货物的，承运方应及时与托运方联系，在规定期限内负责保管并有权收取保管费用，对于超过规定期限仍无法交付的货物，承运方有权按有关规定予以处理。

2）承运方的义务：在合同规定的期限内，将货物运到指定的地点，按时向收货人发出货物到达的通知。对托运的货物要负责安全，保证货物无短缺，无损坏，无人为的变质。如有上述问题，应承担赔偿义务。在货物到达以后，按规定的期限，负责保管。

（3）收货人的权利义务

1）收货人的权利：在货物运到指定地点后有以凭证领取货物的权利。必要时，收货人有权向到站或中途货物所在站提出变更到站或变更收货人的要求，签订变更协议。

2）收货人的义务：在接到提货通知后，按时提取货物，缴清应付费用，超过规定提货时，应向承运人交付保管费。

第十条　违约责任

（1）托运方责任

1）未按合同规定的时间和要求提供托运的货物，托运方应按其价值的____%偿付给承运方违约金。

2）由于在普通货物中夹带或匿报危险货物、错报笨重货物重量等而招致爆炸、腐蚀、吊具断裂、货物摔损、吊机倾翻等事故，托运方应承担赔偿责任。

3）由于货物包装缺陷产生破损，致使其他货物或运输工具、机械设备被污染腐蚀、损坏，或造成人身伤亡的，托运方应承担赔偿责任。

4）在托运方专用线或在港、站公用线及专用铁道自装的货物，在到站卸货时，发现货物损坏、缺少，在车辆施封完好或无异状的情况下，托运方应赔偿收货人的损失。

5）罐车发运货物，因未随车附带规格质量证明或化验报告，造成收货方无法卸货时，托运方应偿付承运方卸车费、存储费及违约金等。

（2）承运方责任

1）不按合同规定的时间和要求配车（船）发运的承运方应偿付托运方违约金____元。

2）承运方如将货物错运到货地点或接货人，应无偿运至合同规定的到货地点或接货人。如果货物逾期达到，承运方应偿付逾期交货的违约金。

3）运输过程中货物灭失、短少、变质、污染、损坏，承运方应按货物的实际损失（包括包装费、运杂费）赔偿托运方。

4）在符合法律和合同规定条件下的运输，由于下列原因造成货物灭失、短少、变质、污染、损坏的，承运方不承担违约责任：不可抗力；货物本身的自然属性；货物的合理损耗；托运方或收货方本身的过错。

本合同正本一式二份，合同双方各执一份，合同副本一式____份，送……等单位各留一份。

托运方：__________	承运方：__________
代表人：__________	代表人：__________
地址：__________	地址：__________
电话：__________	电话：__________
开户银行：__________	开户银行：__________
账号：__________	账号：__________

__年__月__日订

案例评析

【案例1】 运输合同格式样例

一、航空运输合同

托运人（姓名）______与中国民用航空______航空公司（以下简称承运人）协商空运______（货物名称）到______（到达地点），特签订本合同，并共同遵守下列条款：

第一条　托运人于__月__日起需用____型飞机__架次运送______（货物名称），其航程如下：

__月__日自__至__，停留__日；

__月__日自__至__，停留__日；

……（同上，略）

运输费用总计人民币____元。

第二条　根据飞机航程及经停站，可供托运人使用的载量为____公斤（内含客座）。如因天气或其他特殊原因需增加空勤人员或燃油时，载量照减。

第三条　飞机吨位如托运人未充分利用，民航可以利用空隙吨位。

第四条　承运人除因气象、政府禁令等原因外，应依期飞行。

第五条　托运人签订本合同后要求取消飞机班次，应交付退机费______元。如托运人退机前承运人为执行本合同已发生调机费用，应由托运人负责交付此项费用。

第六条　托运方负责所运货物的包装。运输中如因包装不善造成货物损毁，由托运方自行负责。

第七条　运输货物的保险费由承运方负担。货物因承运方问题所造成的损失，由承运方赔偿。

第八条　在执行合同的飞行途中，托运人如要求停留，应按规定收取留机费。

第九条　本合同如有其他未尽事宜，应由双方共同协商解决，凡涉及航空运输规则规定的问题，按运输规则办理。

托运人：____________　　承运人：____________

开户银行：__________　　开户银行：__________

银行账号：__________　　银行账号：__________

__年__月__日订

二、水路运输合同

（　）海运计字第__号

根据经济合同法和省海上运输管理规定的要求，××××（简称甲方）向省交通厅海运局（简称乙方），计划托运____货物，乙方同意承运，特签订本合同，共同遵守，互相制约，具体条款经双方协商如下：

1. 运输方法

乙方调派____吨位船舶一艘（船舶______吊货设备），应甲方要求由____港运至____港，按现行包船运输规定办理。

2. 货物集中

甲方应按乙方指定时间，将____货物于____天内集中于____港，货物集齐后，乙方应在五天内派船装运。

3. 装船时间

甲方联系到达港同意安排卸货后，经乙方落实并准备接收集货（开集日期由乙方指定）。装船作业时间，自船舶抵港靠好码头时起于____小时内装完货物。

4. 运到期限

船舶自装货完毕办好手续时起于____小时内将货物运到目的港。否则按货规承担滞延费用。

5. 启航联系

乙方在船舶装货完毕启航后，即发报通知甲方做好卸货准备，如需领航时亦通知甲方按时派引航员领航。相关费用由____方负担。

6. 卸船时间

甲方保证乙方船舶抵达____港锚地，自下锚时起于____小时内将货卸完。否则甲方按超过时间向乙方交付滞延金每吨时 0.075 元，在装卸货过程中，因天气影响装卸作业时间，可按实际影响时间扣除。

7. 运输质量

乙方装船时，甲方应派人员监装，指导工人按章操作，装完船封好舱，甲方可派押运员（免费一人）随船押运。乙方保证原装原运，除因船舶安全条件所发生的损失外，对于运送货物的数量和质量均由甲方自行负责。

8. 运输费用

按省水运货物一级运价率以船舶载重吨位计货物运费____元，空驶费按运费的 50% 计，全船运费为____元，一次计收。

港口装船费用，按省港口收费规则有关费率计收。卸船等费用，由甲方直接与到达港办理。

9. 费用结算

本合同经双方签章后，甲方应先付给乙方预付运输费用____元。乙方在船舶卸完后，以运输费用凭据与甲方一次结算，多退少补。

10. 附则

本合同甲乙双方各执正本一份，副本____份。并向工商行政管理局登记备案，如有未尽事宜，则按省交通厅海上运输管理规定和经济合同法的有关规定协商办理。

甲方：(盖章)	乙方：(盖章)
代表人：	代表人：
开户银行：	开户银行：
账号：	账号：

年　月　日

【案例2】 物流中心的车辆调度优化

上海联华便利商业有限公司是上海较早成立且发展十分迅速的连锁经营便利店公司，至今在上海地区已开出了400多家自营、合资及加盟便利门店，同时又以合资等形式发展到江苏、浙江、辽宁、新疆等地。

随着我国商业现代化改造，连锁经营、便利店等商业模式不断涌现，取得了良好的经济效益与社会效益。

便利店，顾名思义是一种提供便利的商店。一般来说它的营业面积不大，约在60～100m^{2}左右，有数名工作人员，能提供3 000种左右人们日常生活必需的小商品，并能提供一些人们日常所需的服务。每天的营业时间一般长达16h或24h通宵服务。由于营业面积不大，它可以深入到各个居民小区、车站、码头等，贴近人们的生活，给人们带来了极大的方便。现在人们不难在各居民小区，各条马路上发现便利店的身影。由于便利店规模较小，故在管理上更显重要。采用连锁经营的方式，所有下属便利店采用统一的企业形象设计，统一的管理模式，能取得很好的品牌效应。统一的进货方式可保证所进商品的质量，同时降低采购成本。统一的销售价格，又可使顾客感到满意和放心。该公司经过几年来的努力，已取得了良好的经营业绩。

该公司各便利店所供商品的进货渠道主要有以下三方面：少部分鲜活商品（如面包、牛奶、蔬菜等）每天由供货商直接送到各便利店（以下简称门店）；公司自己建有一个冷冻物流中心，负责各门店冷冻商品的供应，如冷冻肉食、禽类、速冻食品等；公司还有一个配货中心，负责其他常温商品的供应，如酒类、饮料、日用小商品等。门店根据各自的经营状况，在要货当日的上午10时前，将要货信息输入电脑，经通信线路传送到有关配货中心和冷冻物流中心，而配货中心要等将收到各门店的要货信息经过汇总后，组织好相应的商品，及时送到各门店。

公司规定各门店每两天可要货一次。按目前400多家门店的总规模，每天要货的门店达200多家，且分布在全市各个地方。冷冻物流中心由于供应品种较少，根据经验，每辆送货车辆一次满载可送20家门店，每天每车送货两次，现有车辆6辆。配货中心由于供应品种较多，共有车辆11辆。如何合理地调度这些送货车辆，在保证各门店要货能及时得到满足的前提下，使送货车辆经过的路途最少，是一项十分有意义的工作。

要将400多家门店与10余辆车进行调度优化，不是本案例篇幅所能包含的。这里将问题适当提炼，取其部分内容进行阐述，从中也可看出调度优化的概貌。

这里仅考虑配货中心的某一辆车，负责分送位于杨浦区的10家门店的情况。这10家门店的分布交通路线图（单位为百米）如图4-11所示，配货中心为v_0，v_1至v_{10}分别为10家要货的门店，分别是v_1（政立店）、v_2（文化店）、v_3（武东店）、v_4（国痒店）、v_5（国定店）、v_6（漳武店）、v_7（中鲁店）、v_8（民星店）、v_9（营口店）、v_{10}（延吉店）。考虑送货车辆从配货中心出发，必须要到达所有门店，故可采用最小生成树方法，生成最小树，将配货中心与各门店连接起来，见图4-12（单位：百米）。图中的粗线部分即为最小树，它将配货中心与10家门店连接起来，同时可使总的路线长度为最小。

从配货中心出发的送货车辆，在送完所有门店货物后，仍需要返回配货中心。所以对已生成的最小树可再采用中国邮递员线路的算法进行扩充。

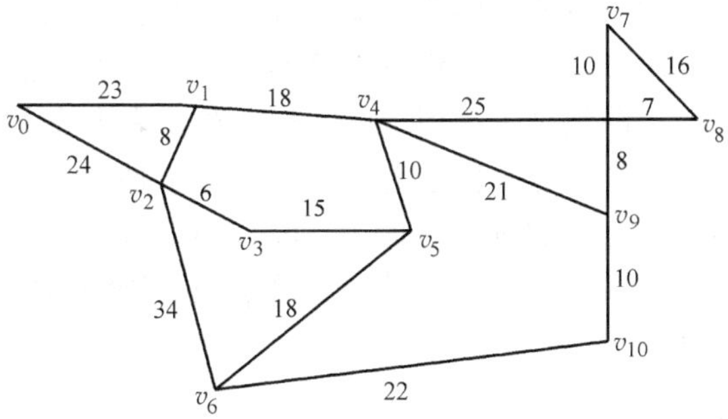

图4-11 交通路线图

案例分析：:

车辆调度优化是运输管理的重要内容。车辆调度优化的方法有多种，图上作业法、表上作业法、最小生成树、里程节约法等，车辆调度优化方法的运用，对优化运行线路、降低运输成本，有着非常重要的作用。

上海联华便利商业有限公司在对其所属的400多家便利店的配送中，进行车辆的调度优化，在保证各门店要货能及时得到满足的前提下，使送货车辆经过的路途最少，大大降低了配送成本。

对于案例中的实例，采用最小生成树中的破圈法，对图4-11进行破圈，可得到最小树，见图4-12中的粗实线，它将配货中心与10家门店连接起来，同时可使总的路线长度为最小。

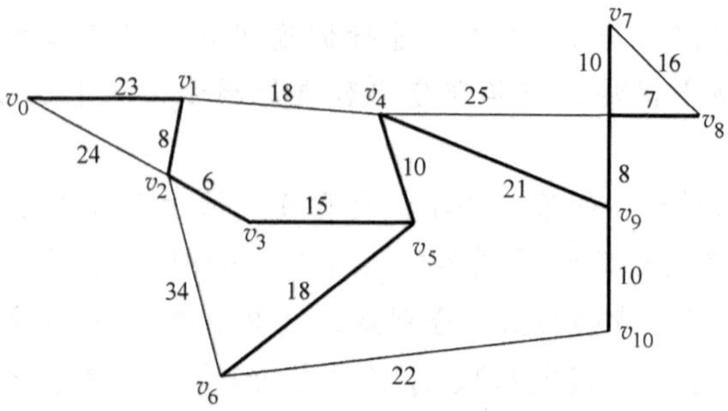

图4-12 图中粗线部分为最小树

【本章小结】

本章内容共包括五部分。首先讲述了物流中心运输管理的基本内容，主要介绍了运输管理的特殊性、运输计划的制定、特种商品运输管理、运输的合理化四个大问题。接下来介绍了运输管理的业务流程，这部分内容是在详细介绍运输业务流程的基础上，对流程中涉及的运输方式的选择、运输服务商的选择、运输车辆的选择问题进行了专门讲述，构成本章第二部分内容，也是本章的重点内容。第三部分内容是运输路线的选择，构成本章的另一个重点，主要讲述了选择运输路线的三种具体方法，即最小生成树、图上作业法、表上作业法的基本内容，这部分内容也是本章的一个难点，要求有一定的运筹学基础。第四部分内容是运输合同，介绍了货物运输合同的概念、种类、内容和文本样式。最后一部分内容是案例评析，结合前面讲述内容通过两种类型的案例对货物运输合同和运输路线的选择进行了实际的分析。

【复习思考题】

1. 什么是运输合理化？运输合理化的影响因素是什么？
2. 不合理运输的表现形式有哪些？
3. 物流中心的运输所包含的主要业务内容有哪些？
4. 选择运输方式时考虑的因素有哪些？
5. 选择运输服务商时考虑的因素有哪些？
6. 选择运输车辆时考虑的因素有哪些？
7. 运输线路选择的目标有哪些？
8. 分别用破圈法和避圈法求图4-13所示路线图的最小树。
9. 某机械制造企业有S_1、S_2、S_3、S_4、S_5五个工厂，产品销往D_1、D_2、D_3、D_4、D_5五个地区。各工厂的位置、产量和各销售地区的位置和需求量如图4-14所示。由于工厂和销售地之间的交通线路图为树状，试利用图上作业法确定产品调运的最佳方案。

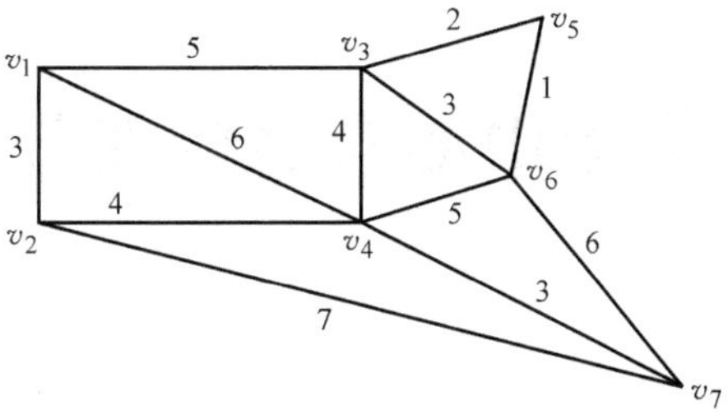

图 4-13　路线图

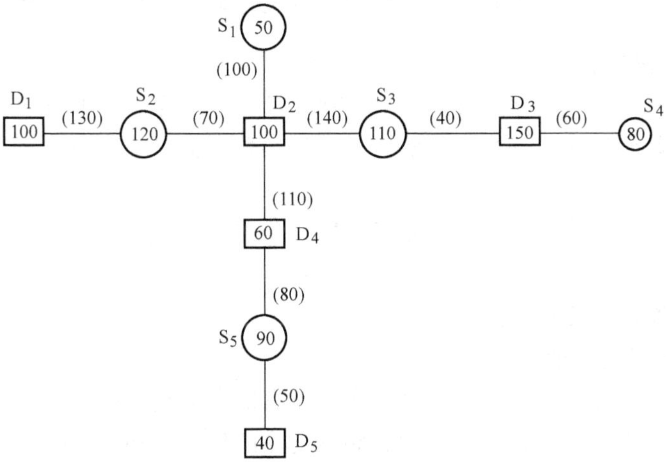

图 4-14　交通示意图

第五章　物流中心仓储管理与库存控制

【知识目标】

通过本章学习，掌握仓库的功能与分类及仓储管理的内容、仓储管理技术和储存合同的内容；熟悉库存控制管理方法以及仓储管理中各环节的操作程序。

【能力目标】

通过本章学习，使学生具备制订合理的物流中心仓储作业流程的能力；初步具备进行仓储管理和库存控制的能力；能够编制仓储保管合同。

第一节　物流中心仓储作业流程

一、仓库的功能和分类

（一）仓库的功能

自从人类社会生产有剩余产品以来，就有储存活动，而储存物品的建筑物或场所，一般称为仓库。仓库是保管、储存物品的建筑物和场所的总称。随着社会生产水平的提高，社会化生产方式的出现，出现了大量为商品流通服务的仓库。社会化的大生产需要有保证生产需要的原材料和零部件的仓库，因此仓库成为了生产和消费领域中物资集散的中心环节，其功能已不单纯是保管、储存。从现代物流系统观点来看，仓库是物流系统的调运中心，在这里对物流进行有效的、科学的管理与控制，可以使物流系统更顺畅、更合理地运行。

一般来说，仓库应具有以下的功能：

1. 储存和保管的功能

这是仓库的最基本的传统功能，因此，仓库应具有必要的空间用于容纳物品。库容量是仓库的基本参数之一。保管过程中应保证物品不丢失、不损坏、不变质。要有完善的保管制度和正确的操作方法，合理使用搬运机具，在搬运和堆放时不能碰坏或压坏物品。

根据所储存货物的特性，仓库里应配有相应的实施设备，以保持储存物品的完好性。例如对水果、鱼肉类仓库要控制其温度，使之成为冷藏仓库及冷冻仓库；储存精密仪器的仓库应防潮防尘，保持温度恒定，需要空气调节及恒温设备；一些储存挥发性溶剂的仓库必须有通风设备，以防止空气中挥发性物质含量过高而引起爆炸。随着人们生活水平逐步提高，对生活质量的要求也越来越严格，尤其对蛋奶、鱼、海鲜、蔬菜、水果等食品的新鲜度的要求越来越高，今后，冷藏、冷冻、恒温仓库将大量增加，这是一种发展趋势。

2. 调节供需的功能

从生产和消费两方面来看，其连续性的规律都因产品不同而异。因此，生产节奏和消费节奏不可能完全一致。有的产品生产是均衡的，而消费不是均衡的，如电风扇等季节性商品；相反，有的产品生产节奏有间隔而消费则是连续的，如粮食。这两种情况都产生了供需不平衡，这就要有仓库的储存作为平衡环节来加以调控，使生产和消费协调起来，这也体现出物流系统创造物资时间效用的基本职能。

3. 调节货物运输能力的功能

各种运输工具的运量相差很大，船舶的运量大，海运船一般是万吨以上，内河船也以百吨或千吨计。火车的运量较小，每节车皮能装 30 ~ 60t，一列火车的运量多达数千吨。汽车的运量最小，一般每车只有 4 ~ 10t。在码头和车站进行不同运输方式的转运时，运输能力是很不匹配的，这种运力的差异必须通过仓库或货场将货物短时存放以进行调节和衔接。

4. 配送和流通加工的功能

现代仓库的发展趋势是从保管储存为主要任务向流通性仓库的方向发展，仓库成为流通、销售、零部件供应的中心，其中一部分在所属物流系统中起着货物供应的组织协调作用，被称为物流中心。这一类仓库不仅具备储存保管货物的设施，而且增加了分拣、配送、捆包、流通加工、信息处理等设施，这样既扩大了仓库的经营范围，提高了物资综合利用率，又促进了物流合理化，方便了消费者，提高了服务质量。国外的许多仓库都改建成了物流中心、流通中心或配送中心，由保管型的仓库转为流通型的物流结点。在仓库的功能方面，主要注重流通功能，如商品分类、分拣、流通加工和配送。许多配送中心，70% 以上的商品进来后马上被分类、整理、配货，仅仅几十分钟或几个小时，就立即出库运走。我国目前保管型仓库占大多数，而具备物流中心作用的仓库还较少，但随着国民经济的发展和物流系统总体水平的提高，仓储业的现代化是指日可待的。

（二）仓库的分类

仓库是保管、储存物品的建筑物和场所的总称。从现代物流系统的角度来看，仓库也是从事包装、分拣、流通加工等物流作业活动的物流节点设施。

仓库按不同的标准可进行不同的分类，企业可根据自身的条件选择建设或租用不同类型的仓库。

1. 按使用范围不同分类

（1）自营仓库（private warehouse）　由企业或各类组织自营自管，为自身提供储存服务的仓库。这类仓库用于储存本企业的原材料、燃料、产成品等货物。

（2）公共仓库（public warehouse） 面向社会提供物品储存服务，并收取费用的仓库。

（3）出口监管仓库（export supervised warehouse） 经海关批准设立，对已办结海关出口手续的货物进行存储、保税物流配送、提供流通性增值服务的海关专用监管仓库。

（4）保税仓库（boned warehouse） 经海关批准设立的专门存放保税货物及其他未办结海关手续货物的仓库。

2. 按保管物品种类多少分类

（1）综合库 指用于存放多种不同属性物品的仓库。

（2）专业库 指用于存放一种或某一大类物品的仓库。

3. 按仓库保管条件分类

（1）普通仓库 指用于存放无特殊保管要求的物品的仓库。

（2）保温、冷藏、恒湿恒温库 指用于存放要求保温、冷藏或恒湿恒温物品的仓库。

（3）特种仓库 通常是指用于存放易燃、易爆、有毒、有腐蚀性或有辐射性物品的仓库。

4. 按仓库封闭程度分类

（1）封闭式仓库 这种仓库俗称"库房"，该结构的仓库封闭性强，便于对库存物进行维护保养，适宜存放保管条件要求比较高的物品。

（2）半封闭式仓库 这种仓库俗称"货棚"，货棚的保管条件不如库房，但出入库作业比较方便，且建造成本较低，适宜存放那些对温湿度要求不高且出入库频繁的物品。

（3）露天式仓库 这种仓库俗称"货场"，货场最大的优点是装卸作业极其方便，适宜存放较大型的货物。

5. 按建筑结构分类

（1）平房仓库 平房仓库的构造比较简单，建筑费用便宜，人工操作比较方便。

（2）楼房仓库 楼房仓库是指二层楼以上的仓库，它可以减少土地占用面积，进出库作业可采用机械化或半机械化设备。

（3）高层货架仓库 高层货架仓库在作业方面，主要使用电子计算机控制，能实现机械化和自动化操作。

（4）罐式仓库 罐式仓库的构造特殊，成球形或柱形，主要是用来储存石油、天然气和液体化工品等。

（5）简易仓库 简易仓库的构造简单、造价低廉，一般是在仓库不足而又不能及时建库的情况下采用的临时代用办法，包括一些固定或活动的简易货棚等。

6. 按建筑材料分类

现代化的高层楼房仓库，用钢筋混凝土的较多；一般平房仓库大部分仍采用砖石和木结构；一些特殊仓库如储油罐等，则用钢结构等。

7. 按库内形态分类

（1）地面型仓库　一般指单层地面库，多使用非货架型的保管设备。

（2）货架型仓库　指采用多层货架保管货物的仓库。在货架上的货物一般用托盘集装，货架分固定货架和移动货架。

（3）自动化立体仓库　由高层货架、巷道堆垛起重机（有轨堆垛机）、入出库输送机系统、自动化控制系统、计算机仓库管理系统及其周边设备组成，可对集装单元物品实现机械化自动存取和控制作业的仓库。

二、仓库的作业流程

在自动化物流配送中心的运转中，不论是机械化的物流系统，还是自动化或智能化的物流系统，如果没有正确有效的作业方法配合，那么不论多么先进的系统和设备，也未必能取得最佳经济效益。因此，理顺物流中心仓库的基本作业流程，对我们认识其作用，发挥其特长具有重大意义。

如图 5-1 所示，仓库作业管理包括商品从入库到出库之间的装卸、搬运、仓库内部布局、储存养护和流通加工等一切与商品实务操作、设备、人力资源相关的作业。其中入库作业要考虑入库商品的数据输入、入库厂商及车次调度（即

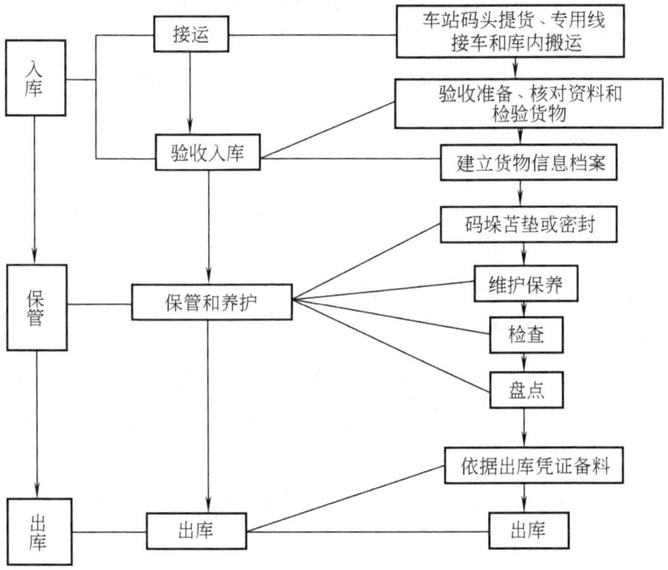

图 5-1　物流中心仓库的基本作业流程

月台的使用调度)、入库商品装卸计划、入库商品检验、商品搬移上架所使用的搬运工具及人力规划和货位批示与管理等。商品在储存状态中的作业内容包括货位调整、搬运、库存数量清点、库存跟踪和货物维护等功能。出库作业包括核对出库凭证、备料、复核和点交货物。确定出库排定日期后，商品必须提领出存储区，并按照客户要求加以分类、包装和进行流通加工。这就要求进行拣货批次的规划、流通加工及包装批次规划，并打印拣货单、包装单和流通加工单等。

综合上述作业过程，可归纳为三大项作业，即入库作业、保管作业和出库作业。

三、仓库管理系统（WMS）技术

“仓库管理系统”（Warehouse Management System，简称 WMS ）是对仓库实施全面管理的计算机信息系统。WMS 按照常规和用户自行确定的优先原则优化仓库的空间利用和仓储作业。对上，它通过电子数据交换（EDI）等电子媒介，与企业的计算机主机联网，由主机下达收货和订单的原始数据；对下，它通过无线网络、手持终端、条码系统和射频数据通信（BFDC）等信息技术与仓库的员工联系。如此上下相互作用，传达指令，反馈信息，更新数据库，并生成所需的条码标签和单据文件。

一个 WMS 的基本软件包支持仓储作业中的全部功能，从进货站台直到发货站台：

（1）收货　货到站台，收货员将到货数据由射频终端（RF Terminal）传到 WMS，WMS 随即生成相应的条码标签，粘贴（或喷印）在收货托盘（或货箱），经扫描，这批货物即被确认收到，由 WMS 指挥进库储存。

（2）储存　WMS 按最佳的储存方式选择空货位，通过叉车上的射频终端通知叉车司机，并指引最佳途径抵达空货位，扫描货位条码以证实正确无误。货物就位后再扫描货物条码，WMS 即确认货物已储存在这一货位，可供以后订单发货。

（3）订单处理　订单到达仓库，WMS 按预定规则分组，区分先后，合理安排。例如：交由 UPS 公司快运的，要下午 2 时前发货；需由公路长途运输的，要下午 5 时前发货，有些货物需特别护送，等等。WMS 按这些需要确定安排如何最佳、及时地交付订单的货物。

（4）拣选　WMS 确定最佳的拣选方案，安排订单拣选任务。拣选人由射频终端指引到货位，显示拣选数量。经扫描货物和货位的条码，WMS 确认拣选正确，货物的库存量也同时减除。

（5）发货　WMS 制作包装清单和发货单，交付发运。称重设备和其他发货系统也能同时与 WMS 联合工作。

（6）站台直调　货到收货站台，如已有订单需要这批货，WMS 会指令叉车司机直送发货站台，不再入库。

除此之外，WMS还能提供更多的附加支持，包括：库存补充、循环盘存、班组工作实时监管等。更先进的WMS还能连接自动导向车（AGV）、输送带、回转货架和高架自动储存系统（AS/RS）等，而最近的新趋势则是与企业的其他管理系统相结合，如运输管理系统（TMS）、订单管理系统（OMS）和企业资源规划调度系统（ERP）等，使之融入企业的整体管理系统之内。

使用WMS会在下列四方面给仓库带来切实的效果：

（1）为仓库作业全过程提供自动化和全面记录的途径。

（2）改变传统上的固定货位，实现仓库随机储存，从而最大限度利用仓容。

（3）提高发货的质量和正确性，减少断档和退货，提高顾客的满意程度。

（4）为仓库的所有活动、资源和库存水平提供即时的正确信息。

这些效果无疑会带给仓库明显的效益。配送能力一般能提高20%～30%，库存和发货正确率超过99%；仓间利用率提高，数据输入误差减少；库存和短缺损耗减少；劳动、设备、消耗等费用降低。这些最终都为仓库带来巨大的经济效益。

WMS的应用需与许多电子技术相配合，如条码技术、射频通信技术等，离开这些条件，WMS难展其效。我国在引进应用时应当结合国情，适当改进，以切实用。

第二节　物流中心仓储管理的内容

一、商品入库管理

商品入库时，需要站台或场地供铁路车厢或运货汽车停靠，需要升降平台作为站台和载货车辆之间的过桥，需要托盘搬运车或叉车等设备完成卸车作业。卸车后需要核对货物的品名和数量，检查货物是否完好无损。一般还需要把货物整齐地码放在仓库内部专用的托盘上或货箱内。在现代化仓库的收货处一般都设有计算机终端，用来输入收货信息。有时需要计算机打印出标签或条码贴在货物或托盘上，以便随后在储运过程中识别和跟踪。

商品入库管理，是根据商品入库凭证，在接收入库商品时所进行的卸货、查点、验收、办理入库手续等各项业务活动的计划和组织。

商品入库作业，按照工作顺序，大致可划分为两个阶段：一是入库前的准备；二是对商品入库的具体操作。

（一）入库前的准备工作

做好入库前的准备工作，可以保证商品准确、迅速、安全入库；可以防止由于突然到货而造成忙乱，以至于拖延入库时间。商品入库前的准备工作，有两方面的内容：一是编制仓库的商品入库计划；二是入库前的具体准备工作。

1. 编制仓库商品入库计划

商品入库计划，是仓库业务计划的重要组成部分。仓库为了有计划地安排仓位，筹集各种器材，配备作业的劳动力，使仓库的存储业务最大限度地做到有准备、有秩序地进行。

商品入库计划是根据业务部门提供的进货计划来编制的，其主要内容包括各类商品的进库时间、品种、规格、数量等。这种计划通常也叫商品储存计划。

仓库部门根据进货进度计划，结合仓库本身的储存能力、设备条件、劳动力情况和各种仓库业务操作过程所需要的时间，来确定仓库的入库业务计划。

由于商品储存计划、进货安排会经常发生变化。为适应这种情况，仓库管理上可采取长计划短安排的办法，按月编制作业计划。

2. 入库前具体准备工作

商品入库的具体准备工作，是根据仓库业务计划并通过日常与供应业务部门、商品运输部门的联系，在掌握入库商品的品种、数量、到货地点、到货日期等具体情况的基础上来确定的。其主要内容有：

（1）组织人力　按照商品到达的时间、地点、数量等，预先做好到货接运、装卸搬运、检验、堆码等人力的组织安排。

（2）准备物力　根据入库商品的种类、包装、数量等情况以及接运方式，确定搬运、检验、计量等方法，配备好所用车辆和检验器材度量衡器以及装卸、搬运、堆码苫垫的工具和必要的防护用品用具等。

（3）安排仓位　按入库商品的品种、性能、数量、存放时间等，结合商品的堆码要求，维修、核算占用仓位的面积，以及进行必要的腾仓、清场、打扫、消毒、准备好验收的场地等。

（4）备足苫垫用品　根据入库商品的性能、储存要求、数量多少以及保管场所的具体条件等，确定入库商品的堆码形式和苫盖、下垫形式，准备好苫垫物料，做到商品的堆放与苫垫工作同时间内一次性完成，以确保商品的安全和避免以后的重复工作。

（二）商品入库的操作程序

商品入库工作，必须经过商品接收、装卸、搬运、检查包装、点清数量、验收质量、商品堆码、办理交接手续和登账手续等一系列的操作过程。这一仓库商品入库作业过程，要求在一定的时间内，迅速、准确地完成。除了要切实做好商品入库前的各项准备工作之外，还必须按照一定的合理的具体操作程序来组织好入库作业。这套程序是：入库商品接运、核对入库凭证、大数点收、检查包装、办理交接手续、商品验收、办理商品入库手续。

1. 商品接运

商品接运人员，要熟悉交通运输部门及有关供货单位的制度和要求，根据不同的接运方式，处理接运中的各种问题。

（1）专用线接运　专用线接运是铁路部门将转运的商品直接运送到仓库内部专用线的一种接运方式。仓库接到车站到货通知后，应确定卸车货位，力求缩短场内搬运距离，准备好卸车所需的人力和机具。车皮到达后，要引导对位。

1）卸车前的检查　卸车前的检查工作是十分重要的。通过检查可以防止误卸和划清商品运输事故的责任。得出检查结果后，应及时与车站联系，并取得文字记录。

卸车前检查的主要内容有：核对车号；检查车门、车窗有无异状；货封是否脱落、破损或印纹是否不清、不符等；商品名称、箱件数与商品运单上填写的名称、箱件数是否相符；对盖有篷布的敞车，应检查覆盖状况是否严密完好，尤其应查看有无雨水渗漏的痕迹和破损、散捆等情况。

2）卸车中应注意的要点　要按车号、品名、规格，分别堆码，做到层次分明，便于清点，并标明车号及卸车日期；注意外包装的指示标志，要正确勾挂、铲兜、升起、轻放，防止包装和商品损坏；妥善处理苫盖，防止受潮和污损；对品名不符、包装破损、受潮或损坏的商品，应另外堆放，写明标志，并会同承运部门进行检查，编制记录；力求与保管人员共同监卸，争取做到卸车和商品件数一次点清；卸后货垛之间要留有通道，并要与电线杆、消防栓保持一定距离，要与专用线铁轨外侧距离 1.5m 以上；正确使用装卸机具、工具和安全防护用具，确保人身和商品安全。

3）卸车后的清理　主要包括：检查车内商品是否卸净，关好车门、车窗，通知车站取车；做好卸车记录，记录清楚卸车货位、商品规格、数量等，连同有关证件和资料尽快向保管人员或验收人员交待清楚，办好内部交接手续。内部交接手续包括：调运机构或接运人员将卸车记录和货运记录交付保管人员，以及将进货商品件数交付保管人员。

（2）车站、码头提货　到车站提货，应向车站出示“领货凭证”。如果“领货凭证”发货人未予寄到，也可凭单位证明或单位提货专用章在货票存查联上加盖，将货物提回。

到码头提货手续稍有不同，即提货人要事先在提货单上签名并加盖公章或附单位提货证明，到港口货运处取回货物运单，即可到指定的库房提取货物。

提货时，应根据运单和有关资料认真核对商品的名称、规格、数量、收货单位等。仔细进行外观检查，如包装是否铅封完好，有无水渍、油渍、受潮、污损、锈蚀、短件、破损等。如果有疑点，或者与运单记载不相符合，应当会同承运部门共同查清，并开具文字证明；对短缺、损坏等情况，属于承运部门责任的，要作出货运记录。

货物到库后，接运人员应及时将运单连同提取回的商品向保管与装卸管理人员当面点交清楚，然后由双方办理交接手续。

（3）自提货　仓库直接到供货单位提货，叫做自提。自提这种方式的特点是提货与验收同时进行。仓库根据提货通知，要了解所提商品的性质、规格、数量，准备好提货所需的设备、工具和人员，到供货单位当场进行商品验收，点清数量，查看外观质量，做好验收记录。提货回仓库后，交验收员或保管员复验。

（4）送料　这是供货单位将商品直接送达仓库的一种供货方式。当货物到达后，保管员或验收员直接与送货人办理接收工作，当面验收并办理交接手续。如果有差错，立即做出记录，让送货人签章，向有关方面提出索赔或其他办法处理。

（5）差错处理　在接运过程中，有时会发生差错，如错发、混装、漏装、丢失、损坏、受潮和污损等。这些差错的原因，有的属于发货单位造成的，有的属于承运单位造成的，也有的是在接运短途运输装卸中自己造成的。这些差错，除了由于人们不可抗拒的自然灾害或商品本身性质引起的以外，所有差错的损失应向责任者提出索赔。

差错事故记录有以下两种：

1）货运记录　货运记录是表明承运单位负有责任事故，收货单位据此索赔的基本文件。商品若在运输过程中发生以下差错，均填写货运记录。货运记录内容包括：商品名称、件数与运单记载不符，商品被盗、丢失或损坏，商品污损、受潮、生锈、霉变或其他货物差错等。

记录必须在收货人卸车或提货前，通过认真检查后发现问题，经承运单位复查确认后，由承运单位填写交收货单位。

2）普通记录　是承运部门开具的一般性证明文件，不具备索赔效力，仅作为收货单位向有关部门交涉处理的依据。遇有下列情况并发生货损、货差时，填写普通记录：铁路专用线自装自卸的商品；棚车的铅封印纹不清、不符或没有按规定施封；施封的车门、车窗关闭不严，或者门窗有损坏；篷布苫盖不严，或其他异状；责任判明为供货单位的其他差错事故等。

以上情况的发生，责任一般在发货单位。收货单位可持普通记录向发货单位交涉处理，必要时向发货单位提出索赔。

（6）接运记录　在完成商品接运工作的同时，每一步骤应有详细的记录。接运记录应详列接运商品到达、接运、交接等各环节的情况。

采用完整记录的目的是：用以检查接运工作各环节的效率，防止遗漏和积压；作为接运工作的基础统计；分清责任，追踪有关资料，促进验收、索赔、交涉等工作的顺利进行；利于清理在途商品。

接运工作全部完成后，所有的接运资料，如接运记录、运单、运输普通记录、货运记录、损耗报告单、交接证以及索赔单和文件、提货通知单及其他有关资料等均应分类输入保管与装卸管理电脑系统以备复查。

2. 核对凭证

商品运抵仓库后，仓库收货人员首先要检验商品入库凭证，然后按商品入库凭证所列的收货单位、货物名称、规格数量等具体内容，与商品各项标志核对。如发现送错，应拒收退回；一时无法退回的，应进行清点并另行存放，然后做好记录，待联系后再处理。经复核复查确定无误后，即可进行下一道工序。

3. 大数点收

大数点收，是按照商品的大件包装（即运输包装）进行数量清点。点收的方法有两种：一是逐件点数计总；二是集中堆码点数。

逐件点数，如靠人工点记则费力易错，因此可采用简易计算器，计数累计以得总数。对于花色品种单一，包装大小一致，数量大或体积较小的商品，适于用集中堆码点数法，即入库的商品堆成固定的垛形（或置于固定容量的货架），排列整齐，每层、每行件数一致，一批商品进库完毕，货位每层（横列）的件数其顶层的件数往往是零头，与以下各层的数不一样，这是要注意的，以免产生差错。大数点收应注意以下事项：

（1）件数不符　接货大数点收中，如发生件数与通知单所列不符，数量短少，经复点确认后，应立即在送货单各联上批注清楚，应按实数签收，同时，由收货人员与承运人共同签章。经验收核对确实，由保管人员将查明短少商品的品名、规格、数量通知运输部门、发货单位和货主。

（2）包装异状　收货中如发现商品包装有异状时，收货人员应会同送货人员开箱、拆包检查，查明确有残损或细数短少情况，由送货人员出具入库商品异状记录，或在送货单上注明。同时，应通知保管人员另行堆放，勿与以前入库的同种商品混堆在一起，以待处理。

如入库商品包装损坏十分严重，仓库不能修复，加上由此而无法保证储存安全时，应联系货主或供货单位派人员协助整理，然后再验收入库。未正式办理入库手续的商品，仓库要另行堆存。

（3）商品串库　在点收本地入库商品时，如发现货与单不符，有部分商品错送来库的情况（俗称串库），收货人员应将这部分与单不符的商品另行堆放，待应收的商品点收完毕后，交由送货人员带回，并在签收时如数减除。如在验收、堆码时才发现串库商品，收货人员应及时通知送货员办理退货更正手续，不符的商品交送货或运输人员提走。

（4）商品异状损失　指接货时发现商品异状和损失的问题。设有铁路专用线的仓库，在接收商品时如发现短少、水渍、玷污、损坏等情况时，由仓库收货人员直接向交通运输部门交涉。如遇车皮或船舱铅封损坏，经双方会同清查点验，确有异状、损失情况，应向交通运输部门按章索赔。如该批商品在托运之时，发货方另有附言，损失责任不属交通运输部门者，亦应请其作普通记录，以明确责任，并作为必要时向供货单位要求赔偿损失的凭证。

4. 检查包装

在大数点收的同时，对每件商品的包装和标志要进行认真的查看。检查包装是否完整、牢固，有无破损、受潮、水渍、油污等异状。商品包装的异状，往往是商品受到损害的一种外在现象。如果发现异状包装，必须单独存放，并打开包装详细检查内部商品有无短缺、破损和变质。逐一查看包装标志，目的在于防止不同商品混入，避免差错，并根据标志指示操作，确保入库储存安全。

5. 办理交接手续

入库商品经过上述工序，就可以与接货人员办理商品交接手续。交接手续通常由仓库收货人员在送货回单上签名盖章表示商品收讫。如果上述程序中发现差错、破损等情形，必须在送货单上详细注明或由接货人员出具差错、异状记录，详细写明差错的数量、破损情况等，以便与运输部门分清责任，并作为查询处理的依据。

6. 商品验收

在办完交接手续后，仓库要对入库的商品做全面的、认真细致的验收，包括开箱、拆包、检验商品的质量和细数。商品验收应注意以下问题：

（1）细数不符　在开箱、拆包核点商品细数时，如发现有多余情况，应在入库通知单上按实签收，并通知发货方及货主，不能作溢余处理；如发现数量减少，也应按实际数量签收，同时联系发货方和货主，不能以其他规格的多余商品作抵充数，或以其他批次余额抵补。

（2）质量问题　开箱、拆包验收时发现商品有残损、变质情况，保管员或验收人员应将残损商品另列，好坏分开。签收的单据则根据货主的规定办理，可同时在一份商品入库单上分完好商品、残损商品签收，也可另设残损商品入库单。残损商品签收后，也应及时通知货主和发货方，并分开堆存，保持原状（如玻璃制品的破损原件等），以便货主检查和处理。

（3）查询处理　这是仓库将商品验收中的具体问题，用书面形式通知货主或发货方要求查明情况进行处理的一种方式；一般分别按溢余、短少、残损、变质等情况用不同表式填报货主并抄送发货方。

7. 办理商品入库手续

商品验收后，由保管员或收货员根据验收结果，在商品入库单上签收。同时将商品存放的库房（货场）、货位编号批注在入库单上，以便记账、查货和发货。经过复核签收的多联入库单，除保管人员存一联备查，账务员留一联登记商品账外，其余各联退送货主，作为存货的凭证。

商品入库手续包括：登账、立卡、建档。

（1）登账　登账，即建立商品明细料账。商品明细料账，即根据商品入库验收单和有关凭证建立的商品保管明细台账，并按照入库商品的类别、品名、规格、批次等，分别立账。它是反映在库储存商品进、出、存动态的账目。按照账目管理分工，企业的财务部门负责总账的管理，一般只分商品大类记账，并凭此进行财务核算。商品保管部门负责商品明细大类记账，并凭此进行财务核算。商品保管部门负责商品明细账目的管理，凭此进行商品进、出业务活动。明细账除有商品的品名、规格、批次之外，还要标明商品存放的具体位置、商品单价和金额等。它是商品账目管理的"总账"，是企业对账的基础，应当准确无误。

（2）立卡　立卡，即填制商品的保管卡片，也称料卡。料卡是由负责该种商品保管的人员填制的，是保管进行业务活动的"耳目"。它是用以直接标明商品的品名、规格、单价、进出动态和结存数量的卡片。

商品保管卡片的管理办法，一是由保管员集中保存管理。这种方法有利于责任制的贯彻，即专人专责管理。但是如果有进出业务而该保管员缺勤时就难以及时进行。二是将填制的料卡直接挂在商品垛位上，挂放位置要明显、牢固。这种方法的优点是便于随时与实物核对，有利于商品进、出业务的及时进行，可以提高保管人员作业活动的工作效率。

（3）建档　建档是将商品入库业务全过程的有关资料证件进行整理、核对，建立资料档案，为商品的保管、出库业务活动创立良好的条件。

二、盘点作业管理

在物流中心的工作过程中，货物不断地进库和出库。在长期积累下理论库存数与实际库存数可能是不相符的；有些货品因长期存放，品质下降，不能满足用户需要。为了有效地掌握货品数量和质量，必须定期对各储存场所进行清点作业，这就是所谓的盘点作业。

1. 盘点的目的

（1）确定现存量　由于多记、误记和漏记，使库存资料记录不实。此外，由于货物损坏、丢失、验收与发货清点有误，也会造成库存量不实。有时盘点方法不当，产生误盘、重盘和漏盘时，也使库存量不实。为此，必须定期盘点确认现存数量。

（2）确认企业损益　众所周知，企业的损益与总库存金额有极为密切的关系。而库存金额与货品库存量及单价成正比。为准确地计算出企业实际损益，必须进行货物的盘点。

（3）核实物品管理成效　通过盘点，可发现呆品和废品的处理情况、存货周转率以及货物保养维修情况，相应地可谋求改善良策。

2. 盘点作业的程序

盘点作业程序如图5-2所示。

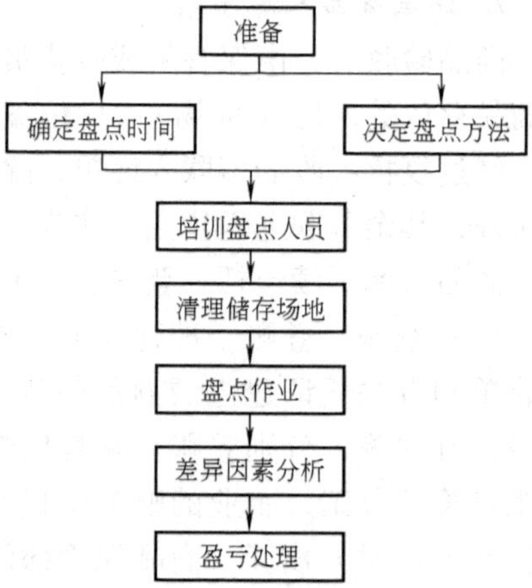

图5-2　盘点作业程序

（1）准备　盘点作业之前的准备工作是否充分，关系到盘点作业的顺利程度。为此必须充分作好事前准备工作。应作的准备工作如下：确定盘点的程序和方法；配合会计决算进行盘点：培训盘点、重盘和监盘人员；盘点人员熟悉盘点表格；备好盘点用表格以及清点库存资料。

（2）确定盘点时间　为了货与账相符合，盘点次数越多越好。但是每盘点一次，无论在人、财和物方面都耗费不少。为此，按实际情况确定盘点次数是很重要的。事实上，造成盘点误差的原因在于货物在出入库作业传票的输入和查点数目的错误，或者出入库搬运造成了货物损失。由此可见，出入库频率越高误差也越大。所以，就一般生产工厂而言，因货物流动速度不快，可以半年至一年进行一次货物盘点。对于货物流动速度颇快的物流中心，既要防止长期不盘点造成重大经济损失，又要防止盘点频繁造成的经济损失。为此，应视物品的性质来确定周期。例如：按货物性质A，B，C等级。A类重要货品，每月盘点一次，C类次要货品每年盘点一次，B类一般货品盘点周期在A、C类货品之间，可每半年盘点一次。

具体盘点时间选择在财务决算前或在销售淡季。

（3）盘点种类和方法　盘点分账面盘点和现货盘点两种。所谓账面盘点法是把每一货品分别设账，并把每天入库及出库的货品数量及单价，详细记录在电脑或账本上，从而算出账面上的库存量和库存金额。此法适合于少量而单价高的货品。现货盘点法也叫实地盘点法。就是实际查点货品库存数，再根据货品单价计算出实际库存金额的方法。这种方法根据时间次数不同又分为期末盘点和循环盘点两种方法。期末盘点法是指期末一起清点所有货品数量的方法。循环盘点法则是在每天，每周作少品种，少批量的盘点，到了月末或期末则每项货品至少完成一次盘点的方法。

（4）培训盘点人员　因为盘点时有关部门必须派人支援。支援人员必须经过简单培训才能上岗工作。例如：对盘点程序、表格填写、货品的熟悉等知识必须充分了解才能顺利工作。

（5）清理储存场所　所谓储存场所的清理工作有：盘点之前，对已入库货品应心中有数；在关闭储存场所之前应通知有关需货部门预领货品；预先确定呆料、废料、不良品的标准以及账卡、单据及资料应整理清楚等。

（6）盘点作业　盘点作业单调乏味，易疲劳。为保证盘点正确性，一方面加强领导，另一方面也要劳逸结合。

（7）差异因素分析　主要差异因素有，计账员记录及账务处理有误，盘点不佳导致货账不符；漏盘、重盘和错盘。

（8）盘点的盈亏处理　按差异的主要原因，制定解决办法。对呆废品、不良品应视为盘亏。货物在盘点时除了产生数量的盈亏外，有些货品在价格上也会发生增减变动。这种价格变化经主管部门批准后，利用盘点盈亏和价目增减表格更正过来。

3. 盘点结果

通过盘点落实货品出入库及保管情况。具体应落实的问题是：各品种的实际存量与账面存量相差多少？这些差额造成的损失有多大？评判方式如下：

盘点数量误差 = 实际库存数 − 账面库存数

盘点数量误差率 = 盘点数量误差/实际库存数

盘点品项误差率 = 盘点误差品项数/盘点实际品项数

平均每件盘差品金额 = 盘点误差金额/盘点误差量

盘点次数比率 = 盘点误差次数/盘点执行次数

平均每品项盘差次数率 = 盘差次数/盘差品项数

三、商品出库管理

商品出库业务管理，是仓库根据出库凭证，将所需商品发放给需用单位所进行的各项业务管理。商品出库作业的开始，标志着商品保管养护业务的结束。商品出库业务管理有两方面的工作：一是用料单位要有规定的领料凭证，如领料单、提货单、调拨单等，并且所领商品的品种、规格、型号、数量等项目及提取货物的方式等必须书写清楚、准确。二是仓库方面，必须核查领料凭证的正误，按所列商品的品种、规格、型号、数量等项目组织备料，并保证把商品及时、准确、完好地发放出去。

（一）商品出库作业管理的要求

1. 按程序作业

商品发料出库必须按规定程序进行，领料提货单据必须符合要求。对于非正式凭证或白条一律不得发料出库。

2. 坚持“先进先出”原则

在保证商品使用价值不变的前提下，坚持“先进先出”的原则。同时要做到保管条件差的先出；包装简易的先出；容易变质的先出；有保管期限的先出；回收复用的先出。

3. 做好发放准备

为使商品得到合理使用，及时投产，库存货物必须快速、准确发放。为此，必须做好一切发放的各项准备工作，如“化整为零”、备好包装、复印资料，组织搬运人力，准备好设备工具，等等。

4. 及时记账

商品发出后，应随即在商品保管账上核销，并保存好发料凭证，同时调整卡吊牌。

5. 保证安全

商品出库作业，要注意安全操作，防止损坏包装和振坏、压坏、摔坏商品。同时，还要保证运输安全，做到商品包装完整、捆扎牢固、标志正确清楚、性能不互相抵触，避免发生运输差错和损坏商品的事故。同时也要保障商品质量安全。仓库作业人员必须经常注意商品的安全保管期限等，对已变质、已过期失效、已失去原使用价值的商品不允许分发出库。

（二）出库程序

商品出库作业内容和程序，企业自用库和中转库在商品出库业务上有些不同。一般说，企业自用库比较简单些。对于中转库，它的商品出库程序是：商品出库前准备→核对出库凭证→备料→复核→点交清理等。

1. 商品出库前准备

商品出库前的准备工作分为两方面：一方面是计划工作，就是根据需货方提出的出库计划或要求，事先做好商品出库的安排，包括货场货位、机械搬运设备、工具和作业人员等的计划、组织，另一方面要做好出库商品的包装和涂写标志工作。

出库发运外地的商品，包装要符合运输部门的规定和适合商品的特点，大小和形状适宜、牢固，便于搬运装卸。

出库商品大多数是原件分发的，由于经过运输，多次中转装卸、堆码及翻仓倒垛或拆件验收，部分商品包装不能再适应运输的要求，所以仓库必须根据情况事先进行整理加固或改换包装。

对经常需要拆件发零的商品，应事先备好一定的数量和不同品种的商品，发货付出后，要及时补充，避免临时再拆整取零，延缓付货。拼箱商品一般事先要做好挑选、分类、整理、配套等准备工作。有的商品可根据要求事先进行分装。

有装箱、拼箱、改装等业务的仓库，在发货前应根据商品的性质和运输部门的要求，准备各种包装材料及相应的衬垫物，还要准备刷写包装标志的用具、标签、颜料及工具用品等。

出库商品从办理托运到出库的发运过程中，需要安排一定的仓容或站台等理货场所，需要调配必要的装卸机具。提前集中发运的商品，应按商品运输流向分堆，以便于运输人员提货发运，及时装载商品，加快发货速度。

由于出库作业比较细致复杂，工作量也大，事先对出库作业合理加以组织，安排好作业人力，保证各个环节的紧密衔接，也是十分必要的。

2. 核对出库凭证

商品出库凭证，不论是领（发）料单或调拨单，均应由主管分配的业务部门签章。出库凭证应包括以下内容：

收货单位名称（用料单位名称）、发料方式（自提、送料、代运）、商品名称、规格、数量、单价、总价、用途或调拨原因、调拨单编号、有关部门和人员签章、付款方式及银行账号。

仓库接到出库凭证后，由业务部门审核证件上的印签是否齐全相符，有无涂改。审核无误后，按照出库单证上所列的商品品名规格、数量与仓库料账再作全面核对。无误后，在料账上填写预拔数后，将出库凭证移交给仓库保管人员。保管员复核料卡无误后，即可做商品出库的准备工作，包括准备随货出库的商品技术证件、合格证、使用说明书、质量检验证书等。

凡在证件核对中，有商品名称、规格型号不相符的，印签不齐全、数量有涂改、手续不符合要求的，均不能发料出库。

3. 备料出库

商品保管人员按照出库凭证上的品名、规格查对实物保管卡，注意规格、批次和数量，规定有发货批次的，按规定批次发货，未规定批次的，按先进先出、推陈储新等原则，确定应发货的垛位。

备料有两种方式：一种是在原货位上备料，勿需“上线”集中，这种方式多用于大宗商品出库。第二种备料方式是备料出库上线就位，即将出库商品按出库凭证上所列的品名、规格、数量，经过搬运作业，送到指定的场所集中。这种方法，一般多用于小批量或不足整车发运数量而需集中配装的出库商品。

凡出库商品均应有技术证件。同批到达而只有一种技术资料的，应以抄写或复印件随货同行，原件仍由仓库保存。

4. 全面复核查对

货物备好后，为了避免和防止备料过程中可能出现的差错，应再做一次全面的复核查对。要按照出库凭证上所列的内容进行逐项复核：商品品名、规格是否相符；商品数量是否准确无误；出库商品应附的技术证件和各种凭证是否齐全；包装质量如何，是否牢固、安全，是否适于运输要求等。

商品出库的复核查对形式应视具体情况而定，可以由保管员自行复核，也可以由保管员相互复核，还可以设专职出库商品复核员进行复核或由其他人员复核等。

如经反复核对确实不符，应立即调换，并将原错备商品上刷的标记除掉，退回原库房；复核结余商品数量或重量是否与保管账目、商品保管卡片结余数相符，发现不符应立即查明原因。

5. 交接清点

备料出库商品，经过全面复核查对无误之后，即可办理清点交接手续。

如果是用户自提方式，即将商品和证件向提货人当面点清，办理交接手续。

如果是代运方式，则应办理内部交接手续，即由商品保管人员向运输人员或包装部门的人员点清交接，由接收人签章，以划清责任。

运输人员根据商品的性质、重量、包装、收货人地址和其他情况选择运输方式后，应将箱件清点，做好标记，整理好发货凭证、装箱单等运输资料，向承运单位办理委托代运手续。对于超高、超长、超宽和超重的商品，必须在委托前说明，以便承运部门计划安排。

承运单位同意承运后，运输人员应及时组织力量，将商品从仓库安全无误的点交给承运单位，并办理结算手续。运输人员应向承运单位提供发货凭证样本、装箱单，以便和运单一起交收货人。运单总体应由运输人员交财务部门作商品结算资料。

如果是专用线装车，运输人员应于装车后检查装车质量，并向车站监装人员做交接手续。

商品点交清楚，出库发运之后，该商品的仓库保管业务即告结束，商品仓库保管人员应做好清理工作，及时注销账目、料卡，调整货位上的吊牌，以保持商品的账、卡、物一致，及时、准确地反映商品的进出、存取的动态。

（三）商品出库方式

商品出库方式一般有以下几种：托运、自提、送料、移仓、过户等。

1. 托运

托运，是从仓库将商品通过运输单位，发到商品需用单位的一种出库方式。

由仓库备完货后，到运输单位代用户办理货运手续，通过承运部门（铁路、水运、汽运、航空、邮局等）将商品运送到用户所在地，然后由用户去提取。在办理托运前，仓库应根据需用单位的要求，进行商品的分割（如金属材料、电缆等）、配套（如机电设备）、包装等工作，并做好发运日记。

2. 自提

自提是指由提货人按货主所填制的发货凭证，用自备的运输工具到仓库提取货物。仓库会计人员根据发货凭证转开商品出库单。仓库保管人员按上述证、单配货，经复核人员逐项核对后，将商品当面点交给提货人员，在库内办清交接手续。

3. 送料

送料是指仓库直接把商品送到用户手中的一种商品出库方式。

送料必须以定额为依据，完善交接手续，分清责任。以送料方式出库的手续，须由送料人办理发料凭证，要一式四份：一份由送料人签收后交保管员留存并依此核销库存；一份经保管员签章后由送料人留存；一份送料人、保管员共同签章后交送料单位；一份送料人、保管员签章后交商品统计员。

送料的组织可采取专人定路线的方式。采用这种方式，可以用集装箱的办法巡回送料，也可采取由保管员每日定时送料的办法。保管员直接送料可以减少交接手续，直接由用料单位签收即可。

在送料过程中以及在向用料单位交接商品中，如果发现商品包装损坏、商品受损或商品数量短少等现象，应由送料人追查处理。

送料人员必须了解运送商品的性质、体积、重量及需要的紧迫性等，以便选择运送工具，组织装卸力量，安排装车的先后顺序，尽量节约运力。装车后，应检查捆绑、加固、苫盖等是否稳妥。卸车后，必须收回苫盖和加固材料。

4. 移仓

移仓是某些商品由于业务上需要或保管条件的要求，必须从一个仓库转移到另一个仓库储存的一种发货方式。这些商品出仓是根据仓库或库主填制的商品移仓单进行发货的。

5. 过户

过户是指仓库商品不动，而通过转账变动其所有者户头的一种发货方式。商品过户时，其所有权已经由于调拨或销售而转换给另一单位，但仍应由原货主填制正式发货凭证，仓库据此进行过户转账。

（四）出库中特殊问题的处理

1. 无单提货

主要是指没有正式提货凭证而要求提货，如以“白条”和电话提货。遇到这种情况，不能拨货。

2. 凭证问题

发货前验单时，若发现提货凭证有问题，如抬头、印签不符，有涂改痕迹，超过了提货有效期，应立即与货主联系，并向主管部门反映。配货后复核时发现凭证有问题，仓库应立即停止发货作业。总之，手续不符，仓库有权拒绝发货。

3. 单货不符

发货之前验单时，若发现提货凭证所列商品与仓库储存的商品不符，一般应将凭证退回开单单位，经更正确认后，再行发货。遇上特殊情况，如出口商品必须立即发运出口，货主要求先行发货，然后更改提货凭证时，经主管部门批准后，可以发货，但应将联系情况详细记录，并在事后及时请货主补办更正手续。若配货后复核时发现所备商品与提货凭证所列不符，应立即调换。

4. 包装损坏

对商品外包装有破损、脱钉、松绳的，应整修加固，以保证运输途中商品安全。若发现包装内的商品有霉烂、变质等质量问题或数量短缺，不得以次充好，以溢余补短缺。

5. 货未发完

仓库发货，原则上是按提货单上当天一次发完，如确有困难，不能当日提取完毕，应办理分批提取手续。

6. 货已错发

如果发现货已错发，首先应将情况尽快通知货主，同时报告主管部门负责人，接着应了解商品已运到什么地方。能及时追回的应及时追回，无法追回的，应在货主帮助下，采取措施，尽量挽回损失，然后查明原因，以防再犯。

四、搬运作业管理

搬运工作是物流作业的重要组成部分之一，在物流仓储作业的货物入库和出库过程中存在大量的搬运作业。所谓物流中的搬运是把不同形态的散装、包装或整体的原料、半成品或成品，在垂直或平面方向加以提升、放下或移动，可能是运送，也可能是重新摆放物料，从而使货品能顺利地到达储位或指定位置。

搬运作业管理的目的在于提高生产率，降低搬运成本，提高以降低存货成本为目的的库存周转率，改善搬运工作环境，确保人与物的安全，提高产品的完好率，以及促进销售成效。

众所周知，良好有序的搬运系统可使物流畅通，确保生产水平，使人力和设备有效利用。有效搬运可以加速货物移动，缩短运输距离，减少总作业时间，降低储存和相关成本。良好的搬运系统不但改善了工作环境，而且能保证货物安全和完好，降低保险费用。

在物流中心的工作过程中，始终伴随着搬运活动。例如，在卸货区，数量质量检查区，储区，拣选区，拣选取货点，包装点，分类点，发货准备区，码头和装车点等之间，都离不开搬运活动。虽然不一定包括全部搬运作业，但是可以说，不管搬运作业多少都会增加成本，而不会增加产品价值。为此，必须尽力改善搬运工作，减少货物搬运次数，降低成本。

为降低搬运成本，应该考虑距离和数量因素。搬运的距离越短越好，搬运的数量越多越好。这样，每单位移动成本就越低。为了达到这个目的，首先应该对搬运的对象、距离、空间、时间和手段进行研究。

所谓搬运对象是指搬运物的数量、重量、形态。就是说利用良好的搬运作业，使各个工作点都能保质保量收到完好的货品。考虑距离因素就是要用最低成本、最快速度和最有效方法在水平、垂直或倾斜方向的移动距离最小。谈到考虑搬运空间，就是说使物料和搬运设备占一定的空间，满足搬运需要，既不拥挤又不浪费仓储空间。在考虑搬运时间，使搬运物到达各个环节的工作点时，既不“过快”，又不“过慢”，使整个物流过程的节拍有序不乱地进行。

所谓搬运手段，就是根据搬运对象按照最经济、最大效率的原则，采用合理有效的搬运手段。改善搬运工作的原则与方法如表 5-1 所示。

搬运路线是否最佳，将直接影响物流中心的作业效率和效益。为此，必须对搬运路线进行研究。根据物流中心的实际经验，搬运路线可以归纳为直线式和间接式两类。所谓直线式就是不同货物分别由各自原点直接向终点移动，即货物由起点到终点以最短的距离来搬运。这个货物搬运路线适合于物料流程密度大，移动距离短的情况。一般说来，此法是较为经济的。直线式又分单线和双线两种路线。双线式用于大量生产的情况。所谓间接式路线就是利用相同的设备和相同的路线，把分布在不同区域各类货物相对集中起来共同搬运，而不是把每个货物直接搬运到终点。这种方式适用于搬运密度不高、距离较长，而且厂房布置不规则的生产情况。根据生产实际需要，有时货物还要经过中间转运一次再运到终点。总之，无论采用那种搬运路线都必须以提高物流效率和效益为出发点。

对于短距离、高密度流量时，采用叉车或抓举机等复杂的搬运设备。而短距离、低密度流量时则采用手推车之类的简单搬运设备。对于长距离高密度流量时，则采用无人搬运车、自动输送机等无人操作的复杂运输设备。而对长距离、低密度流量时，则采用如动力托板车之类的简单运输设备。

关于搬运单位有散装、个装和包装三种形式。散装是最简单而廉价的搬运方法，每次运输量大。其缺点在于货物易破损，应特别注意。个装是体积很大的货物，需要大型搬运设备来运输。有的体积不太大的个装，可以先累积在托盘、笼车、盒子或篮子中形成运输单元再搬运。单元载重的优点在于保护货物，降低每单位的运输和装卸成本。

对搬运作业进行必要的计算是相当重要的。

（1）货物搬运设备数量计算

机器数 = 每天货物需要搬运的总时间/工作小时（台、日）× 利用系数

式中　利用系数——一台机器每天使用时间的百分比。

（2）搬运系统能力计算

$$运输能力 = 物流速度 \times 运输长度$$

表 5-1 改善搬运工作的原则与方法

因素	目标	想法	改善原则	改善方法
搬运对象	减少总重量、总体积	减少重量、体积	尽量减少搬运	调整厂房布置
				合并相关作业
			减少搬运量	
搬运距离	减少搬运总距离	减少回程	减少搬运	调整厂房布置
			顺道行走	
		回程顺载	掌握各点相关性	调整单位相关性布置
		缩短距离	直线化、平面化	调整厂房布置
		减少搬运次数	单元化	托盘、货柜化
			大量化	利用大型搬运机
				利用中间转运站
搬运空间	降低搬运使用空间	减少搬运	充分利用三度空间	调整厂房布置
		缩减移动空间	降低设备回转空间	选用合适、不占空间、不需太多辅助设施之设备
			协调错开搬运时机	时程规划安排
搬运时间	缩短搬运总时间	缩短搬运时间	高速化	利用高速设备
			争取时效	搬运均匀化
		减少搬运次数	增加搬运量	利用大型搬运设备
	掌握搬运时间	估计预期时间	时程化	时程规划控制
搬运手段	利用经济效率的手段	增加搬运量	机械化	利用大型搬运机
				利用机器设备
			高速化	利用高速设备
			连续化	利用输送带等连续设备
		采用有效管理方式	争取时效	搬运均匀化
				循环、往复搬运
		减少劳力	利用重力	使用斜槽、滚轮输送带等重力设备

$$总运输能力 = \Sigma 运输能力$$

式中 物流速度——每单位时间搬运的货物量；

运输长度——搬运距离。

第三节 仓储管理技术

一、传统的仓储管理技术

传统的仓储管理主要是为生产服务的。经过长期实践，较为行之有效的管理技术主要有 ABC 分类管理法和经济订购批量法。

1. ABC 分类管理法

由于在仓库中一般储存的物资品种非常繁多，在管理过程中需要根据具体情况实行重点管理。ABC 分类法是“将库存物品按照设定的分类标准和要求分为特别重要的库存（A 类）、一般重要的库存（B 类）和不重要的库存（C 类）三个等级，然后针对不同等级分别进行控制的管理方法”。

通用电气公司的 H. Ford Dicky 首先认识到要根据库存项的重要性来对其进行排序。他建议通用电气公司根据相对销售量、现金流、交货周期或成本对库存进行分类，实施特殊分类规划。这个系统根据库存项的相对影响和价值，分为三组。那些被认为具有最大的影响或价值的库存项构成 A 组，而影响或价值相对次要的分别构成 B 和 C 组。ABC 管理一般把占总数 10% 左右的高价值的货物定为 A 类；占总数 70% 左右的价格低的物品定为 C 类；A、C 之间的 20% 则为 B 类。在库存管理中应区别对待各类物品，A 类物品应在不发生缺货条件下尽可能减少库存，实行小批量订货，每月盘点；C 类则可制定安全库存水平，进行一般管理，订货批量大，年终盘点；对 B 类则在两者之间，半年盘点一次。

除按价值分类外，还可以根据销售难易程度、缺货产生的后果（重要性）等因素进行 ABC 分类，或者综合几种因素进行分类。总之，要符合仓库管理的目标和仓库本身的具体情况。

还有人说库存管理就是 ABC 管理，ABC 管理如能充分发挥其效果，可以说库存管理的问题就已解决了一半。

2. 经济订购批量法

由于库存与采购决策所处环境的快速变化，库存管理非常复杂，然而对于那些需求十分稳定的企业来说，其生产过程同样也是十分稳定的。过于复杂的管理方式，反而可能会使简单问题复杂化，对仓储企业来说，用一些简单的模型确定采购数量与时间是一种简单易行而又实用的方法。经济订购批量法参见本章第四节的详细介绍。

二、现代仓储管理技术

1. 物料需求计划（MRP）

物料需求计划（Material Requirements Planning，简称 MRP）是 20 世纪 60 年代初期在美国开始出现的，是指“制造企业内的物料计划管理模式。根据产品结构各层次物品的从属和数量关系，以每个物品为计划对象，以完工日期为时间基准倒排计划，按提前期长短区别各个物品下达计划时间先后顺序的管理方法。”它应用计算机来计算物料需求。随着在竞争日益加剧，需求变得难以捉摸，随时发生变化，定量、定期模型已渐渐不能适应企业柔性生产对原材料的需要，而出现的计算机提供的数据处理能力，可以迅速地完成对零部件需求的计算，使企业采购能够及时根据需求变动进行调整，图 5-3 是 MRP 的一个简单模型。

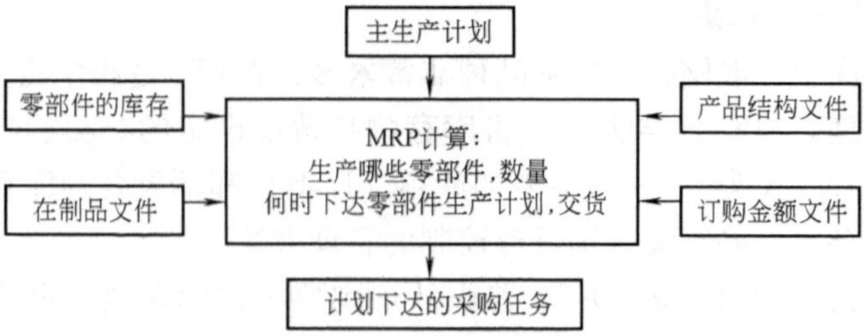

图 5-3 MRP 的简单模型

MRP 的简单处理过程：先通过产品结构文件将主生产计划中对产品的需求进行分解，生成对零部件以及材料的主需求量计划，进而利用主需求量、库存情况、计划期内各零部件的构成以及在制品情况等进行计算，以确定在产品结构各层次上零部件的净需要量，最终确定零部件的订购计划。

在 MRP 计算中，计划订购的数量并不一定正好等于净需求量，经常要用一些方法来进行调整：

（1）最大批量和最小批量　估计生产负荷及处理订单能力，确定批量的最高和最低限额。实际采用的批量，应不大于最大批量，不小于最小批量。

（2）取整倍数　由于考虑运输或生产能力等因素，订货量应为某特定值的整数倍。这个特定值是由设备的生产能力或运输容量等所决定的。例如，一炉钢生产能力为 200t，若需求为 220t，只生产 220t 是不经济的，故订货量应为 400t，即应为生产能力（200）的整数倍。

MRP 所需的严密控制意味着有关数量、提前期、物料清单、产品规格的采购记录必须完全准确。而且，采购与存储职能也变得更集中，对有权使用的存货必须进行更严格的控制。

2. 准时生产方式（JIT）

准时制生产方式（Just In Time，JIT）的概念是 1953 年首先由日本丰田汽车工业公司提出，1961 年在全公司推广。JIT 的创立者认为，生产工艺的改进对于降低生产成本固然重要，但当各企业在生产工艺上并不存在很大差异时，只有通过合理配置和使用设备、人员、材料等资源，才能较好地降低成本。只要可能，生产与物料控制自动化就会融为一体。设计重点在于使生产过程变为平滑流动的机器布局；加强团队合作与工作柔性，简化返工步骤，设计车间通道；进行物料与工具处理时使用 U 形生产线。库存是一种浪费，废品则是更大的浪费。

JIT 是日本在重复性生产过程中的管理思想。通过 JIT 思想的应用，日本企业管理者将精力集中于生产过程本身，通过生产过程整体优化，改进技术，理顺物流，杜绝超量生产，消除无效劳动与浪费，有效利用资源，降低成本，改善质量，达到用最少的投入实现最大产出的目的。

JIT 的基本原则是在正确的时间，生产正确数量的、所需的零件或产品，即准时生产。准时制的这种特性可以大大降低在制品的库存。无论是在事业组织还是在企业，无论是在制造业还是非制造业，运作实践中很多地方都可以体现 JIT 的这种特性。

它的基本原则与 MRP 比较类似。不过，MRP 是按主生产计划的要求，在需要的时间、地点生产需用的零部件，是受主生产计划“推动”的生产方式。而 JIT 的零部件仅当后续工序提出要求时才生产，是一种“拉动”的生产方式，后道工序需要多少，前道工序就生产或供应多少。它将传统生产过程中前道工序向后道工序送货，改为后道工序根据“看板”向前道工序取货。前道工序按“看板”要求只生产后道工序取走的数量的工件作为补充，现场操作人员根据“看板”进行生产作业。看板系统是 JIT 生产现场控制技术的核心。准时制生产就是利用看板技术控制生产和物流，以达到准时生产的目的。

用专业化的术语来说，JIT 就是要寻求达到以下目标：

（1）零废品。

（2）零库存。

（3）准备时间最短（零准备时间）。

（4）提前期最短。

（5）减少零件搬运。

在 JIT 系统中，供应商与采购方合作解决库存问题，供应商与客户具备稳定的长期关系。与 JIT 的理念一致，为了保证按时交付小批量的零部件，保持低库存以及低采购成本，供应商常常与顾客很接近。在 JIT 的环境下，采购方是服务者、协调者、沟通者和开发者，他是多种角色的综合扮演者，而不仅仅是一名订单发布者。如果把供应商请进公司，就可以同时代替采购人员和销售人员；如果他被充分授权，就可以利用采购订单设计同步工程。1987 年，本田、IBM 等公司就开始实施类似的系统，用来进一步缩短物流时间和降低物流成本，实现采购方与供应方的无缝连接。

第四节　物流中心库存控制

库存控制是一个庞大的系统，它一般可以分成 20 个模型。但总体可以归结为两大系统，一个是定量订货系统，一个是定期订货系统。因此定量订货法和定期订货法是库存控制的最基本的方法。它们可以适用于随机型库存，也可以适用于确定型库存。这里主要讨论定量订货法和定期订货法。

这两类库存控制方法的共同点，就是根据用户需求量的大小，制定一个订货进货策略，来控制订货进货过程，达到既满足用户需要又控制库存水平，并且库存总费用最小的目的。因此这些库存控制方法，实际上又可以叫作订货策略。

它们主要都是解决与订货有关的三个问题：①什么时候订货，即订货点、订货时机；②订多少，即订货批量；③如何实施，即订货方法。

一、定量模型

在介绍定量模型前，我们还需要了解一个概念 —— 库存成本。库存成本是指企业持有库存所付出的经济代价。库存成本的种类有很多，简要地可以分为以下几类：

（1）储存成本　包括处理费用、存储设施成本，或库存租金，存储、劳务与作业成本等。公司的储存成本有可能会很高，生产性存货的年储存成本占库存总值的 25% ~50% 。

（2）订货、采购成本　与进行采购交易相关的费用就是订货、采购成本，如电话、邮件、传真、运输、检验、接收等费用。

（3）生产准备成本　准备一次生产运行所需的全部成本，生产准备费用的高低与生产时间的长短，生产过程的复杂程度，生产准备的时间长短有关。

（4）缺货成本　企业未能在适当的时间，适当的地点，获得所需物料所带来的损失。它可以包括丧失商机所带来的销售损失、改变原有方案而带来的费用支出以及人力与设备的空闲而带来的损失等。

（5）价格变化成本　这是由于价格浮动而带来的成本，有时供应商会为了鼓励购买或用现金支付而提供价格折扣。

了解了库存成本的概念以后，下面介绍一下定量模型，该模型的目的是为了寻找一个使年总成本最小的经济订货批量。

经济批量是在下列前提条件下确定的：物资需要均衡稳定，计划订购总量一定；每次订购数量不受限制，能规定供货日期；物资单价和运费费率固定，不随订购批量大小而变化；不允许缺货；储存条件和物资储存寿命不受限制；资金条件不受限制。

在上述条件上，物资总价和运杂费支出与一次订购数量大小无关。订购总费用由订购次数所决定，订购次数随订购批量加大而减少，订购总费用与订购批量成反比关系；储存费用则随订购批量的加大而加大。因此，经济订货批量是“通过平衡采购进货成本和保管仓储成本核算，以实现总库存成本最低的最佳订货量”。见图 5-4。经济订货批量的计算公式为

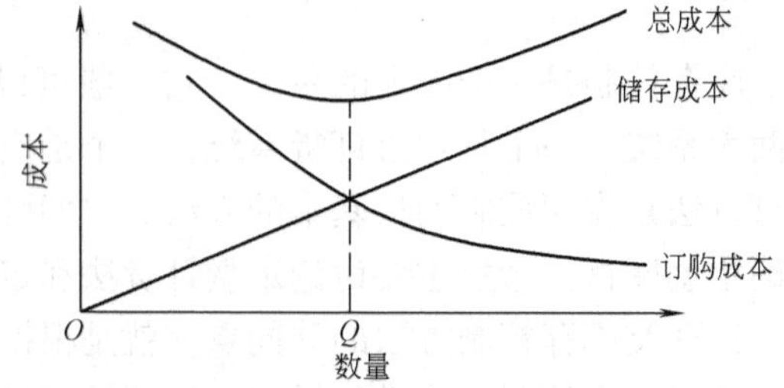

图 5-4　经济订货量模型图

$$Q=\sqrt{\frac{2RK}{h}}$$

其中

$$h=CH$$

$$\text{某类物资年储存费率}\ H=\frac{\text{该类物资年总储存费用}}{\text{该类物资年平均库存额}}\times 100\%$$

因此，经济订货批量也可以通过下式计算

$$Q=\sqrt{\frac{2RK}{CH}}$$

式中　Q——经济订货批量；

R——某种物资年订购总量；

K——一次订购费（元）；

h——单位物资年平均储存费用（元/单位）；

C——物资单价（元/单位）；

H——某种物资（或全部物资）的综合年储存费率（%）。

确定了 Q 后，我们还需要进一步确定采购发生的时间。在这里我们将引入两个概念：提前期和再订货点。再订货点是指采购发生时的库存额。提前期指的是采购发生和材料进仓之间的间隔期，用 L 来表示。由于从采购发生到产品入库之间还需要一段时间，因此我们不可能在库存用完时才进行采购，而要根据提前期和消耗量确定一个再订货点 P，见图 5-5。P 的计算公式为

$$P=LR'$$

式中　P——再订货点；

L——提前期；

R'——日消耗量。

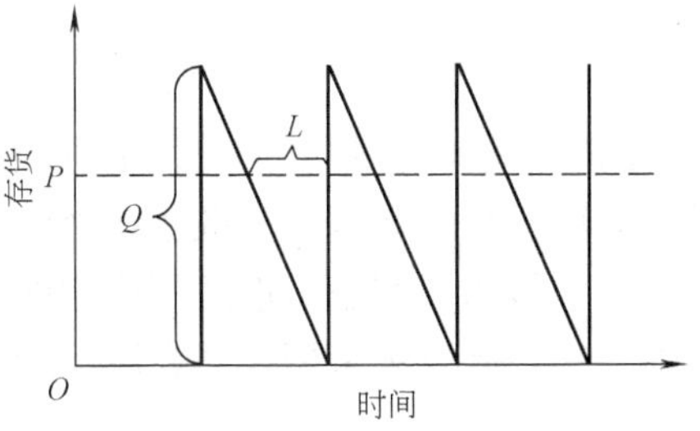

图 5-5　再订货点模型图

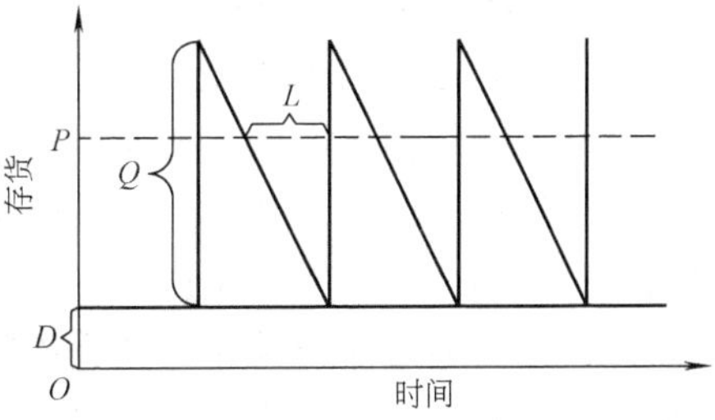

图 5-6　考虑安全库存的再订货点模型图

如果我们考虑到安全库存，再订货点模型图见图 5-6。上面的公式需改动为

$$P=LR'+D$$

式中　D——安全库存。

例：某企业对原材料 A 的年需求量是 6 万件，每次采购的订购费用是 400

元/次,每单位原材料的价格为 60 元/件，年储存费率 $H = 20\%$，提前期 $L = 15$ 天，安全库存为 600，日消耗量为 200 件，（假定共有 300 个工作日）。试求企业的经济订货量和再订货点。

解：

$$Q = \sqrt{\frac{2RK}{CH}} = \sqrt{\frac{2 \times 60\ 000 \times 400}{60 \times 20\%}}\text{件} = 2\ 000\ \text{件}$$

$$P = LR' + D = (15 \times 200 + 600)\text{件} = 3\ 600\text{件}$$

上面介绍的是这类模型的最简单的形式，事实上，如果考虑到缺货成本和数量折扣，它还要复杂得多，在这里我们就不进行详细的介绍了。

二、定期模型

在这种模型中，还有一种运用定期模型而不是再订货点来确定采购时间的方法。定期模型的目的是确定最优的订货期间。它的原理同上述的定量模型一致：

$$T = \sqrt{\frac{2K}{RCH}}$$

式中　R ——单位时间需求量。

第五节　存储合同

物流中心的仓储保管基本上属于流通型保管。通过多种作业，如进行再包装、分拣等以及开发出各种新业务来进行增值服务，为企业赢得利润。这些业务目前主要有营业仓储、合同仓储。

一、营业仓库的保管

营业仓库保管，即为公共仓库保管，在我国已有一定的发展。公共仓库保管的最大客户是连锁零售店，因为这些连锁店的货物流量非常大，并且它们还将仓储同其他一些诸如采购和分拣等职能联系起来。

1. 使用公共仓库的动因

没有大宗货物要存储，或对仓储空间需求的季节性非常强的公司，不可能始终一贯有效地使用自营仓库。对于将少量货物运输很长距离送到分散于各处的客户或工厂去的公司，以及刚进入一个新市场、其销售水平和稳定性还不确定的公司而言，公司通常需要采用公共仓库保管，因为它们会发现采用公共仓库保管更加经济，直到它在这一市场站住脚。

2. 采用公共仓库保管的理由

采用公共仓库保管首要的和重要的理由源于资金，公司在采用公共仓库保管时不需或只需少量的资金投入。公司成立时，在经济上都有一个长期的打算，而且只有在仔细考虑后才可能进行资金投入。如果公司经过详尽的预测，认为有固定的顾客需求，而且由于在仓库建造、运输及仓库系统方面的科技进展，设备在较长时期内，也不至于有过时之忧，企业就有可能投资建造并经营自营仓库。但是，由于建造仓库，常需巨额的投资，就那些自动化仓库而言，设备过时的问题非常尖锐，如果预测不准，就会有资金回报的风险，即使利息率有所下降，也将会对投资回报带来不容忽视的影响。在这种情况下，为了保持资本的回报，公司就不得不卖出或出租其仓库，而使用公共仓储。这样，公司就可以避免资金投入，以及自己经营仓库带来的经济上的风险。

公共仓库的第二个优势在于其灵活性。公司可以对仓储空间租用30天，这样就使公司可以对运输服务质量的需求及变化作出快速反应。开发新市场需要选址有灵活性。就新的未曾试过的市场而言，公共仓储使公司可以快速打入，发展壮大，也可以迅速退出而不必占用大量资金。

3. 公共仓库保管的服务

公共仓库中的员工可以完成如测试、组装、标价、标号等工作。此外，他们还提供打包、按订单分拣包装、完成订单以及 EDI 数据发送等服务。合同仓储作为公共仓储的一个分支，它只为主要的或特定的客户提供高度专业化的服务。合同仓储可作为自营仓储的可行替代物，只要价格合理，自营仓储能够提供的服务公共仓储几乎都可以提供。

此外，公共仓库或自营仓库里的公共仓库经理可以提供两项传统的公共仓储业务：保税服务及仓储。在这两种情形下，公共仓库经理对货物负责，开出收货凭据，在提货人不满足一定条件下不得发货。

在我国公共仓库中最为人所熟悉的莫过于保税仓库。保税仓库由政府发放许可证，在还没有支付关税或规费之前储存货物。它们非常严密地控制所有进出该仓库设施的产品移动，因为每次移动都必须向政府有关部门报批备案，例如，香烟在还没有缴纳印花税之前，往往需要存放在保税仓库里。于是，厂商往往通过延付税款这种战术，节省资金，也大大降低了其存货价值。储存家庭用品和家具的仓库则用于搬运和储存大型的、笨重的产品，例如器具和家具。当然，有许多公共仓库能够组合提供上述服务。

4. 公共仓库的保管费用

公共仓库向客户收取基本的搬运费和储存费。在提供搬运服务的情况下，公共仓库是按照实际搬运的件数或重量来收取的；对于储存来说，则是按照该月份期间所储存的件数或重量来收费的。当然，这种收费一般超过自营仓库的成本，但其前提是，自营仓库存在充足的产品流量。可是，当自营仓库设施不可能达到规模经济时，公共仓库则可能是一种低成本的可选方案。

二、合同仓储

合同仓库把自营仓库和公共仓库最佳的特征结合在一起。尽管仓库设施仍然需要最低限度的固定资产进行维持，但由于双方存在长期的关系和共担的风险，可以使合同仓库的成本低于典型的公共仓库的仓储。与此同时，合同仓库的经营还能提供专家意见、灵活性以及与一系列顾客分享管理、劳动、设备和信息资源等所产生的规模经济。对于合同仓库的经营人来说，尽管在经营诸如杂货产品之类的同行业内与一系列客户分享资源是很普通的事，但是对于那些直接的竞争对手来说，彼此间想要分享资源却不是一件普通的事。

1. 合同仓储的含义

合同仓储是一种定制的公共仓储形式，在这种形式中，公共仓储公司为客户公司提供通常由客户自身提供的物流服务。合同仓储公司专门提供高效、经济、准确的配送服务。

企业必须将合同仓储与一般的公共仓储区分开。期望得到超出平均服务质量的公司应当采用合同仓储。提供合同仓储服务的仓库是以较高标准设计的，专门用于处理诸如药品、电子产品以及高价值产品等货物。另一方面，期望得到一般服务水平的公司应该采用公共仓储。从本质上说，合同仓储体现了制造厂商与仓储公司的关系，因为只有这些合作伙伴，合同仓储公司的客户相对于传统的公共仓储公司而言要少一些。合同仓储公司将空间、劳务、设备组合到一起去满足客户特殊货物的需要。

也就是说，这些客户可以得到仓储公司在市场上提供的定制服务。这些服务包括：储存，将整装货物分装，安排运输，以及客户所要求的附加的物流服务。合同仓储公司通过提供客户要求的整套的物流服务来支持客户公司的物流渠道，而不仅限于提供存储服务。

合同仓储比自营仓储及传统的公共仓储有着战略上、经济上以及操作上的优势，其中最大的优势就在于能降低成本。

2. 与自营仓储的比较

公司在比较采用内部自营仓储与外部合同仓储时必须回答的一个问题是：合同仓储是否可以花同样多或更少的钱而比自营仓储提供更高水平的服务？如果回答是肯定的，公司应该选择合同仓储；否则，公司必须对较好的服务与较高的成本进行权衡比较后再作出决定。公司衡量一家合同仓储公司的服务水平可用一些量化指标，如每小时货车发出数量、到达标准率以及准时送货的百分率。

因为合同配送商把精力集中到了提高仓储的效率上，他们能使合同仓储的运作比自营仓储的运作更为经济，所以，对上面问题的回答往往是肯定的；此外，合同仓储与厂商自营仓库相比，员工的工资和福利水平相对要低一些。考虑到这些因素，公司采用合同仓储的费用比采用自营仓储的费用要低。

三、仓储合同

物流中心在向社会提供仓储服务时与用户议定合同。作为双方法律上的协定，合同必须指明以下内容：合同有效期、服务费、双方对特殊服务达成的共识、各种情形及条款、责任与义务、对服务水平的衡量标准，以及违约条款。签订合同后，客户公司必须提供大量“敏感”信息，例如其顾客、供应商、销售量，以使第三方公司可以在合同确立的条文下高效地运作。此外，公司还要采用现代化的信息传输工具，以使得第三方仓储公司准确、高效地完成客户的订单。

首要的合同要素是仓储空间。公司可以通过租用、转租等多种方式租得仓储空间。以租用方式租用大量仓储空间时，客户公司要按期签约，时间通常为一年。租金中包括一些固定费用，例如照明、取暖以及资产维护费用，但劳动力则须由租用者提供。以灵活租用方式租用仓储空间时，客户公司只要按其实际占用空间付费，以每托盘、每千克、每立方米等为计费单位。而以转租方式租用仓储空间时，合同仓储公司为客户提供劳动力及管理。在采用以上几种方式时，客户都要保证在合同有效期间对合同仓储公司有最低金额或数量的业务。

公司在确定所需的服务及成本的分摊时，还必须考虑的一些其他因素包括：物料搬运设备、员工和办公室的服务。公司所用的物料搬运设备的类型和数量取决于运入与运出方式、货物体积，以及在存货物单位的种类。员工和办公室服务则是指各种文件（提单、定单、存货记录等）的传递。合同中应该说明哪一方应对这些方面负责。

下面是一个基本的仓储保管合同范例：

仓储保管合同

仓储保管合同

存货方：　　　　　　合同编号：　　　　　　签订地点：

保管方：　　　　　　签订时间：

依据《中华人民共和国合同法》和《仓储保管合同实施细则》的有关规定，存货方和保管方根据委托储存计划和仓储容量，经双方协商一致，签订本合同。

第一条　储存货物的品名、品种、规格、数量、质量、包装。

1. 货物品名：

2. 品种规格：

3. 数量：

4. 质量：

5. 货物包装：

第二条　货物验收的内容、标准、方法、时间、资料。

第三条　货物保管条件和保管要求。

第四条　货物入库、出库手续，时间，地点，运输方式。

第五条　货物的损耗标准和损耗处理。

第六条　计费项目、标准和结算方式。

第七条　违约责任。

1. 保管方的责任

(1) 在货物保管期间，未按合同规定的储存条件和保管要求保管货物，造成货物灭失、短少、变质、污染、损坏的，应承担赔偿责任。

(2) 对于危险物品和易腐物品等未按国家和合同规定的要求操作、储存，造成毁损的，应承担赔偿责任。

(3) 由于保管方的责任，造成退仓不能入库时，应按合同规定赔偿存货方运费和支付违约金____元。

(4) 由保管方负责发运的货物，不能按期发货，应赔偿存货方逾期交货的损失；错发到货地点，除按合同规定无偿运到规定的到货地点外，还要赔偿存货方因此而造成的实际损失。

(5) 其他约定责任。

2. 存货方的责任

(1) 由于存货方的责任造成退仓不能入库时，存货方应偿付相当于相应保管费__%（或者__‰）的违约金。超议定储存量储存的，存货方除交纳保管费外，还应向保管方偿付违约金__元，或按双方协议办理。

(2) 易燃、易爆、易渗漏、有毒等危险货物以及易腐、超限等特殊货物，必须在合同中注明，并向保管方提供必要的保管运输技术资料，否则造成的货物毁损、仓库毁损或人身伤亡，由存货方承担赔偿责任直至刑事责任。

(3) 货物临近失效期和异状的，在保管方通知后不及时处理，造成的损失由存货方承担。

(4) 未按国家或合同规定的标准和要求对储存货物进行必要的包装，造成货物损坏、变质的，由存货方负责。

(5) 存货方已通知出库或合同期已到，由于存货方（含用户）的原因致使货物不能如期出库，存货方除按合同的规定交付保管费外，还应偿付违约金____元。由于出库凭证或调拨凭证上的差错所造成的损失，由存货方负责。

(6) 按合同规定由保管方代运的货物，存货方未按合同规定及时提供包装材料或未按规定期限变更货物的运输方式、到站、接货人，应承担延期的责任和增加的有关费用。

(7) 其他约定的责任。

第八条　保管期限。

第九条　变更和解除合同的期限。

由于不可抗力事故，致使直接影响合同的履行或者不能按约定的条件履行时，遇有不可抗力事故的一方，应立即将事故情况电报通知对方，并应在____天内，提供事故详情及合同不能履行、或者部分不能履行、或者需要延期履行的理由的有效证明文件，此项证明文件应由事故发生地区的相关机构出具。按照事故对履行合同的影响程度，由双方协商解决是否解除合同，或者部分免除履行合同的责任，或者延期履行合同。

第十条　争议的解决方式。

第十一条　货物商检、验收、包装、保险、运输等其他约定事项。

第十二条　本合同未尽事宜，一律按《中华人民共和国合同法》和《仓储保管合同实施细则》执行。

存货方	保管方（章）
法定代表人：	法定代表人：
委托代理人：	委托代理人：
地址：	地址：
邮政编码：	邮政编码：
电话：	电话：
电挂：	电挂：
开户银行及账号：	开户银行及账号：
年　月　日	年　月　日

案例评析

【案例】　为什么IT业“感冒”库存？

一、IT业的核心竞争力

IT产业是一个咬合紧密、高效协作的产业链条，当一个环节出现问题时，即使是机箱硬壳上的一个小配件——一枚螺丝，也将引起一系列的连锁反应，无形中，失误就被放大了许多倍，而且最终以价格的形式表现出来。用一句业内人士的话讲，“几小时内价格变化之大超过人们的想象，某种程度上来说，它们就是红鲑鱼。”

这背后的原因则与IT产业自身特点密切相关。IT产业市场透明，技术升级换代相对较快，新技术、新产品出现后，原有的产品和技术的身价将以几何级的速度暴跌，为了避免库存跌价损失，许多IT公司都不会储备大量库存。从自己的仓库到另外一个工厂的生产线，这就是IT产业的物流链条，而如何协调其中的资源安排是一门学问，解决得好就能造就出另一个戴尔式的企业。甚至有人这样形容，物流状况就是IT业的核心竞争力的表现。

二、库存跌价损失

笔记本产品每个月有3~5次的降价已经不是什么新鲜事。而像一些配件的价格变动更是几乎以小时来计算，据说北京中关村的CPU商家，手中的资金几乎是每三天周转一次。而像内存条这样的产品，更是因为市场中炒手的存在而导致价格波动几乎无规律可循。

所以大多数的IT企业不得不面对同样一个问题，那就是如何控制库存。许多IT企业物流部经理都很清楚，IT行业的技术更新升级快，产品生命周期比其他行业相对短得多，每当新技术开始应用，旧技术的产品就必须降价。

对IT产业来说，库存除了意味着最基本的存货成本支出，如房租、水电费和人力支出外，库存跌价损失则更为重要。IT产品库存跌价损失很大，如果库存控制得不好，将会给企业带来很大的问题。

另外，整个产业的发展也显示了这样的趋势：越是符合个人口味和个性化的产品就越容易受到市场的追捧。但这样发展的趋势背后是对物流提出了更高的要求。比如越是多型号的产品就越要进行严格的库存控制，因为多一种型号，就会多一定比例的库存，库存种类和数量越多，就意味着库存跌价损失的风险越大。

高库存同时也意味着另一个问题，那就是占用更多的资金，这对于毛利率日益降低的IT产业来说，尤其不利。库存周期的降低实际意味着资金周转速度的加快。

对于高速运转的IT企业来说，控制库存就是要求生产部门严格按照订单生产。订单的来源是营销部门，生产出来的产品从工厂到外库，再到采购商手里是一个分秒必争的过程，订单没有按时生产出来无法交货，但若是一下生产过多，企业自己的库房也会无法安排。

三、如何实现“零”库存

目前许多公司在考虑应用VMI（Vendor Managed Inventory 供应商管理库存）实现“要货有货，不要货零库存”这一目标。

要货有货——公司通过EDI的方式向VMI系统发出的物料需求预测，通过Min/Max系统自动换算，得出目前应在VMI仓内放置的适当库存水平。让供应商通过网站、每日报告或E-mail等方式获取信息，掌控补货时间与数量，持续保持安全库存水平，从而实现“要货有货”，增强公司弹性能力。

不要货零库存——公司只要将工厂交货、船边交货等交货条件进一步转化为VMI仓的交货条件，即线边仓交货。当公司无需求时，物料存放在VMI仓内，其所有权仍属于供应商。

送料到线边仓——当公司通过EDI或E-mail向VMI仓发出物料需求时，VMI仓在规定的时间内完成作账、备料、发料、派车配送到线边仓交接点，交接完成信息流回复VMI仓，这样就大大减少了公司面对众多供应商、供应商面对公司内部各个事业单位的多次商务活动。

使用后付款——VMI仓账务人员得到公司收货确认回复单后，更新VMI仓系统，并以日报告的形式发给供应商，开立发票，向公司作相应的收款作业。

案例分析：

“零库存”是一种特殊的库存概念，对于IT产品具有重要意义。零库存是指以仓库形式储存的某种或某些物品的储存数量为“零”，即不保持库存。但是不保持库存，却需要库存对于生产和销售的支持功能不变，或者说在不增加库存成本的情况下，不能出现“蝴蝶效应”。

分析本案例不难发现，由库存产生的“蝴蝶效应”，可以说是由于库存不够而造成的缺货损失，而避免缺货损失最直接的办法就是增加库存。然而，如果简单这样做的话，库存的需求量在整个供应链条上，必然一环一环的放大，产生我们所熟悉的“牛鞭效应”。“牛鞭效应”是一种可怕的放大效应，最明显的问题就是导致企业库存、运营成本的直线上涨。严重时，甚至牵涉到整个产业链发展状况，即“蝴蝶”不见了，“牛鞭”出现了。

值得庆幸的是许多企业正在积极寻找一种避免这两种现象的最佳解决方法，其中最为关键的是供应链上的合作伙伴是否使用电子数据交换系统（EDI）来进行预测。是否使用电子交换系统使上游企业能够了解下游企业的需求和库存信息，实现信息共享。

【本章小结】

本章共包括六节的内容。在第一节“物流中心仓储作业流程”中介绍了仓库的功能和分类；仓库的作业流程和仓库管理系统（WMS）技术。在第二节“物流中心仓储管理的内容”中主要介绍了商品入库管理、盘点作业管理、商品出库管理和搬运作业管理。在第三节“仓储管理技术”中将传统的仓储管理技术和现代仓储管理技术两部分作了对比介绍，在第一部分“传统的仓储管理技术”中介绍了ABC分类管理法和经济订货批量；在第二部分“现代仓储管理技术”中重点介绍了物料需求计划（MRP）、准时生产方式（JIT）、企业需求计划（ERP）等条件下仓储管理的特点。在第四节“物流中心库存控制”中分别介绍了库存控制管理方法和物流中心的库存控制。第五节“存储合同”列举了存储合同的范例。最后的内容是案例评析——为什么IT业“感冒”库存，指出物流状况是IT业的核心竞争力的表现，由于IT业的特点决定了其库存的风险性很大，进一步提出IT业如何实现“零”库存。

【复习思考题】

1. 什么是仓库？仓库有哪些功能？
2. 简述仓库的分类。
3. 简述商品入库的操作程序。
4. 商品出库作业管理的要求有哪些？
5. 简述传统的仓储管理技术。

第六章　物流中心订单及配货管理

【知识目标】

通过本章学习，了解订单的分类，订单处理的含义和基本形式；熟悉订单处理过程；掌握配货计划的内容。

【能力目标】

通过本章学习，使学生清楚订单的处理过程，能对订单进行处理；初步具备制订配货计划的能力。

第一节　订 单 管 理

一、订单管理的意义

物流中心在服务于客户的整个过程中，订单处理既是开端也是服务质量得以保障的根本。从本质上讲，整个物流过程都是为了完成订单而发生的，其作业绩效影响到物流中心每项作业，不论是间接的还是直接的；而且处理订单的很多环节都直接与客户打交道。因此订单完成的水平高低直接决定了物流中心的服务水平；订单处理作业效率很大程度上体现着物流中心的运作效率。在订单处理过程中，订单的拣选和集合是比较重要的环节。

订单处理的职能之一是填制文件，通知指定仓库将所订货物备齐。一般用订货拣选清单表明所需集合的商品项目，该清单的联票送到仓库保管人员手中，仓库接到产品的出库通知后按清单拣货、包装、贴标签，最后将商品组配装车。国外很多物流中心采用电话或其他电子化方法将订单直接传送到企业。使用电话传递订货单已被很多物流企业利用，更先进的方法是使用电子数据交换系统（EDI）和传真等。还有普遍被使用的另一种方法，即电子扫描器和条码。客户通过扫描器扫描所需订货产品，连接电子信息网，将订货信息传输给物流中心。

在拣选方面，国外发展的趋势是订单拣选人员的工作由计算机来控制。在美国缅因州的比思物流中心，各订单拣选人员按计算机打印出来的清单进行拣选，清单中表明所要拣选的货物名称、数量和储存地点以及这些货物如何按各份订单的顺序集中起来。在该物流中心的发货高峰季节，60 个拣选人员在 4 645m^2 的拣选区拣选 13 000 种产品订货，每天能处理 33 000 份订单。

订单的规范性管理不仅是物流企业经营活动的核心和纽带，而且也是确保供应链增值的需要。另外，加强经济订单管理也是适应企业加快建立具有自我约束、自我发展、责权明确的现代企业制度的需要。

在经济全球化的今天，随着我国融入世界经济步伐的加快，我国参与国际经济分工的广度和深度进一步发展，由此极大地促进了我国物流业的发展。随着我国物流业的不断发展，物流企业不断壮大，所需处理的订单种类和数量也会空前增长。但同时我们也应看到，目前我国物流业订单的规范性管理普遍存在无章可循、制度不严的问题，为防止有关经济贸易纠纷的大量增加，给不法企业和个人提供可乘之机，有必要加强订单的管理，以提高企业的管理水平，为国家和企业树立良好形象，防范无形的资产流失。

二、订单分类

不同的企业由于生产节奏、业务特色及产品特性等的不同，对订单内容的制定都有所不同。物流中心是为各种各样的企业提供物流服务的，对不同类型的订单要提供不同的处理方法，满足企业不同种类的订单需求。

（1）一般订单　正常、一般的订单。接单后，将订单信息输入订单处理系统，按正常的订单处理程序处理，数据处理完后进行拣货、出货、配送，物流中心定期进行收款结账等作业。

（2）现销式订单　与客户当场直接交易、直接给货的订单。订单资料输入后，由于物品已经交付给客户，所以订单资料不需再参与拣货、出货、配送等作业，只需记录交易资料，以便收取应收款项，或现场将货款结清，返回物流中心后进行入账处理。

（3）间接订单　客户从物流中心订货，但由供货商直接配送给客户时需要的订单。接单后将客户的出货资料传给供应商，由供应商负责按订单出货。其中需要注意的是，客户的订货单是自行制作或委托供应商制作的，物流中心的管理信息系统要记录所有相关单据的信息，以便保证市场预测时所依据的数据的准确性。

（4）合约式订单　与客户签订配送契约而产生的订单。例如在一定时期内定时配送某种物品，到约定的送货日时，将该笔业务的资料输入系统处理以便出货配送；或在最初便输入合约内容的订货资料，并设定各批次的送货时间，以便在约定日期系统自动产生需要送货的订单资料。

（5）寄存式订单　客户因促销、降价等市场因素预先订购某种物品，然后视需要再决定出货时所下的订单。当客户要求配送寄存物品时，系统应核实客户是否有此项物品寄存，若有，则进行此项物品的出库作业，并且相应地扣除该物品的寄存量。而物品的交易价格是根据客户当初订购时所定的单价来计算的。

（6）兑换券订单　客户用兑换券所兑换商品在配送出货时所产生的订单。将客户兑换券所兑换的商品配送给客户时，系统应该核查客户是否确实有此兑换券的回收资料，若有，依据兑换券兑换的商品及兑换条件予以出货，并应扣除客户的兑换券的回收资料。

三、订单档案管理

订单的管理实质上可以视同对合同的管理。为提高订单管理的科学性，需要对与订单有关的合同的签订、履行、评审统计、归档和责任等五个方面进行规范性管理。

1. 合同的签订管理

首先，建立完善的客户管理制度是完善合同签订管理的先决条件，也是订单档案管理的重要内容之一。作为签订合同的主体，客户的资信、经营能力是决定合同能否顺利履行的首要因素。为此，物流中心应建立完善的客户管理制度。

在与新客户签订合同前，物流中心应对新客户的注册、资信及经营能力等情况进行调查，以便根据所签合同金额、付款方式及期限等条款所涉风险的大小，决定是否签订合同。物流中心还应按照 ISO 9000 体系的要求建立客户档案，并根据客户经营规模、资产总额、本企业年度所签合同金额、履约能力等定期对客户资信等级进行评估，予以归类分级，并据以掌握签订合同的条件。

物流中心还要注意防范客户流失。物流中心不仅要建立详细的客户档案，而且还要建立业务员 A、B 角制度，严防因某一业务员跳槽而挖走本企业客户。另外，在与职工订立劳动合同时，物流中心也可明确订立禁止职工利用企业客户从事与本企业利益无关活动的条款。

其次，物流中心应就经常性交易制订标准合同格式和订单格式。标准格式应由企业法律人员或法律顾问及有关业务人员共同参与制订。标准格式可参照有关国际公认的标准合同，其条款应齐备，特别应加入法律适用、违约责任和争议解决方式等内容。业务人员在签订合同时，如需对标准合同格式中有关重要条款进行修改，须在充分征求法律人员意见的基础上，由物流中心主管领导批准。

再次，物流中心还应建立分级授权签字制度。物流中心的法定代表人有权代表本企业签订合同。按照我国有关法律规定，签订经济合同者也可以是企业法定代表人授权的人。物流中心应根据合同种类、金额、付款方式及期限的不同，分别制订分级授权签字制度。物流中心应编制统一的授权证书格式，具体应注明被授权人的姓名、职务、权限、期限，加贴被授权人的照片，并由授权人签字盖章。为使签约对方了解物流中心内部的分级授权制度，较为合理的办法是物流中心在标准合同格式的显著位置披露本物流中心的授权签字制度，即载明如下分级授权条款：如合同签字人为非法定代表人，签约人在签约时应主动出示由本企业统一印制并由法定代表人签发的授权委托书。

物流中心还应建立合同重要条款审批制度。物流中心应明确各部门对合同中的某些重要条款（如延迟付款等）的审核责任。业务部门应就合同中的重要条款填具由企业统一印制的合同条款审批联系单，并送有关部门审核同意后，再正式对外签约。

另外还必须加强合同印章的管理。根据分级授权签字制度，物流中心可配备不同的合同印章等级。例如，合同印章中加注字母 A 以表示为企业法定代表人使用的合同印章；B 表示为法定代表人授权的人所使用的合同印章。物流中心应严禁将事先盖有合同印章的空白合同交由业务人员。如确需在物流中心所在地之外的地区签订合同，有关业务人员应凭合同印章专用人的书面批准领取所需的盖有合同印章的空白合同。此类空白合同应事先编号，并在领取时由合同管理部门进行登记。合同正式签署后，应将所签合同正本（或副本）、填写错误及未用的盖有合同印章的空白合同及时交合同管理部门核销。如发生遗失此类空白合同的现象，责任人员须及时向企业合同管理部门通报。

2. 合同、订单的履行管理

为保证订单、合同的履行具有连续性，物流中心首先应在履约的每一环节（包括联系货源、商检、洽定运输工具、报关、结汇等）建立 A 角、B 角制。每一履约环节均以 A 角为主，B 角为辅。A、B 角人员在日常业务活动中应相互沟通，以确保 A 角因故不在时，B 角仍可正常履约。

物流中心必须建立合同、订单履行监督制度。为此，物流中心应指定专门部门负责编制合同、订单摘要，并负责合同、订单履行进程的登录和监督工作。摘要内容可包括合同或订单的编号、品名、价格、支付方式、履约期等。如条件允许，物流中心应对合同、订单履行登记制度实行电脑化管理。物流中心应建立以履约监督部门为主，运输、保管、质检、财务、法律等职能部门相互配合的履约全过程管理制度。物流中心可以合同编号及/或发运单编号为依据，建立履约各环节的监督管理机制。为此，物流中心可分别就采购、配送等业务的履约建立履约质量标签，以便各部门工作人员分别对履约各环节的发生时间、出现的问题等事项作出记录，并由各部门经办业务人员和部门负责人签字。在履约过程中如业务经办人员发生变动，应向本部门其他人员书面交接工作。物流中心的对外付款应由财务部门审核，报领导批准。

物流中心必须加强合同争议解决管理，防止业务员将争议与客户私下解决之类损害物流中心利益的行为。为此，物流中心签订的经济合同中必须订有合同适用法律、违约责任及争议解决方式等条款，以确保合同争议的顺利解决。合同发生争议后，有关业务部门应及时通报企业法律部门，共同研究案情，分清法律责任，并提出解决办法，报物流中心总经理或分管副总经理审核后执行。凡经多次协商仍无法解决的有争议的索赔案件，可采取仲裁方式或通过司法诉讼途径解决。仲裁和诉讼地点原则上应在我国境内，否则应经企业总经理批准。经查争议确属物流中心责任应予赔付的，必须以书面形式与客户确定合理的索赔金额和赔付办法。

3. 合同、订单的后续管理

为强化合同、订单管理，物流中心还应建立合同或订单的评审、统计及归档管理制度。物流中心应成立由企业领导及有关部门负责人组成的合同、订单评审小组，依据企业有关经济合同管理规章制度，定期对每笔履行完毕的合同、订单进行评审。评审内容主要包括合同的签订、审核、履行、争议解决等方面。物流中心应制订评审结果等级划分方法，并制订相配套的奖惩措施。合同评审结果须由评审小组成员建议，评审小组组长作出并签名。企业还应分别以合同种类、合同标的、地区、客户、主管业务员等为线索，定期对合同的签订和履行情况进行统计。企业除应及时完成必须上报的统计任务外，可结合本企业自身实际需要，自行规定统计项目。

合同、订单档案管理应包括档案生成、归档、保管和销毁等方面。每笔合同、订单从签订时起即应由主管业务员建立合同档案。物流中心应规定必须归档的单证种类，例如：合同、信用证、重要往来函电，以及发票、订单、运输单据、商检证书在内的有关履约质量标签等。物流中心可视本单位实际情况，规定由每笔合同的主管业务人员负责归档单证的收集和归档工作。物流中心可以合同编号、订单编号或发运单编号为依据建立合同档案卷宗。物流中心应印制统一的合同档案存档封面，以便填写合同编号及/或发运单编号、客户名称、主管业务员等内容。物流中心应根据合同、订单的履行期限、金额、质量保质期及索赔期等因素规定不同的合同、订单档案的保管期限。合同、订单档案分短期、长期和永久保存。合同履行完毕后，应由业务部门负责人审核、签字，先于本部门保管一年后再转交物流中心指定的合同档案保管部门。业务部门在将合同档案转交档案保管部门时应办理移交手续。档案保管部门应对所有合同档案予以登记造册，并制订合同档案借阅、返还手续。物流中心可规定，业务员借阅自己经办的合同档案时须凭本部门经理签字的联系单。业务员借阅他人经办的合同档案时须经企业分管副总经理及经办业务部门经理批准。过期档案的销毁，应由物流中心总经理办公会议及合同具体经办人员集体讨论后决定。经总经理签字同意有关合同档案销毁后，由保管人员在合同档案目录上注明销毁日期。合同、订单档案的销毁须由两人以上在场，并注意保密性。合同、订单档案的目录应永久保存。

四、订单处理

所谓订单处理就是以接到用户订单开始一直到开始拣选货品为止的工作，称为订单处理。其中还包括有关用户和订单的资料确认，存货查询和单据处理等内容。负责客户订单处理与客户关系的部门称为客户服务部或业务部，负责库存控制并向供应商发出订货的部门称为存货控制部或采购部。无论是出货物流作业，还是进货物流作业，都是由订单处理作业开始的。

（一）订单处理的内容与流程

订单处理通常先收集和汇总客户的订货单，当确认无法按客户要求的时间及数量交货时，业务部门须进行协调。每日的订单处理和与客户的经常沟通是客户服务的主要功能。此外还须统计该时段的订货数量，确定调货、分配、出货程序及数量。退货数据也在此阶段处理。另外，业务部门须制定报价计算方式，作报价历史管理，制订客户订购最小批量、送货间隔，订货方式或订购结账截止日。

订单处理有人工和计算机两种形式。目前主要是用计算机处理，这种形式不但速度快、效率高，而且成本低。图 6-1 所示为订单处理内容和步骤。

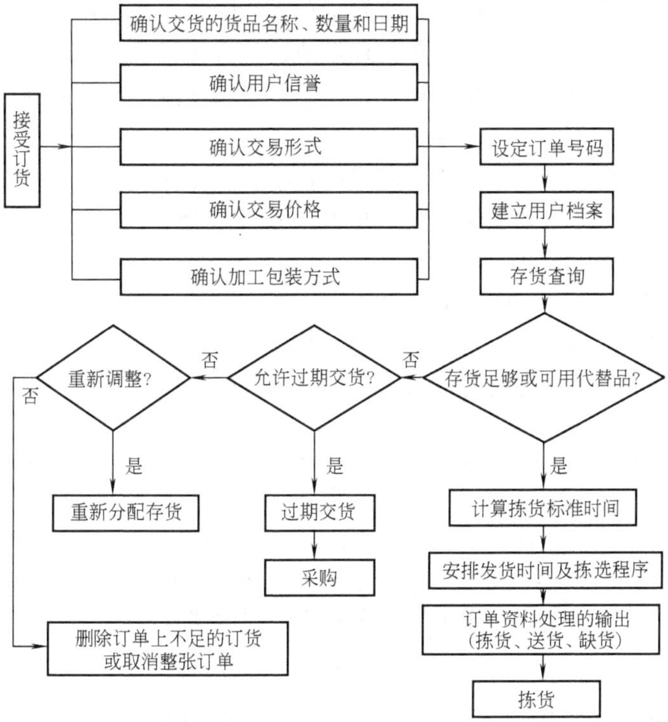

图 6-1　订单处理内容和步骤

国际上有专家称：20 世纪 60 年代企业靠成本取胜，20 世纪 80 年代靠质量取胜，21 世纪则靠速度取胜，这里的速度指企业对订单的反应速度。有资料表明：在许多行业中，与订单准备、订单传输、订单录入、订单履行相关的各项活动占据了整个订货周期（Order Cycle Time）的 50% ~70%。因此，如果物流中心希望通过短暂而稳定的订货周期来实现高水平的客户服务，关键就是要认真管理订单处理过程中的各项活动。

物流中心收到客户订单后，进行订单处理的主要工作流程如下：

（1）检查订单是否全部有效，即信息是否完全准确。

（2）由信用部门审查顾客的信誉。

（3）市场销售部门把销售额记入有关销售人员的账下。

（4）会计部门记录有关的账务。

（5）库存管理部门选择和通知距离顾客最近的仓库分拣顾客订货、包装备运并及时登记公司的库存控制总账，扣减库存，同时将货物及托运单送交运输商或运输部门。

（6）运输部门安排货物运输，将货物从仓库发运至收货地点，同时完成收货确认，即签收。

物流中心在订单处理完毕后，将发货单寄给顾客。这一过程也可由计算机网络完成。有了电子订货系统和订单处理系统，就方便了客户与物流中心之间的联系。物流中心可自行设计订单的格式，便于客户和物流中心上机使用，便于计算机处理。

货物拣选完毕后，要核对集中起来的货物，如库存缺货，应立即通知营业部门修正原始文件。通常要填制包装清单放入每件货物中，以说明其中货物品类、数量，收货人也据此核收货物。

（二）订单处理的一般过程

订单处理的过程中包含着诸多活动。具体包括订单准备、订单传输、订单录入、订单履行、订单状况报告等要素，如图 6-2 所示。

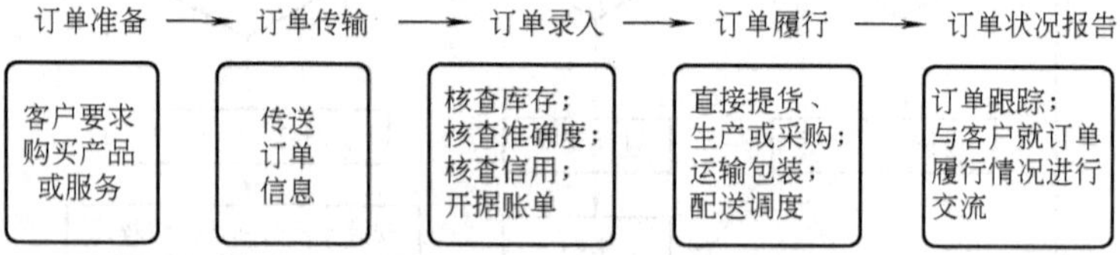

图 6-2　订单处理过程的要素

1. 订单准备

订单准备是指收集所需产品或服务的必要信息和正式提出购买要求的各项活动。订单准备包括的内容有：确定供应商，由客户或销售人员填制订单，决定库存的可得性，与销售人员打电话通报订单信息，或在计算机菜单中进行选择等。

这一活动从电子技术应用中获益匪浅，如超市收银台的商品条码扫描系统。该项技术以电子化方式收集所需商品的信息（尺寸、数量、品名），并提交给计算机作进一步的处理，加快了订单准备的速度。

买方还可以在网络上与卖方讨论特定产品的规格，确定可得性和价格，并进行选择。目前由于 ERP 系统的使用，一些工业企业的采购订单常常是根据库存消耗情况由计算机直接生成的。然后，利用电子数据交换技术（EDI），与供应商实现无纸贸易，从而降低了订单准备成本，减少了补货次数。

新技术的应用也使得人们不必再人工填制订单。语音感应型电脑和无线射频识别系统（Radio Frequency and Identification System，RF/ID）等新技术的应用进一步缩短了订货周期中订单准备阶段所耗用的时间。

库存的可得性对订货周期影响巨大，它往往会迫使物流和信息流偏离现有的轨道，因为正常的情况下，货物大多数都是通过仓库发送给客户的。如果仓库中没有现货，就需要将订单传输给工厂，用工厂的库存来履行订单。如果工厂也没有库存，就必须填制生产订单，进行生产，然后由工厂直接送到客户的需用地。

2. 订单传输

订单传输是订单处理过程中的第二道工序，涉及订货请求从发出地点到订单录入地点的传输过程。

订单传输可以通过两种基本方式来完成：人工方式和电子方式，其中电子方式又包括电话/传真传输和网络传输。人工方式包括邮寄订单，或由销售人员亲自将订单送到录入地点。作为传输方式之一，销售人员收集、拣选订单后经邮寄传送所花费的时间可能最长，但是成本相对低廉。订单传输时间因所选用的传输方式不同而大不相同。

随着免费服务电话、传真机以及互联网的广泛应用，利用电子方法传输订单的做法相当普及。这种可靠性高、准确度高的传输方式几乎可以瞬间完成订单信息的输送，已经基本取代了人工传输方法。

但是，企业在选择订单传输方式时除需要考虑传输速度、传输可靠性和准确性这些绩效指标以外，还应该考虑设备购置及运营的成本。

上述三种传输方式各有优缺点，具体如表 6-1 所示。

表 6-1 订单传输方式比较表

传输方式	速度	实施费用	可靠性	准确性
手工传输	慢	低	差	低
电话/传真传输	中	中等	一般	一般
网络传输	快	投资高，运行成本低	好	高

3. 订单录入

订单录入是指在订单实际履行前所进行的各项工作，包括：①核对订货信息（如商品名称与编号、数量、价格等）的准确性；②检查所需商品是否可得；③如有必要，准备补交货订单或取消订单的文件；④审核客户信用；⑤必要时，转录订单信息；⑥开具账单。

进行上述工作是很有必要的。由于订货中所包含的信息往往与要求的格式不完全吻合，如有的表述不够准确，因此在交给订单履行部门执行之前还须作一些处理工作，这样就会延误订单的传递时间。

订单录入可以由人工完成，也可以进行全自动处理。条码、光学扫描仪以及计算机的使用极大地提高了该项活动的效率。其中，条码和扫描技术对于准确、快速、低成本地录入订单信息尤为重要。与利用计算机键盘录入数据相比，条码扫描技术有显著的优越性（见表6-2），目前这项技术已经在零售、制造和服务行业被广泛运用。

表6-2 数据录入技术的比较

比较特征	数据录入方式	
	键盘录入	条码扫描
录入时间	6s	0.3～2s
替换的错误率	每录入300字符有1个错误	每录入1.5万～36万亿字符有1个错误
编码成本	高	低
信息读取成本	低	低
优势	操作简单 可用眼阅读 设备便宜	出错率低 成本低 速度快 能够远距离读出信息
劣势	人工录入成本高 出错率高 速度慢	要求操作人员受过一定的教育 产生设备成本 需要处理条码图像遗失或破损的问题

注：录入时间的比较是以编码信息量为12个字符的字段为基础进行的。

从物流管理的角度来看，在订单录入阶段需要注意订单规模的问题，对订单规模进行限制，甚至可以拒绝接受低于最小订货量的订单。这样做可以确保物流中心不会产生高昂的运输成本，由供货企业支付运费的情况下更是如此。通过整合订单可以使运输调度更加有效；使仓库的拣货与装运模式更加优化。

4. 订单履行

履行订单是由与实物有关的活动组成的，包括：①通过提取存货、生产或采购来获取所订购的货物；②对货物进行运输包装；③安排送货；④准备运输单证。

其中有些活动可能会与订单录入同时进行，以缩短订单处理时间。

设定订单履行中的先后次序及相关程序会影响个别订单的总订货周期。但物流中心往往并没有就订单履行初始阶段，即订单录入和处理的方法作出正式规定。有的物流中心可能会因为订单处理人员太忙而先处理不太复杂的订单，致使公司重要客户的订单在履行时拖延过久。订单处理的先后次序可能会影响到所有订单的处理速度，也可能影响到较重要订单的处理速度。以下是一些可供选择的优先权法则：①先收到，先处理；②预先确定顺序号；③优先处理订货量较小、相对简单的订单；④优先处理承诺交货日期最早的订单；⑤优先处理距约定交货日期最近的订单。

有的企业在接到订单后并不立即履行订单发运货物，而是压后一段时间，以集中货物的运量，降低单位运输成本，这种决策确实需要制订更为周详的订单处理程序。这样做增加了问题的复杂性，因为这些程序必须与送货计划妥善协调，才能全面提高订单处理、交货作业的效率。

5. 订单状况的报告

订单处理过程的最后环节是通过不断向客户报告订单处理过程中或货物交付过程中的状况，以确保优质的客户服务。具体而言，该项活动包括：①在整个订单周转过程中跟踪订单；②与客户交换订单处理进度、订单货物交付时间等方面的信息。这是一种监控活动，并不会影响处理订单的一般时间。

（三）提高订单处理效率的管理方法

除订单处理的硬件系统之外，还有其他许多因素会加快或延缓订单处理的时间。一些源于运营过程、客户服务政策以及运输操作等方面的问题，需要通过强化管理来提高订单处理效率，这些方法有：

（1）合理分配订单处理的先后顺序　按照订单收到的先后次序进行处理似乎对所有的客户更加公平，但将所有的客户同等对待的做法可能延长订单的平均处理时间。当订单处理工作繁重的时候，订单处理工作人员又有可能会先处理订货量小、相对简单的订单，而那些订货量较大的订单则被压到最后才处理，但这些大订单往往能为公司带来更多的利润。因此，从企业自身的角度出发，应该把有限的时间、生产能力及人力资源配置到更有利可图的订单上，享有优先级的订单被优先处理，而其他订单则稍后进行处理。

（2）提高订单履行的准确度　如果能够准确无误地完成客户订单的处理周期，不产生任何错误，那么订单处理时间是最短的，因此要尽量减少出错的机率。

（3）灵活选择订单处理的方法　成批处理订单和合并运输都有可能延长客户的订货时间。把订单收集成组，进行批处理，可以降低处理成本。但另一方面，当订单达到一定批量时再处理则会增加订单的处理时间，尤其是那些先收到的订单。

物流中心也可能保留客户订购的货物直至达到一定的经济运输批量，即将几个小订单的货物集中在一起，组成较大的运输批量以降低运输成本。因此，合并运输与订单批处理类似，在减少运输成本的同时，延长了订单处理时间，因此要进行综合平衡，选择较为合适的处理方法。

第二节 配货管理

一、配货的含义

配货是按用户的需要将存储物资拣选出来，将货物配齐，放到发货场所进行必要的包装，有些物资在包装之前，还要根据用户的需要进行流通加工作业，做好配装、运送的准备。配货作业包括流通加工作业、拣货作业、包装作业、配装作业。

在物流中心所进行的流通加工作业，有的属于初级加工活动（如按照用户的要求，把一些原材料切割或截成一定尺寸的坯件，将长材、大材改制成短材、小材等），有的属于辅助性加工（如按照与生产企业达成的协议，在物流中心给服装等商品挂上标签、套上塑料袋等），也有的加工作业属于深加工活动（如把蔬菜、水果等食品进行冲洗、切割、过秤、分份和装袋，把不同品种的煤炭混合在一起，加工成“配煤”，等等）。

加工是最能创造附加价值的物流活动。加工作业属于增值性经济活动，它完善了物流中心的服务功能。

流通加工作业包括商品的分类、称重、拆箱重包装、贴标签及商品组合包装。这就需要进行包装材料及包装容器的管理、组合包装规划的制订、流通加工包装工具的选用、流通加工作业的调度、作业人员的调派。

拣货作业是根据客户订单的品种及数量进行出货商品的拣选。拣选工作包括拣选之前的商品的在库量核对，按照送货规范要求进行按路线或按订单进行拣选。拣选不只包括拣取作业，还需补充拣货架上商品，即补货。

包装作业是指物流中心将用户所需要的货物拣选出来以后，为了便于运输和识别各个用户的货物，对配备好的货物重新进行包装，并在包装物上贴上标签。

配装作业是为了充分利用载货车辆的容积和提高运输效率，把同一条送货线路上，不同用户的货物组合、配装在同一辆载货车上。

配货是配送工作的关键环节，可以看作是送货的前序工作，根据各个用户的需求情况，首先确定需要配送货物的种类和数量，然后在物流中心将所需货物挑选出来，即所谓的拣选，拣选工作可采用自动化的拣选设备，也可采用手工方法。这主要取决于物流中心的规模及其现代化的程度。在进行拣选配货作业时，少数场合是以手工方式进行操作的，更多的场合是采用机械化或半机械化方式去操作的。目前，随着一些高新技术的相继开发和广泛应用，自动化的拣选、配货系统已在很多国家的物流中心建立起来，并且发挥了重要作用。

过去的拣选作业是在接受订货指示、发出货票的同时，分拣员按照商品分列的清单在仓库内寻找、提取所需商品。实行自动化拣选作业后，可以不使用人力，或少使用人力，借助信息系统有效地进行作业活动。具体地讲，就是由信息系统接受顾客订货的基础上，向分拣员发出数码指示，从而按指定的数量和种类正确、迅速地配货的作业系统。各个货架或货棚顶部装有液晶显示的装置，该装置标示有商品的分类号以及店铺号，作业员可以很迅速地查找到所需商品。

另外，对于不同的经济主体，如厂商、批发商或零售商，拣选作业的形式是不同的。对于厂商而言，如果是客户工厂订货，则产品生产出来后直接运送到用户，基本上不存在拣选作业；相反，如果是预约订货，那么就需要将商品先送到仓库，等接受客户订货后，再进行拣选，配送到指定用户手中。此外，对于那些拥有全国产品销售网的厂商，产品生产出来后运送到各地的物流中心，各地域物流中心在接受当地订货的基础上，分别进行拣选作业，然后直接向客户配送产品。

从批发商的角度来看，拣选作业随着批发商不同的商品处理方式而有不同的形式。批发商订购商品的处理方式一般有两种：一是商品全部由批发商自己的物流中心处理；二是批发商在接受订货的基础上由厂商直接向用户配送，批发商只进行销售额的计算以及账单处理等商流业务。显然，在前一种方式下，拣选作业全部是由批发商自己进行的；在后一种方式下，批发商接受零售商订货后，再向制造商订货，制造商再按批发商的要求进行拣选作业后，直接向指定的零售店铺配送产品。从最近批发商的物流系统发展来看，即使批发商自己进行商品拣选再按订货要求配送，也都注重在接受订货的同时，利用信息系统事先做好销售账单、发货票等单据的制作和发送工作，将备货清单传送到用户指定的店铺。备货作业按照不同的配送用户在商品上贴付条码，拣选作业时只要用扫描装置读取条码，便能自动按不同的配送场所进行拣选。

在由批发商订货、厂商配送的情况下，批发商在向厂商发出订货信息的同时，也向顾客的店铺发出受货信息的指令；厂商则在商品上打上客户信息的条码，在进行适当的作业后，不进入物流中心而直接送到客户的店铺。

上述所有的活动都是围绕尽可能及早对用户的订货作出反应以及尽量压缩本企业商品在库数量而展开的。正因为如此，多数物流中心内拣选业务都尽可能利用条码来提高效率。

零售企业要建立自己的物流中心，将从厂商或批发商购入的商品运送到物流中心，由自己的物流中心进行适当作业后分送到各店铺，这是当今零售企业物流革新的趋向。目前，大多数零售企业采用的方法是事先要求发货方的厂商或批发商按照自己的要求，分店铺在商品上贴付条码，商品进入零售商的物流中心后，只要用扫描仪读取条码后就可以直接分送到各店铺。当然，这也要求零售企业具有自己的条码系统。

二、配货计划

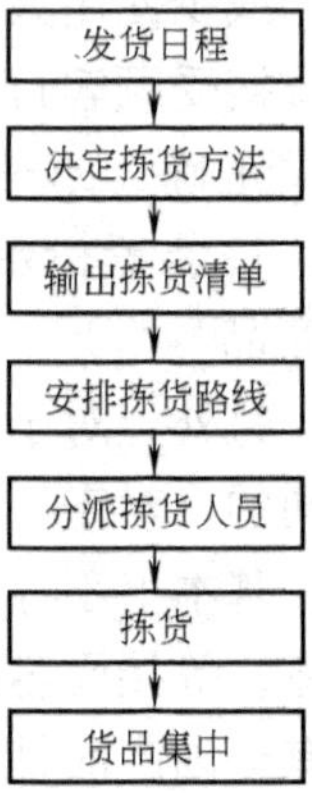

图6-3 拣货作业程序

在实际工作中，每张用户订单中都可能会有一种以上的商品，如何把这些不同种类、数量的商品由物流中心集中在一起交付给客户，需要有一个周密的计划。在物流中心内部所涵盖的作业范围中，拣货作业是其中极为重要的一环。其重要性相当于人体的心脏。拣货作业的目的在于正确而迅速地把用户所需商品集中起来。一般拣货作业程序如图6-3所示。

制订科学合理的配货计划需要按拣货作业的规律和程序，也就是说配货计划应该涵盖拣货作业的所有程序，并阐明各拣货作业程序的结果。配货计划的重点在于以下几个方面：

1. 准确收集拣货信息，安排发货日程

从拣货作业程序来看，它是一个用户驱动的程序，要根据基于用户提供的拣货信息开展工作。拣货信息是拣货工作的命令，所以拣货作业开始前，指示拣货作业的单据或信息必须先行处理完成。虽然一些物流中心直接利用顾客订单或公司交货单作为拣货指示，但因此类传票容易在拣货过程中受到污损而产生错误，无法正常指示产品储位，所以大多数拣货方式仍需将原始传票转换成拣货单或电子信号，使拣货员或自动拣取设备进行更有效的拣货作业，但这种转换仍是拣货作业中的一大瓶颈。因此如何利用EOS（Electronic Ordering System）和POT（Portable Ordering Terminal）直接将订货信息通过电脑快速及时地转换成拣货单或电子信号，是现代物流中心未来发展的重要研究课题。

拣货信息的方式有传票、计算机条码以及自动化传输的无纸化系统。现在介绍如下：

（1）传票　这是指直接利用订单或公司的交货单来作为拣货指示的根据。

（2）拣货单　把原始的用户订单输入计算机进行拣货信息处理后打印出拣货单的方式。这种方式的优点是避免传票在拣货过程中受污损和产品储位编号可显示在拣货单上。

（3）贴标签　这种方法可取代拣货单，标签上印有物品的名称、位置、数量和价格。因货物和标签同步前进，利用扫描器读取货品的条码，错误率极小。

（4）显示方式　这种方式最初是在货架上安装信号灯来显示拣货位置，之后发展为在货架上安装液晶显示器。这种方法还可显示应该拣取的货物数量，且错误率很小。

（5）条码　条码是由一组规则排列的条、空及其对应字符组成的，用以表示一定信息的标识。把它贴在商品或货箱表面上，经过扫描器阅读，计算机解码，把“线条符号”转变成“数字号码”以便于计算机运算。

条码是商品从制造、批发到销售过程中自动化管理的一种理想的信息载体。通过条码阅读器自动读取的方式，不但能准确快速掌握商品信息，而且还可以提高库存管理精度。它是一种实现商品管理现代化和高效率的有效方法。例如：通过条码扫描器读取表示货架位置码的条码后，什么货物放在何处保管的信息可立即得到。

（6）无线电识别器　把无线电识别器安装在移动设备上，同时又能把接收和发射无线电波的ID卡或标签等的信息反应器安装在货品或储位上。当无线电识别器接近货品时，立即读取货品或储位上的射频标签的信息。通过识别电路传给计算机。图6-4所示为无线电识别器略图。例如，ID卡安装在托盘上，而把无线电识别器安装在堆垛机上。当堆垛机接近托盘时，托盘上的信息被无线电识别器读取并传递给计算机。

图6-4　无线电识别器略图

（7）无线通信　这是在堆垛机上安装有无线电通信设备，通过它把应从哪个货架货位的哪个托盘的拣货信息传递给拣货人员。

（8）计算机随行指示　在堆垛机或台车上安装辅助拣货的计算机终端，在拣货之前把拣货信息输入计算机。拣货人员根据计算机显示引导，能迅速而正确地拣取货品。

（9）自动拣货系统　当电子信息输入自动拣货系统后，自动完成拣货工作。这是目前世界上较为先进的自动拣货系统，也是拣货设备发展的方向。

2. 选择合适的配货作业方法

配货是根据各个用户的需求情况，首先确定需要配送货物的种类和数量，然后在物流中心将所需货物挑选出来，拣选工作可采用自动化的拣选设备，也可采用手工方法。这主要取决于物流中心的规模及其现代化的程度。配货作业有两种基本形式：一种是摘取式，另一种是播种式。配货时大多是按照入库日期的“先进先出”原则进行。

（1）摘取方式　由于该方式好比提个篮子在果园里摘水果，从果园的这一头一路走到另一头，沿途摘取所需要的水果。因此被称为“摘取式”。实际是用拣选车在物流中心分别为每个用户拣选其所需货物，此方法的特点是物流中心的每种货物的位置是固定的，对于货物类型多、数量少的情况，这种配货方式便于管理和实现现代化。

进行摘取式配货时，以出货单为准，每位拣货员按照品类顺序或储位顺序，到每种品类的储位下层的拣货区拣取一定数量的该出货单内、该品类的商品，码放在托盘上，再继续拣取下一个品类，一直到该出货单结束后，将拣好的货品与出货单置放于待运区指定的位置，由出货验放人员接手。在一般情况下，每次拣选只为一个客户配装；在特殊情况下，也可以为两个以上的客户配装。目前，由于推广和应用了自动化拣选技术，装配了自动化拣选设施等，拣选作业的劳动效率已经得到了很大的提高。

摘取式的优点是：以出货单为单位，一人负责一单，这样出错的机会就较少，而且易于追查。有些物流中心以摘取式进行配货，甚至省略了出货验放的工作，而由拣货员兼任出货验放的工作。

摘取式的缺点是：第一，作业重复太多，尤其是热销商品，几乎每张出货单都要走一趟仓库，容易在这个库区造成进出交通拥堵、补货不及时等现象。第二，人力负荷重，在出货单的品类多、每单项数量少的时候，人力作业的负担很重，每人（拣货员）拣取单数随工作时间成反比。

便利店的配送作业是摘取式配货作业的典范。在国外，便利店将许多商品的物流工作外包出去，自身只保留周转率比较高、处理技术层次低的商品品类的配送作业，其他难度较大，如保存期限短的冷藏食品——包子、饭团、三明治等，退货率高的报纸、杂志、书籍等，通通外包。这样做的效果反而比自己处理还要好。

（2）播种式　播种式拣选货物类似于田野中的播种操作，是将需配送的同一种货物，从物流中心集中搬运到发货场地，然后再根据各用户对该种货物的需求量进行二次分配。其做法是：将数量较多的同种货物集中运到发货场，然后，根据每个货位货物的发送量分别取出货物，并分别投放到每个代表用户的货位上，直至配货完毕。

这种方式适用于货物易于集中移动且对同一种货物需求量较大的情况。为了完好无损地运送货物和便于识别配备好的货物，有些经过分拣、配备好的货物尚需重新包装，并且要在包装物上贴上标签，记载货物的品种、数量、收货人的姓名、地址及运抵时间等。

播种式配货的原理和摘取式完全不同，除了单一的出货单以外，还需要有各个出库商品品类的总数量。拣货员的工作，先是按照“拣货总表”的品类总量，到指定储位下层的拣货区一次取一类货物。取完一个品类后，拖至待验区，按照出货单的代码（位置编号）将该品类应出货的数量放下。

播种式的配货法需要有一定的空间作为待验区，对于仓储空间有限的物流中心而言，有相当的困难。而且出货时间必须有一定的间隔（要等到这一批的出货单全部拣完、验完），不能像摘取式配货那样可以逐单、连续出货。

（3）摘取方式和播种方式的比较　如果出货单数量不多，摘取方式和播种方式的效率与效果没有太大差别。但是如果在同样是大量出货的情况下比较，它们的优劣可见表6-3。比较的前提条件是：拣货员与出货验放员数量不变，出货单数量相同。

表 6-3　拣货方式效率比较表

商品种类	每种数量	摘取式		播种式	
		时　间	误差率	时　间	误差率
多	多	100	3.2%	65	1.1%
	少	100	1.5%	85	0.4%
少	多	100	2.3%	96	0.1%
	少	100	0.3%	112	0.1%

注：1. 时间：每一出货单自开始拣货到验放完成的平均处理时间。

2. 时间的比较是相对比较，如 A 用 100min（s），B 用 80min（s）。

3. 误差率为出货验放时的发现错单次数占出货单总数的比例。

播种式配货法在误差度上占了明显的优势，而且在大多数情况中，处理时间也比摘取式节省。如果转换成人力成本来计算，可节省 17% ~25% 的费用或是相当的工时。

摘取式配货法在某些情况下，仍然有它的适用性。例如出货数量少、频率少的商品品种（书籍）；品种多、数量少，但识别条件多的品种（如成衣）；体积小而单价高的品种（化妆品、药品、机械零件）；牵涉到批号管制且每批数量不定的品种等。

3. 使用高效的拣货设备

在拣货过程中所使用的设备很多，如储存设备、搬运设备、分类设备、信息设备等。通过使用高效的拣货设备可以大大地提高配货效率。

（1）人至物的拣货设备　这是指物品固定，拣货人到物品位置处把物品拣选出来的工作方式。可分为以下几类：

1）储存设备　包括托盘货架、轻型货架、储柜、流动货架、高层货架、数位显示货架等。

2）搬运设备　包括无动力台车、动力台车、动力牵引车、堆垛机、拣选车、搭乘式存取机、无动力输送机、动力输送机、计算机辅助台车等。

（2）物至人的拣货设备　这与人至物的拣选方法相反，拣货人员固定位置，等待设备把货品运到拣货者面前进行拣货。这种拣货设备的自动化水平较高。这种设备本身附有动力，所以能移动货品储位或把货品取出。这种拣货设备包括如下储存设备和搬运设备：

1）储存设备　包括单元负载自动仓库、轻负载自动仓库、水平旋转自动仓库、垂直旋转自动仓库、梭车式自动仓库等。

2）搬运设备　包括堆垛机、动力输送带、无人搬运车等。

（3）自动拣货系统　除上述两种拣货设备之外，还有一种就是自动拣货系统，其拣货无人介入，自动进行。这其中又包括箱装自动拣货系统和单品自动拣货系统两种。

4. 根据不同的配货方法输出拣货清单

拣货清单实际上是工作人员的工作指令，也是配货计划的具体体现，它的正确与否直接关系到拣选效率，甚至会影响客户服务水平。

5. 安排拣货路线

在配货计划中是否需要明确拣货路线目前仍有争议，但在自动拣货系统中由计算机设置、优化拣货路线，已经被普遍接受。

6. 分派拣货人员

配货计划若要成功地得以实现，人员的配备就要科学合理，以免造成人力的浪费。

7. 实施准确的拣货

当货品出现在拣取者面前时，一般采取的两个动作为拣取与确认。拣取是抓取物品的动作，确认则是确定所拣取的物品、数量是否与指示拣货的信息相同。在实际的作业中多采用读取品名与拣货单据作对比的确认方式，较先进的作法是利用无线手持数据终端读取条码后，再由电脑进行确认。通常对小体积、小批量、搬运重量在人力范围内且出货频率不是特别高的货品，采取手工方式拣取；对体积大、重量大的货物，利用升降叉车等搬运机械辅助作业；对于出货频率很高的货品则采用自动分拣系统进行拣货。

8. 分类与集中

配送中心收到多个客户的订单后，可以批量拣取。拣取完毕后再根据不同的客户或送货路线分类集中，有些需要进行流通加工的商品还需根据加工方法进行分类，加工完后再按一定方式分类出货。分货过程中多品种分货的工艺过程较复杂，难度也大，容易发生错误，因此必须在统筹安排形成规模效应的基础上，提高作业的精确性。在物品体积小、重量轻的情况下，可以采取人力分货，或机械辅助作业的方式，还可利用自动分货机将拣取出来的货物进行分类与集中。分类完成后，货物经过查对、包装便可以出货、装运、送货了。

从分拣作业的基本过程中可以看出，整个拣货作业所消耗的时间主要包括以下四大部分：①订单或送货单经过信息处理，形成拣货指示的时间；②行走或搬运货物的时间；③准确找到货物的储位并确认所拣货物及数量的时间；④拣取完毕，将货物分类集中的时间。因此，提高拣货作业效率，主要就在于缩短以上四个作业时间来提高作业速度与作业能力。

拣货作业系统的重要组成元素包括拣货单位、拣货方式、拣货策略、拣货信息、拣货设备等。拣货单位可分成托盘、箱和单件三种。一般而言，托盘是体积重量最大的拣货单位，其次为箱，最小者为单件。单件商品包装成独立单元，以该单元为拣取单元，这是拣货的最小单元；由单件装箱而成，拣货过程以箱为拣取单位；由箱堆码在托盘上，经托盘装载后加固，每只托盘堆码数量固定，拣货时以整只托盘为拣取单位。

此外，有些特殊物品（体积过大、形状特殊，或必须在特殊情况下作业的货物），如桶装液体、散装颗粒、冷冻食品等，拣货时以特定包装形式和包装单位为标准。拣货单位通常是由订单分析出来的结果而决定的。总之库存的每一种货物都要根据实际情况选择合适的拣货单位，一种货物可能需两种以上的拣货单位，所以一个物流中心的拣货单位经常在两种以上，设计时就要针对每种情况作分区的考虑。图6-5所示为物流中心的物流结构图。

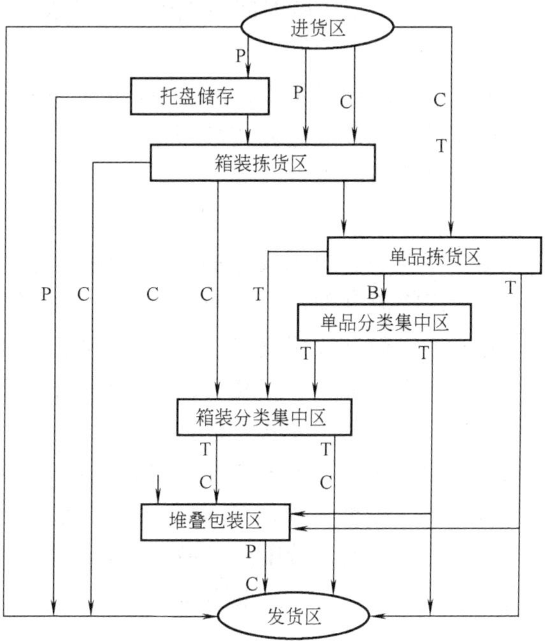

图6-5 物流中心物流结构图
P—托盘 T—容器（塑料箱） C—箱 B—单品

三、配货管理方式

物流中心实质上也是一个服务中心，以提供客户满意的服务为标准。配货管理方式取决于配送的模式。配送按配送时间及数量分为以下几类：

1. 定时配送

这是一种按固定的时间和固定的时间间隔的配送服务。配送的时间如每天仅配送一次，或上午一次、下午一次甚至于每小时配送一次。一般采用“日配”的较多。一般在上午10点前接受订单，下午5点前配送到位；下午4点前接受订单，次日10点前配送到位。原则是从接受订单到送达不超过24h。“日配”制配送适合鲜、活品种，如食品、水果、蔬菜、肉类、蛋奶、活鱼、活虾等。医药、体育用品、书刊、报纸、鲜花、酒类等也常采用“日配”制。小型商店、便利店要求“日配”或“小时配”者居多。

2. 准时制物流配送

所谓准时制物流配送，就是按照客户的规定时间，双方协议配送。一般不随意改变配送时间，配送的品种也不轻易更改。比如为汽车装配线的零部件配送就属于这种类型的配送。采用准时制物流配送方式，生产线上只需维持2~3h的用量，基本是“零库存”。

3. 定量配送

这是指按规定的批量在一个指定的时间范围内进行配送。

4. 定时、定路线配送

配送的车辆每天按照固定的行车路线，按照规定的时间进行配送，好似配送班车，按部就班、准时准点。这种配送方式的服务对象是在商业区的繁华地段，那里人多、路窄、交通拥挤、商店集中。

5. 共同配送

共同配送是“由多个企业联合组织实施的配送活动”。物流中心的共同配送主要指在一定区域内，为使物流合理化，有若干个定期需求的货主，共同要求某一个物流中心，利用同一个运输系统完成的配送。共同配送的目的是：①降低费用；②尽量达到车辆满载，避免交叉、重复、迂回和空驶；③减少配送网点，节约设施费用支出；④减轻交通拥挤和废气公害，保护环境。

物流中心共同配送的形式有：①由一个物流中心向多个用户的配送。这种形式适合于多个用户需求的商品趋于一致，要求配送的时间和地点也接近的情况；②多个物流中心联合在一起，协商划分配送区域或地段，共同利用配送设施进行配送；③由若干个用户（商店）联合组织配送系统进行自我配送服务。

第三节 补货系统

在现实生活中，有许多部门和单位涉及补货作业，在商场和超市中补货作业是指理货员将标好的商品依照商品各自规定的陈列位置，定时或不定时地将商品补充到货架上的作业。其目的是不能造成缺货影响顾客购买，从而影响销售。而物流中心的补货作业是从保管区域将货品移到拣货区域，并作相应的信息处理的工作。

一、补货方式

补货作业的目的是确保商品能保质保量地按时送到指定的拣货区，补货方式主要有以下几种：

（1）整箱补货　以整箱货为单位由货架保管区补货到流动货架的拣货区。这种补货方式的保管区为料架储放区，拣货区为两面开放式的流动棚拣货区。拣货员拣货之后把货物放入输送机并运到发货区，当拣货区的存货低于设定标准时，则进行补货作业。这种补货方式是由作业员到货架保管区取货箱，用手推车载箱至拣货区，较适合于体积小且少量多样出货的货品。

（2）托盘补货　这种补货方式是以托盘为单位进行补货。托盘由地板堆放保管区运到地板堆放拣货区，拣货时把托盘上的货箱置于中央输送机上，送到发货区。当存货量低于设定标准时，立即补货，使用堆垛机把托盘由保管区运到拣货动管区，也可把托盘运到货架动管区进行补货。这种补货方式适合于体积大或出货量多的货品。

（3）货架上层—货架下层的补货方式　此种补货方式保管区与动管区属于同一货架，也就是将同一货架上的中下层作为动管区，上层作为保管区，而进货时则将动管区放不下的多余货箱放到上层保管区。当动管区的存货低于设定标准时，利用堆垛机将上层保管区的货物搬至中下层动管区。这种补货方式适合于体积不大、存货量不高，且多为中小量出货的货物。

二、补货流程

以托盘补货为例，补货作业的流程一般为图6-6所示：

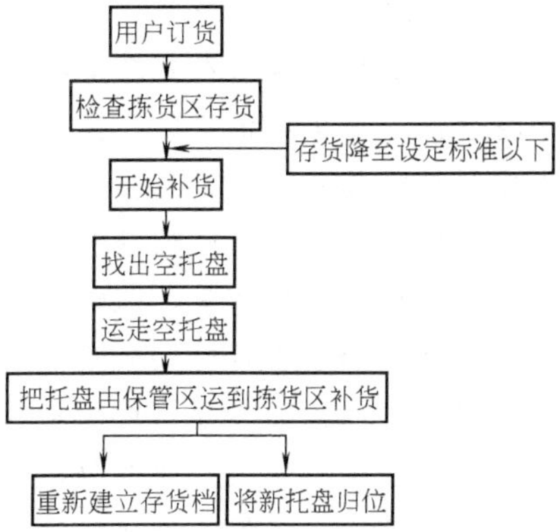

图6-6　一般补货作业流程图

三、补货时机

（1）批组补货　每天由电脑计算所需货物的总拣取量和查询动管区存货量后得出补货数量，从而在拣货之前一次性补足，以满足全天拣货量。这种一次补足的补货原则，较适合一日内作业量变化不大，紧急插单不多，或是每批次拣取量大的情况。

（2）定时补货　把每天划分为几个时点，补货人员在时段内检查动管拣货区货架上的货品存量，若不足则及时补货。这种方式适合分批拣货时间固定，且紧急处理较多的物流中心。

（3）随机补货　它是指定专门的补货人员，随时巡视动管拣货区的货品存量，若发现不足则随时补货。这种方式较适合每批次拣取量不大，紧急插单多以至于一日内作业量不易事先掌握的情况。

案例评析

【案例】　美国南方公司的订单处理系统

南方公司（The Southland Corporation）因其拥有7 800家快捷式便利店（Quick Mark Store）而闻名于世。

由于零售店内绝大部分空间都要用于售货，所以货架上的商品必须频繁得到补给。因此，订单处理系统必须做到方便、快捷、准确，以保证店里的货源不断。

每家分店都有一份针对该店印就的库存清单或称订货指南（Order Guide），其上列明授权各分店销售的商品（Authorized Items）。店铺经理或工作人员用一个手持电子订单录入器读出订货指南或货架上的条码，接着键入每种商品所需的数量。该信息随后通过电话线传到南方公司的物流中心，在那里进入订单录入、订单履行系统。

物流中心的订单录入和订单履行系统把全天收到的订货及调整信息按商品、仓库汇总起来。在全部订单都收讫后，系统按商品、按各仓库供货区的订货量生成一张拣货清单（Picking List）。

同时，系统还监控各货架上的货量，一旦某货架上的库存量低于预先设定的临界点，系统就会生成一张大宗货物拣货单（Bulk Picking Label），示意仓库的工作人员从托盘货物存储区提取一整箱货物，送到单品拣货区。在这份大宗货物拣货单上，还标明应附在商品上的零售价格，并指明贴过价签后的商品应摆放在哪个拣货区。在单品拣货区，商品是从货架的后部补充进来的，从货架的前部被放入塑料拣货箱或纸板物品箱里。

当大宗货物或托盘货物存储区的库存不足时，系统会根据经济订货批量向采购人员提出理想的订货量。采购人员在审查订货量并视情况对订货规模作出调整后，系统即开始准备针对供应商的采购订单。

系统还可以根据各分店订购货物的体积，每天利用可变的运输调度法安排货车装货，调整送货路线。通过对各货车车厢的合理配货，系统可以保证最大限度地利用载货空间，并使每条线路的行车里程最短。然后，系统按与装货次序相反的顺序打印交付收据（Delivery Receipt），以方便各分店和货车司机清点货物。

南方公司通过这个订单处理系统获益匪浅，订单平均履行率在99%以上，仓库库存每22天周转一次。

案例分析：

世界上的很多公司为了降低销售成本和存货风险，都采取零库存销售。美国南方公司的7 800家快捷式便利店也是零库存销售，货架上的商品若没有一个频繁、及时的补货系统作为支撑，则很难做到不缺货。

南方公司所拥有的方便、快捷、准确的订单处理系统，可以实现多项功能：汇总订单信息，自动生成拣货清单；监控库存数量，根据经济订货批量，生成理想的采购量；根据各分店订购货物的体积合理安排车辆，优化运行线路。该系统使南方公司的7 800家便利店得到及时补货，大大降低了销售成本，提高了商店的竞争力。

【本章小结】

本章共包括四节的内容。在第一节“订单管理”中介绍了订单管理的意义、订单分类、订单档案管理和订单处理等内容。在第二节“配货管理”中介绍了配货的含义、配货计划和配货管理方式。第三节“补货系统”简要介绍了补货系统的原理。最后通过对美国南方公司高效的订单处理系统评析，进一步加深对订单管理内容的认识。

【复习思考题】

1. 订单有哪些种类?
2. 什么叫做订单处理? 它有哪两种基本形式?
3. 订单处理过程具体包括哪些基本要素?
4. 拣货单位有几种形式?
5. 简述配货的两种基本方式。

第七章　物流中心流通加工管理

【知识目标】

通过本章学习，了解物流中心流通加工的意义、产生的原因，流通加工的概念及特点，流通加工的作用，流通加工形式，流通加工的技术方法及经济效益等。重点掌握流通加工的概念、特点、流通加工的形式及流通加工技术；了解流通加工的作用、流通加工产生的原因及几种典型流通加工的过程等。

【能力目标】

通过本章学习，使学生具备利用流通加工的技术方法对流通加工任务进行排序和分配的能力；通过熟悉各种流通加工形式，扩展学生的思路，使学生将来能够为企业开发流通加工业务。

第一节　概　　述

一、流通加工的意义

在物流中心、配送中心经营中都大量存在着流通加工业务，这种活动在美国、日本等一些物流发达的国家尤其普遍。在日本的东京、大阪等地区有90多家物流公司，其中一半以上从事流通加工业务。随着我国经济总量的不断增长，国民收入增多，消费者的需求也出现了多样化，这为流通加工的经营业务提供了广阔的前景。流通加工从简单的粘贴标价牌，到需要高科技才能完成的加工，加工形态是多种多样的。为适应消费的多样化和由于激烈的市场竞争而引起的特色化战略的展开，流通加工的意义日益增强，主要表现为如下几方面：

（1）适应顾客的多样化需求　例如客户对超市商品需求量的不同，直接影响到商品流通加工中包装的规格。有的超市如麦德龙、山姆会员店等，其客户购买方式一般都是大客户，或是家庭周末集中采购，他们的商品包装一般采用大包装。而像一些便利店、一般规模的超市，其主要客户是周边的居民和路过的行人，他们的购买方式是多批次、少批量的购买，所以对商品流通过程中包装规格要求是小包装，这时候物流中心向门店配送的货物，通常都需要经过由大包装拆成小包装的作业，以实现客户的多样化需求。将大包装改成小包装，是物流中心中常见的一种流通加工活动。

（2）通过流通加工来延长商品的保存时间　特别是农产品、海鲜、冷冻食品等，通常都需要冷链的加工活动，通过此类的流通加工活动，当商品从供应地向需求地移动直至送到客户手中时，其机能可仍然保持不变。

（3）提高商品的附加值　例如葡萄酒等液体货物，其原液从产地批量运至消费地配制、装瓶、贴商标，包装后出售，可以既节约运费，又安全保险，以较低的成本，卖出较高的价格，附加值大幅度增加。

（4）可以降低运费，推进物流系统化　例如 P&G 公司为了节约运输成本，从物流系统的角度出发，对洗衣粉包装重新进行设计，在不减少每袋重量的同时缩小了袋子的尺寸，每箱中可装的洗衣粉由原来的 12 袋变为 24 袋，从而减少了搬运和运输费用。后来该公司引进了一种更小的包装，使同样尺寸的箱子里可以装相对更多数量的洗衣粉。

二、流通加工产生的原因

（一）流通加工可弥补生产加工的不足

生产环节的各种加工活动往往不能完全满足消费者的需求。例如服装生产商在制造裤子时，由于人们的身高、腰围、臀围各不相同，所需的裤子尺寸也各不相同，但是生产商很难做到按照客户的尺寸需求一一生产，所以一般裤子的生产商仅仅按照腰围和臀围的尺寸去生产，裤脚不作锁边，当消费者买到裤子后再做最后一道工序，即根据消费者的腿长进行锁边。这样做的目的不仅满足了消费者需求，而且由于生产商制造出了标准化的产品，减少了大量的库存。由于现代生产的高度社会化、专业化，单一的生产加工活动已不能满足消费者需求。原因有以下几点：

（1）生产的集中化形成了产需之间的隔离，需要流通加工来衔接产需环节。

（2）生产追求的标准化与消费者追求个性化之间存在矛盾。

（3）社会需求的复杂性，不可能使产品的生产部门完全满足用户在规格、品种、型号上的需要。

鉴于上述原因，要弥补生产环节加工活动的不足，流通加工是一种理想的方法。物流中心作为物流业务的组织中心，对生产领域的物资供应和消费者的需求情况比较熟悉，这为他们从事流通加工创造了有利条件。

（二）流通加工可以增加流通部门的效益

从事流通活动的部门所获得的利润一般只能从生产部门的利润中转移过来，它自身不可能创造出高于物资生产部门所创造的产品价值总和的任何价值。而流通部门为了获得更多的收益，流通加工则是一项极为理想的创造价值的劳动。这样流通部门不仅能够获得从生产领域转移过来的一部分价值，而且能够创造新的价值，从而获得更大的利润，这也是流通加工得以产生和发展的重要因素。

（三）流通加工为配送创造了条件，是物流中心的辅助作业之一

物流中心的配送是流通加工、整理、拣选、分类、配货、末端运输等一系列活动的集合。从开展配送活动的物流中心看，它们把加工设备的种类、加工能力

看作是对物流中心配送影响最大的因素。随着我国物流中心配送工作的广泛开展，流通加工也必然会得到深入的发展。

三、流通加工的概念及其特点

（一）流通加工的概念

流通加工是“根据顾客的需要，在流通过程中对产品实施的简单加工作业活动（如包装、分割、计量、分拣、刷标志、拴标签、组装等）的总称。”

流通加工是现代物流系统中的重要内容之一。流通加工是为了提高物流速度和物品的利用率，在物品进入流通领域后，按客户的要求进行的加工活动，即在物品从生产者向消费者流动的过程中，为了促进销售，维护产品质量，实现物流的高效率等对物品所进行的初级和简单再加工。

（二）流通加工的特点

相对于生产加工而言，流通加工则有自己的特点。

（1）流通加工的目的，主要是更好地满足用户的多样化需要，降低物流成本，提高物流服务质量和效率。

（2）流通加工对象，主要是进入流通领域中的商品，包括各种原材料和成品，一般不是生产过程中的半成品。

（3）流通加工一般是简单的加工或作业，是为了更好地满足需求对生产加工的一种补充。流通加工更趋向于完善商品的使用价值，多数是可以在商品不作大的改变下提高商品价值。

（4）流通加工一般是由流通领域从事物流活动的物流经营组织所从事的活动。

四、流通加工的地位和作用

（一）流通加工在物流中的地位

（1）流通加工有效地完善了流通过程　流通加工在实现时间、场所两个重要效用方面，确实不能与运输和储存相比，因而，不能认为流通加工是物流的主要功能要素。流通加工的普遍性也不能与运输、储存相比，流通加工不是所有物流中必然出现的。但这绝不是说流通加工不甚重要，实际上它也是不可轻视的，是起着补充、完善、提高增强作用的功能要素，它能起到运输、储存等其他功能要素无法起到的作用。所以，流通加工的地位可以描述为是提高物流水平，促进流通向现代化发展的不可少的作业方式。

（2）流通加工是物流中的重要利润源　流通加工是一种低投入高产出的加工方式，往往可以用简单加工来解决大问题。实践证明，有的流通加工通过改变包装使商品档次提升而充分实现其价值；有的流通加工可以使产品的利用率提高，而这又是采取一般方法提高生产率所难以企及的。根据我国近些年的实践，单从流通加工向流通企业提供利润这一点出发，其成效并不亚于从运输和储存中挖掘的利润，因此它也是物流中的重要利润源。

(3) 流通加工在国民经济中也是重要的加工形式　在整个国民经济的组织和运行方面，流通加工是其中一种重要的加工形态，对推动国民经济的发展和完善国民经济的产业结构和生产分工有着重要作用。

(二) 流通加工的作用

(1) 提高原材料利用率　利用流通加工环节进行集中下料，是将生产厂家运来的简单规格产品，按使用部门的要求进行下料。例如将钢板进行剪板、切裁；将钢筋或圆钢裁制成毛坯；木材加工成各种长度及大小的木板、方材等。集中下料可以优材优用、小材大用、合理套裁，这样可以取得很好的技术经济效果。北京、济南、丹东等城市对平板玻璃进行流通加工（集中裁制、开片供应），使玻璃利用率从60%左右提高到85% ~95%。

(2) 进行初级加工，方便用户　用量小或临时需要的使用单位，缺乏进行高效率初级加工的能力，依靠流通加工可使使用单位省去进行初级加工的投资、设备及人力，从而搞活供应，方便了用户。目前发展较快的初级加工有：将水泥加工成生混凝土或进行冷拉钢筋，钢板预处理、整形、打孔等加工。

(3) 提高加工效率及设备利用率　建立集中加工点，可以采用效率高、技术先进、加工量大的专门机具和设备。

(4) 提高物流效率与服务质量　流通加工可以使商品更能满足用户个性化、多样化的需求，使物流功能得以完善和提高。

(5) 完善商品功能，提高经济效益　通过加工可以改变一些商品的功能，使其有更广的适应面，从而促进销售，提高商品的销售量。

第二节　流通加工的基本内容

一、流通加工的形式

流通加工的形式有很多，从不同的角度划分，就有不同的形式。主要是按照其加工目的和作用分，有以下几种形式。

(1) 以保存产品为主要目的的加工　这种流通加工形式的目的是使产品的使用价值得到妥善的保存，延长产品在生产与使用时间之间的距离。根据加工对象的不同，这种加工形式可表现为生活消费品的流通加工和生产资料的流通加工。生活消费品的流通加工是以服务顾客、促进销售，以及使生活资料消费者的消费对象在质量上得到保证为目的，如轻工产品的标识和印记商标，粘贴标价，家具等的组装，地毯剪接，水产品、蛋产品、肉产品等要求保鲜、保质的冷冻加工、防腐加工、保鲜加工等，丝、麻、棉织品的防虫、防霉加工等。生产资料与生活资料相比一般有较长的时间效能，但随着时间的推移，生产资料的使用价值也会不同程度地受到损坏，有的甚至失去使用价值。为了保证生产资料的使用价值下降幅度达到最小，相应的流通加工是完全必要的。如防止金属材料的锈蚀而进行的喷漆、涂防锈油等措施，运用手工、机械或化学方法除锈；木材的防腐锈、防干裂加工；水泥的防潮、防湿加工；煤炭的防高温自燃加工。一般来说，以保存产品为主要目的的流通加工并不改变产品的外形和性质。

（2）为满足用户多样化需要的流通加工　这种流通加工的目的在于通过加工使产品品种、规格、质量适应用户需要，解决产需分离现象。例如：对钢材卷板的舒展、剪切加工；木材改制成枕木、方材、板材的加工；平板玻璃按需要规格的开片加工等，均是为了满足用户多样化需要的流通加工。

（3）为了提高原材料利用率的流通加工　利用流通领域的集中加工代替分散在各个使用部门的分别加工，可以大大提高物资的利用率，取得明显的经济效益。集中加工形式可以减少原材料的消耗，提高加工质量。例如：钢材的集中下料，可充分合理下料，搭配套裁，减少边角余料，从而达到加工效率高、加工费用低的目的。

（4）为了提高物流效率的流通加工　对于一些物资，由于自身的特殊形状，在运输、装卸作业中效率低，为了挽回损失，需要进行适当的流通加工以弥补这些产品的物流缺陷。例如，自行车在消费地区装配加工可以防止整车运输的低效率和高损失；造纸用木材磨成木屑的流通加工，可以极大地提高运输工具的装载效率；石油天然气的液化加工，使得很难运输的气态物转变为容易输送的液态物，提高了物流效率。

（5）为实现配送进行的流通加工　物流中心为了实现用户对物资供应的数量、供应构成的要求，配送时将对物资进行各种加工活动，如拆整化零、定量备货等。随着物流技术水平不断提高，流通加工活动有时在配送过程中实现，如混凝土搅拌车就是在配送途中边运行、边搅拌，到达施工现场就可以直接投入使用。

（6）为衔接不同输送方式的流通加工　现代生产为降低生产成本一般都是批量化生产，而消费是小批量、多品种的，由此而导致输送方式的差异，即物流中心与生产衔接的一端需要大批量、高效率的输送，而与消费相衔接的另一端需多品种、少批量、多户头的输送。物流中心的流通加工可解决这一矛盾。如把原来的大包装按用户需求改装成小包装。

（7）物品的除杂加工　有一些大宗的货物如煤炭、粮食中含有一些杂质，会因此而影响其运输效率和效益。所以物流中心可进行除杂加工。

二、流通加工技术

在流通加工过程中，需要利用流通加工的技术方法进行流通加工作业的顺序排列和任务分配，例如流通加工的作业排序、两个工作地的流水线型排序、加工任务分配方法等。

（一）流通加工的作业排序

1. 流通加工作业排序的概念

所谓流通加工作业排序是指在一定期间内分配给各个加工单位（包括工作地、工段、班组、机床）的加工任务，根据加工工艺和负荷的可能性确定各加工单位流通加工作业开始时间、作业结束时间，并进行作业顺序编号。同样的加工任务，采用不同的加工作业排序方法，所得到的加工效率、经济效益是不同的。

2. 评价流通加工顺序安排的主要指标

（1）最大流程　在某工作地完成加工的各项任务所需要的时间。最大流程要求最短，即 F_{max}→min。

（2）平均流程　在某工作地完成各项加工任务平均所需花费的时间。

$$\overline{F} = \frac{1}{n} \sum_{i=1}^{n} F_i$$

平均流程要求最短，即$\overline{F}$→min。加工作业流程时间缩短，意味着加工周期缩短，间接费用节约，延期的可能性减少，节约流动资金。

（3）最大延期量　延期量是指如果任务 J_i 的完成时刻 C_i 已超过交货时刻 d_i，则形成交货延期 $D_i = C_i - d_i$，最大延期量 $D_{max} = \max\{D_i\}$，最大延期量要求最小，即 D_{max}→min。

（4）平均延期量　在某地完成各项任务的延期量的平均值。

$$\overline{D} = \frac{1}{n} \sum_{i=1}^{n} D_i$$

平均延期量要求最小，即$\overline{D}$→min。加工延期量的减少可以满足用户要求，提高企业信誉，减少违约损失等。

3. 流通加工作业排序方法

设某个班组利用某一大型设备进行 6 项流通加工任务，所需时间及预定交货期（配送时刻）如表 7-1 所示。

表 7-1　各项任务的加工时间及预定交货期　（单位：天）

任务编号	J_1	J_2	J_3	J_4	J_5	J_6
所需加工时间 t_i	3	8	5	6	12	4
预定交货期 d_i	21	19	23	9	38	26

此问题可用三个方法解决：

（1）最短加工时间规则　按加工任务所需加工时间长短，从短到长按照顺序排列，数值最小者排在最前面加工，最大者排在最后加工。按上述方法计算的结果如表 7-2 所示。

表 7-2 按最短加工时间规则排序结果 （单位：天）

任务编号	J_1	J_6	J_3	J_4	J_2	J_5	合计	备 注
所需加工时间 t_i	3	4	5	6	8	12	—	—
计划完成时间 F_i	3	7	12	18	26	38	104	$\overline{F}=17.33$
预定交货期 d_i	21	26	23	9	19	38	—	$D_{max}=9$
交货延期量 D_i	0	0	0	9	7	0	16	$\overline{D}=2.67$

加工排序的方案是：J_1—J_6—J_3—J_4—J_2—J_5

最大加工流程时间：$F_{max}=104$ 天

平均加工流程时间：$\overline{F}=17.33$ 天

最大交货延期量：$D_{max}=9$ 天

平均交货延期量：$\overline{D}=2.67$ 天

采用这一方法可使平均流程时间最短，滞留在本工作地的在制品平均占用最少，有利于节约流动资金占用，减少厂房、仓库及加工作业面积和节约保管费用。由于该方法没有考虑交货期，所以这种排序可能存在着交货延期问题。

（2）最早预定交货期规则 按照加工任务规定完成时刻，即按预定交货期的先后顺序进行排列。预定交货期最早的排在前面，最晚的排在最后。见表 7-3。

表 7-3 按最早预定交货期规则的排序结果 （单位：天）

任 务 编 号	J_4	J_2	J_1	J_3	J_6	J_5	合计	备 注
所需加工时间 t_i	6	8	3	5	4	12	—	—
计划完成时间 F_i	6	14	17	22	26	38	123	$\overline{F}=20.5$
预定交货期 d_i	9	19	21	23	26	38	—	$D_{max}=0$
交货延期量 D_i	0	0	0	0	0	0	0	$\overline{D}=0$

加工排序的方案是：J_4—J_2—J_1—J_3—J_6—J_5

最大加工流程时间：$F_{max}=123$ 天

平均加工流程时间：$\overline{F}=20.5$ 天

最大交货延期量及平均延期量：$D_{max}=\overline{D}=0$ 天

这种方法的优点是消除了延期量。缺点是最大加工流程时间增加了 19 天，平均加工流程时间增加了 3.17 天。所以，采用此方法可以保证按期交货或交货延期量最小，减少违约罚款和企业信誉损失。但平均流程时间增加，不利于减少在制品占用量和节约流动资金。

（3）综合规则 将上述方法规则综合使用的方法。其具体步骤如下：

1）先根据最早预定交货期规则，安排一个最大延期量为最小的方案，如表 7-3 所得的方案是：J_4—J_2—J_1—J_3—J_6—J_5。

2）计算完成所有任务的总时间。本例是 38 天。

3）查出初始方案中预定交货期大于总时间的加工任务，按最短加工时间规则，把加工时间最长的排在最后，即在不发生交货延期的条件下，按最短加工时间排序。上例预定交货期 $d_i \geq 38$ 天的任务只有 J_5，故排在最后。

4）暂舍去已排定的 J_5，剩下 $J_4—J_2—J_1—J_3—J_6$ 回到 2）步。剩下的 5 项任务，完成总时间为 26 天，再按 3）步排除 J_6。剩下 $J_4—J_2—J_1—J_3$ 4 项任务，再重复上述步骤，这 4 项任务完成总时间是 23 天，预定交货期 $d_i \geq 23$ 天的任务只有 J_3。

5）暂舍去已排定的 J_3，剩下 $J_4—J_2—J_1$，回到步骤 2），剩下的三项任务，完成总时间为 17 天，其中 J_2 和 J_1 均满足预定交货期 $d_i \geq 17$ 天，J_2 的加工时间为 8 天，J_1 的加工时间为 3 天，按最短加工时间规则排序，将 J_2 调到 J_1 后面。最后排定的顺序为 $J_4—J_1—J_2—J_3—J_6—J_5$，见表 7-4。

表 7-4　按综合规则排序结果　（单位：天）

任务编号	J_4	J_1	J_2	J_3	J_6	J_5	合计	备　注
所需加工时间 t_i	6	3	8	5	4	12	—	—
计划完成时间 F_i	6	9	17	22	26	38	118	$\overline{F}=19.67$
预定交货期 d_i	9	21	19	23	26	38	—	$\overline{D}=0$
交货延期量 D_i	0	0	0	0	0	0	0	

最大加工流程时间：$F_{max}=118$ 天；平均加工流程时间 $\overline{F}=19.67$ 天；最大交货延期量及平均交货延期量 $D_{max}=\overline{D}=0$ 天。按综合规则排序的结果，不但消除了延期量，最大加工流程时间比按最早预定交货期规则排序减少了 5 天，平均加工流程时间减少了 0.83 天。

（二）两个工作地的流水型排序问题

两个工作地加工多种零件，存在着工艺顺序问题。对于 n 项任务在两个工作地加工，且加工工艺顺序相同，即为流水型排序问题。对于此类问题可以用约翰逊—贝尔曼规则求解。

设有 J_i（$i=1, 2, \cdots, 5$）为 5 项流通加工任务，均需先在 A 工作地加工，而后再在 B 工作地加工，各项加工任务在 A、B 工作地加工的工时列在表 7-5 中。

表 7-5　各项加工任务的加工工时　（单位：h）

任务编号	J_1	J_2	J_3	J_4	J_5
A 工作地 t_{iA}	5	8	12	4	6
B 工作地 t_{iB}	10	8	7	3	4

按照约翰逊—贝尔曼规则的排序步骤：

（1）检查 t_{iA} 与 t_{iB} 各数值，找出其中最小值（若有几个最小值，可以在其中任选一个），本例中为 $t_{iB}=3h$。

（2）找出的最小值若属于 t_{iA} 行的一项任务，则该任务应排为先加工，否则，排为后加工；本例中 J_4 在 t_{iB} 行中应放在最后加工。

（3）将已排定的任务暂取掉，再重复（1）（2）步骤，直至全部加工任务排定为止。

本案例任务最终排序结果为：$J_1—J_2—J_3—J_5—J_4$

（三）加工任务分配方法 —— 匈牙利方法

在流通加工任务计划中还存在将加工任务分给谁和用什么设备完成最合适的问题。此类加工任务分配问题可以分两类：一类是使目标值（如成本、工时等）达到最小的分配方案；一类是使目标值（如利润等）达到最大的分配方案。此类问题可用匈牙利方法或分支定界法求解。本案例介绍匈牙利法。

例：有四项流通加工任务分给 4 个小组去完成，各小组完成不同任务需用不同的加工工时，见表 7-6。

表 7-6 各小组完成不同加工任务的工时表 （单位：h）

	任务(1)	任务(2)	任务(3)	任务(4)
A	3	10	6	7
B	14	4	13	8
C	13	14	12	10
D	4	15	13	9

采用匈牙利的步骤如下：

（1）列出矩阵
$$\begin{pmatrix} 3 & 10 & 6 & 7 \\ 14 & 4 & 13 & 8 \\ 13 & 14 & 12 & 10 \\ 4 & 15 & 13 & 9 \end{pmatrix}$$

（2）逐行缩减矩阵　在每一行中选择一个最小元素，然后将每一行中的各元素均减去这个最小元素。本例中各行最小元素分别是：3、4、10、4。
$$\begin{pmatrix} 0 & 7 & 3 & 4 \\ 10 & 0 & 9 & 4 \\ 3 & 4 & 2 & 0 \\ 0 & 11 & 9 & 5 \end{pmatrix}$$

（3）再逐列缩减矩阵　现在的矩阵每一行都有 0，但每一列不全有 0。第三列中各元素均减去最小元素 2 得到如下矩阵：

$$\begin{pmatrix} 0 & 7 & 1 & 4 \\ 10 & 0 & 7 & 4 \\ 3 & 4 & 0 & 0 \\ 0 & 11 & 7 & 5 \end{pmatrix}$$

（4）检查是否可以分配　采用0元素最小覆盖线的检验法，这种检验方法是指以最少的直线覆盖矩阵中所有的0元素。当覆盖线的条数等于矩阵的阶数时，则最优方案已经找到。此时只有三条覆盖线，尚未找到最优方案。

（5）为增加0元素进行变换　找出没有覆盖线的行与列中的最小元素。本例是1，将不在覆盖线上的元素都减去1，而在有两条覆盖线的交点上的每一个元素都加上1，其余元素不变。

$$\begin{pmatrix} 0 & 7 & 0 & 3 \\ 10 & 0 & 6 & 3 \\ 4 & 5 & 0 & 0 \\ 0 & 11 & 6 & 4 \end{pmatrix}$$

（6）重新检查覆盖线　重复（4）的做法，经检查已可以分配。

（7）确定最优方案　按0元素所占位置进行分配，首先分配每行只有一个0元素的任务，在上面矩阵中只有第2行的任务（2）和第4行的任务（1）占有一个0元素，因此要把任务（2）分配给B组加工，任务（1）分配给D组加工，剩下A和C组未分配，这两行均含有两个0元素，在第一行中占有两个0元素的位置分别是任务（1）和任务（3），由于任务（1）已经分配给D组，所以把任务（3）分配给A组加工；剩下第三行的C组未分配，在该行占有0元素的位置分别是任务（3）和任务（4），由于任务（3）已经分配给A组加工，所以将任务（4）交给C组加工。可得最优流通加工任务分配方案，即完成任务用的总工时最小的分配方案。

$$\begin{pmatrix} A & 0 & 7 & 0_{\triangle} & 3 \\ B & 10 & 0_{\triangle} & 6 & 3 \\ C & 4 & 5 & 0 & 0_{\triangle} \\ D & 0_{\triangle} & 11 & 6 & 4 \end{pmatrix}$$

最优分配方案是：A（3），B（2），C（4），D（1）。

此方案所需总工时为：$(6+4+10+4)\text{h}=24\text{h}$

三、流通加工的经济效益

流通加工的经济效益可以表述为流通加工的劳动投入与效益产出对比关系。在具体的加工部门表现为流通加工的数量和实现价值与劳动消耗和劳动占用的对比关系。

（一）流通加工的直接经济效益

1. 流通加工的劳动生产率高

流通加工是集中的加工，其加工效率即加工的劳动生产率比分散加工要高得多。对于用量少和临时需要的使用单位，如果没有流通加工而只能依靠自行加工，那么从加工的水平和加工的熟练程度看都是无法与流通加工相比的。即使是有大量的、有相当规模的企业进行的加工活动，若与流通加工相比，其劳动生产率也相对较低。例如，建筑企业完成的安装玻璃的开片加工，往往在施工场地针对某一工程进行，而流通企业的流通加工的开片，可满足若干建筑工地的需要，其加工效率更高，其劳动生产率也更高。

2. 流通加工提高原材料的利用率

流通加工集中下料可以优材优用、小材大用、合理套裁，具有明显提高原材料利用率的效果。例如，钢材的集中下料，可减少边角余料，从而达到加工效率高、加工费用低的目的。

例：假设生产现场甲、乙、丙三个部门分别需要 2.9m、2.1m、1.5m 的棒材各 100 根。已知供应商提供的棒材规格为 7.4m。现在比较分散下料与集中下料所需的原材料数量。

分散下料：

甲：7.4 ÷2.9≈2 100 根 ÷2 =50 根

乙：7.4 ÷2.1≈3 100 根 ÷3 =34 根

丙：7.4 ÷1.5≈4 100 根 ÷4 =25 根

合计：（50 +34 +25） 根 =109 根

采用集中下料，则可考虑采用合理套裁，经分析每根规格棒材可有下面 7 种裁法，如表 7-7 所示。

表 7-7　棒材的七种裁法

长度/m ＼ 下料数 ＼ 方案	(1)	(2)	(3)	(4)	(5)	(6)	(7)
2.9	1	2		1			
2.1			2	2	1	3	
1.5	3	1	2		3		4
合计	7.4	7.3	7.2	7.1	6.6	6.3	6.0
料头	0	0.1	0.2	0.3	0.8	1.1	1.4

为了得到各 100 根材料，需混合使用各种裁法。假设集中下料需 7 种裁法的原材料分别为：X_1、X_2、X_3、X_4、X_5、X_6、X_7。

目标函数：$\min S = 0.1X_2 + 0.2X_3 + 0.3X_4 + 0.8X_5 + 1.1X_6 + 1.4X_7$

约束条件：$\begin{cases} X_1 + 2X_2 + X_4 = 100 \\ 2X_3 + 2X_4 + X_5 + 3X_6 = 100 \\ 3X_1 + X_2 + 2X_3 + 3X_5 + 4X_7 = 100 \end{cases}$

利用单纯型法，得到的结果是：

$X_1 = 30$　　$X_5 = 0$

$X_2 = 10$　　$X_6 = 0$

$X_3 = 0$　　$X_7 = 0$

$X_4 = 50$

原材料最少需要根数为（30 + 10 + 50）根 = 90 根

经计算集中下料比分散下料可节省原材料 17.4%，由此说明了流通加工产生的经济效果。

3. 流通加工可以提高设备的利用率

加工设备在分散加工的情况下，由于生产周期和生产节奏的限制，设备利用时紧时松，这表现为加工过程的不均衡，从而导致设备的加工能力不能得到充分发挥。在流通领域中，流通加工面向全社会，加工的数量、加工对象的范围都得到大幅度的提高，加工设备更有利于发挥它们的潜力，设备利用率从而得到充分提高。

4. 流通加工可以提高被加工产品的质量

流通加工是专业性很强的加工。专业化加工有利于加工人员掌握作业技术，提高作业的熟练程度，从而提高加工质量。从流通加工中心的加工设备水平看，往往要高于分散加工，因而产品的加工质量也往往会高于分散加工。

（二）流通加工的间接经济效益

（1）流通加工为许多生产者缩短生产时间提供了可能，使他们可以腾出更多的时间来进行创造性生产，为社会创造更多的物质财富。

（2）为更多的生产部门和消费部门服务。

（3）流通加工对生产的分工和专业化起中介作用。生产的分工和专业化可以降低生产成本，但却造成与个性化消费之间的矛盾，这种矛盾可以通过流通加工得到很好的解决。

（4）流通加工可以在加工活动中更为集中、有效地使用人力、物力，比生产企业加工更能提高加工的经济效益。

第三节　几种典型的流通加工

一、食品的流通加工

为便于保存、保鲜，提高流通效率，食品的流通加工是不可缺少的。如：

1. 冷冻食品

冷冻食品是指为了保鲜和便于装卸、运输，将鲜鱼、鲜肉等食品放置在物流中心的低温环境区（如冷冻库），使之迅速冻结的加工作业。在这些低温区通常要使用冷冻设备进行食品的制冷、加工作业。例如，利用氨制冷的单体速冻机保鲜冷藏水产品、水果、蔬菜等。单体速冻机如图 7-1 所示，保鲜的状态如图 7-2 所示。

图 7-1 单体速冻机

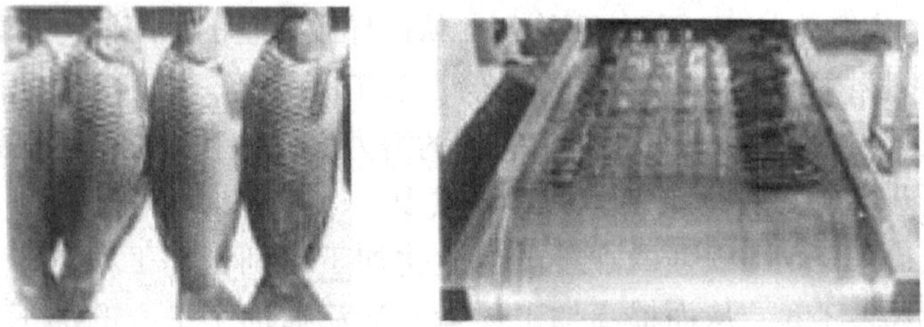

图 7-2 活鱼速冻、蔬菜加工

2. 分选农副产品

农副产品（如谷物、瓜果和一些经济作物等）的规格、品质差异很大，为了获得一定规格的产品，进一步说，为了分出产品的等级达到优质优价的目的，常常需要在产品流通过程中挑选和划分产品（即分选产品）。实践中，分选农副产品，有时可以采取手工作业方式操作，有时必须借助于机械进行分拣谷物、果品等作业。

3. 分装食品

有些生鲜食品和副食品，其出厂时包装的规格、尺寸很大，但其零售起点却很低。为了便于销售，流通企业（或零售商）常常按照地点要求重新包装（改换包装）食品。具体说，就是将大包装改成小包装，将散装品改成小包装物品。这种改换食品包装规格和形状的流通加工实际上是在分装食品。

4. 精制食品

所谓的精制食品就是在食品和副食品的产地或销售地设置加工点，按照方便消费者的要求去除其无用部分（如鱼的内脏、蔬菜的老叶和根须等），并将其洗净和分装的加工作业。这类加工活动不但大大方便了消费者，而且提高了加工对象的价值和价格，进而能给经营者带来一定的利润。

二、工业品的流通加工

下面仅以几种主要的工业产品的流通加工作业为例，介绍几种典型的流通加工方式。

1. 水泥熟料的流通加工

在需要长途运入水泥的地区，变运入成品水泥为运进熟料这种非成品，在该地区的流通加工点（细磨工厂）磨细，并根据当地资源和需要的情况掺入混合材料及添加剂，制成不同品种及标号的水泥供应给当地用户，这是水泥流通加工的重要形式之一。在国外，采用这种物流形式已占一定的比重。

在需要经过长距离输送供应的情况下，以熟料形式代替传统的粉状水泥有很多优点：

（1）可以大大降低运费，节省运力　运输普通水泥和矿渣水泥平均约有30%以上的运力消耗在矿渣及各种加入物上。我国水泥需要量比较大的地区，工业基础大都比较好，当地又有大量废渣，如果在使用地区对熟料进行粉碎，可以根据当地的资源条件选择混合材料的种类，这样就节约了消耗在混合材料上的运力和运费。同时水泥输送的吨位也大大减少，有利于缓和铁路运输的紧张运力。

（2）可按当地的实际需要大量掺和混合材料　生产廉价的低标号水泥，发展低标号水泥的品种，就能在现有生产能力的基础上更大限度地满足需要。我国大中型水泥厂生产的水泥，平均标号逐年提高，但是目前我国使用水泥的部门大量需要较低标号的水泥，而大部分施工部门没有在现场加入混合次料来降低水泥标号的技术力量和设备，因而不得不使用标号较高的水泥，这是很大的浪费。

如果以熟料为长距离输送的形态，在使用地区加工粉碎，就可以按实际需要生产各种标号的水泥，尤其可以大量生产低标号水泥，减少水泥长距离输送的数量。

（3）容易以较低的成本实现大批量、高效率的输送　从国家整体利益来看，在铁路输送中运力利用率较低的输送方式显然不是发展方向。如果采用输送熟料流通加工方式，既可以充分利用站、场、仓库现有的装卸设备，又可以利用普通车皮装运，比之散装水泥方式具有更好的技术经济效果，更适合于我国的国情。

（4）可以大大降低水泥的输送损失　水泥的水硬性是在充分磨细之后才表现出来的，未磨细的熟料抗潮湿的稳定性很强。所以，输送熟料也可以防止由于受潮而造成的损失。此外，颗粒状的熟料也不像粉状水泥那样易于散失。

（5）能更好地衔接产需，方便顾客　从商品管理的角度来看，如果长距离输送是定点直达的渠道，这对于加强计划性、简化手续、保证供应等方面都极为有利。

采用长途输送熟料等方式，水泥厂就可以和有限的熟料粉碎工厂之间形成固定的直达渠道，这样能实现经济效果较优的物流。水泥的用户也可以不出本地区而直接向当地的熟料粉碎厂订货，因而更容易沟通产需关系，具有明显的优越性。

2. 钢材的流通加工

钢材是使用范围广泛、消耗量大的原材料，按其形状进行划分，钢材包括型材、板材、管材和钢丝四大类。在批量生产的条件下，由于某些钢材的加工深度有限，因此在使用这些钢材之前，一般都要根据具体的情况进行延伸性加工。这种延伸性加工作业需要采用先进的技术和使用专门的加工设备来进行。

归纳起来，钢材的流通加工大体上有以下几项内容：

（1）圆钢、角钢、扁钢、方钢等小型钢和部分管材的切割，线材的冷拉加工。

（2）薄钢板的剪切加工和带钢的平展、裁切加工。

（3）专用钢管的涂油和油漆加工。

除了保护性的涂油加工外，钢材的流通加工都是在专门设计安装的设备上进行作业的。例如：钢材的剪切加工是在剪床（加工机械中的一种）上进行作业的；小型型材加工是借助于专用的切割设备和冷拉设备完成的。

在一般情况下，钢材的流通加工是由设置在消费地的加工中心在综合用户需求和要求的基础上，采用集中下料的方式进行作业的。也有些分散性的钢材流通加工是由专业流通组织在摸清需求规律的基础上，分头去组织的。通常是利用专门的设备将大规模的钢材切割（或剪切）成小尺寸的坯料，这样为的是便于零星用户购买钢材和有利于钢材的充分利用。

3. 木材的流通加工

（1）磨制木屑，压缩运送　这是一种为了实现流通的加工。从林区外送的原木中有相当一部分是造纸材，采取在林木生产地将原木磨成木屑，然后采取压缩方法使之成为容重大、容易装运的形状，之后运至靠近消费地的造纸厂。采取这种方法可以比直接运送原木节约一半的运费。

（2）集中开木下料　在流通加工点将原木锯截成各种规格，甚至还可以进行打眼、凿孔等初级加工，同时将边角余料加工成各种规格板。过去用户直接使用原木不但加工复杂、加工场地大、加工设备多，更重要的是资源浪费大，木材利用率平均不到50%，平均出材率不到40%。实现集中下料按用户需求供应规格木料，可以使原木利用率提高到95%，出材率提高到72%左右，有相当大的经济效果。

4. 轻工业产品的流通加工

有些轻工业产品，如自行车，采用整装、整运的办法流转和储存有一定的困难，即使做到，也很不经济。其主要原因是：包装成本大、运输效率低、流通中损失严重。为了解决这方面的问题，在实践中人们采用了生产散件（零配件）和包装、运输散件，在消费地点组装零件、配件的方法来组织部分轻工业产品流通。

上述组装散件（即零件和配件）的加工作业是轻工业产品流通加工的主要形式。其特点是：装配和技术要求不高，装配作业简单，零件装配成产品或半成品以后，不需要进行复杂的测试（或检验）即可进入消费领域。

轻工业产品的组装加工不但能够促进该类产品的流通，而且也有利于进行批量生产。近几年，随着生产和流通的不断发展，流通领域内轻工业产品的组装加工业在我国已广泛盛行。

5. 煤炭及燃气的流通加工

（1）除矸加工　除矸加工是以提高煤炭纯度为目的的加工形式。为了多运"纯物质"，少运矸石，可以充分利用运力、降低成本，在这种情况下，可以采用除矸的流通加工排除矸石。

（2）为管道输送煤浆进行的煤浆加工　煤炭的运输方法主要采用运输工具载运方法，运输中损失浪费较大，又容易发生火灾。采用管道运输是新兴起的一种先进技术。某些发达国家早已开始使用，且取得了很好的效果。管道输送煤浆的方法是在流通的起始环节将煤炭磨成细粉，本身已有了一定的流动性，再用水调和成浆状则更增加了它的流动性，从而可以像其他液体一样进行管道输送。

（3）配煤加工　在使用地区设置加工点，将各种煤及其他一些发热物资，按不同配方进行掺配加工，生产出各种不同发热量的燃料，称为配煤加工。这种加工方式按照需要发热量生产和供应燃料，可防止热能浪费、"大材小用"的情况，也可防止发热量不够、不能满足要求的情况出现。

（4）天然气、石油气等气体的液化加工　由于气体输送、保存都比较困难，天然气及石油气往往只好就地使用，如果当地资源充足，而使用不完就容易造成浪费和污染。两气的输送可以采用管道，但因投资大、输送距离有限，也受到制约。在产出地将天然气、石油气压缩到临界压力之上，使之由气体变成液体，就可以用容器装运，使用时机动性也较强。这是目前采用较多的方式。

6. 平板玻璃的流通加工

平板玻璃的"集中套裁，开片供应"是重要的流通加工方式。物流中心按照用户提供的图纸统一套裁开片，向用户供应成品，用户可以将其直接安装在采光面上。在此基础上也可以形成从工厂到物流中心的稳定、高效、大规模的平板玻璃“干线运输”，以及物流中心到用户的小批量、多用户的“二次运输”这样一种现代物流的流通加工方式。

7. 家具的流通加工

家具的体积较大，运输时较费空间。因此为了节约物流费用，在产地生产出可拆装的家具，在消费地按照用户需求进行家具组装，不仅节约物流费用，而且能够按照用户需求进行配置。例如宜家公司在物流环节上，为保证最低的成本，严格控制物流的每一个环节，一直推行“扁平包装”，这样就大量节省了组装产品的运输成本，达到了降低运输成本和提高效率的目的。宜家家居是第一家提出“扁平包装”概念的家具业者。“扁平”之所以符合节省成本的目标是因为拆解开来的扁平包装家具，可以一次载运更多的产品，大幅降低运输成本。宜家家居评估过，如果产品组装后运送，可能需要六倍扁平包装所需的空间。为了“扁平”的概念，让货柜能够装最多数量的咖啡杯，宜家家居将杯子重新设计了三次。第三次设计，将咖啡杯高度设计的短了一点，并换上新的杯子握把，结果本来只能装 864 只杯子的货柜，竟能容纳 2 004 只。一个杯子维持原售价 50 美分，但是运输成本降低了 60%，在一年有 2 500 万个销售量的情况下，省下的成本非常可观。

三、轻纺产品的流通加工

轻纺产品的流通加工形式多样，下面主要介绍轻纺产品中的服装、鞋类的流通加工。

（一）服装的流通加工

RSD（Receive，Sort，Distribute）服务是时装的接收、分类和配送服务。RSD 是澳大利亚 TNT 公司下属的一家分公司开展的一项物流服务业务。它可以为顾客提供从任何地方来，到任何地方去的时装流通加工、运输、配送的服务。

时装 RSD 运输服务是建立在时装仓库的基础上。时装仓库最大的特点是具有悬挂时装的多层仓库导轨系统。一般有 2～3 层导轨悬挂的时装，可以直接传输到运送时装的集装箱中，形成时装取货、分类、库存、分送的仓储、流通加工、配送等的集成系统。在这个基础上，无论是平装还是悬挂的时装，都可以最优越的时装运输条件，进行“门到门”的运输服务。在先进的时装运输服务基础上，公司开展 RSD 服务项目，实质是一种流通加工业务。RSD 服务满足了时装制造厂家、进口商、代理商或零售商的需要，可以依据顾客及市场的情况对时装取货、分类、分送全过程负责。

时装 RSD 服务可以完成制衣过程的质量检验等工作，并在时装仓库中完成进入市场前的一切准备工作：①取货，直接到制衣厂上门取时装；②分类，根据时装颜色、式样进行分类；③检查，检查时装颜色、脱线等质量问题；④装袋，贴标签后装袋、装箱；⑤配送，按照销售计划，直接送达经销商或用户手中；⑥信息服务与管理，提供相应的时装信息服务和计算机管理。

许多属于生产过程的工作程序和作业，可以在仓储中完成，这是运输业务的前向和后向延伸，是社会分工协作的又一具体体现。这样，服装生产商就可以用最小的空间（生产产地）、最少的时间、最低的成本来实现自己的销售计划，物流企业也有了相对稳定的业务量。这种加工以适应顾客需求的变化，服务顾客为目的，不仅能够提高物流系统效率，而且其对于生产的标准化和计划化，对于提高销售效率，提高商品价值，促进销售也将越来越重要。

（二）鞋类的流通加工

阿迪达斯公司在美国有一家超级市场，设立了组合式鞋店，摆放着不是做好了的鞋，而是做鞋用的半成品，款式花色多样，有6种鞋跟、8种鞋底，均为塑料制造的，鞋面的颜色以黑、白为主，搭配的颜色有80种，款式有百余种，顾客进来可任意挑选自己所喜欢的各个部位，交给职员当场进行组合。只要10分钟，一双崭新的鞋便成型了。这家鞋店昼夜营业，职员技术熟练，鞋子的售价与成批制造的价格差不多，有的还稍便宜些。所以顾客络绎不绝，销售金额比邻近的鞋店多10倍。

案例评析

【案例1】 迪安食品公司鲜牛奶流通加工

迪安食品公司的首席执行官霍华德 M. 迪安（Howard M. Dean）正在开发一项计划，打算在墨西哥市场投放牛奶制品和冷冻蔬菜。对于这家有23亿美元资产、总部设在芝加哥、仅在美国从事销售活动的公司来说，这是一项重大的举措。由于北美自由贸易协议允许开放墨西哥市场，迪安食品公司正在利用机会将其产品推荐给9 000万个新的消费者。

牛奶是一种特别吸引人的产品，因为墨西哥新鲜牛奶短缺，而人口中有一半年龄在18岁以下（主要的喝牛奶者）。并且，因为政府的限价，还没有什么动力驱使批发商和零售商推销该产品。在投入这项冒险事业之前，迪安指派了两名经理去研究墨西哥市场的行销和物流需求。迪安还寻求专业厂商 Tetra Pak 公司的合作，这是他的包装供货商之一，是在墨西哥的一家大型公司。

迪安首先通过建立一家合资企业把目标对准墨西哥奶制品市场。该合资企业期望配送商有经验处理迪安的牛奶和奶制品，将其装运到边界城镇。墨西哥现在消费迪安的 EI Paso 奶制品公司的1/3的产品。迪安食品的合资企业仍然需要解决几个问题。第一个问题是个冷藏问题，因为绝大部分的产品是在小型的“夫妻”店里出售的，这类店里几乎没有什么冷藏设备。因为产品的堆放空间缩小了，在货架上的保存期也缩短了，迪安就把加仑壶包装改成小纸箱包装。第二个问题与超市有关。这些超市常常通宵停电，造成冰淇淋产品反复地融化和冻结，以至于损害了产品的品质。迪安目前正在考虑的一个解决办法就是自己购买冰箱并对店里24h维持供电进行补贴。第三个问题是墨西哥缺少奶牛场。这一短缺正在迫使迪安考虑发展与原牛奶生产商的关系，而不是实际经营这些奶牛场。第四个是低品质牛奶的问题。因为墨西哥几乎没有关于产品品质控制的法律规章，所出售的全部牛奶中有40%未经巴氏法灭菌就直接输送到消费者手中。

虽然存在着许多潜在的困难，迪安的管理部门仍把这种形势看作是在一个大市场中获得大份额的机会。迪安先生说："我们得快点行动，现在正是机会。"

案例分析：

从该案例中我们看到迪安牛奶公司为了进入墨西哥奶制品市场，必须解决牛奶流通过程中冷链物流的难题，而客户端的冷藏储存条件不足。该公司考虑将加仑壶包装改成涂塑复合纸袋包装，该包装的优点为容器质轻，容积亦小，可降低送奶运费；不透光线使营养成分损失小；纸制包装对环境污染少。该牛奶包装在流通环节的使用，增加了牛奶的保质期。

【案例2】 朝日啤酒公司鲜度管理

啤酒业是个看天气吃饭的脆弱行业，啤酒的生产和销售受气候影响很大。近几年，由于日本国内进行的消费税率改革及经济不景气等原因，使啤酒行业大受影响。日本朝日啤酒株式会社从1988年开始，为了给顾客提供新鲜的啤酒，公司开始推行"鲜度管理"。它的经营观念是"追求顾客满意，为人类健康以及丰富社会生活作出贡献"。为了进一步提高啤酒的物流效率，他们将啤酒厂——零售店——消费者的物流流程作为一个整体进行管理，并将保证"鲜度"作为顾客满意的目标。为此，公司于1998年9月设置了物流系统本部，开始大力实施"鲜度管理"方案。朝日啤酒公司于1986年导入了CI（Corporate Identity），同年开始推行"鲜度交替的管理"战略，其具体内容是：对产出20天后才出厂的啤酒进行回收。

1992年公司重新出台了名为"鲜度交替"的鲜度管理方案，1993年公司进一步将"鲜度管理"作为公司经营最重要的问题加以强化。为了搞好此次活动公司设立了以公司总经理为首的"鲜度管理"目标，1994年该目标上升为5天内出厂。从1997年起开始实施包含全流通阶段在内的鲜度管理，即从生产到门市共8天时间的"总鲜度管理"目标。鲜度管理委员会的最大任务是进行计划管理，由以前的从工厂出货日开始算起设定回收日的结果管理，转变为减少啤酒在库天数的计划管理。

当"总鲜度管理"成为管理目标后，零售店也成为要考虑的环节。因为要实现生产8天内送到顾客手里的目标，必须考虑批发商的库存，如果工厂控制在5天以内，批发商必须在3天内出手，否则无法达到目的。因此，公司在考虑批发商的库存等因素后决定控制出货量。为此，公司研究了啤酒的保存方法。木桶(装酒用的)虽保存于冷藏库中，但运输过程非常关键，因此公司决定采用保温配送的方法。同时，公司也对啤酒不适于紫外线照射，在夏季日晒后容易变质的问题采取了相应对策。为了实施鲜度管理方案，公司调整了管理体制。业务部门的目标是准确预测需求、制订计划，当生产计划与实际的动态产生偏差时，就迅速采取措施，使预测精度上升。同时，生产部门制订了相应的弹性生产计划，以应对变化的市场和小批量生产订单，物流部门为了减少在途库存而及时向生产部门提出生产建议，将产地和销售有机联系起来，可以有效地减少库存；业务部门根据物流部门提供的库存动态信息调整业务计划等。

此外，公司还对业务人员进行业务培训以及品质保证培训，并在分公司、分店中选出鲜度管理者，经常对库存啤酒进行检验，对特约店也通过发行鲜度管理手册来贯彻鲜度管理方案。这样，业务、生产、物流部门全都参与鲜度管理工作，并由全体人员参与进行鲜度管理计划的制订、修改和评价。

1987年以后，随着啤酒销售额的增大，公司将重点放在了生产量的扩大上。生产规模扩大后，公司只顾设立新物流中心，租赁新的仓库，没有注意控制库存，导致了库存的增加，后来公司就开始解决这一问题。

第一，减少工厂配送车辆的滞留时间，关键作业是拣货。为了提高效率，公司导入了自动分拣装置，以夜间为主体，将手工分拣改为自动分拣，将16名拣货员缩减到5名，装货时间也缩短了。

第二，公司改进了对配送车辆装车的调度和指挥。以前是对配送车辆作业进行示意，凭司机的直觉来拣货，现在研究出了配送车辆自动引导系统。该系统的运作程序是：首先进行库存分配的模拟实验，然后对产品从入门到出门进行管理，尽量在一个场所完成一辆配送车辆的装车作业。使用这一系统可缩短装车时间。

第三，公司还对物流中心的管理进行了改革。公司决定在维持现有服务水平的前提下，对啤酒进行集中配送，采取的办法是逐渐减少租赁其他公司的仓库。如果公司的物流中心有余力还可招揽生意，为其他公司提供配送服务，这样可减少啤酒配送所用的实际空间。进行这些改革后，从工厂直送的比例由1992年的64%上升为1997年的75%。为了削减库存水平，必须根据市场需求来确定订货。市场信息的收集、需求量的预测等是提高销售计划可操作性的保证。为了作好销售计划，公司根据业务、生产、资材、物流各部提供的信息，每周召开市场需求与供给分析会议，每周重新评估和修订生产、运输和配送计划方案。

1996 年公司建立了生产、销售、物流集成信息系统，各部门都利用这一信息平台进行信息交换。并且各部门之间的计划制订公开化，比如，销售部的计划由生产、销售部门共同确定；生产部门的计划是在销售计划确定后与销售部门一起来制订的。

物流部门的职责是根据集成信息系统各主干数据库提供的信息，根据销售计划、生产计划调整各集团库存及配送计划，向各地区的物流部门传送数据。由于各部门共用同样的数据库，这样，整个生产、销售和物流系统的不确定因素大大减少。

由于将各个环节的信息系统进行集成，公司有条件对库存进行严格管理，公司导入了库存管理系统。物流中心虽一般存有 3 天的库存，但根据模拟实验的结果，发现一般的品种只要有 1.6 天的库存就不会引起缺货，因此公司制订了将库存控制在 1.5 ~ 1.6 天的方案。这一目标的实现，直接减少了配送中心的库存，也减少了所需配送中心的数量。这一方案的实施结果是，库存天数由 1992 年的 8 天变成 1996 年的 5 天，如果将销售端的时间计算在内，也实现了 8 天这一目标。公司“总鲜度管理”方案实施以后，物流效率指标（销售额的增加值与物流量的比率：基准值 100）从 1992 年开始一直下降，但 1997 年开始增加。从 1997 年起，公司一直在对储存饮料的临时仓库、啤酒仓库、自动仓库的增设，新工厂的建立等问题进行尝试。现在，公司正在研究新的鲜度管理方案，打算推出新的“鲜度管理”体制，同时考虑 ECR 以及 SCM 等新概念提出的要求，准备迎接未来新的挑战。

案例分析：

日本朝日啤酒公司为了给顾客提供新鲜的啤酒，公司开始推行“鲜度管理”。为了进一步提高啤酒的物流效率，他们将啤酒厂——零售店——消费者的物流流程作为一个整体进行管理，并将“鲜度”作为顾客满意的目标。在实施过程中，主要采取的措施有：

（1）缩短从啤酒厂到最终消费者的流通时间，做好计划管理，缩短啤酒在库时间。

（2）为了保持啤酒的鲜度，不单大桶装的啤酒保存在冷库中，在运输过程还采用流通加工中的保温配送技术。

（3）对业务人员进行业务培训以及品质保证培训，并在分公司、分店中选出鲜度管理者经常对库存啤酒进行检验，对特约店也通过发行鲜度管理手册来贯彻鲜度管理方案。

（4）利用集成销售、物流、生产的信息系统，降低了配送计划的不确定性。作为食品中比较典型的产品——啤酒，啤酒生产活动结束后，为了更好地从厂家送至消费者手中，流通加工的活动是必不可少的环节。在本案例中，从厂家到物流中心，朝日啤酒公司采用大的木桶装啤酒，运输途中采用冷藏保温技术，来保持啤酒的鲜度。为了适应消费对包装的需求，物流中心的大桶装啤酒还要进行再一次的包装加工、粘贴标价等活动。

【本章小结】

流通加工是物流中具有特殊意义的物流形式，是商品进入流通领域后，为了促进销售，维护产品质量，实现高效率的物流，对商品进行的包装、分割、计量、分拣、组装、价格贴付、标签贴付、检验等作业。本章共包括四部分内容，第一部分主要介绍了流通加工的意义、概念及其特点和流通加工的地位和作用。第二部分介绍了流通加工的形式及流通加工技术和流通加工的经济效益。第三部分重点介绍了几种典型的流通加工活动。第四部分通过对两个案例的分析，说明流通加工在物流中的重要作用。

【复习思考题】

1. 什么是流通加工？流通加工的特点和作用是什么？

2. 四项流通加工任务分给4个小组完成，各小组完成不同任务需用不同的加工工时，见表7-8。用匈牙利方法求出最佳方案及其总工时。

表7-8　各小组完成不同任务的加工工时　（单位：h）

任务 小组	任务(1)	任务(2)	任务(3)	任务(4)
A	3	10	6	7
B	11	9	10	8
C	15	8	14	12
D	10	6	5	7

3. 某班组某大型设备进行6项流通加工任务的所需时间及预定交货期（配送时刻）如表7-9所示，利用综合规则进行流通加工作业排序。

表7-9　各项任务的加工时间及预定交货期　（单位：天）

任务编号	J_1	J_2	J_3	J_4	J_5	J_6
所需加工时间 t_i	5	8	2	7	9	3
预定交货期 d_i	26	22	23	8	34	24

4. 流通加工经济效益如何体现？

5. 请举例说明物流中心流通加工的形式。

6. 请具体举出流通加工的合理化措施有哪些。

7. 请举例说明轻纺产品的流通加工。

8. 简述食品的流通加工作业。

9. 设有 J_i（$i=1, 2, \cdots, 5$）为5项流通加工任务，均需先在A工作地加工，而后再在

B 工作地加工，各项加工任务在 A、B 工作地加工的工时列见表 7-10。试用约翰逊—贝尔曼规则排序。

表 7-10　各项加工任务的加工工时　（单位：h）

任务编号	J_1	J_2	J_3	J_4	J_5
A 工作地 t_{iA}	6	8	12	3	6
B 工作地 t_{iB}	9	12	5	4	4

第八章　物流中心配送包装管理

【知识目标】

通过本章学习，使学生掌握包装的概念、功能，降低包装费用的价值分析法，配送包装材料的种类及应用，包装设计要素以及包装技术；了解包装机械、包装费用的构成及包装费用管理等方面的内容。

【能力目标】

通过本章学习，使学生初步具备根据物品本身的特点、包装材料的特性等进行包装材料选择的能力，运用各种包装技术的能力，以及运用价值分析法降低包装费用的能力。

第一节　概　　述

在社会再生产过程中，包装处于生产过程的末尾和物流过程的开头，既是生产的终点，又是物流的始点。在现代物流观念形成以前，包装一直被看成是生产的终点，一直是生产领域的活动。包装设计往往主要从生产终结的要求出发，常常不能满足流通的要求。但实际上，包装与物流的关系，比之与生产的关系要密切的多，其作为物流始点的意义比之作为生产终点的意义要大的多。因此，包装应进入物流系统之中，这是现代物流的一个新观念。

目前，包装越来越成为全世界关注的一个话题。例如，在我国的计划经济时代，生产部门基本上只强调产品数量和质量而不注重包装。无论在国内还是国际市场，我国的产品往往被称为“一流的质量，二流的包装，三流的价格”。就包装而言，国内远远落后于一些物流发达国家。在过去的几年中，许多城市尤其是经济较为发达的城市开始对包装工业加大投资力度，使包装产品最大程度地满足顾客的需求。现在，制造商也意识到改善包装可大大提高商品的附加值。

一、配送包装的概念

配送是物流中一种特殊的、综合的活动形式，是商流与物流的紧密结合，它通过装卸、包装、保管、运输等一系列的活动，将货物送达目的地。其中，包装是配送全过程中的一个重要环节。

相对于以往人们仅仅把包装看作为“产品的包扎”、“包含着内容物的容器”、“产品的容器与盛装”而言，现代包装的概念更加趋于完善。在我国国家标准 GB/T 18354—2006《物流术语》中，对包装的定义是：“包装（Package，Packing）是指为在流通过程中保护产品、方便储运、促进销售，按一定技术方法而采用的容器、材料及辅助物等的总体名称。也指为了达到上述目的而采用容器、材料和辅助物的过程中施加一定技术方法等的操作活动。”这一定义把包装的物质形态和盛装产品时所采取的技术手段和工艺操作过程，以至装潢形式和包装的作用联成一体，比较完整地说明了包装的涵义。

因此，配送包装是在配送过程中为保护产品，方便储运，按一定技术方法采用容器、材料及辅助物等将物品包封并注明包装标志和包装标记的工作总称。简言之，配送包装是配送全过程中包装物及包装操作的总称。

二、配送包装的功能

1. 传递信息

在配送过程中，包装最重要的目的是传递信息。这种信息以指导说明书的形式表达，即如何使用、存储、处理产品，甚者引导客户如何在购买中挑选产品。在前一种状态下，信息往往是书面的表达形式，同时配以图例来解释一些搬运要求，如防止受到天气影响，堆垛高度的限制，轻拿轻放等。通常要求包装信息必须提供产品的成分、制造地点以及销售日期和使用年限。

2. 保护货物

货物在整个流动过程中，要经过多次的装卸、存取、运输，甚至拆卸和再包装，这些会受到各种各样的外力冲击、碰撞、摩擦。另外，有可能在恶劣环境中受到有害物质的侵蚀。这种功能使产品在存储和交给顾客之前避免受损，或者不受其他产品的影响和污染以及免受天气影响。

3. 便于处理

通过包装而方便处理也是配送包装的目的之一。包装可以促进产品搬运和流动的有效性，使操作更加方便。货物的形态是各种各样的，有固体、液体、气体之分，有大有小，有规则与不规则，有块状与粉末状，有硬与软等各种特性，而装卸、运输的工具式样要少得多，为了提高处理的效率，也必须对货物进行包装。处理的劳动生产率指标一般都用包装后所组成的货物单元来描述。例如，每小时装箱数量、每小时分拣了多少箱货物等。大多数货物都采用成组化或集装化的包装。

4. 促进销售

产品包装还具有识别和促销的作用。毋庸置疑，包装能起到广告宣传的效果，良好的包装，往往能为广大消费者或用户所瞩目，从而激发其购买欲望，成为产品推销的一种主要工具和有力的竞争手段。产品包装后，可与同类竞争产品相区别。精美的包装，不易被仿制、伪造，有利于保持企业的信誉。另外，通过改进包装，可以使一项旧产品给人带来一种新的印象。由此可见，包装能够有效地帮助产品上市行销，维持或扩大市场占有率。

配送包装的功能主要表现为传递信息、保护货物和便于处理，而促进销售的功能在配送包装中不是一项主要功能。

三、配送包装的分类

配送包装通常分为两类：一类是为促进市场销售而包装，称为销售包装；另一类是为了物流运输而包装，称为运输包装。

1. 销售包装

销售包装也称为商业包装，是指“直接接触商品并随商品进入零售店和消费者直接见面的包装”。销售包装是以促进销售为主要目的的包装，这种包装的特点是外形美观，有必要的装潢，包装单位适于顾客的购买量以及商店陈设的要求。在流通过程中，商品越接近顾客，越要求包装有促进销售的效果。这是因为顾客能看到货架上商品的包装外表。

成功的销售包装能够吸引消费者的注意力，方便顾客，引起消费者的购买欲，并能提高商品的价格。但是，理想的销售包装从物流的角度看又往往是不合适的。例如，重量只有24g的洋参胶囊，为了引起消费者的注意，设计的包装盒体积有3 100mm^3，对于物流来说，这样做会过大地占据运输工具和仓库的空间，是不合理的。

2. 运输包装

运输包装也称为工业包装，是“以满足运输、仓储要求为主要目的的包装”。运输包装的重要特点，是在满足物流要求的基础上使包装费用越低越好。为此，必须在包装费用和物流造成的损失两者之间寻找最优的效果。运输包装又有内包装和外包装之分，如卷烟的条包装为内包装，大箱包装为外包装。运用包装手段，将单个的商品或零部件用盒、包、袋、箱、桶等方式集中成组，以提高物流管理的效率。这种将单个分散的商品组装成一个更大单元的方式称为成组化或集装化，这是配送包装中的一个重要研究课题。

第二节 配送包装材料

一、配送包装材料的种类

用于配送包装的材料很多，从传统的纤维纸板到最新的记忆性塑料带，可谓应有尽有。

（一）包装材料的分类

按不同用途包装材料可分为以下几类：

（1）容器材料 用于制作箱子、瓶子、罐子，材料有纸制品、塑料、木料、玻璃、陶瓷、各类金属等。

（2）内包装材料 用于隔断物品和防振，材料有纸制品、泡沫塑料、防振用毛等。

(3) 包装用辅助材料　如各类接合剂、捆绑用细绳（带）、铁丝等。

(二) 几种常用的包装材料

(1) 纸、纸板制品　纸和纸板是按定量（单位面积的质量，以每平方米的克数表示）或厚度来区分的。凡定量在250g/m^2 以下或厚度在0.1mm以下的统称为纸；在此标准以上的称为纸板。在包装方面，纸主要用于包装商品、制作手袋和印刷装潢商标等；纸板主要用于生产纸箱、纸盒、纸桶等包装容器。

纸的品种是很多的，有牛皮纸、玻璃纸、植物羊皮纸、沥青纸等品种。专用包装纸一般指牛皮纸，用途多半为选用强度较大的制成纸袋。纸袋为3～6层的多层叠合构造。如果需要，还可以作防潮处理，把牛皮纸和塑料薄膜制成复合多层构造。大型纸袋通常用于水泥、肥料、谷物等粉粒状货物的包装。牛皮纸的强度与每平方米纸张的重量有关，一般有四种规格：75g、78g、81g、84g。它的特性指标包括抗拉强度、抗裂强度、伸长率、耐水率等，这些均有国家标准。

这里所说的纸板是指用牛皮纸浆、化学纸浆、旧纸浆等为原料制成的厚纸板的总称。它根据不同用途可分为：瓦楞原纸、白板纸、黄板纸等，其中瓦楞原纸的用途最广泛，产量也最大。

瓦楞原纸分为中芯原纸和内衬原纸，前者用于制造瓦楞波形部分，后者贴在外侧，两者粘合制成瓦楞纸板。瓦楞波形有波高和波数两个参数，波高用毫米计量，一般在2.5～5mm左右，波数用30cm宽度内的波的数量计量，一般有36～50波左右，不同参数组合有不同强度，分成A、B、C、D四种槽形。根据不同用途和方式可制成不同层数的瓦楞纸板，一般有单面瓦楞纸板、双面瓦楞纸板、两层双面瓦楞纸板和三层双面瓦楞纸板。

纸质包装材料是最为广泛的一种包装材料，具有价格低、质地细腻、均匀、耐摩擦、耐冲击、容易粘合、不受温度影响、无毒、无味、适于包装生产的机械化等优点。其缺点是防潮、防湿性能差。

(2) 塑料制品　塑料在包装中被广泛使用，有聚乙烯、聚丙烯、聚苯乙烯、聚氯乙烯、钙塑材料等品种。塑料可用于单个包装、内包装、外包装，用于配送包装时可制成各种塑料容器。聚乙烯塑料袋是最常见的包装物，可以替代20～30kg包装用纸袋。聚乙烯和聚丙烯塑料编织袋（俗称蛇皮袋）可以替代40～60kg的包装用麻袋。在箱袋结合的运输包装中，将塑料制成各种盛液体的容器，可以替代玻璃瓶、金属罐、木桶等，再把塑料容器放入瓦楞纸箱内。成型容器（塑料罐、箱）也是塑料包装的重要领域，受价格和成型难易影响，多数用聚乙烯材料制成，多数国家在容量、尺寸、强度等方面都有规定。另外，用于替代木箱的塑料箱也有大量使用，一般用在食品、饮料等物品的运输包装方面。

塑料制品具有许多优点：透明性好，对容器内包装的物资不必开封便一目了然；有适当的强度，可以保护商品的安全；有较好的防水、防潮、防霉等性能；有耐药剂、耐油性能；耐热、耐寒性能较好，对气候变化有一定的适应性；有较好的防污染能力，使包装的物资既安全又卫生；密封性能好等。但塑料作为包装材料仍存在许多不足：强度不如钢铁；耐热性不如玻璃；在外界因素长期作用下易发生老化；有些塑料不是绝对不透气、不透光、不透湿的；有些塑料还带有异味，其内部的分子可能渗入内装物；塑料还易产生静电，容易弄脏；有的塑料废物处理燃烧时会造成公害。

（3）木材　木材是最传统的包装材料，至今仍使用范围较广。由于木材的再生速度慢、易吸收水分、变形开裂、易腐败、易受白蚁蛀蚀、常有异味、价格高等原因，许多包装领域已用纸或塑料替代。但因木材具有良好的包装特性，在重物包装以及出口物品等方面还在使用。木材较多的用于制作木桶、木箱和胶合板箱三类容器。普通的密闭木箱可装 200kg 的货物，如果选用下设垫板的木箱，则可装运 200kg 以上的货物。为了承载重物，通常选用木垫板，它可装载并固定 60t 的重物。木材的另一个用途是制作托盘。

（4）金属材料　金属包装材料有镀锡薄板、涂料铁、铝合金等品种。用作运输包装的金属容器一般有罐和桶，它们用镀锌铁板制成。罐有方形和圆形两种，主要用于食品、药品、石油类、涂料类及油脂类物品包装；桶主要用于以石油为主的非腐蚀性半流体、粉末体、固体等物品的包装，容量为 20～200L。

此外，配送包装材料还有玻璃、陶瓷，以及复合材料等形式。

二、配送包装材料的应用

配送包装材料和包装设计除了要考虑对商品的保护、支持（或增强）外，同时还要考虑降低成本，提高可分解性。历史上，许多包装物采用木头或金属材料，但二者都会增加重量和成本。现在，大多数装运容器仍然首选硬纸板。各种形式的塑料和其他合成材料已成为大容器包装的选择材料。泡沫聚苯乙烯、塑料包和海绵橡胶由于其价格低廉及较高的保护力度而被广泛使用。

另外，在选择和使用配送包装材料时应注意环境保护。有的公司使用再生包装物。因为那些最适合于包装的材料（如塑料制品）一旦被丢弃就不会自行分解，所以近年来包装受到越来越严厉的审查。随着消费者和政府越来越关注环境问题，企业不得不重新设计能够自然分解的包装材料。例如麦当劳过去用不同的聚苯乙烯泡沫材料作为出售食品的包装物。这种包装材料不仅可以使食品保持温热，而且可以保护食品不被压碎，但是这种食品包装材料如被丢弃将会分解得很慢。麦当劳曾试图改用再生塑料，但由于这些包装在快餐店以外扔得到处都是，所以这种方法并不成功。麦当劳又想出用多层纸包装食品，但这样既不保温又不能防止食物受到挤压，所以也失败了。最后，麦当劳采用了一种既满足顾客需求，又考虑环保因素的硬纸板材料。

而在全球市场的开拓上，配送包装材料的应用会面临一些独特的问题。国际货运组织要求产品的包装能够承受可能遇到的最坏情况，如在运输流水线中可能碰到的一些问题。例如从德国运往我国农村市场的货物可能始于复杂的自动化物流系统而止于人工处理系统，而且运输工具可能从货车到飞机再到自行车。这样，为了保证商品完好无损地出现在市场上，就必须对商品进行过度包装。第二个问题是市场差异化，包装可能因国别而异。比如在美国，调味品诸如芥末或蛋黄酱以玻璃瓶或塑料罐包装出售，而在欧洲的部分国家，同样的商品以管装出售，这样就导致完全不同的外部包装。因此，在一个地区实施的包装策略，为满足另一个市场的需求时，就要完全重新制定。

三、绿色包装

环保问题越来越引起人们的重视，保护环境，走可持续发展道路已被各行各业所接受。包装物的寿命很短，多数达到目的地后便废弃了。但随着物流量的增大，随着人们对"资源有限"认识的加深，因商品包装而引起的资源消耗、垃圾公害、环境污染，甚至可能给消费带来一定的有害物等问题被提上议事日程，包装材料的回收利用和再生利用受到了重视。

绿色包装也称环保包装，通常是指包装节省资源，用后可回收利用，焚烧时无毒害气体产生，填埋时少占耕地并能生物降解和分解的包装。国外有人形象地把绿色包装归纳为4R，即：①Reduce，减少包装材料消耗量；②Refill，大型容器可再次填充使用；③Recycle，可循环使用；④Recovery，可回收使用。

绿色包装材料的种类有：

（1）重复再用和再生的包装材料　重复再用包装，如啤酒、饮料、酱油、醋等包装采用玻璃瓶反复使用。再生利用包装，例如聚酯瓶在回收之后，可用两种方法再生，物理方法是指直接彻底净化粉碎，无任何污染物残留，经处理后的塑料再直接用于再生包装容器。化学方法是指将回收的PET（Polyethy Tereph Thalate，简称PET，化学名称为聚对苯二甲酸乙二醇酯）聚酯瓶粉碎洗涤之后，用解聚剂甲醇水、乙二醇或二甘醇等在碱性催化剂作用下，使PET全部解聚成单体或部分解聚成低聚物，纯化后再将单体或低聚物重新聚合成再生PET树脂包装材料。

包装材料的重复利用和再生，仅仅延长了塑料等高分子材料作为包装材料的使用寿命，当达到其使用寿命后，仍要面临对废弃物的处理和环境污染问题。

（2）可食性包装材料　几十年来，大家熟悉的糖果包装上使用的糯米纸及包装冰激凌的玉米烘烤包装杯都是典型的可食性包装。人工合成可食性包装膜中比较成熟的是20世纪70年代已工业化生产的普鲁兰树脂，它是无味、无嗅、非结晶、无定形的白色粉末，在水中容易溶解，可为粘性、中性、非离性的不胶化水溶液。经干燥或热压能制成的薄膜透明、无色、无嗅、无毒，具有韧性、高抗油性，能食用，也可做仪器包装。

可食性包装材料在食品工业，尤其在果蔬保鲜方面，具有广阔的应用前景。

（3）可降解材料　可降解材料是指在特定时间内造成性能损失的特定环境下，其化学结构发生变化的一种塑料。可降解塑料包装材料既具有传统塑料的功能和特性，又可以在达到使用寿命之后，通过阳光中紫外线的作用或土壤和水中的微生物作用，在自然环境中分裂降解或还原，最终以无毒形式重新进入生态环境中，回归大自然。

可降解塑料主要分为合成光降解塑料、添加光敏剂的光降解塑料和生物降解塑料，以及多种降解塑料复合在一起的多功能降解塑料。

因此我们要大力提倡绿色包装，我国绿色包装新老交替的趋势明显，全行业素质的不断提高；绿色包装原材料多样，设备、技术不断更新改进；绿色包装制品应用领域广泛，为环保不断增添新手段；绿色包装系列产品由单纯内销型朝外向扩张型转变。

我国绿色包装发展面临的主要困难和问题是：环境污染问题还没有引起足够的重视；缺少与国外包装法规接轨的法规和条例；行业管理散乱；包装材料受限；废弃包装回收利用技术和力度不到位。结合我国的国情，应采取变革绿色包装观念，完善产业服务体系，组织技术开发，寻求政策支持等对策。

第三节　配送包装技术

一、包装设计要素

包装设计需要运用专门的设计技术，将物流需要、加工制造、市场营销及产品设计等要求结合起来综合考虑，尽可能满足多方面的需要。对于配送包装，设计中考虑的首要因素是货物的保护功能，包装设计基本上决定了货物的保护程度。包装设计还不能忽视费用问题，过度的包装会增加包装费用，包装的尺寸大小会影响运输工具和仓库容积使用率，这也是一个重要的影响费用的因素。

1. 包装设计要素

包装设计要素（也可以称之为“包装设计的主要内容”），概括起来，主要可以归结为四个方面：

（1）包装材料设计　即由“包装设计”者根据被包装产品的形态、物理性质、生物化学特性等，选用或设计一种能够从外部物理因素和内部生物化学性能，充分保护被包装产品的包装材料。也就是说，要求包装设计者所选用的包装材料，既能抵御产品在储运、装卸过程中由于外部条件发生的摔跌、碰撞、风沙、雨淋等因素的损坏，又能抑制由于生物、化学反应和温度、湿度等因素产生的化学污染、霉变、虫蛀、腐败变质等耗损。因此，包装设计者所承担的“包装设计”任务，首先是包装材料的设计。设计者当然可以从现有的包装材料（如纸、塑料、玻璃、金属和木材等）中进行选用，也可以根据被包装物的特殊需要重新设计一种全新的、完全合乎要求的专用包装材料。事实上，在“包装设计”中，包装材料的设计是关系到整个“包装设计”成败的关键因素。

（2）包装造型设计　包装的造型设计，一是根据被包装物的形态（如液态、粉粒、乳状或块状等），二是根据方便装卸和储运，并能最大限度地节省仓储、货位面积和包装材料，设计出最适宜于容纳被包装物形态的包装造型。包装造型设计，除了严格依据被包装物的体积、形状进行设计外，还要力求造型美。

（3）包装结构设计　包装结构设计的原则是依据被选用的包装材料种类特性和被包装物的形状、重量和特点及使用条件等进行设计。包装结构设计既要注重牢固，又要注重方便携带、方便开启和方便使用等功能。如液体、气态产品诸如香水、喷发胶、杀蚊剂之类产品的“喷雾”结构。

（4）包装装潢设计　为了宣传、美化产品和促进产品的销售，对产品包装进行装饰、美化的设计。包装装潢的设计原则：一是体现被包装物的特性、品质、形态、用途、用法，为消费者充分传达有关信息并产生最大的吸引力；二是根据被包装物及包装材料的特性，采取最适宜的装潢处理技法，最大限度地利用包装材料本身的特性和优点进行装饰美化；三是为充分美化、宣传被包装产品而在包装上通过装潢设计所使用的形象、色彩、文字等，产生最大的视觉传达效应，达到宣传产品、招徕顾客、促进销售的目的，同时也为消费者的使用提供导引和说明。包装的装潢设计在配送包装方面不是必须考虑的设计因素。

2. 包装设计要点

为货物设计包装时，必须了解货物本身的特性，以及运输和存储环境条件，并从以下几方面考虑：

（1）保护性　包装是否能够达到货物的保护要求。

（2）装卸性　货物在运输工具上装卸及仓库中取存是否方便、高效。

（3）作业性　对货物的包装作业是否简单、容易操作。

（4）便利性　货物开包是否方便，包装物处理是否容易。

（5）标志性　包装物内物品的有关信息（如品名、数量、重量、装运方法、保管条件等）是否清楚。

（6）经济性　包装费用是否合理。

3. 保护设计

包装保护功能是第一位的。在设计时要充分考虑到流通中的各种损害因素，一般为堆压、振动、冲击、温湿度、虫害、发霉等。

堆压发生在保管和运输中。货物在仓库中多数是多层堆码，近年来由于普及托盘化包装，常采用高层堆码。根据叉车的举升高度一般为5m左右，所以仓库内的最大堆码高度应定为5m，以此计算包装的抗堆压强度；车辆中的堆码高度一般为2.4m；轮船上的堆码高度与船型有关，一般为4～6m。

振动与冲击一般发生在装卸和运输过程中，这些机械力的数值可参照运输工具的设计及强度标准。如汽车设计中，都规定有负荷计算标准，包括上下、左右、前后三维的标度。此外还要考虑人力装卸时的冲击，物流中人力装卸机会最多，且产生的冲击力特别大，尤其发生在人力不易握住的货物的搬运过程中，所以在包装设计时，要考虑有利于人力装卸的包装形状和重量。

货物的易损性又直接与自身的特性有关，在同样的外力作用下，不同的货物遭受损坏的程度是完全不同的，例如玻璃器皿比金属制品更容易破碎。货物的易碎性可以通过对货物的包装测试来测定，根据测试的结果可初步选定货物的包装材料和垫层厚度。之所以是初步选定，是因为还要对这种包装设计方案作成本分析，如果成本过高，就应该考虑其他的设计方案，如是否可选用其他包装材料、包装方式等。

4. 成组化包装设计

成组化包装设计对于提高物流运作的效率起着非常重要的作用，所以是物流管理中的一项重要任务。该项作业的直接目的就是提高劳动生产率。

根据经验，按照标准订单数量包装货物有助于提高装运的效率。例如，卷烟10包一条，50条一箱，啤酒12瓶一箱，订货时以箱为单位。此外，为了提高物流效率，在使用各种运输工具时，总希望货物的包装尺寸在装运时能够最大限度地利用装载空间。为此，专门设计一些器具，使器具的尺寸既能放下若干箱货物，又能较好地利用运输工具的空间，这项工作就称为成组化。成组化包装后的货物单位可称之为单位载荷，其实质是使货物的物流包装载荷的规格标准化。标准化载荷有许多优点。第一，装卸时间减少到最低点，据测算可以减少人工作业时间的$\frac{1}{5}$；第二，用单位载荷形式方便了运输与保管作业，如搬运、查验的手续被简化了；第三，单位载荷配之以专门化的运输服务可以大大降低货损。

这种通用性很强的标准装载器具的尺寸不是任意确定的，要考虑物流机械设施相互间的有效配合，称作为“物流模数化”。标准装载器具的形式主要有刚性容器、托盘用具和集装箱。刚性容器是为了在物流过程中能保护物品免受外力冲击的破坏，将成盒、成包、成箱的货物放入一个按标准设计的刚性容器中是最简便有效的方法。因此，刚性容器作为一种标准化的包装方式得到了广泛的使用。它不但可以盛放盒（包、箱）装的货物，也可以盛放散装货物，如粉末状、颗粒状，甚至液体货物。这些容器可以是用金属材料制成的，也可以是用木材、硬塑料等制成的，容器可以回收、重复使用。

托盘用具是一种更为简便的用于承载货物的简易工具，它不是容器，不能将货物包裹在其中而起到保护作用。最简单的托盘形式是货板，一种木制器具。货物放置其上，起到成组的效果，操作时可以整盘搬运、存储，提高作业效率。由于托盘的四周几乎是开启的，堆垛的稳定性是不够的，为了提高作业的安全性，需要采取一些其他的包装措施。一般采取的增加稳定性的措施是用绳子、角柱、钢带等将货物固定，近年来更多地采用新材料作收缩包缠或拉伸包缠。有关托盘的内容可参见本书第十章。

集装箱是另一种成组化包装容器。集装箱是一种特殊的刚性容器，20 世纪 50 年代初开始引起广泛的关注。集装箱化包装运输是一种更大规模的成组化，几乎适用于所有货物的包装与运输。小至卷烟之类的商品，经成组包装（称为标准大箱）后，可用集装箱运输；大至汽车也可用集装箱装运。采用集装箱装运既可以取得很高的作业效率，也可以起到非常好的保护作用，还能充分利用运输工具的装载空间，所以目前全球集装箱运输量正持续大幅度增长。

二、包装机械

包装机械是为商品进入市场提供保护，方便流通，促进销售及提高附加值而完成包装过程的技术装备。

包装机械影响着各类包装制品工业的技术水平和产品档次，制约着包装工业的发展和速度。我国包装机械行业在 20 世纪 90 年代后由于包装制品工业发展的需要而出现了高速度发展，年平均增长率为 30%，但由于起步迟，起点低，规模小，我国包装机械总体水平要比发达国家落后 20 年；目前国内包装机械总体水平仅达到需求量的 60% ~70%，尤其是技术含量高的成套装备依赖进口。相对于包装制品工业，包装机械是我国包装工业的弱势。

1. 主要包装机械

改革开放以来，我国包装机械行业的发展取得了很大进步，但与世界先进水平相比，还存在较大差距。主要表现在我国包装机械产品控制水平较低，高新技术应用少，新材料、新工艺推广慢，大约只有 5% 的产品能达到发达国家 20 世纪 90 年代初期水平。以下就当前发展较快，水平也较高的主要机型作重点介绍。

（1）灌装机械　液体灌装是包装的重要组成部分，液体灌装机械有相当大的部分用于食品行业，尤其是饮料行业。目前国内生产灌装机械的企业近 120 家，主导产品是适合于含气和不含气的玻璃瓶、聚酯瓶及二片、三片易拉罐及复合软包装等包装的各种灌装机。基本上能满足国内市场的需求，并有少量出口。

用于白酒、葡萄酒、黄酒、酱油、醋、茶和果汁等不含气液体的灌装机，生产速度范围为 800 ~24 000 瓶/h，灌装容量范围为 240 ~1 500mL 之间，适用于圆形、方形和异形玻璃瓶、塑料瓶和瓷瓶等的灌装，并能封防盗盖、螺旋盖和皇冠盖等不同盖型，计量方式以容积计量为主。矿泉水和饮料灌装设备，目前已全部国产化，满足了国内市场的需求。

与国外先进技术相比，我国灌装机械尚有许多差距，如速度方面：国产玻璃瓶灌装机最高速为40 000瓶/h，国外192头的灌装机可达120 000瓶/h；易拉罐灌装机国产最高速为600罐/min，国外164头灌装机可达12 000罐/min。国产设备大多数是在引进设备消化吸收的基础上开发的，受引进起点的限制和消化吸收深度不够的影响，致使基础配套设备质量跟不上，缺少高质量的专用备件。目前国产设备仅能满足中型饮料厂的需求，且在控制技术、可靠性和在线检测方面尚有较大差距。尤其在大型设备方面，国产设备还满足不了国内生产厂商的需求。

（2）真空包装机　目前国内生产真空包装机械的厂家近60家，品种有台式、单室、双室、输送带式、热成形式、多工位回转真空室式、真空充氮和吸管式真空充气等几十个品种。其中半自动产品居多，这类产品质量稳定，技术水平与国际20世纪80年代同类产品相当，能满足国内市场需求，并有部分出口。其生产速度在4～6次/min或300～500次/h范围，封口长度为30～1 000mm，真空度不大于1.33kPa。有的机型带有除水、充氮和充气功能。而全自动连续式、大真空室式及适合液体包装的真空包装机则数量较少。

目前，在消化吸收国外技术的基础上，我国自行研制出了有自己特色的机型：

1）旋转真空室式包装机。该机带有充填和抽真空两个转台，前者有6个工位，完成供袋、打印、张袋、投料、注液和预封口等动作；后者有12个真空室，用于完成抽真空和封口，直至成品输出，生产率可达30次/min。

2）热成形真空包装机。该机利用卷料完成包装容器的热成形、充填、抽真空、充气和封口，包装容器为外形美观的浅盘、杯、盒，生产速度为9 000杯/h，可实现多列平行作业，生产效率高。

随着计算机应用的普及，市场上又推出微机控制的双室真空包装机，可实现两次抽气和二次置换，以提高真空度和降低氧含量。同时，还可显示封口时间、批次和故障代码，对误操作、封口时间过长、抽气时间过长等故障进行报警并停止操作程序。

（3）制袋—充填—封口包装机械　我国目前生产这类包装机的企业有80多家，其中生产立式袋充填包装机的企业有50多家，生产卧式枕形包装机的企业有30家。立式机主要用于对颗粒体、粉体、液体、膏体和规则固体产品的包装。袋的形式有枕形袋、直立袋、三边和四边封口袋等，对单膜和复合膜都有较好的适应性。计量方式有容积式、称量式、螺杆式、定时式和定数式等多种方式，计量范围可根据要求从2g（mL）～5 000g（mL）。

卧式枕形包装机主要用于方便面、饼干、面包、香皂、雪糕和托盘物品的包装。其包装的商品在自选商场中占有很大比例。随着商品的多样化和销售方式的转变，这种包装机械需求会更大。

目前国内生产的卧式机大部分采用计算机控制，采用无级调速或变频调速；制袋成形器有固定式也有可调式，薄膜输送方式有上输膜式，也有下输膜式；输送带有链条输送、滚轴输送、链板输送和刮板式输送等。通常用于包装方便面等的卧式机包装速度在25～150包/min的范围内。用于包装糖果的卧式枕形包装机采用微机系统，包装速度能达到800粒/min。通过引进技术生产的微机控制、触摸屏显和储存的包装机，采用变频调速和光电跟踪，通过触摸屏，所有的动态数据如速度、袋长、产量和温度等均能调节控制，包装更快捷方便。

我国立式袋—充填—封口机与先进国家相比尚有以下差距：①包装速度低。国产小袋包装大都在60～200袋/min之间，速度达到200袋/min以上的机型很少。中袋包装为35～60袋/min，而国外设备的包装速度，小袋为1 200袋/min，中袋为160袋/min。②包装精度低。国产机包装精度在±0.2%～±3%之间，国外机精度都在±1%以内。③品种不全。缺少适于奶粉、洗衣粉和粉状农药等易飞扬粉类产品的中袋包装机。④功能单一。我国此类包装机只能完成对物料的包装，缺少附加保护性功能。例如在无菌条件下完成颗粒物料的充填包装。

（4）无菌包装机械　与先进国家相比，我国无菌包装机无论在技术还是品种方面尚存在较大差距。国产机械品种少，杀菌方式单一，磁力杀菌、高压杀菌和冷杀菌等技术在无菌包装上尚无应用先例，带有剥离材料的无菌包装机尚为空白等。目前在发达国家人均年消费无菌包达100多包，世界人均年消费达20包，而我国人均年消费无菌包才2包左右。国外发达国家的无菌包装已占同类包装65%以上，有的已超过70%，而我国只占5%。这些数据都预示我国无菌包装和无菌包装机械有着广阔的发展空间。

2. 世界包装机械的发展趋势

（1）自动化程度不断提高　提高自动化程度是包装机械发展最重要的趋势。品种和产量均居世界之首的美国十分重视包装机械与计算机紧密结合，实现机电一体化控制，将自动化操作程序、数据收集系统、自动检验系统更多应用于包装机械之中。日本则长于微电子技术，用以控制包装机械，有效地促进了无人操作和自动化程度的提高。在计量、制造和技术性能等方面居于世界领先地位的德国也高度重视提高自动化程度。

（2）高生产率，高可靠性　世界4大包装机械强国美国、日本、德国、意大利均十分重视市场及用户需求，把提高机器转数、提高生产率作为设计追求的重要指标。

提高生产率的一个重要途径是提高转速，但提高机器转速是一个较复杂的问题：速度越高，单件生产成本越低，可厂房使用面积也随之提高，故障率也随之提高，这样反会使效率降低，因此应寻求两者最优结合点；机器转速提高对其他元件的材质、可靠性、性能及寿命也要产生相关影响，一般而言，提高转速

15% ~20%就会带来一系列复杂问题。

除了提高转速外，提高生产率还可从另外的渠道设法解决。例如：采用连续式工作，或多工位多头工作方式；降低废品率，提供故障分析系统；使产品机械与包装机械一体化等。包装机械强国还十分注重提高包装机械的可靠性和稳定性，首先是制订产品可靠性标准和加工规范，在生产中严格执行，并切实抓好机、电、气、液等配套基础件的加工质量。包装机械的可靠性是产品质量和产品寿命的一项重要指标，基础元件的可靠性和质量是整机可靠性和质量的重要保障。

(3) 好的柔性和灵活性　随着市场竞争日益加剧，产品更新换代的周期已越来越短，因此要求包装机械具有好的柔性和灵活性，使包装机械的寿命大于产品的寿命周期，这样才能符合经济性要求。许多专家预测，多用途、高效率、简洁化、组合化、可移动、更小型、更加柔性和灵活性将是未来包装机械发展的重要趋势。为使包装机械具有好的柔性和灵活性，更要求提高自动化程度，大量采用微电脑技术，模块化技术和单元组合形式。为适应包装产品品种和包装类型的变化，包装机械设备的柔性和灵活性常表现在量、构造和供货的灵活性 3 个方面。此外，随着电子、电脑、激光、机械手、机器人等高新科技的广泛使用，可以将目前重型、刚性和专用的包装生产线转化为效用强大、快速、柔性强、小型化的包装生产设备，并能高度灵活地对多种类型和尺寸的包装进行充填、裹包和封口等工作。

(4) 注重成套性和配套性　包装机械设备的成套性和配套性关系到包装机械的功能能否全部发挥。因此开发配套设备，使主机的功能得到最大的扩张，是提高设备的市场竞争力和经济性至关重要的因素。

(5) 广泛采用先进的设计方法和技术　世界包装机械强国为适应市场不断变化的要求，努力提高设计质量，缩短设计周期，广泛采用了先进的设计方法和设计技术。先进的设计方法有优化设计，可靠性设计，工业造型设计和并行设计（并行工程）等。目前，已普遍采用的有计算机辅助设计（CAD），正在推广应用的是计算机仿真设计技术。

包装机械设计不仅要重视其功能和效率，也要注重其经济性。但是经济性不完全是机械设备本身的成本，更重要的是运转成本，因为设备折旧费只占成本的6% ~8%，其他的就是运转成本了。

三、包装技术

包装技术可分为销售包装技术和物流包装技术。物流包装技术又分为包括容器设计和标志技术的外包装技术，以及包括防振、防潮（水）、防锈、防虫等技术的内包装技术。容器设计主要是容器尺寸和强度设计，标志技术指把必要的注意事项标记在容器上的技术。以下介绍几种常用的包装技术。

1. 防振包装技术

防振包装又称缓冲包装，在各种包装方法中占有重要的地位。产品从生产出来到开始使用要经过一系列的运输、保管、堆码和装卸过程，置于一定的环境之中。在任何环境中都会有力作用在产品之上，并有可能使产品发生机械性损坏。为了防止产品遭受损坏，就要设法减小外力的影响。所谓防振包装就是指为减缓内装物受到冲击和振动，保护其免受损坏所采取的一定防护措施的包装。

此技术为了防止运输中因振动或冲击而造成的物品损伤，一般情况下采取在内装材料中插入防振材料，以吸收外部冲击力的方法。防振包装设计的主题是确定防振材料的种类和厚度。在设计上，还应该同时考虑成本问题，选择不同的材料、设计不同的衬垫形状都会影响成本。

防振包装主要有以下三种方法：

（1）全面防振包装方法。全面防振包装方法是指内装物和外包装之间全部用防振材料填满进行防振的包装方法。

（2）部分防振包装方法。对于整体性好的产品和有内装容器的产品，仅在产品或内包装的拐角或局部的地方使用防振材料进行衬垫即可。所用包装材料主要有泡沫塑料防振垫、充气型塑料薄膜防振垫和橡胶弹簧等。

（3）悬浮式防振包装方法。对于某些贵重易损的物品，为了有效地保证在流通过程中不被损坏，外包装容器比较坚固，用绳、带、弹簧等将被装物悬吊在包装容器内，在物流中，无论是什么操作环节，内装物都被稳定悬吊而不与包装容器发生碰撞，从而减少损坏。

2. 防破损保护技术

缓冲包装有较强的防破损能力，因而是防破损包装技术中较有效的一类。此外还可以采取以下几种防破损保护技术：

（1）捆扎及裹紧技术　捆扎及裹紧技术的作用，是使杂货、散货形成一个牢固整体，以增加整体性，使之便于处理，防止散堆来减少破损。

（2）集装技术　利用集装，减少与货体的接触，从而防止破损。

（3）选择高强度保护材料　通过外包装材料的高强度来防止内装物受外力作用破损。

3. 防锈包装技术

防锈包装的首选技术是使用防锈剂，防锈剂有防锈油和气相防锈剂两类。

（1）防锈油防锈蚀包装技术　大气锈蚀是空气中的氧、水蒸气及其他有害气体等作用于金属表面引起电化学作用的结果。如果使金属表面与引起大气锈蚀的各种因素隔绝（即将金属表面保护起来），就可以达到防止金属大气锈蚀的目的。防锈油包装技术就是根据这一原理将金属涂封防止锈蚀的。各种防锈油是在矿物油中加入防锈漆添加剂后制成的。用防锈油封装金属制品，要求油层要有一定厚度，油层的连续性好，涂层完整。不同类型的防锈油要采用不同的方法进行涂封。

（2）气相防锈包装技术　气相防锈包装技术就是用气相缓蚀剂（挥发性缓蚀剂），在密封包装容器中对金属制品进行防锈处理的技术。气相缓蚀剂是一种能减慢或完全停止金属在侵蚀性介质中的破坏过程的物质，它在常温下即具有挥发性，它在密封包装容器中，在很短的时间内挥发或升华出的缓蚀气体就能充满整个包装容器内的每个角落和缝隙，同时吸附在金属制品的表面上，从而起到抑制大气对金属锈蚀的作用。

4. 防霉腐包装技术

在运输包装内装运食品和其他有机碳水化合物货物时，货物表面可能生长霉菌，在流通过程中如遇潮湿，霉菌生长繁殖极快，甚至伸延至货物内部，使其腐烂、发霉、变质，因此要采取特别防护措施。

包装防霉烂变质的措施，通常是采用冷冻包装、真空包装或高温灭菌方法。冷冻包装的原理是减慢细菌活动和化学变化的过程，以延长储存期，但不能完全阻止食品的变质；高温杀菌法可消灭引起食品腐烂的微生物，因此可在包装过程中用高温处理防霉。有些经干燥处理的食品包装，应防止水汽浸入以防霉腐，可选择防水汽和气密性好的包装材料，采取真空和充气包装。

真空包装法也称减压包装法或排气包装法。这种包装可阻挡外界的水汽进入包装容器内，也可防止在密闭着的防潮包装内部存有潮湿空气，在气温下降时结露。采用真空包装法，要注意避免过高的真空度，以防损伤包装材料。

防止运输包装内货物发霉，还可使用防霉剂，防霉剂的种类甚多，用于食品的必须选用无毒防霉剂。机电产品的大型封闭箱，可酌情采取开设通风孔或通风窗等相应的防霉措施。

5. 防湿（水）包装技术

物品在流通过程中，因空气中的潮气侵蚀会变质、潮解、锈蚀。为防止上述现象发生的包装技术是防潮包装技术。防水包装技术是防止水侵入到包装物内部而采取的包装技术，可分为耐浸水包装和耐雨水、飞沫的耐散水包装两类。

防潮包装主要有两种方法：一是用透湿度低的材料包装；二是控制包装容器内的湿气。在防潮、防水材料中，有在纸等纤维材料上进行防潮加工的纸系材料，还有塑料薄膜及铝箔等。不同材料的透湿率（g/m・24h）是不同的，铝箔最小（小于7），塑料薄膜次之，纸类最大。控制包装内湿气的方法主要还是使用干燥剂，有化学干燥和物理干燥两类，用于包装的主要是物理干燥，最常见的是硅胶。干燥剂的使用量都有其自身的计算公式。

6. 防虫及防鼠包装技术

防虫包装技术，常用的是驱虫剂，即在包装中放入有一定毒性和嗅味的药物，利用药物在包装中挥发气体杀灭和驱除各种害虫。常用驱虫剂有萘、对位二氯化苯、樟脑精等。也可采用真空包装、充气包装、脱氧包装等技术，使害虫无生存环境，从而防止虫害。此外，也可使用经杀虫剂处理过的包装材料，大多选用有机磷酸酯系杀虫剂。

为了防止鼠害，可使用药物处理过的涂布或混入毒药的纸、塑料薄膜等作包装材料，但药剂有可能直接与内部物品接触，很不安全，所以包装时需要注意这些问题。

7. 危险品包装技术

危险品按其危险性质，交通运输及公安消防部门规定分为十大类，即爆炸性物品、氧化剂、压缩气体和液化气体、自燃物品、遇水燃烧物品、易燃液体、易燃固体、毒害品、腐蚀性物品、放射性物品等，有些物品同时具有两种以上危险性能。

对有毒商品的包装要明显地标明有毒的标志。防毒的主要措施是包装严密不漏、不透气。例如重铬酸钾（红矾钾）和重铬酸钠（红矾钠），为红色带透明结晶，有毒，应用坚固铁桶包装，桶口要严密不漏，制桶的铁板厚度不能小于1.2mm。对有机农药一类的商品，应装入沥青麻袋，缝口严密不漏。如用塑料袋或沥青纸袋包装的，外面应再用麻袋或布袋包装。用作杀鼠剂的磷化锌有剧毒，应用塑料袋严封后再装入木箱中，箱内用两层牛皮纸、防潮纸或塑料薄膜衬垫，使其与外界隔绝。

对有腐蚀性的商品，要注意商品和包装容器的材质发生化学变化。金属类的包装容器，要在容器壁涂上涂料，防止腐蚀性商品对容器的腐蚀。例如包装合成脂肪酸的铁桶内壁要涂有耐酸保护层，防止铁桶被商品腐蚀，从而商品也随之变质。再如氢氟酸是无机酸性腐蚀物品，有剧毒，能腐蚀玻璃，不能用玻璃瓶作包装容器，而应将其装入金属桶或塑料桶，然后装入木箱。甲酸易挥发，其气体有腐蚀性，应装入良好的耐酸坛、玻璃瓶或塑料桶中，严密封口，再装入坚固的木箱或金属桶中。

对黄磷等易自燃商品的包装，宜将其装入壁厚不少于1mm的铁桶中，桶内壁须涂耐酸保护层，桶内盛水，并使水面浸没商品，桶口严密封闭，每桶净重不超过50kg。遇水易引起燃烧的物品如碳化钙，遇水即分解并产生易燃乙炔气，对其应用坚固的铁桶包装，桶内充入氮气。如果桶内不充氮气，则应装置放气活塞。

对于易燃、易爆商品，例如有强烈氧化性的，遇有微量不纯物或受热即急剧分解引起爆炸的产品。防爆炸包装的有效方法是采用塑料桶包装，然后将塑料桶装入铁桶或木箱中，每件净重不应超过50kg，并应有自动放气的安全阀，当桶内达到一定气体压力时，能自动放气。

8. 特种包装技术

（1）充气包装 充气包装是采用二氧化碳气体或氮气等不活泼气体置换包装容器中空气的一种包装技术方法，因此也称为气体置换包装。这种包装方法是根据好氧性微生物需氧代谢的特性，在密封的包装容器中改变气体的组成成分，降低氧气的浓度，抑制微生物的生理活动、酶的活性和鲜活商品的呼吸强度，达到防霉、防腐和保鲜的目的。

（2）真空包装 真空包装是将物品装入气密性容器后，在容器封口之前抽成真空，使密封后的容器内基本没有空气的一种包装方法。

一般的肉类商品、谷物加工商品以及某些容易氧化变质的商品都可以采用真空包装，真空包装不但可以避免或减少脂肪氧化，而且抑制了某些霉菌和细菌的生长。同时在对其进行加热杀菌时，由于容器内部气体已排除，因此加速了热量的传导，提高了高温杀菌效率，也避免了加热杀菌时，由于气体的膨胀而使包装容器破裂。

（3）收缩包装 收缩包装就是用收缩薄膜裹包物品（或内包装件），然后对薄膜进行适当加热处理，使薄膜收缩而紧贴于物品（或内包装件）的包装技术方法。

收缩薄膜是一种经过特殊拉伸和冷却处理的聚乙烯薄膜，由于薄膜在定向拉伸时产生残余收缩应力，这种应力受到一定热量后便会消除，从而使其横向和纵向均发生急剧收缩，同时使薄膜的厚度增加，收缩率通常为30%～70%，收缩力在冷却阶段达到最大值，并能长期保持。

（4）拉伸包装 拉伸包装是20世纪70年代开始采用的一种新包装技术，它是由收缩包装发展而来的，拉伸包装是依靠机械装置在常温下将弹性薄膜围绕被包装件拉伸、紧裹，并在其末端进行封合的一种包装方法。由于拉伸包装不需进行加热，所以消耗的能源只有收缩包装的$\frac{1}{20}$。拉伸包装可以捆包单件物品，也可用于托盘包装之类的集合包装。

（5）脱氧包装 脱氧包装是继真空包装和充气包装之后出现的一种新型除氧包装方法。脱氧包装是在密封的包装容器中，使用能与氧气起化学作用的脱氧剂与之反应，从而除去包装容器中的氧气，以达到保护内装物的目的。脱氧包装方法适用于某些对氧气特别敏感的物品，用于那些即使有微量氧气也会促使品质变坏的食品包装中。

第四节 包装费用管理

一、包装费用的构成

对于绝大多数商品，只有经过包装才能进入流通。据统计，包装费用约占流通费用的10%，有些商品（特别是生活消费品）包装费高达50%。包装费用主要由以下几部分构成。

（1）包装材料费用　物资包装花费在材料上的费用。

（2）包装机械费用　包装机械费用将以折旧形式转移到包装成本中。

（3）包装技术费用　由于物资在流通过程中可能受到外界不良影响，因此，物资包装时要采用一定技术措施，这些技术的设计、实施所支出的费用，合称为包装技术费用。如实施缓冲包装、防潮湿包装、防霉包装等。

（4）包装辅助费用　如包装标记、包装标志印刷、拴挂物费用的支出等。

（5）包装人工费　指从事包装工作的工人与其他有关人员的工资、奖金、补贴等费用总和。

二、包装费用管理

物流中心包装费用管理，是指对各项包装费用所进行的计划、控制、核算和分析工作。

包装费用是产品成本的一部分，包装费用管理是企业包装管理的一项主要内容，其目的就是要挖掘潜力，杜绝浪费，在符合产品包装质量的前提下，不断地降低产品包装费用，达到以最小的支出获得最大收入的效果。如果一个企业只注重产品的技术方面，而忽视产品包装的经济效果，则不仅达不到产品包装的目的，影响企业的经济效益，而且会浪费有限的包装资源。例如，使用大大超过产品包装标准要求的包装容器或包装材料对产品进行包装，虽然保护了产品，但由于包装费用开支过高，不仅减少了企业的盈利，同时也浪费了包装原材料。所以，一个经济与技术上都比较理想的包装，应该是用最少的包装费用，获得最大的包装效果。特别是运用新的包装技术方法和新的包装材料对产品进行包装，更能减少企业的包装费用。

1. 包装费用管理的主要内容

物流中心包装费用管理的主要问题，是如何用科学的管理方法和技术措施，尽量降低产品的包装费用。包装费用管理的内容包括：包装费用计划，包装费用控制，包装费用核算与包装费用分析。

（1）包装费用计划　物流中心根据运作计划，包装含量和包装制品价格等资料，用货币的形式，预先规定计划期内各项包装费用的水平及其降低的程度。它是对包装活动进行指导、监督、控制、考核和评价的重要依据，也是降低包装费用的重要保证。

（2）包装费用控制　包装费用控制是在包装费用形成的整个过程中，通过经常的监督和及时修正偏差，使各种包装费用的支出都限制在包装费用计划的范围内，保证达到降低产品包装费用的目的。

（3）包装费用核算　包装费用核算就是把物流中心实际发生的各项包装费

用按照其用途，进行汇集、分配，计算出实际总包装费用。正确地组织包装费用核算，不仅可以控制包装费用开支范围，监督各项消耗定额和费用标准的正确贯彻，还可以与计划包装费用比较，了解包装费用计划的执行情况，正确而及时地把增产节约的经济效益反映出来。

（4）包装费用分析　为了充分发挥包装费用管理的作用，不仅要事先计划、事后核算，而且还要认真做好包装费用分析。对企业包装费用形成情况进行评价、剖析、总结。其目的是确定实际包装费用达到的水平，查明影响包装费用升降的因素，揭示节约浪费的原因，寻找进一步降低包装费用的方向和途径。

2. 降低包装费用的有效措施

（1）选择包装材料时，进行经济分析　在进行包装某一商品时，如有数种材料可供选择，在其效果相同情况下，则应选择价格较低的材料。

（2）在设计包装形态时要有区别　内、外、个体包装都应有明显的区别。不仅要设法降低内外包装形态本身的费用，还要考虑这种包装能否使运输费用和保管费用降低。

（3）发展包装机械化，降低包装费用　包装机械化降低费用主要表现为：一是可提高劳动生产率，从而降低包装费用；二是可大大缩减劳动工资费用。就瓦楞纸箱而言，分别有纸箱组装机，装箱、贴封签机，钉合机等。将上述几种机器连接起来，组成全自动瓦楞纸机械系列，可比原来节约劳动力70%。

（4）实现包装规格的标准化　包装规格标准化，不仅能促进包装工业生产的发展，而且使包装成本大幅度下降。包装费用下降主要表现在包装材料的单耗能下降。

（5）在有条件的情况下组织散装运输　散装运输是现代物流中倍受推崇的技术，也称之为无包装运输。所谓散装是指对一些颗粒或粉末状物资，在不进行包装的情况下，运用专门的散装设备来实现物资的运输。目前，美、日等物流发达国家水泥散装率超过了90%，而我国仅达15%左右。

（6）包装物的回收和旧包装利用　商品包装回收是将使用过的商品包装和其他辅助包装材料，通过各种渠道和各种方式收集起来，然后由有关部门进行修复、清洁、再次使用的过程。包装物的回收使用可相对节约包装材料，节约加工劳动，节约因包装而造成的能源、电力的消耗等。

三、降低包装费用的价值分析法

美国通用电气公司在长期经营实践工作中，总结出一套行之有效的、能保证其产品在同样功能的前提下降低成本的科学分析方法——价值分析法。这一方法被美国许多生产部门采用后，节约了大量人力、物力、财力，是提高企业经营的有效方法。我国从20世纪80年代初开始在一些企业中引进价值分析法，也取得了相当显著的效果。

价值分析（Value Analysis，VA）是一种花钱少、见效快和收益大的科学管理方法。在企业管理中，它的应用范围日益广泛；可用于新产品设计，老产品改进，新技术的采用，原材料和工艺装备的选择等。主要目的是通过功能定义、功能评价和功能成本分析等一系列技术方法和规则，使定性的问题定量化，从而降低产品成本。

作为包装设计的依据，不仅有技术要求，还应有经济要求。但由于每个设计方案着重点不同，或侧重于企业的经济效益，或侧重社会效益，或技术价值较高。因此，利用价值分析的原理和方法，可以根据用户的需要，对多个设计方案进行分析论证，以确定最适宜的包装设计，选择适当的结构和材料，从多个方案中选出最佳方案。

1. 价值分析法的步骤

应用价值分析，包括选择对象、收集情报、功能分析，提出方案，选择方案，验证方案和效果评价等步骤。

（1）选定对象　选定产品的包装费用作为研究对象，并对构成产品包装费用的工业包装费和商业包装费逐一进行分析，先按其费用高低顺序排列，再按其累计费用在总成本中所占比重排列。

（2）收集情报　包括主要服务对象，主要用户用途，特殊用户及特殊用途，用户在不同用途上对包装质量的不同要求，对已使用包装产品的反馈意见。

（3）进行功能分析　包装的基本功能是传递信息、保护货物、便于处理、促进销售等，此外还有辅助功能和外观功能等，其中各种功能的重要程度互不相同，因此应该对各种功能的重要性作出评价。

每种包装的功能项目可由评价人员讨论确定，参加评价的人员一般可定为熟悉该种包装的5～10人。在“功能”定义后，再对包装费用的“功能”采用多比例评分法进行评价。评分方法如下：

1）将要评分的因素分别一一对比，相对较重要因素的分数较高，各评分因素相加应等于1。

2）分别将所有评价人员关于每项比较的得分相加，得到每个因素的总评分。

3）分别利用任一因素的总分除以各因素总分的和，即得其重要度系数。

评价“成本”系数的方法与上述方法相同。

（4）效果评价　包装具有的“价值”决定于包装必须具备的“功能”和生产使用该包装所耗费的“成本”。主要公式为V（价值）$=F$（功能）$/C$（成本）。由此可知，评价包装价值的高低，不能单纯地看技术（功能）或经济（成本）某一方面，而要衡量两者的比值，即它们的综合效果。

2. 价值分析法分析的具体项目

（1）必要性　通过逐项必要性的检查，找出不必要的地方。

（2）效果　包装的各种功能是增强了，还是减小了。

（3）成本与用途对比是否相称。

（4）物品本身的性能是否需要、合适。

（5）价格是否合理，能否再降低。

（6）规格尺寸是否恰当，够不够标准化。

（7）包装生产时，是否经济，效率的高低。

（8）包装的安全性。

（9）成本各项构成是否合理。

上述各项必须认真检查分析，达到最佳的经济效果。

例如，日本制作所对小型汽车用电动机的包装，原来外包装使用瓦楞纸，内包装使用塑料袋，缓冲材料用硬化蔗渣压制板，其包装成本为：材料费72%，直接人工费12%，管理费13%，运输费3%，合计100%；其中材料费：硬化蔗渣压制板47%，瓦楞板33%，平面板10%，各种捆扎带8%，塑料带1%，缝合针1%，合计100%。通过价值分析，采用了五个改善方案：

（1）变更瓦楞纸的材料质量。

（2）改变上部和下部的硬化压制板以发泡聚苯乙烯代替。

（3）改变上部硬化压制板，代之以增强平面板，使其兼有硬化板的构造。

（4）改变上部硬化压制板，采用与产品外形相符合的冲孔瓦楞纸板。

（5）以瓦楞纸带取代贴糊法。

通过上述五个方案，使包装材料费比原来降低了15%。

案例评析

【案例1】　商品的“绿色”配送包装

目前，在世界上几乎所有国家均在一定程度上采用塑料制品进行包装。化学专家指出，这种高分子化合物需要200年至400年才能分解掉。

在日本，许多厂商已放弃塑料包装，掀起“绿色”革命，比如日本90%的牛奶都是以有折痕线条的包装出售，这种容易压扁的包装不但生产成本较低，而且能够减少占用空间，方便送往循环并减少运输成本。还有日本常见的饮料Yakltt健康饮品也使用一种底部可以撕开，特别设计的杯形容器。在撕开底部后，人们能够轻易地把容器压扁，方便送往再循环。

有的公司使用再生包装物。比如位于美国阿拉巴马州（Alabama）的梅赛德斯——奔驰（美国）国际有限公司（MBUSI），在新设立的装配工厂就利用可再生集装箱以降低制造成本，该公司生成这种再生集装箱不会污染环境。为了达到准时制生产，除了一些特殊的齿条部件外，MBUSI 要求供应商使用标准化的再生集装箱运输零部件，这样大约需要使用 4 000 个两种规格的标准叉车式集装箱。当载满货物的集装箱抵达 MBUSI 的接货码头时，通过扫描箱外条码，记录数量及箱体的说明，然后暂时放在中间带货区内。然后按需将零部件准时传送到组装线上进行装配。由于不需要打开箱子，更无须对箱内的零部件进行再包装，这样就降低了间接人工成本。而且，库存空间的减少也会降低成本。集装箱一旦倒空，就很快被压扁并随同刚才运货的卡车退还给供应商。

案例分析：

环保问题已经越来越引起人们的重视，而包装的寿命很短，如果不妥善的处理，必然会造成资源的极大浪费以及环境的破坏，因此“绿色包装”会逐渐成为未来包装发展的方向。塑料包装虽然有许多优势，并在实际生活中得到广泛的应用，但由于其在环保上存在的劣势——难以降解，会逐渐被其他绿色包装材料所替代，如案例中提到的 Yakltt 健康饮品、奔驰公司可再生集装箱等，不仅节约了资源，更节约了成本，是对绿色包装应用的典范。

【案例 2】 国内外葡萄酒包装的演变和现状

2006 年，葡萄酒瓶塞不再是传统的软木塞。首次参加糖酒会的澳大利亚富隆酒业带来了他们获得专利的包装产品。创作设计总监岑俭强介绍，其瓶塞不是软木塞，而是采取特殊材料制成，上面有很多肉眼看不见的小孔，能让葡萄酒自然呼吸。专家预测，这种瓶塞是新世纪葡萄酒企业突破传统的创新，由于其众多的优点，将会在市场上出现更多的类似产品。

一些企业推出了无缝易拉罐装的葡萄酒、特殊材料制成的带有笼头的拧式盒装葡萄酒等，都是易于开启的产品。香港和记酒业更是在包装上大做文章，提出“革命性包装，将新鲜保持到最后一杯”的口号。和记酒业采用了一种独特的瓶胆设计，包装在开启后能隔断与空气的接触，采用水笼头的开启方式，能保证每次开启之后，及时密闭，保持葡萄酒的口感新鲜。

美国加州索诺玛县的包装设计公司 ToyRatlmagery 成立了一个铝瓶联合体，预计不久将向市场推出一个薪新的葡萄酒包装概念——铝制葡萄酒瓶。铝一向被认为是一种低档包装材料，但铝包装却在啤酒行业中大行其道。迄今为止世界上还没有出现用铝做的葡萄酒瓶。ToyRatlmagery 公司相信，他们的铝制葡萄酒瓶肯定会在葡萄酒行业引起不小的震动。新的铝制造技术已经可以把铝制成任何大小和形状。未来的铝制葡萄酒瓶质地不会像许多苏打罐那样有轻薄感，而是一种可以替代塑料、纸盒等另类包装的高档产品。当然，与玻璃瓶比较，铝瓶的最大好处是不易破碎。目前这家公司正在与各路专家合作，首先开发标准瓶形和大小的铝制葡萄酒瓶。

近年来，纸盒装葡萄酒市场发展迅速。目前英国市场纸盒装葡萄酒已经占到清淡型葡萄酒市场的8.3%，比1997年增长48%。一家位于新南韦尔斯的澳洲第6大红葡萄酒生产商——黑基谷葡萄酒公司开发出250mL的纸盒装葡萄酒已经上市。这种独具特色的实用性包装可以完全阻隔氧气，从而保证其新鲜度和风味，防止葡萄酒质量下降，延长葡萄酒的保质期，深受消费者的喜爱。此外，这种包装还易于贮藏而且不易破碎，对于烧烤、野餐、聚会等来说都是非常方便和理想的。这种新颖的包装将会为该公司的葡萄酒赢得很好的销量。美国盖洛公司也推出了第一批纸盒装葡萄酒。

我国国内一家企业推出了葡萄酒冰桶包装。葡萄酒冰桶是由塑料加工而成的，采用先进的工艺流程，科学地进行加工与组装，形成了既是礼品包装，又是可以收藏的装饰品、工艺品。冰桶，顾名思义，就是用来冷却那些需要在冰爽状态下品尝的葡萄酒的。当葡萄酒的温度在最佳饮用温度之上时，冰桶在数分钟内就能够把葡萄酒的温度降至最佳。其使用方法非常简单，将冰和冷水放入冰桶中至酒瓶瓶肩处，冰桶能够迅速将葡萄酒的温度降至饮用的最佳温度，并且丝毫无损葡萄酒的品质和风味。由于葡萄酒冰桶包装能够迅速将葡萄酒降至饮用的最佳温度，不仅能够品尝出葡萄酒的独特的美味，而且也更能有利于人们的健康，同时，它又能够使葡萄酒显得更高贵典雅，更能体现出人们的生活品位。

案例分析：

国内外葡萄酒包装的演变，说明目前国内外包装演变的趋势是结合产品的特点，不断地推出更加适合产品储存和保护的新包装理念，并在理念的基础上，发展出更加适合包装的新材料和新技术。

【本章小结】

本章共包括五部分内容。首先介绍的是配送包装的基本理论，包装现在被认为是物流系统中一个较重要的角色，既是生产的终点，又是物流的始点。配送包装是配送全过程中包装物及包装操作的总称，具有传递信息、保护货物、便于处理和促进销售的功能。配送包装通常分为销售包装和运输包装两类。第二部分介绍的是配送包装材料，配送包装的材料很多，有纸板制品、塑料制品、木材、金属材料等，应选择既满足包装功能，费用又低的包装材料，并考虑绿色包装。第三部分介绍的是配送包装技术，目前，包装和包装设计除了考虑对商品的保护、支持外，同时还要考虑降低成本，提高可分解性。包装设计可以主要归结为包装材料设计、包装造型设计、包装结构设计和包装装潢设计四个方面。在实际中，管理者应使用既不污染环境，成本又非常低廉的环保包装材料来进行设计，努力迎合全球顾客的需求。随着各种包装技术的发展，我国包装机械也有所发展，并努力向自动化、配套化、灵活性方向发展。第四部分是包装费用管理，包装费用也因其在总成本中的比重而日益受到重视，成为企业经营管理的重要组成部分，这部分主要介绍了价值分析法在包装中的应用。最后一部分内容是有关绿色包装的案例评析，通过案例进一步强化了绿色包装对现代物流的影响，绿色包装是现代物流的发展趋势。

【复习思考题】

1. 什么是配送包装？其功能有哪些？
2. 举例说出一种过度包装的产品，你认为应如何改进包装？
3. 什么是“绿色包装”，绿色包装在国外被归纳为什么？举例说明绿色包装材料有哪些？
4. 简述包装设计要素包括哪些方面及各要素的要求。
5. 举例说明成组化包装设计的优点。
6. 举例说明我国主要的包装机械及包装技术。
7. 简述包装费用管理的概念及其主要内容。

第九章　物流中心信息管理

【知识目标】

通过本章学习，使学生掌握物流中心信息的功能和特征；了解条码、EDI、RF、GPS和GIS等信息技术在物流中心中的应用。

【能力目标】

通过本章学习，结合学校的实验室进行实操训练，使学生具备熟练操作和应用物流中心常见的各种信息技术和信息管理系统的能力。

第一节　概　　述

信息是管理的基础，物流信息是物流管理的必然要求。没有物流的信息化，就没有先进的物流管理。物流信息的收集、处理、传递和存储都与先进技术设备有关，因此，条码（barcode）、数据库（database）、电子订货系统（EOS）、电子数据交换（EDI）、电子商务（E-Com）、企业资源计划（ERP）等技术在我国的物流企业中将会得到进一步广泛的应用。

一、物流中心信息的概念

1. 物流信息的概念

物流信息可以从广义和狭义两个方面来理解。从广义方面看，物流信息不仅指与物流活动相关的信息，而且包含与其他流通活动相关的信息，如商品交易信息和市场信息等。商品交易信息是指与买卖双方的交易过程有关的信息，如销售和购买信息、订货和接受订货信息、发出货款和收到货款信息等。市场信息是指与市场活动有关的信息，如消费者的需求信息、竞争者或竞争性商品的信息、销售促进活动信息、交通通信等基础设施信息等。

在现代经营管理活动中，物流信息与商品交易信息、市场信息相互交叉、融合，有着密切的联系。例如，零售商根据对消费者需求的预测以及现有的库存状况制订订货计划，向批发商或直接向生产厂家发出订货信息。批发商在接到零售商的订货信息后，在确认现有库存水平能满足订单要求的基础上，向物流部门发出发货配送信息。若发现现有的库存水平不能满足订货要求，则马上向生产厂家发出订单。生产厂家在接到订单之后，如果发现现有库存不能满足订单要求则马上组织生产，再按订单上的数量和时间要求向物流部门发出发货配送信息。

由于物流信息与商品交易信息和市场信息相互交融、密切联系，所以广义的物流信息还包含与其他流通活动相关的信息。广义的物流信息不仅能连接整合从生产厂家经过批发商和零售商到最终消费者的整个供应链，而且在应用现代信息技术，如EDI（电子数据交换）、EOS（电子订货系统）、POS（销售时点系统）、互联网、电子商务等的基础上能实现整个供应链活动的高效率，具体说就是利用物流信息对供应链上各个企业的计划、协调、顾客服务和控制活动进行更有效的管理。

狭义的物流信息是指与物流活动（如运输、保管、包装、装卸、流通加工等）有关的信息。我国国家标准《物流术语》（GB/T 18354—2006）中对物流信息的解释是：“反映物流各种活动内容的知识、资料、图像、数据、文件的总称。”这里指的即是狭义的物流信息。在物流活动的管理与决策中，如运输工具的选择、运输路线的确定、每次运送批量的确定、在途货物的追踪、仓库的有效利用、最佳库存数量的确定、库存时间的确定、订单管理、如何提高顾客服务水平等，都需要详细和准确的物流信息，因为物流信息对运输管理、库存管理、订单管理、仓库作业管理等物流活动具有决策性的支持保证的功能。本章所讨论的物流中心信息就属于这个范畴。

正是由于物流信息具有这些功能，使得物流信息在现代经营战略中占有越来越重要的地位。信息对物流的重要性，在历史上并没有得到过充分的重视。这种疏忽起因于缺乏适当的技术来产生所需要的信息，管理部门也没有深刻地理解到迅速而准确的信息交流是如何改善物流活动的。目前的技术能够处理绝大多数所需信息的各种要求。一旦需要，人们随时都能获得基于实时的信息。建立物流信息系统，提供准确、及时、全面的物流信息是现代流通企业获得竞争优势的必要条件。

2. 物流中心信息的概念

物流中心信息是指反映物流中心各种活动内容的知识、图像、数据、文件的总称。物流中心信息是物流中心活动的各个环节生成的信息，它是随着物流中心活动的产生而产生的信息流，与物流中心中的运输、装卸搬运、储存、流通加工、包装备货、计划配送等各种职能有机结合在一起，对整个物流中心活动顺利进行有着重要作用。

商流、物流、资金流和信息流是从流通内部结构描述流通过程所提出的概念，称为流通过程中的“四流”。四流之间的关系极为密切，它们是互为依存的前提条件，又是互为依存的基础。但是，从其本身的结构、性质、作用及工作方法来看，四流各有其特殊性，各有其不同的独立存在的特点，又各有其本身运动的规律。商流、物流、资金流和信息流之间关系可以大体作如下表述：商品流是物流和资金流的动力，因为有了商流，就出现了物流的需要，同时有了资金流的结果；而信息流则是商流、物流和资金流的沟通和传递，它是商流、物流和资金流的共同支撑力量和联系力量。信息流在四流中起到融会贯通的作用。

二、物流中心信息的功能和特征

1. 物流中心信息的功能

一般来说，物流中心信息系统能够解决的问题包括：

（1）缩短从接受订货到发货的时间。

（2）库存适量化。

（3）提高搬运作业效率。

（4）提高运输效率。

（5）使接受订货和发出订货更为省力。

（6）提高订单处理的精度。

（7）防止发货、配送出现差错。

（8）调整需求和供给。

（9）回答信息咨询。

这些问题的解决能够大大提高物流中心的效率，从而为中心内企业提供较好的信息平台。物流中心信息系统在供应商、分销商、零售商以及消费者这条供应链中起着重要的纽带作用，物流中心信息系统以及物流运营的水平直接影响到客户的满意度以及新产品从研制到市场的时间和效率。

通过信息系统管理物流，还可以有效地提高整个物流的灵活性、速度和可靠性。物流速度和可靠性实际上影响整个物流中心的经营效果，信息系统为物流的高可靠性和高速度提供了保障。物流中心信息系统在以下几个方面能够对物流管理起到重要的作用：

（1）物流中心仓储管理　使用仓储管理系统（WMS）管理仓库的收发、分拣、摆放、补货、过库等，同时 WMS 可以进行库存分析与财务系统集成。更加先进的 WMS 还能帮助企业实现“逆向物流”（返修、回收等），并适应企业产品“推迟”策略对物流中心的管理需求。

（2）运输与发货管理　使用运输管理系统（TMS）优化运输模式组合，如空运、陆运或水运等，寻求最佳的运输路线。TMS 还可实现在途物品的跟踪，并在必要时调整运输模式，实现车队管理、运输计划、调度与跟踪、与运输商的电子数据交换（信息集成）等。

（3）劳动力资源管理　为了充分发挥人力资源的潜力，改进劳动生产率，需要建立员工的培训系统和绩效评估系统。

（4）加快供应链的物流响应速度　通过建立物流信息系统，达到全局库存、订单和运输状态的共享和可见性，以降低供应链中的需求订单信息畸变现象。

（5）物流整合　多数物流中心信息系统内部决策采用最优化理论，将物流中的各个环节综合考虑，制订全局优化的物流策略或物流执行指令。

2. 物流中心信息的特征

物流中心信息是物流系统内部以及物流系统与外界相联系的重要消息，物流从一般活动成为系统活动就依赖于信息的作用。如果没有信息，物流则是一个单项的局部活动，只有靠信息的连接与反馈，物流才能成为一个有组织、有反馈性的系统活动。由此可知物流与信息流之间的密切关系。物流信息除了具备一般信息的基本属性，即事实性、等级性、可压缩性、扩散性、传输性、分享性、增值性、转换性以外，还具有以下特征：

（1）物流中心信息涉及面宽、绝对量大　物流中心信息随着物流活动以及商品交易活动展开而大量发生，多品种少量生产和多频度小数量配送使库存、运输等物流活动的信息大量增加。零售商广泛运用 POS 系统读取销售时点的商品品种、价格、数量等即时销售信息，并对这些销售信息加工整理，通过 EDI 向相关企业传送。同时为了使库存补充作业合理化，许多企业采用 EOS 系统。随着企业间合作倾向的增强和信息技术的发展，物流信息的信息量在今后将会越来越大。

（2）物流中心信息动态性强，更新速度快　物流中心信息的更新速度快，多品种少量生产、多频度小数量配送、利用 POS 系统的即时销售使得各种作业活动频繁发生，从而要求物流中心信息不断更新，而且更新的速度越来越快。

（3）物流中心信息种类多、来源多样化　物流中心信息不仅包括中心内部的物流信息（如生产信息、库存信息等），而且包括企业间的物流信息和与物流活动有关的基础设施的信息。企业竞争优势的获得需要供应链各参与企业之间相互协调合作。协调合作的手段之一是信息即时交换和共享。许多企业把物流信息标准化和格式化，利用 EDI 在相关企业间进行传送，实现信息分享。另外，物流活动往往利用道路、港湾、机场等基础设施。因此，为了高效率地完成物流活动，必须掌握与基础设施有关的信息。

（4）物流中心信息的自动化较强　物流自动化设施非常多，如条码、语音、射频自动识别系统，自动分拣系统，自动存取系统，自动导向车，货物自动跟踪系统等。这些设施在发达国家已经普遍使用于物流管理中，它们扩大了物流作业的能力，提高了劳动生产率，减少了物流中的差错。这些自动化设备所采集和处理的信息能被转化成用于管理的信息，它比人工输入的信息更准确、更及时，更便于监督和控制。

（5）物流中心信息的网络化　随着物流配送系统的计算机网络系统的建立和电子商务的发展，物流信息的处理越来越体现出网络化的特点。物流中心与供应商、制造商及顾客之间的联系是通过物流配送系统的计算机通信网络实现的。如物流中心向供应商提出订单，就是使用计算机通信方式，借助于增值网（VAN）上的电子订货系统和电子数据技术来自动实现的。物流中心还可以通过计算机网络处理下游客户的订单。

互联网的应用和电子商务的产生使虚拟企业得以实现。它的运作模式是按照客户订单组织生产，生产方式采取分散的形式，即采取外包的形式，将产品所需的零部件外包给世界各地的制造商，然后通过物流网络将这些零件发往物流中心，按客户的需求进行组装，最后由物流中心将最终产品送给用户。这一过程需要高效的信息网络的支持。

（6）物流中心信息的智能化　物流管理过程中有大量运筹与决策工作，比如库存水平的确定、运输（搬运）路径的选择、自动导向车的运行轨迹、自动化仓库中出入库库位的选择等。物流中心经营管理的决策支持也需要大量的知识和才能来解决。在物流管理自动化过程中，物流信息的智能化是一个技术难题，为了提高物流管理现代化的水平，必须运用专家系统、机器人等相关技术。物流管理的智能化是物流信息发展的新趋势。

（7）物流中心信息的再生化　物流信息在物流管理过程中可以被不断地扩充和再生。整个物流过程中的数据经过整理、分析、加工得到的信息，再经过联想、推理、演绎得出一些有用的结论，从而产生二次信息。同时，通过对物流信息的分析，将历史信息与现状结合起来，可以预测未来的物流动向，产生三次信息。不断利用物流信息的再生性，可以帮助物流管理者提高物流管理的效率与物流管理的决策水平。

第二节　物流中心信息管理系统

一、货物跟踪系统

货物跟踪系统（Goods-Tracked System）是指“利用自动识别、全球定位系统、地理信息系统、通信等技术，获取货物动态信息的应用系统。”该系统能及时获取有关货物运输状态的信息（如货物品种、数量、在途情况、交货时间、发货地和到达地、货主、送货责任车辆和人员等），提高物流服务水平。

具体地说，就是物流中心的工作人员在向货主取货时，在物流中心重新集装运输时，在向顾客配送交货时，利用扫描仪自动读取货物包装或者货物发票上的物流条码等货物信息，通过公共通信线路、专用通信线路或卫星通信线路把货物的信息传送到总部的中心计算机进行汇总整理，这样所有被运送的货物信息都集中在中心计算机里。

货物跟踪系统提高了物流中心的服务水平，其具体作用表现在以下四个方面。

（1）当顾客需要对货物的状态进行查询时，只要输入货物的发票号码，马上就可以知道有关货物状态的信息。查询作业简便迅速，信息及时准确。

（2）通过货物信息可以确认货物是否将在规定的时间内送到顾客手中，能及时发现没有在规定的时间内把货物交付给顾客的情况，便于马上查明原因并及时改正，从而提高运送货物的准确性和及时性，提高顾客服务水平。

（3）作为获得竞争优势的手段，提高物流运输效率，提供差别化物流服务。

（4）通过货物跟踪系统所得到的有关货物运送状态的信息丰富了供应链的信息分享源，有关货物运送状态信息的分享有利于向顾客及时预告货运状态并做好接货以及后续工作的准备。

建立货物跟踪系统需要较大的投资，如购买设备、标准化工作、系统运行费用等。因此只有有实力的大型物流中心才能够应用货物跟踪系统。但是随着信息产品和通信费用的低价格化以及互联网的普及，许多中小物流中心也开始应用货物跟踪系统。

二、电子自动订货系统（EOS）

1. EOS系统的概念及基本框架

电子订货系统（Electronic Order System，简称EOS），是“不同组织间利用通信网络和终端设备进行订货作业与订货信息交换的系统”。EOS按应用范围可分为企业内的EOS（如连锁店经营中各个连锁分店与总部之间建立的EOS系统），零售商与批发商之间的EOS系统以及零售商、批发商和生产者之间的EOS系统，EOS的基本框架如图9-1所示。

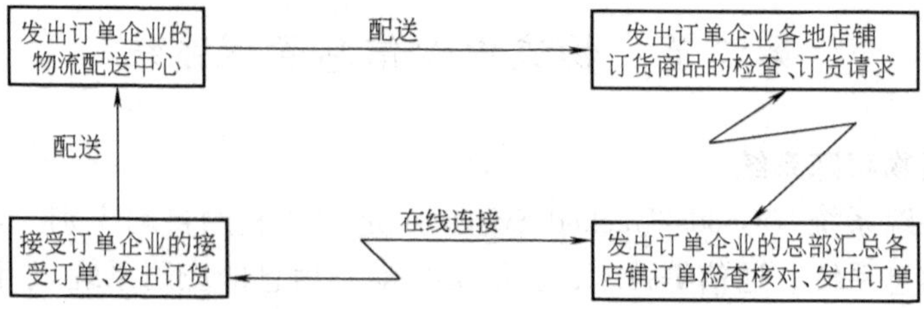

图9-1 EOS系统框架图

2. EOS系统的作用

EOS系统能及时准确地交换订货信息，它的作用如下：

（1）对于传统的订货方式，如上门订货、邮寄订货、电话、传真订货等，EOS系统可以缩短从接到订单到发出订货的时间，缩短订货商品的交货期，减少商品订单的出错率，节省人工费。

（2）有利于减少企业的库存水平，提高企业的库存管理效率，同时也能防止商品特别是畅销商品缺货现象的出现。

（3）对于生产厂家和批发商来说，通过分析零售商的商品订货信息，能准确判断畅销商品和滞销商品，有利于企业调整商品生产和销售计划。

（4）有利于提高企业物流信息系统的效率，使各个业务信息子系统之间的数据交换更加便利和迅速，丰富企业的经营信息。

企业在应用 EOS 系统时应注意：

（1）订货业务作业的标准化，这是有效利用 EOS 系统的前提条件。

（2）商品代码的设计。在零售行业的单品管理方式中，每一个商品品种对应一个独立的商品代码，商品代码一般采用国家统一规定的标准。对于统一标准中没有规定的商品则采用本企业自己规定的商品代码。商品代码的设计是应用 EOS 系统的基础条件。

（3）订货商品目录账册（Order Book）的设计和运用。订货商品目录账册的设计和运用是 EOS 系统成功的重要保证。

（4）计算机以及订货信息输入和输出终端设备的添置和 EOS 系统设计是应用 EOS 系统的基础条件。需要制订 EOS 系统应用手册并协调部门间、企业间的经营活动。

三、销售时点系统（POS）

1. 销售时点系统的概念

销售时点系统（Point of Sale，简称 POS），是指“利用光学式自动读取设备，按照商品的最小类别读取实时销售信息以及采购、配送等阶段发生的各种信息，并通过通讯网络将其传送给计算机系统进行加工、处理和传送的系统”。通过自动读取设备（如收银机）在销售商品时直接读取商品销售信息（如商品名、单价、销售数量、销售时间、销售店铺、购买顾客等），并通过通信网络和计算机系统传送至有关部门进行分析加工以提高经营效率。

POS 系统最早应用于零售业，以后逐渐扩展至其他服务行业，利用 POS 系统的范围也从企业内部扩展到整个供应链。

2. POS 系统的功效

在商品上贴上条码就能快速、准确地利用计算机进行销售和配送管理。其过程为，对销售商品进行结算时，通过光电扫描读取并将信息输入计算机，然后输进收款机，收款后开出收据。同时，通过计算机处理，掌握进、销、存的数据。销售时点系统是信息的基础采集系统，是整个商品交易活动或物流活动的信息传输的最基本的环节，通过销售时点系统，基础信息可以无遗漏地全部收集，并且不失真。

表 9-1 说明了 POS 系统的应用效果。

3. POS 系统的运行步骤

POS 系统的运行由以下五个步骤组成：

（1）商品都贴有表示该商品信息的条码（Barcode）或 OCR 标签（Optical Character Recognition）。

表 9-1 POS 系统的功效

作业水平	收银台业务的省力化	商品检查时间缩短；高峰时间的收银作业变得容易；输入商品数据的出错率大大降低；职工培训教育时间缩短；店铺内的票据数量减少；现金管理合理化
	数据收集能力大大提高	信息发生时点收集；信息的信赖性强化；数据收集的省力化、迅速化和实时化
店铺营运水平	店铺作业的合理化	提高收银台的管理水平；贴商品标签和价格标签、改变价格标签的作业迅速化、省力化；销售额和现金额随时把握；检查输入数据作业简便化；店铺内票据减少
	店铺营运的效率化	能把握库存水平；配置效率化、作业指南明确化；销售目标的实现程度变得容易测定；容易获得减价时间段；销售报告容易作成；能把握畅销商品和滞销商品的信息；货架商品陈列、布置合理化；易于发现不良库存；对特殊商品进行单品管理成为可能
企业经营管理水平	提高资本周转率	可以提前避免出现缺货现象；库存水平合理化；商品周转率提高
	商品计划的效率化	销售促进方法的效果分析；把握顾客购买心理；按商品品种进行利益管理；基于销售水平制订采购计划；有效的店铺空间管理；可进行基于时间段的广告促销活动分析

注：资料来源：《流通情报网络的基础知识》，日本实业出版社。

（2）在购买商品结账时，收银员使用扫描仪自动读取商品条码标签或 OCR 标签上的信息，通过计算机确认商品单价，计算客户购买总金额等，同时返回给收银机，打印出客户购买清单和付款总金额。

（3）各个店铺的销售时点信息通过 VAN 以在线连接方式及时传送给总部或物流中心。

（4）物流中心和店铺利用销售时点信息来进行库存调整、配送管理、商品订货等作业。通过对销售时点信息进行加工分析来掌握消费者购买动向，找出畅销商品和滞销商品，以此为基础，进行商品品种配置、商品陈列、价格设置等方面的操作。

（5）在零售商与供应链的上游企业（批发商、生产厂家、物流业者等）结成协作伙伴关系（也称为战略联盟）的条件下，零售商利用 VAN 以在线连接的方式把销售时点信息及时传送给上游企业。这样上游企业可以利用销售现场的最及时准确的销售信息制订经营计划，进行科学决策。

四、事务处理系统

事务处理系统（TPS）是物流业务可以运用的基础系统，向管理信息系统、决策支持系统和其他信息系统及管理工作提供所需要的数据。

事务处理系统的处理对象是订货单和票据，即将原始的单据录入到计算机系统，对订货单据、购货的订单和结算单据、收据、工资支付单据、账款付出、账款收入等基本业务活动进行记录并随时更新。这个系统可以全面反映日常的活动，为更高层次的信息系统提供基础数据并且有助于业务的改善。

事务处理系统的主要特点：

（1）能够迅速有效地处理大量数据。

（2）能够进行严格的数据编辑处理，确保数据的正确性、时效性。

（3）可以进行数据的存储和积累。

（4）可以提高数据处理的速度进而加速业务的进程。

五、决策支持系统（DSS）

决策支持系统（Decision Support System）是20世纪70年代末期在生产发达的西方国家兴起的一种新的管理信息技术。

1. 决策支持系统的概念及特点

决策支持系统是计算机技术、管理科学、人工智能和行为科学相结合的产物，旨在支持决策工作，提高决策的质量。决策支持系统能为决策者提供决策所需要的数据、信息和背景材料，帮助明确决策目标，进行问题的识别，建立、修改决策模型，提供各种备选方案，并对各种方案进行评价和优选，还可通过人—机对话，进行分析、比较和判断，为正确决策提供有益的帮助。尤其对于非常规、非结构化的问题，这个系统有很强的支持决策能力。

决策支持系统是利用信息系统，缩短人在决策过程中所耗费的时间和精力。由于决策的科学化、规范化和程序化，可以减少决策的失误。其具有以下几个特点：

（1）对于大量的数据和复杂的情况，可能干扰管理人对事物的判断，而决策支持系统可以提供有效的方案。这样就可以使管理者在更复杂的问题面前减少决策失误，同时可以在决策过程中比以前更科学地进行选择。

（2）决策支持系统可以比事物处理系统、管理信息系统更为灵活地处理问题，能够提供更加多样化的信息格式，可以生成文本、表格、直线图、饼图、趋势线以及更多分析图形与报告，使管理者可以更清晰、更准确地认识问题。

（3）决策支持系统可以对信息作更深入的分析，可以采用多种分析方法得出管理层所需要的结果。

2. 决策支持系统的框架结构

最初由Scott Morton等提出DSS的概念时，计算机技术尚不发达，DSS的框架一般为一个由人机对话系统、模型管理系统及数据管理系统三部分组成的系统。

随着计算机技术的飞速发展及开发实践经验的不断丰富，对DSS结构的研究已不断取得进展。先后出现了两库（数据库DB，模型库MB）、三库（数据库

DB，模型库 MB，知识库 KB）、四库（数据库 DB，模型库 MB，知识库 KB，方法库 AB）和五库（数据库 DB，模型库 MB，知识库 KB，方法库 AB，文本库 TB）的结构框架；由语言子系统、知识子系统和问题处理子系统组成的三系统结构形式；由应用层、任务层、功能层和物理层组成的层次结构模型；更有近年来日趋成熟的面向对象的结构框架。

3. 决策支持系统在物流管理领域的应用

决策支持系统在物流管理领域的应用从功能上来看，可分成如下几个方面：

（1）市场预测、分析功能。

（2）运输线路优化决策功能。

（3）运输工具优化配载功能。

（4）运输工具调度功能。

（5）仓储库存优化决策支持功能。

（6）效益分析功能。

（7）配送中心地点分布优化功能等。

决策支持系统是求解复杂问题的有效工具。

第三节　信息技术在物流中心的应用

一、条码技术

条码技术是现代物流系统中广泛采用的、快速信息采集技术，它能适应物流大量化和高速化要求，可大幅度提高物流效率。条码技术包括条码的编码技术、条码符号设计技术、快速识别技术和计算机管理技术，是实现计算机管理和电子数据交换不可少的开端技术。

1. 条码的定义

条码（Bar Code）是由一组规则排列的条、空及其对应字符组成的，用以表示一定信息的标识。条码隐含着数字信息、字母信息、标志信息、符号信息，主要用以表示商品的名称、产地、价格、种类等，是全世界通用的商品代码的表示方法。

2. 条码的构成

条码的条纹由若干个深色的“条”和浅色的“空”的单元所组成，其中，深色条对光的反射率低而浅色的空对光的反射率高，再加上条与空的宽度不同，就能使扫描光线产生不同的反射接收效果，在光电转换设备上转换成不同的电脉冲，形成了计算机可以分析处理的电子信息。由于光的运动速度极快，所以，可以准确无误地对运动中的条码予以识别。条码符号结构如图 9-2 所示。

3. 条码的类别

空白区	起始字符	数据字符	校验字符	终止字符	空白区

图 9-2　条码符号结构

目前现存的条码码制多种多样，但它们都有一些共同的特点，比如唯一性和永久性。唯一性是指同种规格同种产品对应同一个产品代码，同种产品不同规格对应不同的产品代码。

根据产品的不同性质，如重量、包装、规格、气味、颜色、形状等，赋予不同的商品代码。永久性是指产品代码一经分配，就不再更改，并且是终身的。当此种产品不再生产时，其对应的产品代码只能搁置起来，不得重复起用再分配给其他的商品。

目前国际上通用的和公认的物流条码码制有：ITF—14 条码、UCC/EAN—128 条码及 EAN—13 条码。选用条码时，要根据货物的不同和商品包装的不同，采用不同的条码码制。单个大件商品，如电视机、电冰箱、洗衣机等商品的包装箱往往采用 EAN—13 条码。储运包装箱常常采用 ITF—14 条码或 UCC/EAN—128 应用标识条码，包装箱内可以是单一商品，也可以是不同的商品或小包装的多件同一商品。

EAN 条码是国际上通用的通用商品条码，我国通用商品条码标准也采用 EAN 条码结构。主版是由 13 位数字及相应的条码符号组成，在较小的商品上也采用 8 位数字码及其相应的条码符号。具体构成如下：

（1）前缀码　由三位数字组成，是国家的代码，我国为 690，是国际物品编码会统一规定的。

（2）制造厂商识别代码　由 7 ~ 9 位数字组成，我国物品编码中心统一分配并统一注册，一厂一码。

（3）商品项目代码　由 3 ~ 5 位数字组成，由厂商自行确定。

（4）校验码　由 1 位数字组成，用以校验前面各码的正误。

例如，商品条码 6902952880041 中，690 代表中国，2952 代表贵州茅台酒厂，88004 代表 53%（V/V）、106PROOF、500mL 的白酒，1 是校验码。

条码符号位置的选择应以符号不变形且便于识读、便于操作为准则。首先应选在商品包装主显示面的右下侧；其次可选在与商品包装主显示面相连的平面；最后也可选在商品包装主显示面的背面。

4. 条码识别装置

条码识别采用的光电扫描设备，主要有以下几种：

（1）光笔扫描器似笔形的手持小型扫描器。

（2）台式扫描器固定的扫描装置，手持带有条码的物品在扫描器上移动。

（3）手持式扫描器能手持和移动使用的较大的扫描器，用于静态物品扫描。

(4) 固定式光电及激光快速扫描器它是由光学扫描器和光电转换器组成，安装在物品运动的通道边，对物品进行逐个扫描。它是现在物流领域应用较多的固定式扫描设备。

5. 条码技术在物流中的应用

由条码与扫描设备构成的自动识别技术在物流管理中有很多应用，主要表现在以下几个方面：

(1) 销售时点信息系统（POS） 在本章第二节已介绍。

(2) 库存系统 在库存物资上应用条码技术，尤其是规格包装、集装、托盘货物上，入库时自动扫描条码并输入计算机，由计算机处理后形成库存的信息，并输出入库区位、货架、货位的指令，出库程序则和 POS 系统条码应用一样。

(3) 自动分拣系统 自动分拣系统将在本书第十章第三节介绍。

6. 条码技术的作用

条码技术在物流管理中发挥了巨大的作用，方便了物流过程中涉及的各方。对托运人来说，它能改进订货准备和处理，排除运输差错，减少劳动时间，改进记录保存，减少实际存货时间。

对承运人来说，它能保持运费账单信息完整，顾客能存取实时信息，改进顾客装运活动的记录保存，可跟踪装运活动，简化集装箱处理，监督车辆内的不相容产品，减少信息传输时间。

对仓储管理来说，它能改进订货准备、订货处理，提供精确的存货控制，减少劳动成本，使入库数据精确。

对批发商和零售商来说，它能保证单位存货精确，销售点价格精确，减少实际存货时间，增加系统灵活性。

二、EDI 技术

1. EDI 的含义及其在物流中的应用

电子数据交换（Electronic Data Interchange）简称 EDI，是指“采用标准化的格式，利用计算机网络进行业务数据的传输和处理”，俗称“无纸贸易”。以前世界每年花在制作文件上的费用约达 3 000 亿美元，所以以 EDI 为基础的无纸化贸易被誉为一场“结构性的商业革命”。

目前，物流中心与供应商之间的信息交换广泛采用电子数据交换（EDI）这种方式，因为这种方法能及时准确地在不同企业间按照一定的标准传送有关业务的信息。EDI 的目的是通过建立企业间的数据交换网来实现票据处理、数据加工等事务作业的自动化、省力化、及时化和正确化，同时通过有关销售信息和库存信息的共享来实现经营活动的效率化。

需要指出的是，企业在应用 EDI 时不仅应关注在供应链参与各方之间传送信息的及时性和准确性，更重要的是如何利用这些信息来实现企业各自的经营目标和实现整个供应链活动的高效率。EDI 的主要功能表现在电子数据传输和交换、传输数据的存证、文书数据标准格式的转化、安全保密、提供信息查询、提供技术咨询服务、提供信息增值服务等，FORTUNE 杂志评选出的全球 500 家大型企业都应用 EDI 系统与它们的主要客户和供应商交换商业信息。

2. EDI 系统的构成

构成 EDI 系统的三个要素是 EDI 软件、硬件、通信网络以及数据标准。一个部门或企业若要实现 EDI，首先必须有一套计算机数据处理系统；其次，为使本企业内部数据比较容易地转换为 EDI 标准格式，须采用 EDI 标准；另外，通信环境的优劣也是关系到 EDI 成败的重要因素之一。

EDI 是为了实现商业文件、单证的互通和自动处理，通过计算机联网进行的数据传输和订货等交易活动，采用的不是人机对话方式的交互式处理，而是计算机之间的自动应答和自动处理，不需要人的直接介入。因此文件结构、格式、语法规则等方面的标准化是实现 EDI 的关键。世界各国开发 EDI 得出一条重要经验，就是必须把 EDI 标准放在首要位置。

EDI 标准主要分为以下几个方面：基础标准、代码标准、报文标准、单证标准、管理标准、应用标准、通信标准、安全保密标准。在这些标准中最首要的是实现单证标准化，包括单证格式的标准化、所记载信息的标准化以及信息描述的标准化。单证格式的标准化是指按照国际贸易基本单证格式设计各种商务往来的单证样式。在单证上利用代码表示信息时，应采用标准化代码。目前，我国已制订的单证标准有中华人民共和国进、出口许可证，原产地证书，装箱单，装运声明等。

3. EDI 通信方式——VAN

EDI 通信主要采用增值网（VAN）方式，VAN（Value Added Network）又称为在线系统 ON—LINE SYSTEM。它是指通过利用（一般是租用）通信公司的通信线路连接分布在不同地点的计算机终端形成的信息传递交换网络。该网络向使用者提供服务，如计算机之间的联网、数据交换服务、通信线路阻塞时的迂回中继等。

VAN 是实现 EDI 功能的外部设备，目前被广泛应用的销售时点技术（POS）、电子订货系统（EOS）都是 VAN 应用的典型形式。应用于 POS 系统的 VAN 除了传递销售时点数据之外，还能够通过对销售时点数据加工计算求得每个商品的利润、商品周转率、区分畅销商品和滞销商品。VAN 的附加价值表现在它能够提供以上这些服务。VAN 按使用目的分为业务共同利用型网络（即企业间数据交换网络）、通用数据通信网络，按应用范围分为大企业主导的 VAN、行业 VAN 和地区 VAN。

应用传统的EDI成本较高，一是因为通过VAN进行通信的成本高，二是制订和满足EDI标准较为困难，因为过去只有大企业因得益于规模效益能够从利用EDI中得到效益。近年来，互联网的迅速普及，为物流信息活动提供了快捷、简便、廉价的通信方式，从这个意义上说互联网将为企业进行有效的物流活动提供坚实的基础。

4. 物流EDI

EDI最初由美国企业应用在企业间的订货业务活动中，其后EDI的应用范围从订货业务向其他的业务扩展，如POS销售信息传送业务、库存信息管理业务、发货送货信息和支付信息的传送业务等。

近年来，EDI在物流中广泛应用，被称为物流EDI。所谓物流EDI是指货主、承运业主以及其他相关的单位之间，通过EDI系统进行物流数据交换，并以此为基础实施物流作业活动的方法。物流EDI的参与单位有货主（如生产厂家、贸易商、批发商、零售商等）、承运业主（如独立的物流承运企业等）、实际运送货物的交通运输企业（铁路企业、水运企业、航空企业、公路运输企业等）、协助单位（政府有关部门、金融企业等）和其他的物流相关单位（如仓库业者、专业报送业者等）。物流EDI的框架结构如图9-3所示。

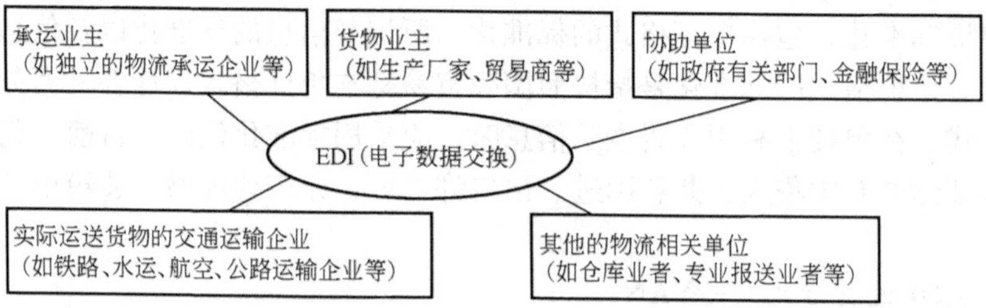

图9-3 物流EDI

物流EDI的优点在于，供应链组成各方基于标准化的信息格式和处理方法，通过EDI共同分享信息、提高流通效率、降低物流成本。例如，对零售商来说，应用EDI系统可以大大降低进货作业的差错率，节省进货商品检验的时间和成本，能迅速核对进货和到货的数据，易于发现差错。

5. EDI的一般流程

EDI的一般流程为：发送货物业主（如生产厂家）在接到订单后制订货物运送计划，并把运送货物的清单及运送时间安排等信息通过EDI发送给物流运输业主和接收货物业主（如零售商），以便物流运输业主预先制订车辆调配计划和接收货物业主制订货物接收计划。

随后发送货物业主依据顾客订货的要求和货物运送计划下达发货指令，分拣配货，打印出物流条码的货物标签并贴在货物包装箱上，同时把运送货物的品种、数量、包装等信息通过 EDI 发送给物流运输业主和接收货物业主，据此请示下达车辆调配指令。

然后物流运输业主在向发货货物业主取运货物时，利用车载条码扫描器读取货物标签的物流条码，并与先前收到的货物运输数据进行核对，确认运送货物。物流运输业主在物流中心对货物进行整理、集装，做成送货清单并通过 EDI 向收货业主发送发货信息，在货物运送的同时进行货物跟踪管理，并在货物交给收货业主之后，通过 EDI 向发货业主发送完成运送业务信息和运费请示信息。

最后收货业主在货物到达时，利用条码扫描器读取货物标签的物流条码，并与先前收到的货物运输数据进行核对确认，开出收货发票，货物入库；同时通过 EDI 向物流运输业主和发送货物业主发送收货确认信息。

三、射频识别系统（Radio Frequency Identification System）

射频识别系统是“由射频标签、识读器、计算机网络和应用程序及数据库组成的自动识别和数据采集系统。”

1. 射频识别系统的含义

一般的 POS 条码系统需要进行接触识别，这种识别方式对于物流系统而言，有一定的局限性。这是由于在物流过程中，不可能进行全部、全面的接触识别。

射频识别系统是一种重要的标识技术，它的主要功能是对运动的或静止的标签进行非接触的识别，这种识别技术就是射频技术。通过在物流对象上贴置的标签，用射频技术进行电磁波射频扫描，就可以把物流对象的相关信息，从标签上识别并进行直接读写，或者通过计算机网络将信息传输。

射频技术的优点是不局限于视线，识别距离比光学系统远，射频识别卡可具有读写功能，可携带大量数据，难以伪造。由于射频技术标签具有可读写能力，对于需要频繁改变数据内容的场合尤为适用。

2. 射频识别系统的组成

射频识别系统由以下两部分组成。

（1）射频系统　射频系统通常由读写器、计算机网络两部分组成。射频系统的读写器又由三个主要部分组成：读写模块、射频模块、天线。读写器在一个区域范围内发射电磁波，对标签进行数据采集，通过计算机网络进行数据转换、数据处理和数据传输。

（2）标签

1）射频标签的基本功能　具有一定的存储容量，用以存储被识别对象的信息；标签的数据能被读入或写入，而且可以编程，一旦编程后，就成为不可更改的永久信息；使用、维护都很简单，在使用期限内不需维护。

2）射频标签的构成　射频标签由射频模块、存储器、控制器及天线四个部分组成。标签的主要作用是存储物流对象的数据编码，对物流对象进行标识。通过天线将编码后的信息发射给读写器，或者接受读写器的电磁波并将其反射给标签。

3）标签的种类　按照标签的工作方式不同，有能够主动发射数据给读写器的主动式和只能由读写器发出查询信号进行识别的被动式两种；按照标签读写方式的不同，可以分为只读型和读写型两种，读写型标签的信息不但可以被读写器读出，还可以由读写器写入；按照标签的能源不同可分为不带能源的标签和带能源的的标签两类；按标签工作频率不同，有低频、高频和微波三种标签；按照工作的距离可以分为远程标签、近程标签和超近程标签三类，远程标签可以识别100cm的距离，近程为10～100cm，超近程为0.2～10cm。

3. 射频技术在物流中的应用

北大西洋公约组织（NATO）在波斯尼亚的“联合作战行动”中，不仅建成了战争史上投入战场最复杂的通信网，还完善了识别跟踪军用物资的新型物流系统，这是吸取了“沙漠风暴”军事行动中大量物资无法跟踪造成重复运输的教训。无论物资是在订购之中、运输途中，还是在某个仓库存储着，通过该系统，各级指挥人员都可以实时掌握所有的信息。该系统途中运输部分的功能就是靠贴在集装箱和装备上的射频识别标签实现的。

RF接收转发装置通常安装在运输线的一些检查点上（如门柱上、桥墩旁等），以及仓库、车站、码头、机场等关键地点。接收装置收到RF标签信息后，连通接收地的位置信息，传至通信卫星，再由卫星传送给运输调度中心，送入中心数据库中。

我国RF的应用也已经开始，一些高速公路的收费站口使用RF可以不停车收费，我国铁路系统使用RF记录货车车箱编号的试点已运行了一段时间，一些物流公司也正在准备将RF用于物流管理中。

四、全球卫星定位（GPS）系统

1. GPS系统的组成

目前，全球三大卫星定位系统分别是：美国国防部的GPS、俄罗斯的GLONASS（Global Navigation Satellite System）、国际海事卫星组织的INMARSAT（International Marine Satellite）。以美国国防部的GPS为例（其他类似），全球定位系统GPS（Global Position System），是“由美国建设和控制的一组卫星所组成的、24小时提供高精度的全球范围的定位和导航信息的系统”。GPS系统包括：

（1）空间部分——GPS工作卫星星座　21颗工作卫星和3颗在轨备用卫星。准确地说，是24颗沿距地球20 000km高度的轨道运行的NAVSTAR GPS卫星组成，不停地发送回精确的时间和它们的位置。它们24h提供高精度的世界范围的定位和导航信息。

（2）地面控制部分——地面监控系统　一个主控站，三个注入站和五个监测站。主控站的任务是提供 GPS 的时间基准，控制地面部分和卫星的正常工作，包括处理由各监测站送来的数据，编制各卫星星历，计算各卫星钟的钟差和电离层校正等参数，并将这些导航信息送给注入站；控制卫星运行轨道。注入站的任务是在卫星通过其上空时，把导航信息注入给卫星，并负责监测信息的正确性。监测站是一种无人值守的数据采集中心，其任务是对每颗卫星进行连续不断地观测，并在主控站的控制下定时将观测数据送往主控站，5 个监测站所提供的观测数据形成了 GPS 卫星实时发布的广播星历。

（3）用户设备部分——GPS 信号接收机　包括接收机硬件、软件，GPS 数据的后处理软件包。GPS 接收机接收卫星的信号，从而判断地面上或接近地面的物体的位置，还有它们的移动速度和方向等。GPS 接收机利用 GPS 卫星发送的信号确定卫星在太空中的位置，并根据无线电波传送的时间来计算它们之间的距离。等计算出至少 3 ~4 个卫星的相对位置后，GPS 接收器就可以算出自己的位置。每个 GPS 卫星都有 4 个高精度的原子钟，同时还有一个实时更新的数据库，记载着其他卫星的当前位置和运行轨迹。当 GPS 接收器确定了一个卫星的位置时，它可以下载其他所有卫星的位置信息，这有助于它更快地得到所需的其他卫星的信息。

2. GPS 系统的应用

在物流管理中，GPS 是非常先进和实用的工具。在物流配送过程中，经常要涉及货物的运输、仓储、装卸、送递等处理环节，对各个环节涉及的问题如运输路线的选择、仓库位置的选择、仓库的容量设置、合理装卸策略、运输车辆的调度和投递路线的选择等进行有效的管理和决策分析，这将有助于物流配送企业有效地利用现有资源，降低消耗，提高效率。事实上，这些问题都涉及地理要素和地理定位导航，全球定位与导航正是 GPS 的长处所在，因此，GPS 技术是全程物流管理中不可缺少的组成部分。

近年来，GPS 在物流领域的应用越来越多，主要有：

（1）汽车自定位、跟踪调度　据丰田汽车公司的统计和预测，日本车载导航系统的市场在 1995 ~2000 年间平均每年增长 35% 以上，全世界在车辆导航上的投资平均每年增长 60. 8% 。因此，车辆导航将成为未来全球卫星定位系统应用的主要领域之一。我国已有数十家公司在开发和销售车载导航系统。

（2）铁路运输管理　我国铁路的开发基于 GPS 的计算机管理系统，可以通过 GPS 和计算机网络实时搜集全路列车、机车、车辆、集装箱及所运货物的动态信息，可实现列车、货物追踪管理。只要知道货车的车种、车型、车号，就可以立即从近 10 万 km 的铁路网上流动着的几十万辆货车中找到该货车，还能得知这辆货车现在何处运行或停在何处，以及所有的车载货物发货信息。

铁路部门运用GPS技术可大大提高其路网及其运营的透明度，为货主提供更高质量的服务。

(3) 军事物流 全球卫星定位系统首先是因为军事目的而建立的。在军事物流中，如后勤装备的保障等方面，尤其是在美国，其在世界各地驻扎的大量军队，无论是在战时还是在平时都会对后勤补给提出很高的需求。在战争中，如果不依赖GPS，美军的后勤补给会变得一团糟。目前，我国已经开始重视GPS技术，我国军事部门已开始运用GPS。

五、地理信息系统（GIS）技术

地理信息系统（Geographical Information System）是20世纪60年代开始迅速发展起来的地理学研究新成果，是多种学科交叉的产物。

1. 地理信息系统的概念及组成

地理信息系统（GIS）是：由计算机软硬件环境、地理空间数据、系统维护和使用人员四部分组成的空间信息系统，可对整个或部分地球表层（包括大气层）空间中有关地理分布数据进行采集、储存、管理、运算、分析显示和描述。地理信息系统是以地理信息研究和决策服务的计算机网络系统，其主要功能是及时地提供多种空间的和动态的地理信息。

地理信息系统（GIS）主要有两部分组成：一部分是桌面地图系统，另一部分是数据库，主要存放地图上各特征点、线、面所相关的数据。通过点取地图上的相关部分，可以立即得到相关的数据；反之，通过已知的相关数据，也可以在地图上查询到相关的位置和其他信息。可以借助这个信息系统，进行路线的选择和优化，可以对运输车辆进行监控，可以向驾驶员提供有关的地理信息等。

2. GIS技术的应用

根据应用领域不同，地理信息系统又有各种不同的应用系统，例如，土地信息系统、城市信息系统、交通信息系统、环境信息系统、仓库规划信息系统等，它们的共同点是用计算机处理与空间相关的信息。

GIS应用于物流分析，主要是指利用GIS强大的地理数据功能来完善物流分析技术。国外一些公司已经开发出利用GIS为物流分析提供专门分析的工具软件。完整的GIS物流分析软件集成了车辆线路模型、最短路径模型、网络物流模型、分配集合模型和设施定位模型等。

(1) 车辆线路模型 用于解决一个起始点、多个终点的货物运输中如何降低物流作业费用，并保证服务质量的问题，包括决定使用多少辆车，每辆车的路线等。

(2) 网络物流模型 用于解决寻求最有效的分配货物路径问题，也就是物流网点布局问题。如将货物从 N 个仓库运往到 M 个商店，每个商店都有固定的需求量，因此，需要确定由哪个仓库提货送给哪个商店，所耗的运输代价最小。

（3）分配集合模型 可以根据各个要素的相似点把同一层上的所有或部分要素分为几个组，用以解决确定服务范围和销售市场范围等问题。如某一公司要设立 X 个分销点，要求这些分销点要覆盖某一地区，而且要使每个分销点的客户数目大致相等。

（4）设施定位模型 用于确定一个或多个设施的位置。在物流系统中，仓库和运输线路共同组成了物流网络，仓库处于网络的节点上，节点决定着线路，如何根据供求的实际需要并结合经济效益等原则，在既定区域内设立多少个仓库，每个仓库的位置，每个仓库的规模，以及仓库之间的物流关系等问题，运用此模型就能很容易地得到解决。

案例评析

【案例1】 花王公司物流综合中心

1993年2月花王公司建立了物流总部，从而改变了原来从工厂到销售公司的物流活动由物流部管理，而从销售公司到零售店铺的物流由销售部门内部物流支持管理小组管理这种分散管理的格局，从而将全企业的物流管理集中在物流总部。同年12月，花王公司又将物流部中专门研究合理配送和网络建设的小组，与各地区库存管理小组整合在一起，建立了“物流综合中心”。这样，通过一系列的机构调整和管理权限的重新划分，真正确立起了花王公司产销一体化的物流管理体制。

现在花王公司的物流管理体制主要由两部分组成，即从工厂到物流中心的工厂物流系统，以及从销售公司到零售店铺的销售公司物流系统。物流综合中心基本起到了工厂物流系统内连接生产、销售、物流等各环节，综合统一指挥物流运营的中心角色。如前所述，销售公司在会计制度上反映为无库存经营，不承担相应的物流费用，因此，销售公司不太关注商品的库存情况，其结果常常造成商品的库存积压。此外，由于各工厂与物流中心缺乏有效的信息沟通，相互对商品的库存情况不甚了解，使得实际库存情况往往与预测的结果大相径庭。所以，为了弥合工厂与物流中心在库存管理上的信息分割，由物流综合中心来统一对全公司的物流信息实行一元化的管理。

销售公司物流系统中所发生的信息则由销售公司物流信息系统统一管理，一般通过EOS送来的零售店订货信息都集中到销售公司两个主机中，在此，按不同配送对象和地区进行分类管理，然后，自动向日本全国80个物流中心自动发出分货指令。物流中心在接受指令的基础上，合理编排配送时间和配送路线，据此进行商品分拣和配送。花王公司日用品物流信息系统框架如图9-4所示。

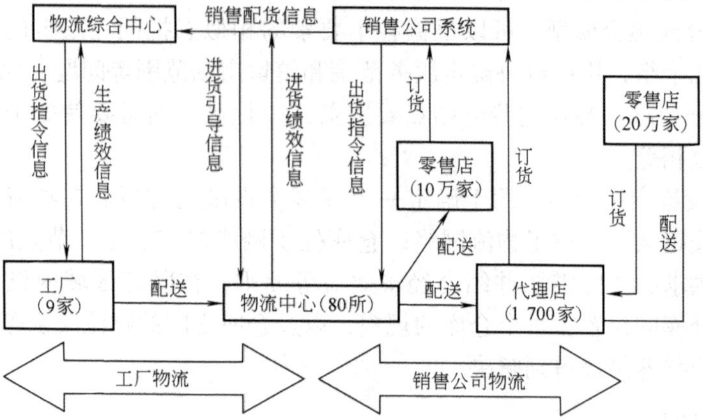

图 9-4　花王公司日用品物流信息系统

案例分析：

花王公司为提高公司的物流效率，建立了物流综合中心，并加强了物流系统的建设，对全公司的物流信息实行一元化管理，从而加强了工厂与公司间、物流综合中心与各个分物流中心之间各个环节信息的交流，并在各环节之间起到了综合协调的作用，因此节约了成本，控制了库存。

【案例 2】 UPS 信息技术

在 1986 年以前，联合速递公司（United Parcel Service，UPS）以其大型的棕色载货车车队和及时的递送服务，控制了陆路的包裹速递市场。然而，随着竞争对手利用不同的定价策略以及跟踪和开单的创新技术对 UPS 的市场进行蚕食，公司的收入开始下滑。UPS 公司开始致力于信息技术的升级和利用，提供除通宵装运之外的各种服务。当时，公司的高级副总裁，现任主席和首席执行官的肯·C·纳尔逊（Ken C. Nelson），领导技术使命团队，在不到 5 年的时间里耗巨资将功能性的、作业导向的公司转化为一个精通现代化技术的公司。到 1991 年，UPS 公司的通信网络已连接了 6 台大型计算机、250 台小型计算机、4 万台个人电脑，以及全世界 1 300 个配送点之间的 7.5 万个便携式计算机。

UPS 公司已通过广泛应用三项以信息为基础的技术为其提高服务能力。其一是利用条码和扫描仪使 UPS 公司能够有选择地每周 7 天、每天 24 小时地跟踪和报告装运状况，顾客只需拨打免费电话，即可获得“地面跟踪”（Ground Trace）和航空递送的增值服务。其二是 UPS 公司的递送驾驶员携带着以数控笔技术为基础的笔记本电脑到排好顺序的线路上收集递送信息。这种笔记本电脑使驾驶员能够用数字记录装运接受者的签字，以提供收货核实。计算机化的笔记本协调驾驶员信息，减少了差错，又加快了递送速度。其三是创建一个全国无线通信网络，该网络使用了55个蜂窝状载波电话，蜂窝状载波电话技术使驾驶员能够把实时跟踪的信息从载货车上传送到UPS公司的中央电脑。无线移动技术和系统得到来自新泽西州莫澳（Mahwah）数据中心的1亿美元的支持，使公司能够提供电子数据储存，并能恢复跟踪公司在全球范围内每天上百万笔递送业务。为了支持公司在欧洲增长的作业，UPS公司还在莫澳基地安装了卫星地面站，提供美国与德国间的直接链接。UPS公司致力于信息技术的升级与利用，再投资30亿美元用于扩大系统，以满足其实时包裹跟踪。

UPS公司对应用必要的战略信息技术的要求是，对未来市场需求和顾客需求作出高度精确的描述。该公司负责营销的副总裁迪克·格林（Dick-Green）认为，提供信息服务已是今天包裹递送业务中的一个至关重要的竞争要素。UPS正在努力营造，提供顾客们正在期待的全面信息服务。

案例分析：

UPS公司通过信息技术的升级和应用，提供了地面实时跟踪和航空递送的增值服务，并且通过无线通讯网络的建设，减少了差错率，加快了递送服务，提高了公司的总体服务能力。

【本章小结】

本章共包括四部分内容。首先对物流中心信息进行了概述。第二部分介绍了物流中心信息管理系统，包括货物跟踪系统、销售时点系统、电子订货信息系统、事务处理系统、决策支持系统，这些信息系统是物流中心高效率、低成本运作的重要技术手段，也提供了更加完美的顾客服务，捕捉到了更多用于分析的信息，物流决策支持系统的不断应用正在帮助管理者提高他们的决策和预测能力。第三部分介绍了信息技术在物流中心的应用，包括条码技术（Barcode）、电子数据交换（EDI）、射频技术、GPS技术、GIS技术，这些技术在国外物流发达国家已得到非常普遍的应用，在我国的物流企业中也将会得到进一步广泛的应用。最后一部分是案例评析，通过对花王公司物流信息管理系统和UPS信息技术的应用介绍，使信息系统及信息技术在物流中心的应用更加形象具体地体现出来。

【复习思考题】

1. 什么是物流信息？什么是物流中心信息，其作用有哪些？
2. 物流中心主要信息管理系统有哪些？其功能分别表现在哪些方面？
3. 什么是POS系统，该系统包括哪些步骤？
4. 在物流中心中，常用的信息技术有哪些？应用现状如何？
5. 简述条码的构成，并举例说明条码及扫描技术在物流管理中的应用。
6. 在充分实现EDI的优势之前，必须解决哪些问题？
7. UPS公司的案例说明了什么？
8. 试分析物流信息系统在物流发展中的地位和作用。

第十章　物流中心设施与设备管理

【知识目标】

通过本章学习，了解各种储存设备，搬运设备的种类、特点等；重点掌握物流中心自动化仓库的运行；掌握储存设备、搬运设备的选择方法。

【能力目标】

通过本章学习，使学生具备对物流中心的储存设备、装卸搬运设备及自动化仓库进行科学管理的基本能力，即熟知各种常用设备的特性，能够对各种常用设备作出正确的选择，熟知自动化仓库的特点、组成、运行等。

第一节　自动化仓库

一、国内外自动化仓库的发展概况

（一）国外自动化立体仓库的发展概况

1959 年美国首先开发了世界上第一个自动化立体仓库，并在 1963 年率先使用计算机进行自动化立体仓库的控制管理。后来联邦德国和日本也相继开发了自动化立体仓库。进入 20 世纪 80 年代后，自动化仓库在全球发展迅速。国外自动化仓库的发展经历了五个阶段：人工仓储阶段、机械化仓储阶段、自动化仓储阶段、集成化仓储阶段和智能自动化仓储阶段。在 20 世纪 90 年代后期及 21 世纪初的若干年内，智能自动化仓储是自动化技术的主要发展方向。

第一阶段，货物的输送、存储、管理和控制主要靠人工实现，其实时性和直观性是明显的优点。人工仓储技术在初期的设备投资的经济指标也体现了其优越性。

第二阶段，物料可以通过各种各样的传送带、工业输送车、机械手、吊车、堆垛机和升降机来移动和搬运，用货架托盘和可移动货架存储物料，通过人工操作机械存取设备，用限位开关、螺旋机械制动和机械监视器等控制设备的运行。机械化满足了人们在速度、精度、高度、重量、重复存取和搬运等方面的要求。

第三阶段，即自动化仓储技术阶段。自动化技术对仓储技术的发展起了重要的促进作用。20 世纪 50 年代末和 60 年代，美国、日本、联邦德国相继研制和采用了自动导引小车（AGV）、自动货架、自动存取机器人、自动识别和自动分拣等系统。20 世纪 70 年代和 80 年代，旋转体式货架、移动式货架、巷道式堆垛机和其他搬运设备都加入了自动控制的行列，但这时只是各个设备的局部自动化并各自独立应用，被称为“自动化孤岛”。

第四阶段，即集成自动化仓储技术阶段。在20世纪80年代后，随着西方发达国家计算机应用技术的发展，计算机通信控制技术和计算机软件与自动仓库技术相结合，“自动化孤岛”被集成化了，于是便形成了“集成系统”的概念。集成自动仓库能够在计算机之间、数据采集点之间、机械设备的控制器之间以及它们与主计算机之间及时地汇总信息。仓库计算机及时地记录订货和到货时间，显示库存量；计划人员可以方便地作出供货决策，他们知道正在生产什么、订什么货、什么时间发什么货；管理人员可以随时掌握货源及需求。

第五阶段，即智能自动化仓储技术。人工智能技术推动了自动化技术向更高级的阶段——智能自动化方向发展。现在，智能自动化仓储技术还处于初级发展阶段，它将具有广阔的应用前景。

（二）国内自动化仓库的发展概况

20世纪70年代初期，我国开始研究采用巷道式堆垛机的立体仓库。1974年在郑州纺织机械厂建成我国第一座自动化立体仓库。随着我国市场经济的不断发展，在我国的优势行业，如机械、家电、汽车、烟草、邮电、医药、食品、商业、物流等领域自动仓库正在被逐渐使用。据不完全统计，目前我国已建成的立体仓库近300座，其中全自动的立体仓库有30多个。我国的自动化仓库技术已实现了与其他信息决策系统的集成，智能控制和模糊控制的研究工作也在积极开展。

目前可以制造自动化仓库的国内知名企业有北京机械工业自动化研究所、昆明船舶公司、刚玉物流工程公司等。北京机械工业自动化研究所是国内最早从事可编程序控制器（Program Logical Control，PLC）和自动化立体仓库的研究开发和生产应用的单位之一，也是目前国内基于PLC的控制系统和自动化立体仓库系统最大的供应商之一。昆明船舶公司在引进国外先进物流技术的基础上，能够自主开发高速巷道堆垛机、激光导引无人车、各种物流自动输送和自动作业设备，以及以工业现场总线技术为基础的自动化物流控制系统和具有自主版权的昆船整体集成物流管理软件TIMMS2.0版本。从国内自动化仓库制造商提供的服务来看，我们国家的自动化仓库发展处于国外集成自动化仓库阶段。

二、自动化仓库的概念及特点

（一）自动化仓库的概念

自动化仓库是由电子计算机进行管理和控制，不需人工搬运作业，而实现收发作业的仓库。它是集光、机、电、信息技术于一体的高科技系统工程，主要由自动化立体仓库系统、自动输送机系统、自动导引车（AGV）、自动化作业（自动分拣和机器人作业）系统、自动化物流控制系统以及计算机管理和调度系统等组成。自动化仓库的概貌见图10-1。

图 10-1　自动化仓库示意图

（二）自动化仓库的分类

自动化仓库是复杂的综合自动化系统，作为一种特定的仓库形式，一般有以下几种分类方式。

（1）按照建筑形式不同可分为整体式和分离式。所谓整体式是指库房与货架形成一体化结构，建筑费用低，抗震，尤其适用于15m以上的大型自动化仓库。分离式是指储存货物的货架独立存在，货架在建筑内部，不作为建筑的支撑结构，适用于车间仓库、旧库技术改造和中小型自动化仓库。

（2）按货物存取形式不同可分为移动货架式和拣选货架式。移动货架式是由电动货架组成，货架可以在轨道上行走，控制装置控制货架的合拢和分离（作业时分离，储存时合拢）。拣选货架适用于多品种小件物品的零星入出库作业，如维修配套件仓库、标准件库、劳保库等。

（3）按货架结构形式不同可分为单元货架式、贯通货架式、水平循环式和垂直循环式。单元货架式是自动化仓库中最常见的结构，如图 10-2 所示。货物先放在托盘或集装容器内，再装入自动化仓库货架的货格中。其特点是在仓库宽度方向上有若干排货架，每两排为一组，中间有一条巷道供堆垛机存取货物。仓库的长度方向上有数列货位，沿垂直方向分若干层，从而形成大量货

图 10-2　单元货架式

格，一般每个货格存放一个货物单元。在单元货架式自动仓库中，巷道占了30%的面积，为了提高仓库的空间利用率，取消了巷道，将货架合并在一起，每一层、同一列的货物相互贯通，堆垛机将货物首先存入巷道最前端，后面的货物依次存放，取货时堆垛机由后端向前端取货，这就是贯通货架式立体仓库。该仓库适用于品种不多而数量大的商品。水平循环式货架可以在水平面内沿环形路线来回运行，该种仓库比较适合小件物品的拣选。垂直循环式自动仓库与水平循环相似，只是把水平面的旋转改为垂直面的旋转，这种仓库特别适合存放长的卷状货物，像地毯、胶片卷、电缆线等，也可以储存小货物。

（三）自动化仓库的构成

自动化仓库是机械和电气、强电控制和弱电控制相结合的产品。它主要包括货物储存系统（货架）、存取和传输系统、控制和管理系统这三大系统，还有与之配套的库房、供电系统、消防系统、通风及采暖系统及其他设施。

（1）自动化仓库货物储存系统　自动化仓库货物储存系统是由众多立体高层货架的标准货格组成，常用自动化仓库货物储存系统配备的是单元货架式。

（2）货物存取和传输系统　该系统具备货物出入库和存取功能，主要由堆垛机、出入库输送机械、装卸搬运机械组成。堆垛机额定重量一般为几十千克到几吨，其中0.5t的使用较多。它的行走速度平均为30m/min，提升速度平均为10m/min。目前巷道式堆垛机是自动仓库中最常用的搬运、存取设备。它由机架、运行机构、提升机构、载货台、存取机构、电气设备、安全保护装置等构成。自动化仓库除了高层货架和堆垛机是主体外，还需要进库区与仓库、仓库与出库区之间的传输系统。物流中心常用的传输系统有各种输送机械、叉车、自动搬运小车、升降机械、分类机构等。物流中心的各种输送设备和各作业区联成一体，构成出入库传输系统，形成自动化仓库的物流系统。

（3）控制和管理系统　本系统一般采用计算机管理和控制，目前自动化仓库控制方式有三种类型：集中控制、分离式控制和分布式控制。分布式控制是目前国际发展的主要方向，大型立体仓库通常采用三级计算机分布式控制系统。三级控制系统是由管理级、中间控制级和直接控制级组成的。管理级对仓库进行在线和离线管理，中间控制级对通信、流程进行控制，并进行实时图像显示；直接控制级是由可编程序控制器（PLC）组成的控制系统对各部分设备进行单机自动操作，使仓库作业实现高度自动化。

（4）其他配套设施　自动化仓库所有设备都安放在库房内，各作业分区也都分布在库房内，所以库房的规划、设计、建成是立体库建设的首要工作。物流中心对库房的要求是达到实用、安全、方便、美观的效果，并且库房的面积要考虑未来业务发展需要，即要留有余地。供电系统和自动化仓库设备的运转、设施的照明都离不开强有力的动力电源。物流中心的配电系统主要根据设备用的总电量确定用电容量，一般采用三相四线制供电，中性点直接接地，动力电压为交流电 380V/220V/50Hz。物流中心由于面积较大，货物和设备比较多，加上物流中心人员少，所以自动化仓库消防系统大都采用自动消防系统。物流中心对通风和采暖要求根据物品储存条件而定，一般对设备而言，库房内部的温度在 -5 ~ 45℃就可以。

（四）自动化仓库的特点

（1）高效率、大容量　自动化仓库使用机械和自动化设备，运行和处理速度快，大大提高了劳动生产率。大型自动化仓库每小时可以完成 500 ~ 800 次出入库作业。自动化仓库采用高层货架，可以用来储存的货位大幅度增加，提高了空间利用率。海尔国际物流中心，采用当今最先进的自动化仓库系统，该中心占地 1.92 万 m^2，库存货位达到 1.8 万个。据国际仓库自动化会议资料，以库存 11 000 托盘、月吞吐 10 000 托盘的冷库为例，自动化立体仓库与普通仓库比较情况为：用地面积是普通仓库的 13%，工作人员是普通仓库的 21.9%，吞吐成本是普通仓库的 55.7%。而自动化仓库的单位面积储存量却是普通仓库的 4 ~ 7 倍。

（2）自动化　自动化仓库利用高层货架、堆垛机和计算机控制管理三大系统实现物流中心进库、检验、储存、拣货、出库等作业自动化。自动化仓库与传统仓库重要区别是应用了先进的自动化技术、机器人技术、通信技术，自动化水平大幅度提升，操作人员锐减。

（3）信息化　没有“信息化”的仓库像个孤岛，不能实现跟其他相关用户的连接，数据无法共享与利用。自动化仓库突破了这个障碍，不仅在内部采用大量信息技术，如条码识别技术、射频通信技术、数据库与网络等技术，同时自动化仓库管理系统可以承担出入库、盘点、查询、打印、数据统计与分析等功能，将立体仓库的计算机与企业中心的中心计算机系统联系起来，就能够及时得到有关生产、库存和销售等方面的信息，从而准确地掌握库存量，及时指挥生产安排物资供应，加速资金周转提高管理水平。外部通过 VAN/Internet 与供应商、制造商、银行、物流企业、货主等进行互联，最大限度地满足供应链管理、电子商务背景下的物流业务开展。

（4）投资费用高，但运行费用小　据国外资料有关数据统计，标准化自动立体仓库建设成本需要 111.7 万美元，它的日常运行费用仅 29 500 美元/年。因此从长期投资的角度来说，自动立体仓库的投资还是比较经济的。

三、自动化仓库运行

自动化仓库运行步骤：

（一）运行前准备工作

自动化仓库操作人员到岗，接通设备电源，管理控制的计算机启动，打开自动仓库的计算机信息管理系统和监控调度系统等。立体自动化仓库的计算机信息管理系统是自动化仓库的核心。自动化仓库主要是通过计算机管理信息系统向自动化仓库的控制系统发送和接收指令来实现仓库的自动化运行。所以熟悉自动化仓库的计算机信息管理系统是保证自动化仓库正常运行的强有力保证。

（二）物品入库

物品入库包括以下几个步骤：第一步，物品入库时，操作员首先在条码打印机上打印出物品条码，码制以 39 码和交叉 25 码为主，打印完成后将条码贴在包装箱的指定位置。第二步，入库操作员在入库计算机上输入欲入库货物的条码、数量、储位，也可以利用激光条码扫描器扫描包装上的条码，计算机把数据读完后保存在入库管理数据库，并自动分配储位。第三步，欲入库的货物使用输送搬运设备搬到入库辊道上，入库辊道自动载运货物向前传送，如图 10-3 所示。第四步，到达入库口激光条码识别器固定位置时，识别器识别到欲入库货物的信息，入库计算机通过通信接口向入库的 PLC 发送欲入库命令。第五步，堆垛机接收控制器发来的信号，自动运行到进货缓冲口（见图 10-4），叉起货物自动分配到指定储位。当完成入库操作作业时，堆垛机向计算机反馈完成信息，计算机根据这些信息判断作业是否正常。

图 10-3 入库辊道

图 10-4 自动立体仓库进货缓冲口

（三）在库管理

为了更好地管理和监控库存货物，自动化仓库必须借助计算机控制。

1. 计算机储位管理

储位管理是把货物编码和储位联系起来，合理作好储位分配，分配原则有以下几点：

（1）重的物品存在下面的货位，较轻的物品存放在高处的货位。为了使货架受力稳定，货物分散存放在仓库的不同位置，避免因集中存放造成货架的货格受力不均匀。

（2）加快周转，先进先出。同种货物先入库者先出库。加快周转，避免因货物长期积压产生锈蚀、变形、变质及其他损坏造成的损失。

（3）提高效率，就近入/出库。

2. 计算机查询子系统

为了方便库存货物的管理，自动化仓库必须构建查询管理模块。查询模块有以下几个功能：①在库查询。输入货物编号，显示该货物在库状况。②空货位查询。③货位号和托盘号查询。④跟踪查询。⑤出入库历史查询。

3. 计算机库存图示监控系统

计算机库存图示监控系统的建立，主要是出于方便管理库存货物的目的，通过查看图示系统，自动化仓库储区的在库货物一目了然。一般计算机库存图控系统分为三个阶层：自动化仓库俯视图、储货区俯视图和货架俯视图，如图 10-5 所示。

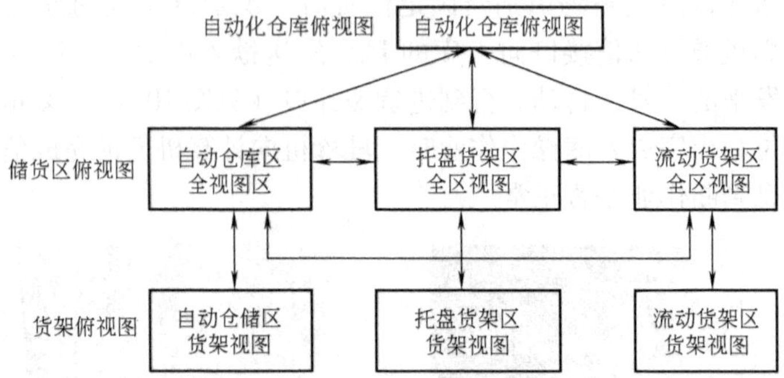

图 10-5 计算机库存图示监控系统

（四）出库作业

自动化仓库的出库作业与入库作业受同一套控制系统控制，但具体过程有所不同。简言之，即操作人员在仓库管理控制系统中输入出库信息，通信系统将此信息传输给 PLC（可编程控制器），由 PLC 向堆垛机控制系统发送出库指令。堆垛机控制系统收到指令便按照指令的要求运行到指定位置，并准确停在指定货格，堆垛机的载货平台伸出货叉，叉取出托盘货物，送到巷道口处，将此托盘货物移载到出库货台上，然后由叉车或输送机运送出库。出库完毕，计算机出库信息管理系统完成出库登账操作。

第二节 储存设备管理

物流中心储存设备形式种类很多，因储存货物形状、重量、体积、包装形式等特性不同，其储存方式也不一样。一般物流中心的储存设备，以单元负载托盘货架为主要储存设备。本节将以此为基础介绍物流中心常用货架及货架的选用。

一、物流中心常用货架

（一）货架的种类

1. 托盘式货架

图 10-6 所示的是物流中心最常用的托盘式货架。托盘货架由横梁、支柱、横梁与支柱装配结构、托盘支撑架、两列托盘货架背面连接杆组成。货架上层横梁与天花板距离 230mm。该类货架的特点是由叉车配合托盘进行存取，作业方便，拣取效率高，储存密度低，需较多通道。特别适用于品种中等，批量较大的货物储存。它通常高度在 6m 以下，一般 3～5 层较适宜。

图 10-6 托盘式货架

2. 流动式货架

流动式货架根据货物负载单元不同分为托盘流动式货架和容器流动式货架。托盘流动式货架如图 10-7 所示，货架一侧通道作为存放用，另一侧通道作为取货用，货架向着取货的方向倾斜，利用滚轮使货物向出口方向自动下滑。该类货架的特点是：储存量大，先进先出，空间利用率高，高度在 6m 以下，建设费用大。它适用于储存量大，流通快的货物。托盘流动式货架储存空间比一般托盘货架空间多 50% 左右。

托盘流动货架

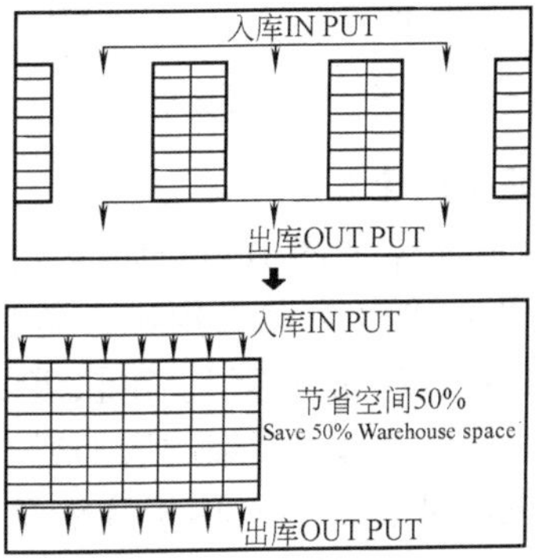

托盘式货架与流动货架对比图

图 10-7 托盘流动式货架

容器流动式货架如图 10-8 所示，特别适合安装在拣货区，进行少批量多品种货物的拣取作业。这种货架的特点是：货物可以先进先出，货物容易搬动，人工拣取方便，可安装电子显示器，实现计算机辅助拣货作业。

图 10-8　容器流动式货架

3. 驶入式货架

驶入式托盘货架，如图 10-9 所示，是指“可供叉车（或带货叉的无人搬运车）驶入并存取单元托盘物品的货架”。这类货架的托盘存放由里向外逐一存放，叉车存、取同一托盘时用相同通道。它的特点是储存密度高，但存取性差，不能做到先进先出。叉车在货架内行走，驾驶员要小心作业，所以货架密度不能太高，以 4 层 3 ~5 列为宜。该类货架适合于存放批量大、品种少，对保质期没有要求的货物。

4. 驶出式货架

驶出式货架如图 10-10 所示。其结构与驶入式货架相同，不同之处在于驶出式货架前后通道是通的，没有拉杆封闭。前后均可安排存、取货，能够实现先进先出。

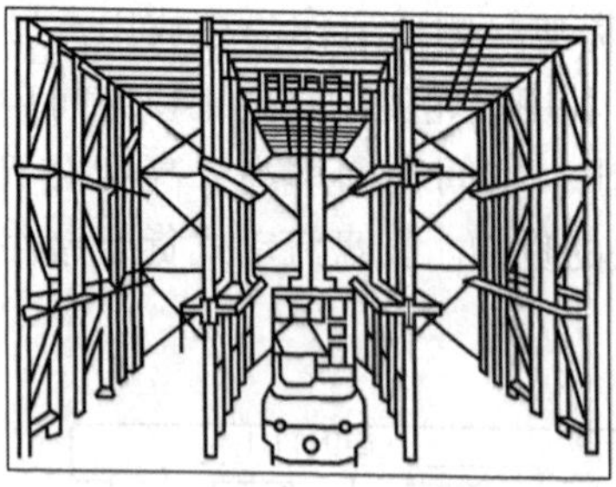

图 10-9　驶入式货架

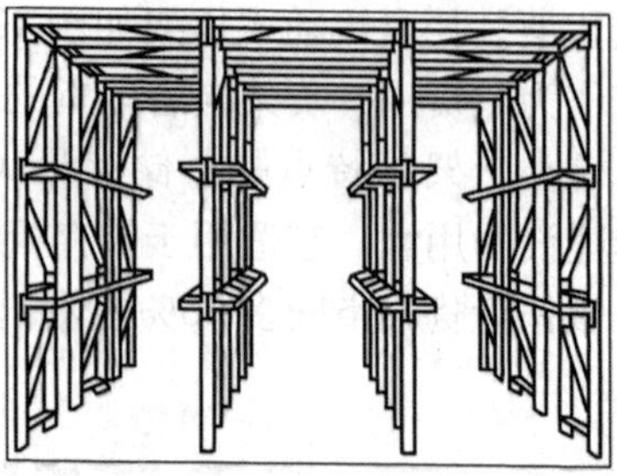

图 10-10　驶出式货架

5. 移动式货架

移动式货架如图 10-11 所示。移动式货架又称为动力式货架，是指“可在轨道上移动的货架”。用轨道以直线水平移动，每列货架的底部皆有电动机驱动装置，可密集相接配置，一般设有控制装置操作开关盘，用以操作移动货架，约在 30s 内开启通路，使堆垛机进入存取物品。

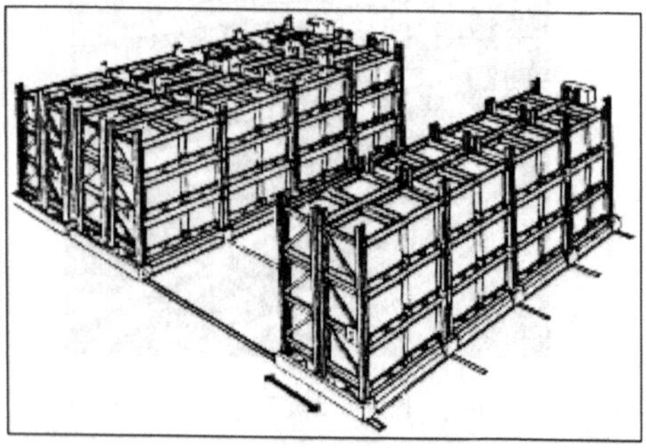

图 10-11　移动式货架

移动式货架的特征：①节省占地面积，地面使用率达 80%。②可直接存取每一项货品，不受先进先出之限。③使用高度可达 12m，单位面积之储存量可提升至栈板料架的 2 倍左右。④机电装置多、维护困难。⑤建造成本高，施工速度慢。⑥储物型态：托盘。

6. 推入式货架

推入式货架如图 10-12 所示。推入式货架通过货架内倾斜的导轨以及导轨上的带轮小车，由叉车将货物放在小车上，然后按图 10-13 所示将货物依次逐一推入货架，最多时可推入 6 个托盘，并在取货时逐一取出。该类货架特点：①储存密度高，存取性差。②比一般托盘货架节省 1/3 空间，如图 10-14 所示。③货物自动滑向最前储位。④不能先进先出。⑤适用于少品种、大批量货品，需使用叉车。

图 10-12　推入式货架

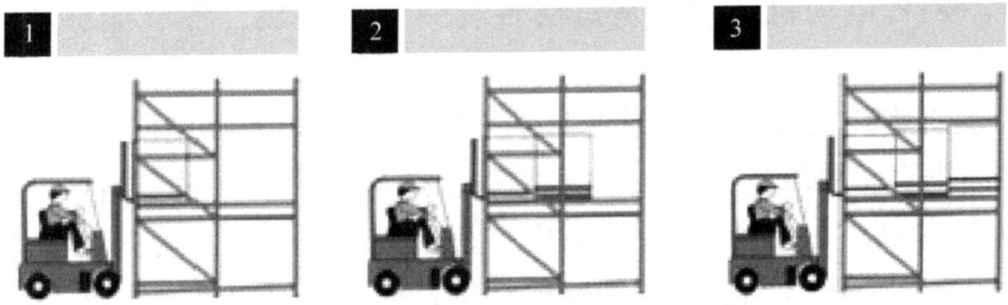

图 10-13　推入式货架作业过程

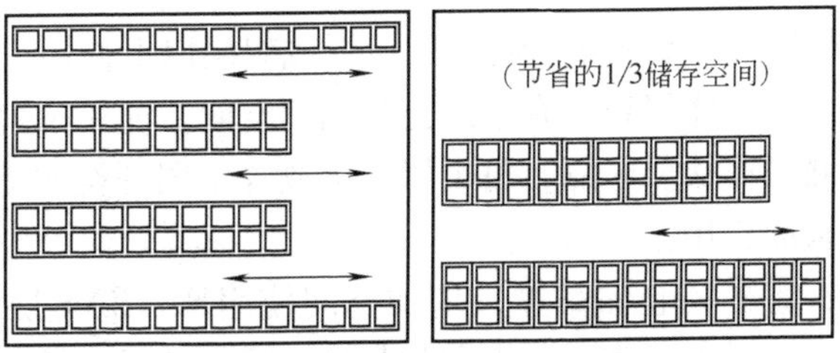

图 10-14　可节省 1/3 的库房空间

7. 旋转式货架

旋转式货架如图 10-15 所示。它适用于电子零件、精密机械等，少量多品种

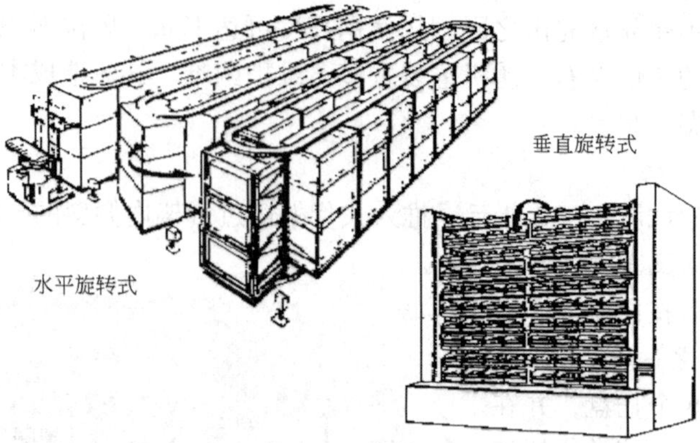

图 10-15 旋转式货架

小物品的储存及管理。其货架移动快速，速度可达 30m/h，存取物品的效率很高，又能按照需求自动存取物品，且受高度限制少，可采用多层，所以空间能有效利用。

（1）水平旋转式货架 水平旋转式货架分一台电动机驱动和多台电动机驱动两种形式。一台电动机驱动，是将连在一起的上下各货架层在水平方向旋转的自动仓库。多台电动机驱动，是每层各有一台电动机，各层能够独立旋转的仓库。

（2）垂直旋转式货架 其原理与水平旋转式货架大致相同，只是旋转的方向是与地面垂直。而取货高度的设计要适合操作人员长时间作业。该类货架特征：①减少人力，并可增加空间利用。②存入、取出口固定，货品不易失窃。③可利用计算机快速检索、寻找指定的储位，适合快速的拣货作业。④需要使用电源，且维修费用高。⑤适合存放纸箱、包、小件物品。

8. 阁楼式货架

阁楼式货架如图 10-16 所示。将空间设计成双层以上使用，在厂房地板面积有限的情形下，可作立体规划，有效地充分利用空间。简单来说，就是利用钢梁和金属板将原有储区作楼层区隔，每个楼层可放置不同种类的货架，而货架结构具有支撑上层楼板的作用。

其特征如下：①提高仓储高度，增加空间使用率。②上层货架储放轻量物品，不适合重型搬运设备行走。③上层物品搬运需加装垂直输送设备，或用人工搬运。④适合各类型货品存放。⑤适合存放托盘、纸箱、包、散杂物。

9. 悬臂式货架

悬臂式货架如图 10-17 所示。该类货架是在立柱上装设杆臂来构成的，适合

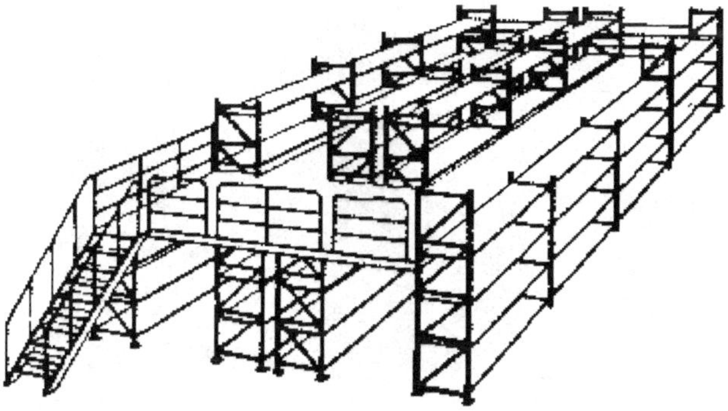

图 10-16　阁楼式货架

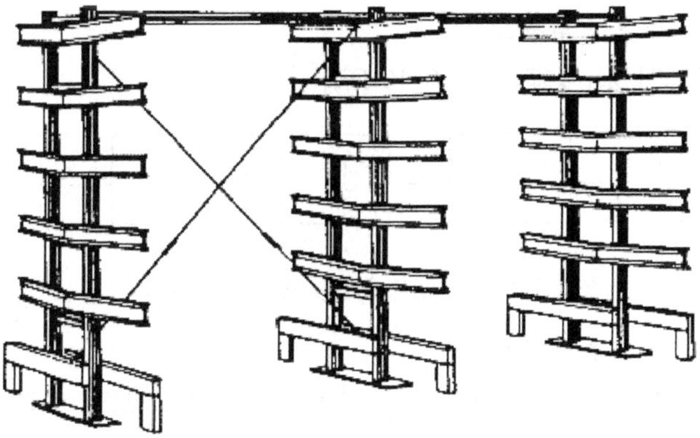

图 10-17　悬臂式货架

于存放钢管、型钢等长形的物品。若要放置圆形物品时，在其臂端装设阻挡以防止滑落。其特点是：①只适用于长条状或长卷状货品存放。②需配合叉距较宽的搬运设备，如叉距较大的侧面式叉车。③货架高度受限，一般在 6m 以下。④空间利用率低，约 35% ~50%。⑤适合存放长条状物和长卷状物。

10. 轻、中型货架

轻、中型货架如图 10-18 所示，用于储存重量轻和体积小的箱包货和散货。这种货架最适合于物流中心的小物品存放，货架高度一般在 4m 以下。该类货架的特点是：①价格便宜，组装快。②式样多，使用方便。③货架结构采用角钢和专用螺栓连接而成，可自由组合拆装，层距可调整。④适合存放纸箱、包、小件物品。

图 10-18　轻、中型货架

（二）物流中心货架选用

1. 物流中心货架选用步骤

物流中心货架选用步骤如图 10-19 所示。

图 10-19　物流中心货架选用步骤图

2. 物流中心货架类型选择

物流中心货架类型选择应主要考虑以下五个因素，见图 10-20。

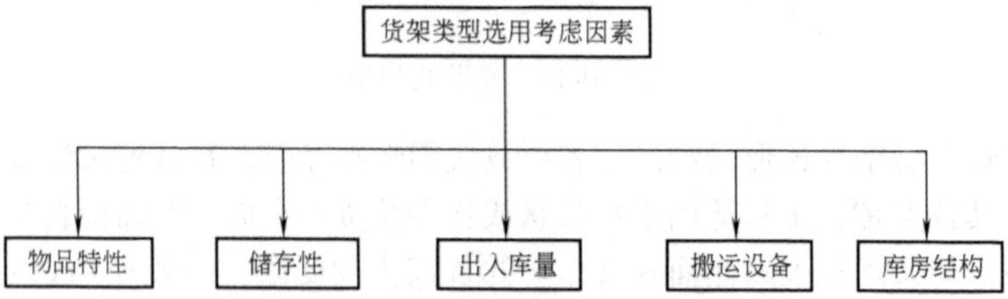

图 10-20　货架类型选择的考虑因素

物品特性主要考虑货物尺寸、重量、货位数、存储单位；储存性主要考虑储存密度、货物的先进先出、货位管理；出入库量主要考虑货物的存取密度、存取量；搬运设备主要考虑货架之间的通道宽度、需要提升的高度、提升的重量、转弯半径；库房结构主要考虑梁下有效高度、库房长宽、地面负荷、防火设施等。

3. 物流中心货架规格、尺寸选择

在货架类型选定后，便可以进行具体规格、尺寸选择。假设选定托盘式货架，根据托盘的尺寸、入库托盘个数、通道宽度、梁下高度、搬运设备等要素，决定货架的高度、层数、排数、长度、宽度等具体要素。

4. 货架选用评估

为了选择好适合物流中心的货架，就必须对欲选用的货架进行评估。主要评估以下几个内容：①成本评估。就是评估选定货架的价格及投入运营后的使用成本。②作业评估。货架储存量的估计作业时间，是否方便作业等。③空间效率评估。空间利用效率 = 有效存储面积/储存区面积。④储存货物评估。评估某型号货架是否达到储存货物的具体要求。例如食品要求先进先出，就比较适合使用先进先出的货架，如流动货架、托盘货架等，驶入式货架就不适合使用在食品的储存中。在选用货架时必须注意储存货物对货架的具体要求。

二、托盘（Pallet）

（一）托盘的定义

根据国家物流标准术语定义，托盘是“在运输搬运和存储过程中，将物品规整为货物单元时，作为承载面并包括承载面上辅助结构件的装置”。从定义中可以看出托盘不仅是运输搬运的集装器具，也是物流中心、仓库等物流设施的储存工具。托盘的出现也促进了集装箱和其他集装方式的形成和发展。现在托盘作为物流系统化的重要工具，对物流系统的建立和形成都具有重要作用。

（二）托盘的种类

托盘是物流作业中不可少的装载工具。它具有装载面，可供集合一定数量的物品，便于物品的装卸、储存和运输。由于货物的种类繁多，性质不同，规格尺寸多样，形态各异，所以与之相适应的托盘种类也各种各样。大体上可分为平托盘、箱托盘、储槽式托盘和箱柜式托盘。

平托盘是物流作业中使用量最大的一种，它从不同的角度划分有不同的种类。

（1）按照叉车叉入方式不同分类　分为单向叉入型、双向叉入型和四向叉入型三种。

（2）按照制造材料不同分类　分成木制托盘、钢制托盘、塑料托盘和胶合板制托盘。

箱托盘的面上具有上层结构，其四周至少有三个侧面固定，另外一个侧面是可折叠的垂直面。各侧面可以是平板、条状板和网状板。

储槽式托盘主要用于粉状物的搬运，它实际上是在箱式托盘中间增加一个容器。

箱柜托盘主要用于液体的搬运，它具有密闭侧面和盖子，底部和顶部附有装入口和流出口。

（三）托盘的标准化

为使物流作业机械化和自动化，托盘必须标准化。托盘的 H（高度）一般为 100～150mm，单面取 140mm，双面用 150mm。托盘的载重量分为 500kg、1 000kg、1 500kg、2 000kg 四个级别。

（四）物流中心常用托盘

一般物流中心常用托盘，主要指的是平托盘，如图 10-21 所示。

图 10-21 平托盘

目前我国托盘标准尺寸种类很多，早在 1996 年我国交通部科研院曾经提出将 ISO 6780:1988《联运通用平托盘主要尺寸及公差》等效采用为我国托盘的国家标准，原国家技术监督局以 GB/T 2934—1996 标准系列文号批准并发布了这一标准，包括 1 200mm × 1 000mm、1 200mm × 800mm、1 140mm × 1 140mm、1 219mm × 1 016mm 四个标准。但由于我国采用托盘国际标准太多，同时又缺乏托盘共用系统（Pallet Exchange System）来引导托盘在企业间自由流通，因此这个推荐标准并未有效地解决我国托盘联运过程中规格统一问题。随着我国物流产业的迅猛发展和托盘国际标准的不断增多，2003 年 ISO 托盘国际标准从 1988 年的 4 种，又增加了 1 100mm × 1 100mm、1 067mm × 1 067mm 两种，已经达到了 659 种，我国继续等效采用所有 ISO 托盘国际标准已经不再是一种理性的选择。国际托盘尺寸主要有：1 200mm × 1 000mm、1 200mm × 800mm（欧洲标准），1 140mm × 1 140mm（澳大利亚标准），40in × 48in（美国标准），1 100mm × 1 100mm（亚洲标准）。

物流中心使用托盘的尺寸选择主要是根据外包装箱的尺寸并结合托盘的标准来综合考虑，例如假设某物流中心常用的外包装箱尺寸是 600mm × 400mm，那么最适合该货物的托盘尺寸应该是 1 200mm × 800mm，因为这样可以很紧凑地堆放四个包装箱。

第三节 搬运设备管理

搬运作业是物流中心主要作业之一。随着物流业务的大力发展，根据实际需要物流中心的搬运设备品种多样。物流中心搬运设备以搬运车辆为主分为两大系列；一是重载较长距离搬运的叉车系列，二是轻载短距离搬运的手推车系列。

一、叉车（Fork Lift Truck）

叉车是指具有各种叉具，能够对货物进行升降和移动以及装卸作业的搬运车辆。图 10-22 所示的是某公司生产的 Cpc20c—2a 叉车，其部分技术指标见表 10-1。

图 10-22　叉车

表 10-1　叉车技术指标

参数 / 型号 / 项目	Cpc20c—2a	Cpc25c—2a	Cpc30c—2a
额定起重量/kg	2 000	2 500	3 000
自重/kg	3 650	3 850	4 450
自由起升高度/mm	120	120	238
标准货叉尺寸(长/mm)×(宽/mm)×(高/mm)	1 000×120×145	1 000×120×145	1 000×140×150
转弯半径/mm	2 400	2 400	2 450
满载起升速度/(mm/s)	520	520	460
载荷中心距/mm	500	500	500
起升高度/mm	3 000	3 000	3 000

（一）叉车的分类

1. 低提升式

这种低提升式叉车又叫手动叉车，提升高度在 100～150mm。低提升式叉车主要为步行操作的拖板车，它分为两种形式：人力拖板车（见图 10-23）和电动拖板车（见图 10-24）。

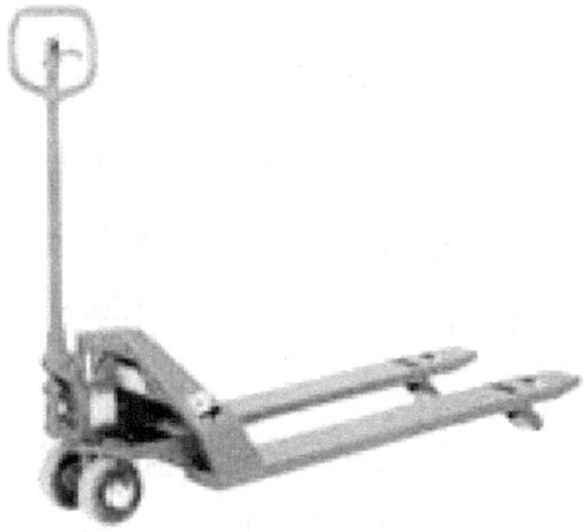

图 10-23　人力拖板车

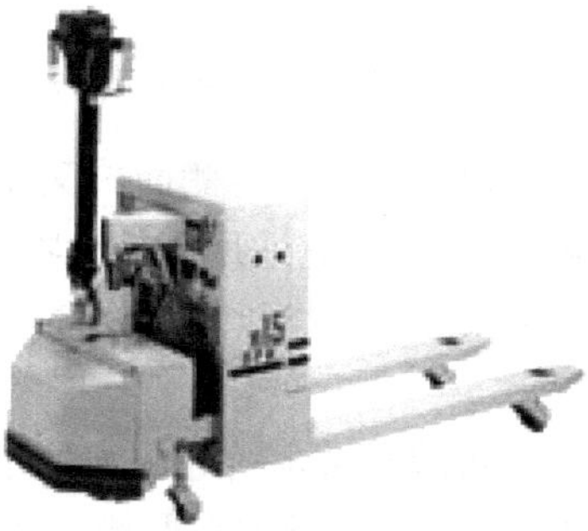

图 10-24　电动拖板车

2. 高提升式

这种叉车的最高提升高度可达12m。高提升式叉车中常用的有平衡式叉车、前移式叉车、侧面式叉车、拣选式叉车。

（1）平衡式叉车　平衡式叉车，如图10-25所示，是指在车体前方具有货叉和门架，而在车体尾部设有平衡重的装卸作业车辆。称平衡式叉车简称叉。以内燃机为动力的平衡式叉车，简称内燃叉车。它的特点是机动性好，应用广泛，功率大，尤其是大吨位的叉车。平衡式叉车按燃料可分为柴油（FD）、汽油（FG）、液化石油气（FL）等种类；按传动可分为机械传动、液力传动和静压传动等种类。平衡式叉车的主要指标：额定起重量、载荷重心、起升高度、自由起升高度、运行和起升速度、最小转弯半径、最小直角通道宽度、最小直角堆垛宽度。

（2）前移式叉车　前移式叉车是门架（或货叉）可以前后移动的叉车，如图10-26所示。运行时门架后移，使货物重心位于前、后轮之间，运行稳定，具有不需要平衡重，自重轻，可降低直角通道宽和直角堆垛宽，适用于车间、仓库内工作的特点。可提高操作员透视度，确保货物装载输送稳定性。该类型叉车适用于车间、仓库内工作。前移式叉车按操作可分为站立式、座椅式；按作业场所可分为普通型、防爆型、冷藏型。

图10-25　平衡式叉车

图10-26　前移式叉车

（3）侧面式叉车　侧面式叉车是指货叉和门架位于车体侧面的装卸作业车辆，见图10-27。它适用于长大物料的装卸和搬运。侧面式叉车按动力不同分内燃型和电瓶型；按作业环境分室外工作用（充气轮胎）、室内工作用等类型（实心轮胎）。

（4）拣选式叉车　拣选式叉车是指操作台上的操作者可与装卸装置一起上下运动，并可拣选储放在两侧货架内物品的叉车，如图10-28所示。该类型叉车适用于多品种、少批量的拣选式高层货架仓库，尤其适合拣选重量轻的货物。

图 10-27　侧面式叉车

图 10-28　拣选式叉车

（二）叉车的选择

物流中心在选择叉车时，应该根据实际需要考虑技术因素，如负载能力、提升高度、行走和提升速度、机动性、通道宽度、叉车控制方式等，还需要综合考虑叉车初期投入成本和后续的使用成本等因素。

（1）负载能力　负载能力是指以负载中心距为基础进行计算，负载中心距是指叉车货叉的载货重心到门架的距离。一般工业标准负载重心距 600mm，或 500mm。负载中心距越大，负载能力越小。

（2）最大提升高度　它是指在额定的负载下叉车的提升高度。

（3）行走及提升速度　行走和提升速度直接影响叉车的作业效率。因此对叉车进行选择时，行走和提升速度的指标是很重要的。一般叉车满载时行走速度可达 18km/h，空载时达到 21km/h。提升速度一般在 0.3～0.5m/s。

（4）机动性　机动性表示叉车在通道内的作业能力。叉车直角堆垛时的通道宽度反映了叉车的机动性。一般叉车作业所需的直角堆垛时通道宽度越小，说明叉车越灵活。

（5）叉车通道宽度　叉车作业时需要平稳和无干涉条件下的环境，所以不同类型叉车需要相应叉车的通道宽度，如表 10-2 所示。

表 10-2　不同类型叉车的通道宽度

类型 / 参数 / 项目	手动式叉车	平衡式叉车	前移式叉车	侧面式叉车	拣取式叉车
通道宽度/m	1.2～1.5	3～4.5	2.0～2.5	1.5～2.1	1.5～1.8

（6）升降架高度　表示地面到第一段升降架顶端的高度。

（7）自由行程　这表示第二段升降架移动之前货叉可上升的高度。一般低自由提升高度升程为 600mm，而高自由升程可达 1.5m。

（8）控制方式　电动叉车的控制方式有两种，一种是机械式，由步行阻抗进行控制，所谓步行阻抗是通过油门踏板和连杆来控制电阻。这种机械式控制叉车价格便宜，但效率不如电子式。另一种是电子控制方式，由电子步进阻抗控制行走和提升，具有低转速、大转矩和低能耗的特点，因此得到广泛的使用。

二、手推车

手推车轻便灵活，适合搬运重量轻的货物，一般可以承载500kg以下的货物，如图10-29所示。因此手推车广泛使用在仓库、物流中心、生产企业、商业企业、车站、机场等。由于手推车的生产商各异，手推车的型号规格也不尽相同。

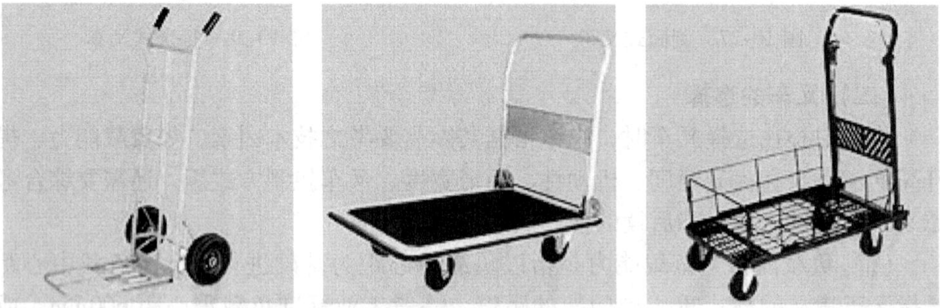

图10-29 手推车

物流笼车也属于手推车，常常用于配送发货区的集货作业。笼车有栅门式和挂钩式两类。体积小的货物发货时可以使用栅门式笼车，而体积大的货物发货时使用挂钩式笼车。

常用笼车的尺寸（长度×宽度×高度，单位：mm）有，800×600×1 700、850×600×1 700、850×650×1 700、950×800×1 700、1 100×800×1 700等。

三、连续输送机械

在物流中心中使用最普遍的连续输送机是单元负载式输送机械和立体输送机。单元负载式输送机包括滚筒式、带式和链条式三种类型。输送机的单元负载有托盘、纸箱等包装单元。单元负载按照动力不同分为重力式（无动力式）和动力式。立体输送机是为了节省占地面积，缩短输送距离在空中运行的输送机械有空中导引小车、垂直输送机械等。

1. 重力式输送机（无动力式）

所谓重力式输送机械是指利用自身重量为动力，在倾斜的输送机上自上而下滑动。重力式输送机适合于自身重量轻、易搬动物品的输送，它包括以下三种类型。

（1）滚轮式输送机 重力滚轮式输送机，有时称为“溜冰鞋滑轮”，主要特点是重量轻，易于搬动，且组装、拆装迅速。该类型输送机常应用于表面较软货物的输送，如布袋的输送。滚轮式输送机骨架采用钢和铝材质，滚轮可以采用钢质滚轮、铝质滚轮和塑料滚轮，钢质滚轮承载11～23kg、铝质滚轮承载4.5～

18kg、塑料滚轮承载10kg以下。滚轮式输送机内缘宽度可分为300mm、500mm和600mm，标准长度为1.5m、2m及3m。

（2）滚筒输送机 滚筒输送机如图10-30所示，它主要由滚筒、轴、轴承、骨架、支撑架等组成。滚筒输送机有着广泛的用途，常应用于托盘，塑料料箱、容器等包装箱的传送。

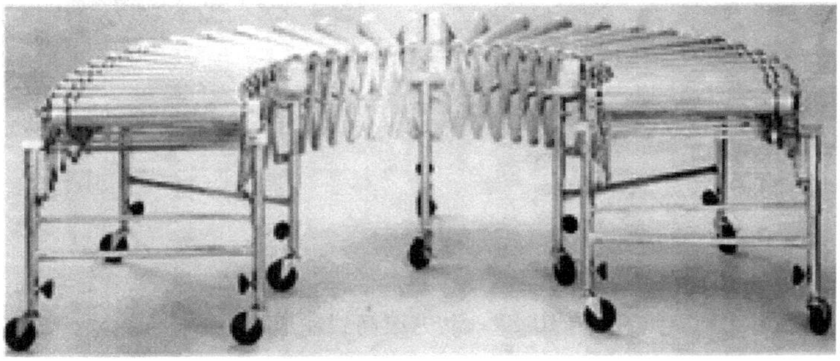

图10-30 滚筒式输送机

（3）滚珠式输送机 滚珠式输送机是在床台上装有可自由转向的万向滚珠，用于较硬表面的物品传输。滚珠输送机使用时不需要润滑，但不能使用在多灰尘的环境中。

2. 动力输送机

动力输送机和重力输送机的适用货物基本相同，区别在于动力式输送机需要驱动，自动使货物在输送机上传送，而重力输送机则无需驱动，而是利用自身重量，使货物滑动。动力输送机包括以下几种类型。

（1）动力链条式输送机 图10-31所示为动力链条式输送机，主要用于输送单元负载货物如托盘、塑料箱。动力链条式输送机有两种类型：滑动链条式输送机和滚动链条输送机。

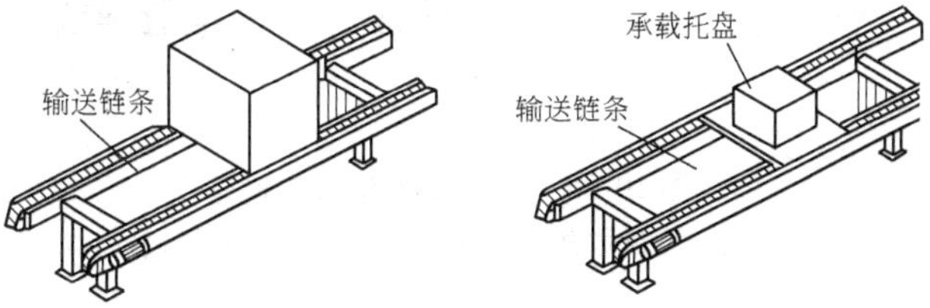

图10-31 动力链条式输送机

（2）动力滚筒式输送机 动力滚筒式输送机如图10-32所示。它不但输送能力大，而且负载能力也强，所以应用范围广泛，常用于连续输送、分流与合流和较重负载的输送。此外，它也广泛使用在油污、潮湿、高温和低温的环境。

图 10-32 动力滚筒式输送机

动力滚筒输送机装置有三种形式：直线输送机（见图 10-33），圆弧输送段（见图 10-34）和合、分流输送装置（见图 10-35）。

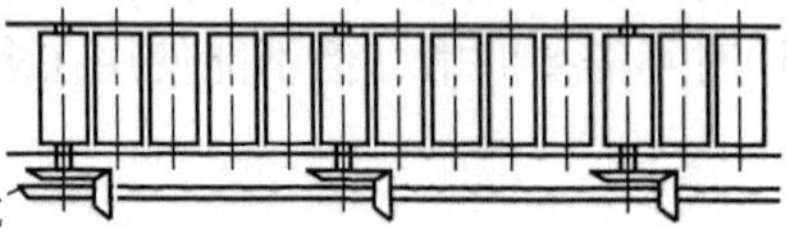

图 10-33 直线输送机

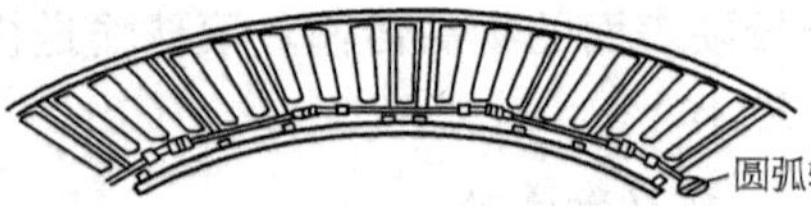

图 10-34 圆弧输送段

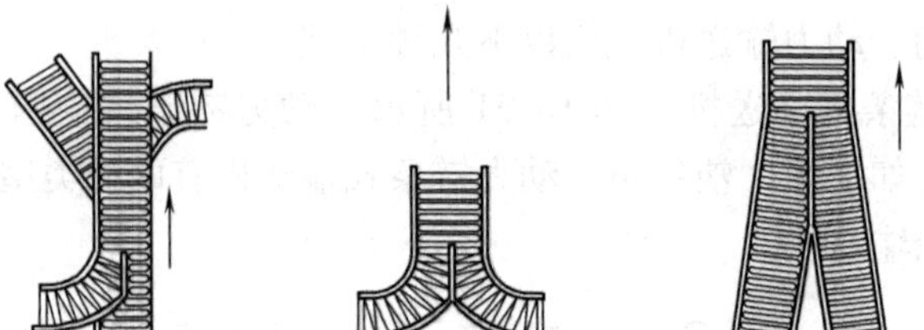

图 10-35 合、分流输送装置

a）分、合流结合 b）转弯合流 c）直送合流

3. 空间输送机

物流中心的建筑物大部分是多层的，物品在各楼层间的输送，必须利用空间输送机，如空中单轨自动车和垂直升降机。

（1）空中单轨自动车（SKY-RAV-Rail automated vehicle） 如图 10-36 所示，这种空中单轨自动车是悬挂在空中导轨上，按照指令在导轨上运动和停止的。它

图 10-36　空中单轨自动车

主要是由导轨、小车、传感器、升降带、货台装置、安全网等组成。当需要装货时，小车运动到该位置，升降带伸长，货台下降，装上物品，升降带上升到安全网平台上，小车自动运行到指定位置。

（2）垂直升降输送机　垂直升降输送机能连续地垂直输送物料，使不同高度上的连续输送机保持不中断的物料输送。也可以说，垂直升降输送机是将不同楼层间的输送机系统连接成一个更大的连续输送机系统的重要设备。物流中心各楼层物品的快速搬运是非常重要的，需要专用的垂直升降设备。其工作原理与电梯类似。垂直升降输送机根据进出口的衔接不同分为输送线输送机、手推车输送机和叉车输送机。

四、自动分拣系统

自动分拣系统（Automated Sorting System）是二次大战后在美国、日本的物流中心中广泛采用的，该系统目前已经成为发达国家大中型物流中心不可缺少的一部分。如图 10-37 所示，该系统的作业过程可以简单描述如下：物流中心每天接收成百上千家供应商或货主通过各种运输工具送来的成千上万种商品，要在最短的时间内将这些商品卸下并按商品品种、货主、储位或发送地点进行快速准确的分类，将这些商品运送到指定地点（如指定的货架、加工区域、出货站台等）；同时，当供应商或货主通知物流中心按配送的指示发货时，自动分拣系统要在最短的时间内从庞大的高层货架存储系统中准确地找到要出库的商品所在位置，并按所需数量出库，将从不同储位上取出的不

图 10-37　自动分拣系统

同数量的商品按配送地点的不同运送到不同的理货区域或配送站台集中，以便装车配送。

1. 自动分拣系统的主要特点

（1）能连续、大批量地分拣货物　由于采用大生产中使用的流水线自动作业方式，自动分拣系统不受气候、时间、人的体力等的限制，可以连续运行，自动分拣系统可以连续运行100h以上，每小时可分拣7 000件包装商品，如用人工则每小时只能分拣150件左右，同时分拣人员也不能在这种劳动强度下连续工作8h。

（2）分拣误差率极低　自动分拣系统的分拣误差率大小主要取决于所输入分拣信息的准确性大小，这又取决于分拣信息的输入机制，如果采用人工键盘或语音识别方式输入，则误差率在3%以上，如采用条码扫描输入，除非条码本身的印刷有差错，否则不会出错。因此，目前自动分拣系统主要采用条码技术来识别货物。

（3）分拣作业基本实现无人化　国外建立自动分拣系统的目的之一就是为了减少人员的使用，减轻工作人员的劳动强度，提高人员的使用效率，因此自动分拣系统能最大限度地减少人员的使用，基本上做到无人化。分拣作业本身并不需要使用人员，人员的使用仅局限于以下工作：①送货车辆抵达自动分拣系统的进货端口时，由人工接货。②由人工控制分拣系统的运行。③分拣系统的末端由人工将分拣出来的货物进行集货、装车。④自动分拣系统的经营、管理与维护。自动分拣系统基本上做到了无人化作业。

2. 自动分拣系统的组成

（1）控制装置　控制装置的作用是识别、接收和处理分拣信号，根据分拣信号的要求指示分类装置按商品品种、商品送达地点或货主的类别对商品进行自动分类。这些分拣的需求可以通过不同方式，如可通过条码扫描、键盘输入、重量检测、语音识别、高度检测及形状识别等方式，输入到分拣控制系统中去，根据对这些分拣信号的判断，来决定某一种商品该进入哪一个分拣道口。

（2）分类装置　分类装置的作用是根据控制装置发出分拣指示，当具有相同分拣信号的商品经过该装置时，该装置动作，使其改变在输送装置上的运行方向进入其他输送机或进入分拣道口。分类装置的种类很多，一般有推出式、浮出式、倾斜式、滑块式和分支式几种类型，不同的装置对分拣货物的包装材料、包装重量、包装物底部的平滑程度等有不同的要求。

（3）输送装置　输送装置的主要组成部分是传送带或输送机，其主要作用是使等待分拣商品鱼贯通过控制装置、分类装置，并沿固定路线运送商品。该装置是自动分拣系统的主体，在输送装置的两侧，一般要连接若干分拣道口，使分好类的商品滑下主输送机（或主传送带）以便进行后续作业。

（4）分拣道口　分拣道口是使已分拣商品脱离主输送机（或主传送带）进入集货区域的通道，一般由钢带、胶带、滚筒等组成滑道，使商品从主输送装置滑向集货站台，在那里由工作人员将该道口的所有商品集中后或是入库储存，或是组配装车并进行配送作业。

以上四部分装置通过计算机网络连接在一起，配合人工控制及相应的人工处理环节构成一个完整的自动分拣系统。

3. 自动分拣系统的适用条件

第二次世界大战以后，自动分拣系统逐渐开始在一些发达国家投入使用，成为发达国家先进物流中心、配送中心或流通中心所必需的设施条件之一，但因其要求使用者必须具备一定的技术经济条件，因此，在发达国家，物流中心、配送中心或流通中心不用自动分拣系统的情况也很普遍。在引进和建设自动分拣系统时一定要考虑以下条件：

（1）一次性投资巨大　自动分拣系统本身需要建设短则40～50m，长则150～200m的机械传输线，还有配套的机电一体化控制系统、计算机网络及通信系统等，这一系统不仅占地面积大，而且一般自动分拣系统都建在自动主体仓库中，这样就要建3～4层楼高的立体仓库，库内需要配备各种自动化的搬运设施，这丝毫不亚于建立一个现代化工厂所需要的硬件投资。这种巨额的先期投入要花10～20年才能收回，该系统大都由大型生产企业或大型专业物流公司投资，如果没有可靠的货源作保证，则小企业无力进行此项投资。

（2）对商品外包装要求高　自动分拣机只适于分拣底部平坦且具有刚性的包装规则的商品。袋装商品、包装底部柔软且凹凸不平的，包装容易变形、易破损、超长、超薄、超重、超高、不能倾覆的商品不能使用普通的自动分拣机进行分拣，因此为了使大部分商品都能用机械进行自动分拣，可以采取两条措施：一是推行标准化包装，使大部分商品的包装符合国家标准；二是根据所分拣的大部分商品的统一的包装特性定制特定的分拣系统。但要让所有商品的供应商都执行国家的包装标准是很困难的，定制特定的分拣系统又会使硬件成本上升，并且越是特别的其通用性就越差。因此公司要根据经营商品的包装情况来确定是否建或建什么样的自动分拣系统。

（3）业务量大　自动分拣系统的开机成本比较大，开机后的运行成本也比较大，因此需要有相应的业务量支持，须保证开机后货源不断，使系统连续带负荷运行，以保证系统的使用效率。以一个具有70个分拣道口，每小时分拣8 000件商品的大型自动分拣系统为例，如果一天开机8h，则可分拣64 000件商品，每件商品平均重量按30kg计算，合计1 920t，比一列有50节车皮、每节载重30t的货运列车的载重量还要多，如果每天都保持这么大的负荷，就要求自动分拣系统使用者的商品配送业务达到这种规模。

案例评析

【案例1】 海尔自动化物流中心

2001年3月31日正式启用的海尔国际物流中心座落在海尔开发区工业园，由国家863计划项目海尔机器人有限公司整合国内外资源建设而成。海尔国际物流中心高22m，拥有19240个标准托盘位，其中原材料的9 768个，成品的9 472个，包括原材料和产成品两个自动化物流系统。采用世界上最先进的激光导引技术开发的激光导引无人运输车系统、巷道堆垛机（主要参数见表10-3）、机器人（主要参数见表10-4）、穿梭车等，全部实现现代物流的自动化和智能化。

表10-3 巷道堆垛机的主要参数

数据传输	承载最大数量	最大提升范围	最大走行速度	最大升降速度	伸叉速度
红外传输	1 000kg	18m	160m/min	30m/min	40m/min

表10-4 码垛机器人的主要参数

运动范围	最大负荷	重复定位精度	轨道重复定位精度	夹具中心最大速度	夹具中心最大加速度
水平2.4m 垂直2.659m	120kg	±0.1mm	±1.0mm	2~3m/min	$10m/s^2$

海尔国际物流中心采用统一的托盘和货箱实现单元化储存，采用10台巷道堆垛机，对货物出入库实现自动化作业。该物流中心简要情况如下：

一、中心空间及组成

中心空间为148m×120m×20m；由原材料自动化仓库和成品件自动化仓库组成。

（1）原材料自动化仓库　存储物料为采购的零部件等原材料；单元货物尺寸为1 200mm×1 000mm×1 560mm。货位数量为12(排)×74(列)×11(层)=9 768个；高度为20m。

（2）成品件自动仓库　存储物料为冰箱、空调、小家电等制成品；单元货物尺寸为2 100mm×1 200mm×2 000mm。货位数量为16排×74列×8层=9 472个。

二、物流中心主要设备组成

（1）高层货架　原材料库中的高层货架有12排×74列×11层=9 768个；制成品库中的高层货架有16排×74列×8层=9 472个。

（2）巷道堆垛起重机　原材料库中有6台巷道堆垛起重机，其载重量为1 000kg，高度为20m；成品库有4台，载重量为1 200kg，高度20m。

（3）入出库输送机系统1套。

（4）AGV自动搬运系统1套。AGV无人搬运车的主要参数见表10-5。

表 10-5　AGV 无人搬运车的主要参数

整车自重	额定载重量	整车正、侧向精度	伸叉升降定位精度	整车向前最大速度	整车向后最大速度
1 200kg	2 000kg	±5mm	±3mm	90m/min	12m/min

（5）自动化控制系统 1 套。

（6）计算机监控和管理系统 1 套。

（7）大屏幕摄像监控系统 1 套。

（8）语言对讲调度系统 1 套。

（9）无线条码识别系统 1 套。

案例分析：

为了实现对企业内部生产线零部件的 JIT 和成品进行保管和配送，保证对客户配送的快速反应，海尔设计了全自动化的国际物流中心，满足了各方面需求。2001 年 3 月 31 日海尔国际物流中心正式启用。该物流中心采用世界上最先进的激光导引技术开发的激光导引无人运输车系统、巷道堆垛机、机器人、穿梭车、条码系统、无线数据传输系统、摄像及语音监控设备等，全部实现现代物流的自动化和智能化。

结合海尔物流中心的案例，物流中心设备的选用必须考虑如下原则：

（1）仓库机械设备的工作性能与仓库作业量、出入库频率相适应。如图 10-38 所示，综合考虑仓库作业量与出入库频率来选择不同类型的设备。

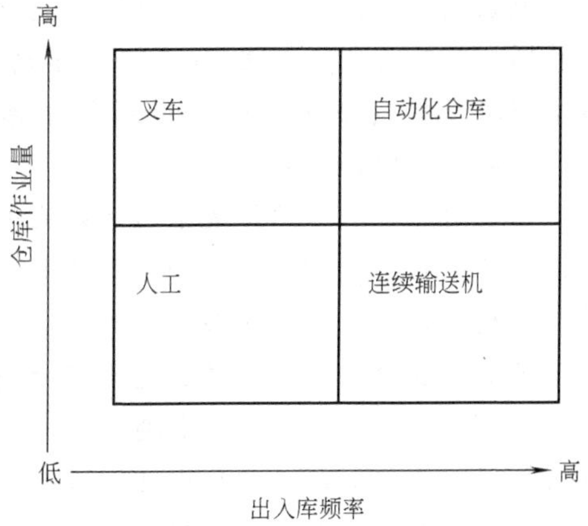

图 10-38　综合考虑仓库作业量与出入库频率

（2）选用自动化程度高的传输和存取装置。

（3）经济性和技术性均要结合考虑。

【案例 2】　日本阳光书社关东物流中心

株式会社阳光书社，是日本出版社图书流通业务代理行业中的大型企业，在全国拥有约 56 万 m^2 的图书保管和流通加工仓库，为各出版社保管和流通加工的图书达 8 000 万册。

该株式会社采用的联机网络信息系统和退货图书全自动改装线等均具有高度自动化水平，领先于同行业企业。2001 年 4 月他们引进的退货图书自动分类系统，已在茨城县稻敷郡关东物流中心正式启用。

该自动分类系统是株式会社阳光书社与物流系统著名生产厂家东洋热力株式会社共同研究开发的新设备，吸收了同类设备之长，体现了低成本、高性能、操作简便等特点。

一、出版业界的“第三方物流”

株式会社阳光书社的主要业务，虽然可以用一句话概括，即“出版社图书管理和图书流通业务代理”，但这还不能具体体现该公司的实际业务。为此，还是让我们听听该企业关东物流中心所长本宫富士的说法：“图书流通业过去分为四种类型：一是退货图书改装（精美装饰）业；二是图书运输业；三是图书保管业；四是废图书回收处理业。目前出现的图书流通代理业源于上述四类企业。”也就是说，许多企业开始仅从出版社那里承揽某一部分业务，后来服务的范围不断扩大和延伸，并且向专业化方向发展。阳光书社也不例外，开始从图书的改装业务起家，逐渐扩大到图书的库存保管、运输和图书物流业务管理。目前它是一个不隶属于任何出版社系列的独立企业。该公司在茨城县稻敷郡建立的大型物流据点，关东物流中心和筑波物流中心，负责十个仓库和事务所以及公司本部的图书物流业务，利用 20 多辆货车搞运输和配送。通过计算机联机系统，将各个出版社的图书库存管理和销售信息等连成信息网络，称为“阳光网络系统”，其业务规模堪称世界第一。

该公司原来从事的传统图书改装业务，现在也引进了新设备，简化了作业程序，实现了自动化作业。这种图书改装业务，关键的环节是掌握哪种书、何时、从何处退回，改装后的库存册数等数据。因为出版社需要依据这些数据决定图书的改装数量和再版数量，这也是出版社销售战略的重要组成部分。阳光书社目前已经能够利用联机网络和传真通信，每天向日本 130 家出版社提供退货图书及其库存信息。不仅如此，该公司还通过自己独创的程序，为出版社预测近几个月哪种图书可能会销售多少册，建议退货图书中改装哪一种、改装多少册，为出版社最终决定图书的改装数量提供有力的判断依据，同时也充分发挥了专业出版流通企业的特长。

阳光书社不单单向客户提供运输和保管服务，而且同时又能利用本企业的信息管理系统和自动化作业机械设备，在保证为客户进行高度的精细流通加工的同时，作为经营伙伴，向客户提供具有经营战略意义的指导性建议方案，真正体现了出版界第三方物流企业的本来风格。

二、实现了高效率、低成本的目标

（株）阳光书社一直比较重视提高效率，积极推进企业现代化。上述这种自动化图书改装线、信息通信系统以及各仓库使用手持终端进行出入库管理等做法，足以说明这一点。但是，有的环节仍然还是人海战术，如从各个代销店退货的图书，由于送来时是按价格分类的，所以要在这里重新按图书名称进行分类整理，仍需要大量的人手。

关东物流中心最近主要负责流通量相对较大的新书和丛书的加工处理，因为从两年前开始，一些新兴的大型出版社开始大批出版丛书，（株）阳光书社在承接这类新版丛书的物流业务的同时，还大量处理退货图书。

提到退货，这似乎是一个人们不愿意听到的信息，然而，委托销售的图书在通常情况下，退货率都不低于40%，即便是畅销书也有20%～30%的退货比例。

过去，关东物流中心负责退货图书处理的人员，包括一名计算机操作员，共13人，每3个人为一组，即便各个作业组拼命地工作，也忙不过来。为此，该公司社长西浦善彦先生决定引进自动分类设备，并立即着手可行性分析和调研。结果，看了各地的分类设备后，发现本企业要求处理能力与预算费用有差距，于是便决定自行研制开发。后来经与东洋热力株式会社商洽，双方达成一致意见，一年后与东洋热力（株）共同设计制造的设备主体安装完毕，又经过现场试机、调试，于2000年4月底正式启用。

利用该系统设备时，只要将新书和丛书搬放在流水线上设定好，就能够按照书名和定价进行自动分类与堆码。同时，通过对条码的自动读取，计算机会立即把退货图书的各种数据传送给出版社。

本系统投资额虽然只有约3 000万日元，但却取得了良好的效益。过去，13名工作人员每日只能处理图书3万册，现在9名工作人员每日可处理图书35 000～36 000册，实际相当于节省了5～6名劳动力。

1. 入库及分类准备

（1）入库　关东物流中心负责处理的图书，一部分是经销店委托公司本部（三乡市）事务所处理的新书和丛书，每天用10t载货车送至物流中心，另一部分是出版社直接委托茨城事务所改装和分类的退货图书。叉车将堆码在平托盘上运来的图书从载货车上卸下来后，再搬入库内货架上存放。出版业目前流通的托盘尺寸还不统一，造纸企业、印刷企业和经销店所使用的托盘均混有非标准托盘。

（2）入库信息输入　在物流中心先根据送货单输入预定入库数据，最终还要与自动分类机实际处理的数据核准、确认。

（3）自动分类准备　准备当日进行自动分类的图书，从托盘上取下来放在带轮子的作业台上，打开包装后按图书价格顺序排好。书架上摆放的是分类后剩下的零头入库图书，书架下面也带有轮子。作业平台面对分类机的感应装置，书架与滑槽成直角，均便于图书的搬进、搬出。

2. 向自动分类机摆放图书

分类系统包括感应设备、带式传送机。传送机是分类机的主体，正直方向传送，其左右分别有6个分类滑槽，合计12个。

只要将从作业台上搬过来的图书书背朝上摆放在感应式传送带上，一打开开关，传送带起动，书就会一本一本地被传送到主作业线上，速度为每秒2册。

图书在翻过来（背面朝上）的状态下进入分类作业线后，条码读取器立即对书上的两排条码进行读取，这样一来，按照图书名称退回来的图书数量等数据便被存储起来。关东物流中心每周一、周三、周五接收退货图书。

3. 滑槽分类作业

该系统安装调试期间，曾发生分类装置吸挂图书现象，经过改进，追加了一个导向装置，获得了成功。目前处理能力为每小时7 000册以上。

本系统采用的分类机构为左右旋转带推压式，通过左右推压换向达到图书分类的目的。这种被称为扫出式的分类机构，最近已不多见，但操作简单，作业准确无误。

扫出式换向装置将图书推压到辊道滑槽中。堆码装置将滑落下来的图书一本一本地堆码起来，高度约30cm。堆码成一摞一摞的图书被推出辊式滑槽后，落至刮板输送机中。

4. 分类后的图书作业工序

由于条码漏读而没有分类的图书被送至主作业线最前端的堆书机内。可依靠图书重量使底板下降，以便堆码得更多。

在滑槽前面的作业台上，将分类好的图书每15册捆成一个包装单位，然后放在托盘上。

分类完毕的图书中需要改装而临时存放的部分，用电动式手推车，利用电梯运至B栋二楼和三楼。

A栋为托盘货物保管货架仓库，统一使用1 000mm × 900mm的本企业托盘。货架巷道狭长，布局密集，保管能力较大，可存放图书约达1 500万册。

5. 自动图书改装生产线

这里有两条自动图书改装线，主要作业包括：退货图书封皮、书绳和条签的拆除、重新装饰和图书表面磨光。

在该生产线上有一个感应式拆除装置，只要将书放在下面，即可自动拆除图书封皮和书绳。

退货图书经过上述工序后，重新装上封皮、书绳和条签，然后，再由经销店卖给书店，摆在书架上出售。

近年来，各出版社为了尽量节约费用，减少浪费，严格控制图书印刷数量和改装册数，所以改装的图书批量变少，册数变小，生产线工序变换越来越频繁。目前的两条线每日仅改装3至4万册。

改装图书用的材料，如封皮、书绳和条签等都存放在楼上的移动货架上，保管数量相当于5 000本书的用量。库存减少时，反映改装的图书量在增加，立即向出版社提议追加图书印刷数量。

以上介绍的全自动图书改装线和自动退货图书分类系统，是（株）阳光书社引以为自豪的设备。关东物流中心本宫所长讲，类似的全自动系统在日本图书流通代理业界中还没有先例。该公司引进新系统后，计划逐渐扩大服务范围，将从目前的130家客户企业扩大到将来的200家。

案例分析：

针对图书业退货率高，作业处理难度大，图书品种繁多，分拣困难等一系列问题，株式会社阳光书社引入了全自动图书改装线和自动退货图书分类系统，完成图书入库作业、分类作业、自动摆放图书作业、快速图书退货作业、自动改装作业等，实现了图书物流中心高效率、低成本的物流作业目标。

【本章小结】

物流中心的进货、保管、分拣、包装、流通加工、出库、配送等一系列的作业，除了适合的软件系统之外，合适的硬件系统配备是不可或缺的。物流中心的硬件系统可以分为设施与设备两大部分。物流中心的设施主要指进行物流作业或物流活动的场所，如进货月台、自动立体仓库、流通加工区、发货区等；设备是指进行物流活动所需的工具，物流中心常用的主要设备是储存设备、搬运设备。通过本章学习，认识和理解物流中心的设施及设备有关情况，能够在物流中心管理工作中选择和使用物流中心的设施与设备，尤其是物流中心的储存设备、搬运设备。本章共包括四部分内容，首先介绍的是物流中心中的主要设施自动化仓库，在这部分主要讲述的是自动化仓库的运行。第二部分介绍了物流中心常用的储存设备，即货架和托盘，并介绍了如何选择不同种类的货架和托盘。第三部分介绍了搬运设备，包括叉车、手推车、连续输送机械、自动化分拣系统。最后一部分是案例评析，介绍的是海尔自动化物流中心以及日本阳光书社关东物流中心中的自动化仓储设备及自动化系统的运作情况。

【复习思考题】

1. 请分析自动化仓库发展趋势。
2. 谈谈自动化仓库的优点及利用条件。
3. 简述自动化仓库的入库作业。
4. 自动化仓库是如何构成的？
5. 物流中心货架要如何选用及主要应考虑的因素有哪些？
6. 托盘式货架在什么条件下使用比较合适？
7. 简述分拣设备的组成和使用条件。
8. 列举物流中心常用的输送设备。
9. 物流中心选择设备时遵循的原则有哪些？

第十一章 物流中心运作成本管理

【知识目标】

通过本章学习，掌握物流成本的概念、物流成本的分类、物流成本分析与控制方法、降低物流中心运作成本的各种策略；了解物流成本管理的意义，物流成本的计算目的等方面的内容。

【能力目标】

通过本章学习，使学生具备制订降低物流中心动作成本策略，以及对物流中心成本进行分析与控制的基本能力。

第一节 物流中心运作成本核算方法

一、物流中心运作成本的构成

现代物流管理的最终目标是提高物流服务的质量，降低物流成本。物流被称作“第三利润源泉”，在物流领域降低成本有很大的潜力，特别是在物流水平不高的国家。而物流中心作为物流网络中的重要节点，降低其运作成本有着非常重要的意义，物流中心运作成本降低，不仅可以提高物流中心的效益，也会使接受其物流服务的客户企业从中受益，从而实现双赢的战略效果。

（一）物流成本的定义

在物流过程中，为了提供有关服务，开展各项业务活动，必然要占用和消耗一定的活劳动和物化劳动。物流活动中所消耗的物化劳动和活劳动的货币表现，即为物流成本，也称为物流费用。物流成本包括物流各项活动的成本，如商品包装、运输、储存、装卸搬运、流通加工、配送、信息处理等方面的成本，这些成本之和构成了物流的总成本，也是物流系统的总投入。

（二）物流成本的分类

为了进行物流成本的计算，首先应确定计算口径，即从哪个角度来计算物流成本，因此必须对物流成本的构成进行分析。按不同的角度，物流成本有不同的构成。

1. 按照物流的范围分类

按照物流的范围物流成本可以分为供应物流费、企业内物流费、销售物流费、回收物流费和废弃物物流费五种。

（1）供应物流费 指从商品（包括容器、包装材料）采购直到批发、零售业者进货为止的物流过程中所需要的费用。

（2）企业内物流费 指从购进的商品到货或由本企业提货时开始，直到最终确定销售对象的时刻为止的物流过程中所需要的费用，包括运输、包装、商品保管、配货等费用。

（3）销售物流费 指从确定销售对象时开始，直到商品送交到顾客为止的物流过程中所需要的费用，包括包装、商品出库、配送等方面的费用。

（4）回收物流费 指包括材料、容器、退货等由销售对象回收到本企业的物流过程中所需要的费用。

（5）废弃物物流费 指在处理废弃物物流的过程中而产生的物流费用。

2. 按照支付形态的不同分类

按照支付形态的不同来进行物流成本的分类，是以财务会计中发生的费用为基础，将物流成本分为本企业支付的物流费和其他企业支付的物流费；本企业支付的物流费又可以分为企业本身的物流费和委托物流费；其中企业本身的物流费又分为材料费、人工费、公益费、维护费、一般经费和特别经费。

（1）材料费 指因物料的消耗而发生的费用。由物资材料费、燃料费、消耗性工具、低值易耗品摊销及其他物料消耗等费用组成。

（2）人工费 指因人力劳务的消耗而发生的费用。包括工资、奖金、福利费、医药费、劳动保护费以及职工教育培训费和其他一切用于职工的费用。

（3）公益费 指给公益事业所提供的公益服务支付的费用，包括水费、电费、煤气费、冬季取暖费、绿化费及其他费用。

（4）维护费 指土地、建筑物、机械设备、车辆、船舶、搬运工具、工具器具备件等，由固定资产的使用、运转和维护修理所产生的费用，包括维护修理费、折旧费、房产税、土地、车船使用税、租赁费、保险费等。

（5）一般经费 指差旅费、交通费、会议费、书报资料费、文具费、邮电费、城市建设税、能源建设税及其他税款，还包括物资及商品损耗费、物流事故处理及其他杂费等一般支出。

（6）特别经费 指采用不同于财务会计的计算方法所计算出来的物流费用，包括按实际使用年限计算的折旧费和企业内利息等。

（7）委托物流费 指将物流业务委托给物流业者时向企业外支付的费用。包括向企业外支付的包装费、运费、保管费、出入库手续费、装卸费等。

（8）其他企业支付物流费 在物流成本中，还应包括其他企业支付的物流费，比如商品购进采用送货制时包含在购买价格中的运费和商品销售采用提货制时因顾客自己取货而扣除的运费。在这些情况下，虽然实际上本企业内并未发生物流活动，但却发生了物流费用，这笔费用也应该作为物流成本而计算在内。

3. 按照物流的功能分类

按照物流的功能物流成本可以分为物品流通费、信息流通费、物流管理费等三类。

（1）物品流通费　指为完成商品、物资的物理性流通而发生的费用，它可进一步细分为包装费、运输费、保管费、装卸搬运费、流通加工费和配送费。

包装费，指为商品的运输、装卸、保管的需要而进行包装的费用，即运输包装费，但不包括销售包装费。

运输费，指把商品从某一场所转移到另一场所所需要的运输费用。除了委托运输费外，还包括本物流中心的自有运输工具进行运输的费用。

保管费，指一定时期内因保管商品而需要的费用。除了包租或委托储存的仓储费外，还包括在物流中心自有仓库储存时的保管费。

装卸费，指伴随商品包装、运输、保管、流通加工等业务而发生的商品在一定范围内进行水平或垂直方向移动所需要的费用。

流通加工费，指在商品流通过程中为了提高物流的效益而进行的商品加工所需要的费用。

配送费，指按顾客要求的商品品种和数量，在物流中心进行拣选、配装后将商品送交顾客的过程中所产生的费用。它包括拣选、包装、配货、装卸、短途运输等费用。

（2）信息流通费　指因处理、传输有关的物流信息而产生的费用。它包括与储存管理、订货处理、顾客服务有关的费用。

（3）物流管理费　指进行物流的计划、调整、控制所需要的费用。它包括作业现场的管理费，也包括企业物流管理部门的管理费。

二、物流中心成本核算

（一）物流成本计算的目的

从总体上看，物流成本计算主要是为了满足以下几个方面工作的要求：

（1）为了正确地观察成本的变化情况或与其他物流中心进行比较。

（2）为了制订物流活动计划以及进行调控和评估。

（3）为了指出应由各部门负责的不合理的物流活动。

（4）为各个层次的经营管理者提供物流管理所需的成本资料。

（5）为编制物流预算以及预算控制提供所需的成本资料。

（二）建立统一的物流成本范围计算标准

物流成本是客观存在的，如果没有统一的计算标准，企业各自为政、各行其是，就会使计算出的结果没有科学性，而难以成为企业决策的依据；如果在计算范围和计算方法上存在着很大的差异，得出的数据难以进行比较对照，即缺乏可比性。并且由于受物流概念范围不同的影响，企业财务账目中提取物流成本或物流成本汇总方法不明确等原因，也有可能造成只计算了部分物流成本，并非如实反映企业物流成本全貌的状况。这给物流成本计算和成本管理带来了很大的困难。随着物流成本管理必要性的提高，必须建立统一的物流成本计算标准，也即划定物流成本的范围。明确物流范围是进行物流成本计算的前提，因为在物流领域从哪里开始到哪里为止，作为物流成本计算，对物流成本大小影响是不同的。

（三）确定物流功能范围

物流功能范围是指在物流诸功能中，把哪些功能作为物流成本的计算对象。物流功能可分为包装、运输、保管、装卸、流通加工、信息处理、物流管理等活动。作为会计计算项目，又可划分为运输开支、保管费开支等委托费和本企业物流活动中支出的内部物流费；内部物流费进而又可分为材料费、人工费、加工费、管理费和特别经费等。

（四）正确确定计算科目的范围

计算科目的范围是指在计算物流成本时，把计算科目中的哪些项列入计算对象的问题。在计算科目中，既有运费开支、保管费开支等企业外部支出，也有人工费、折旧费、修理费、燃料费等企业内部开支。这些开支项目把哪些列入成本计算科目，对物流成本的大小是有影响的。

上述三个方面的范围选择，决定着物流成本的大小。在计算物流成本时，必须统一标准，这样计算出的物流成本才有现实意义。

（五）物流成本计算案例

1. 测算的办法

现以美国为例，宏观上，美国物流成本包括的三个部分各自有其测算的办法：

第一部分，库存费用，是指花费在保存货物的费用，除了包括仓储、残损、人力费用及保险和税收费用外，还包括库存占压资金的利息。其中利息是当年美国商业利率乘以全国商业库存总金额得到的。把库存占压的资金利息加入物流成本，这是现代物流与传统物流费用计算的最大区别，只有这样，降低物流成本和加速资金周转速度才从根本利益上统一起来。美国库存占压资金的利息在美国企业平均流动资金周转次数达到 10 次的条件下，约为库存成本的 1/4，为总物流成本的 1/10，数额之大，不可小视。仓储成本数字既包括公用仓库，也包括私人仓库。

第二部分，运输成本，是基于伊诺运输基金会出版的年度运输丛书得到的货运数据。运输成本包括公路运输、其他运输方式费用与货主方面的费用。公路运输包括城市内运送费用与区域间货车运输费用。其他运输方式费用包括：铁路运输费用、国际和国内空运费用、货代费用、油气管道运输费用。货主方面的费用包括运输部门运作及装卸费用。近几年来，美国的运输费用占国民生产总值的比重大体为6%，且一直保持着这一比例，说明运输费用与经济的增长是同步的。

第三部分，物流管理费用，是按照美国的历史情况由专家确定一个固定比例，再乘以库存费用和运输费用的总和得出的。美国的物流管理费用在物流总成本中比例在4%左右。另一个反映美国物流效率的指标是库存周期。美国平均库存的周期在1996~1998年保持在1.38~1.40个月。但1999年发生了比较显著的变化，库存周期从1999年1月份的1.38个月降低到年底的1.32个月，这是有史以来的最低周期。库存周期减少的原因是由于销售额的增长超过了库存量增长，1999年库存增长了4.6%，而同时，产品销售额增长了9.2%，是库存量增长的2倍。

2. 几点启示

从上面的分析可以得出几个清晰而重要的启示：

第一，降低物流成本是提高效益的重要战略措施。美国每年若有10万亿美元的经济规模，降低1%的成本，就相当多出1 000亿美元的效益。我国目前是1万亿美元的经济规模，降低1%的物流成本就等于增加了100亿美元的效益。业界普遍认为我国物流成本下降的空间应该有10个百分点或更多，这是一笔巨大的利润源泉。

第二，美国的实践表明，物流成本中运输部分的比例大体不变，减少库存支出就成为降低物流费用的主要来源。减少库存支出就是要加快资金周转、压缩库存，这与同期美国库存平均周期降低的现象是吻合的。因此，发展现代物流就是要把目标锁定在加速资金周转、降低库存水平上面。这是核心的考核指标。

第三，物流成本的概念必须拓展。库存支出不仅仅是仓储的保管费用，更重要的是要考虑它所占有的库存资金成本，即库存占压资金的利息。理论上还应该考虑因库存期过长造成的商品贬值、报废等代价，尤其是产品周期短、竞争激烈的行业，如PC机、电子、家电等。总之，只有在物流成本中包含资金周转速度的内涵，才能真正反映出物流的作用，作出准确的评价。目前，我国现行的财务制度还很不适应这样的要求，应该逐步与国际接轨。

第二节　物流中心运作成本分析与控制方法

一、物流中心运作成本分析

（一）量本利分析法

1. 物流成本的划分

根据物流成本与物流业务量的变动关系可以将物流成本划分为固定成本与变动成本（半变动成本）。

（1）固定成本 物流系统的固定成本可进一步分为约束性固定成本和酌量性固定成本。所谓约束性固定成本，是因形成和维持一定的生产经营规模和生产能力而发生的总额保持不变的成本。如固定成本的折旧费、财产保险费、管理人员工资费用等。酌量性固定成本是物流企业决策者根据企业生产经营方针和组织管理第三方物流经营活动的需要，编制一定时期的生产费用预算而确定的总额保持不变的成本。如销售广告费、产品开发费、职工培训费等。酌量性固定成本与物流企业生产经营活动无直接联系。而约束性固定成本与业务量的变化范围有关，如增添固定成本、扩充管理机构和人员。

（2）物流系统的变动成本 物流系统的变动成本是指成本总额随着物流业务量的变动而成正比例变动的成本。包括燃料成本、物流作业成本、计件工资等都属于变动成本。物流系统变动成本的特性，决定了其随着物流业务量的增加而增长，而单位业务量变动成本在一定物流业务量范围内保持相对稳定。

（3）物流系统的半变动成本 物流系统的半变动成本是成本总额受业务量变动的影响，但变动的幅度与业务量增长不保持比例关系的成本。例如辅助材料成本、生产设备维修费用等。由于半变动成本通常在总成本费用中所占比例很小，在经济分析中一般可以近似地认为它也随产量成正比例变化，将其归到变动成本中去。

2. 盈亏平衡模型

在设计物流服务项目时，有时需要运用盈亏平衡模型帮助决策分析。在不考虑销售税金的情况下，物流系统量本利三者之间的关系可用基本计算公式表示：

$$P = R - C_t = R - (V + F) = KQ - (V_c Q + F) = (K - V_c)Q - F$$

式中 P——销售利润；

V——总变动成本；

V_c——单位产品（单位业务量）的变动成本；

F——固定成本总额；

K——单位产品（业务量）销售价格；

Q——销售（业务）量；

R——销售收入；

C_t——总成本。

用以上关系分析物流系统有关问题，就构成了物流量本利分析。见图 11-1。

图中纵坐标表示销售收入与成本费用，横坐标表示销售数量。销售收入线及与总成本线的交点 B 称盈亏平衡点（Break Even Point），也就是盈利与亏损的临界点。在 B 的左边，总成本大于销售收入，项目亏损，在 B 的右边，销售收入大于总成本，项目盈利，在 B 点上，项目不亏不盈。

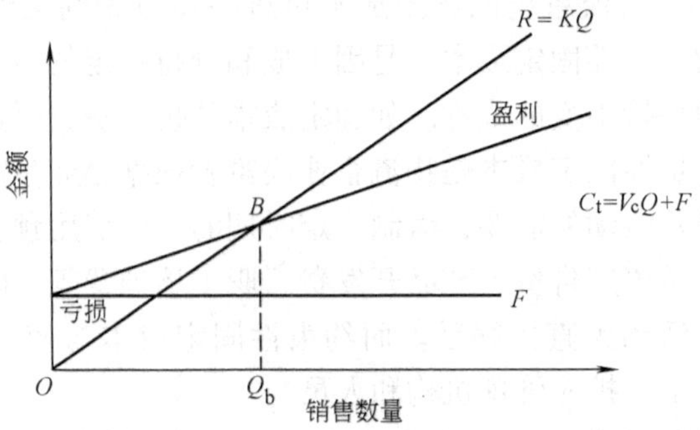

图 11-1 盈亏平衡图

物流系统在盈亏平衡时有以下关系：

$$KQ = V_c Q + F$$

此时的业务量 Q 即为盈亏平衡时的业务量 Q_b，

$$Q_b = F/(K - V_c)$$

另外，还可以很方便地用解析法求出以生产能力利用率、产品销售价格、单位产品变动成本等表示的盈亏平衡点。

若项目设计生产能力为 Q_c，则盈亏平衡生产能力利用率为

$$E^* = Q_b/Q_c \times 100\% = F/(K - V_c)Q_c \times 100\%$$

若按设计能力进行生产和销售，则盈亏平衡销售价格

$$K^* = R/Q_c = C_t/Q_c = V_c + F/Q_c$$

若按设计能力进行生产和销售，且销售价格已定，则盈亏平衡单位产品变动成本为

$$V_c^* = K - F/Q_c$$

通过计算盈亏平衡点，结合市场预测，可以对投资方案发生亏损的可能性作出大致判断。

（二）作业成本法

作业成本法（Activity—Based Costing，简称 ABC），也称为活动成本法。它是以成本动因理论为基础，通过对作业（Activity）进行动态追踪，反映、计量作业和成本对象的成本，评价作业业绩和资源利用情况的方法。物流作业成本法（Logistics Activity-Based Costing），是以特定物流活动成本为核算对象，通过成本动因来确认和计算作业量，进而以作业量为基础分配间接费用的物流成本管理方法。

作业成本分析不同于传统的成本分配、成本分析，它目前在许多国家很流行，对物流系统而言，该方法既重要又实用。作业成本法（或活动成本法）可以为物流企业不断改善经营管理提供准确、及时的有关活动、活动量、活动对象（产品或用户）的信息，从而企业可以用活动成本法所提供的信息，来改善企业物流链成本管理过程。该方法非常适宜在第三方物流企业及其他物流组织中运用。

1. 作业成本法的基本概念

（1）作业　在作业成本法中，所谓作业，就是指企业为提供一定量的产品或劳务所发生的、以资源为重要特征的各项业务活动的统称。或者说，作业是企业为提供一定的产品或劳务所发生的、以资源为重要特征的各项业务活动的名称。

作业是汇集资源耗费的第一对象，是资源耗费与产品成本之间的连接中介。作业成本法将作业作为成本计算的基本对象，并将作业成本分配给最终产出（如产品、服务或客户），形成产品成本。

（2）成本动因　成本动因是指导致企业成本发生的各种因素，也是成本驱动因素。它是引起成本发生和变动的原因，或者说是决定成本发生额与作业消耗量之间的内在数量关系的根本因素。例如，直接人工小时、机器小时、产品数量、准备次数、材料移动次数、返工数量、订购次数、收取订单数量、检验次数等。

成本动因按其对作业成本的形成及其在成本分配中的作用可分为资源动因和作业动因。

1）资源动因。资源动因也称为作业成本计算的第一阶段动因，主要用于在各作业中心内部成本库之间分配资源。按照作业会计的规则：作业量的多少决定着资源的耗用量，资源耗用量的高低与最终的产品量没有直接关系。资源消耗量与作业量的这种关系称为资源动因。

资源动因反映着资源被各种作业消耗的原因和方式，它反映某项作业或某组作业对资源的消耗情况，是将资源成本分配到作业中去的基础。例如，搬运设备所消耗的燃料，直接与搬运设备的工作时间、搬运次数或搬运量有关，那么设备的工作时间、搬运次数或搬运量即为该项作业成本的资源动因。

2）作业动因。作业动因也称为作业成本计算的第二阶段动因，它主要用于将各成本库中的成本在各产品之间进行分配。

它是各项作业被最终产品消耗的原因和方式。它反映的是产品消耗作业的情况，是将作业中心的成本分配到产品、劳务或顾客中的标准，是资源消耗转化为最终产出成本的中介。

（3）作业中心与作业成本库　作业中心是成本归集和分配的基本单位，它由一项作业或一组性质相似的作业所组成。一个作业中心，就是生产流程的一个组成部分。根据管理上的要求，企业可以设置若干个不同的作业中心，其设立方式与成本责任单位相似。但作业中心与成本责任单位的不同之处在于，作业中心的设立是以同质作业为原则，是相同的成本动因引起的作业的集合。

由于作业消耗资源，所以伴随作业的发生，作业中心也就成为一个资源成本库，也称为作业成本库。

2. 作业成本法的基本原理

作业成本法的理论基础是所谓的成本因素理论，即企业间接制造成本的发生是企业产品生产所必需的各种作业所“驱动”的结果，其发生额的多少与产品产量无关，而只与“驱动”其发生的作业数量相关，成本驱动因素是分配成本的标准。例如，各种产品的生产批次驱动生产计划的制订及产品检验、材料管理和设备调试等成本的发生；接收货物的订单驱动收货部门的成本发生；发送货物的订单驱动发货部门的成本发生；以及采购供应和客户的订单驱动与原材料库存、在制品和库存成品有关的成本发生。

作业成本法的基本原理是，根据“作业耗用资源，产品耗用作业；生产导致作业的产生，作业导致成本的发生”的指导思想，以作业为成本计算对象，首先依据资源动因将资源的成本追踪到作业，形成作业成本，再依据作业动因将作业的成本追踪到产品，最终形成产品的成本。其原理如图 11-2 所示。

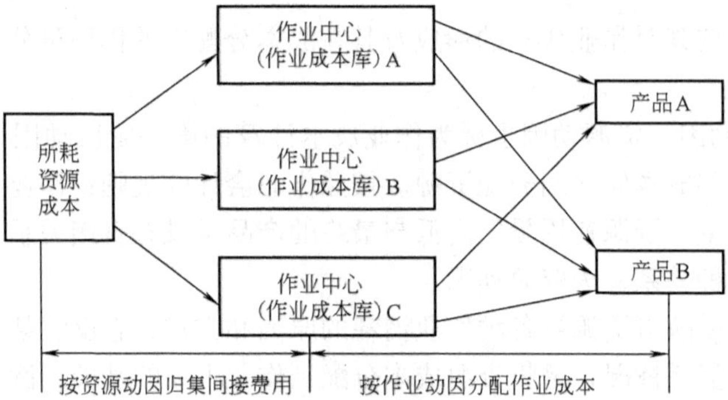

图 11-2 作业成本法的基本原理

3. 作业成本法的意义

作业成本法不仅是一种成本计算方法，而且是成本计算与成本分析控制的有机结合。作业成本法的重要意义在于：

（1）从成本计算的角度来看，它是以作业（并非产品）为成本计算对象，通过对作业成本的计算，追踪产品成本的形成和积累过程，由此大大提高了计算过程的明细化程度和成本计算结果的精确度；从成本分析控制的角度来看，作业成本法通过对作业成本的确认、计量，为尽可能消除不增值作业提供有用信息，从而促使这类作业减少到最低限度，达到降低成本的目的。同时，由于作业成本法提供的成本信息相对来说更为准确，有利于管理者正确决策，进行成本管理和评价经营业绩。

（2）作业成本法以作业成本为计算对象，实现了成本核算的灵活性，拓展了成本核算的范围，改进了成本分配方法，从而能为企业外部使用者提供更为准确的成本信息。

传统的成本计算方法在选择成本计算对象时，自始至终局限在资源耗费和产品耗费的联系和转换上，始终没有摆脱生产组织和工艺过程对成本计算的约束，没有按照费用发生与成本计算对象之间最为直接、最为实质的联系因素进行归集和分配。作业成本法克服了上述缺陷，突出选择作业来反映成本费用动因，使得现代企业成本计算更为合理和准确。

从作业成本法的核算过程看，它对直接费用的确认和分配与传统的成本计算方法并无不同，所不同的只是对间接费用的分配。作业成本法将间接费用按相互之间的内在联系划归到若干个不同的成本库，再按各自的成本动因将它们分配到产品上去。这比传统的以直接人工工时或机器工时等单一标准在全厂范围内统一分配间接费用更为科学合理。

总而言之，作业成本法通过设置多样化的作业成本库和采用多种成本动因，使间接费用也按产品对象化，从而使成本的可归属性明显提高。因而得出的产品成本能较为准确地反映产品消耗资源的真实情况。

（3）作业成本法为成本管理和分析控制提供了良好的出发点，优化了业绩评价尺度，从而更好地满足了企业内部管理的需要。

传统的成本计算方法强调产成品的核算，因而只能进行被动的事后成本控制。

而作业成本法找到了产品与成本费用发生的连接点，即作业，使其所提供的成本信息可以深入到作业层次。因而可以在生产工艺设计、生产过程中根据产品生产的需要，控制作业的数量。通过减少不增值作业来减少成本费用发生的动因，切断成本费用发生的源头，使成本费用发生得到有效控制，达到事前、事中成本控制的目的。此外，从责任会计角度来讲，计算作业成本实际上就是计算责任成本。因而对作业成本的核算，既可达到责任会计控制成本的目的，又实现了财务会计核算、监督成本的职能。

4. 作业成本法的特点

作业成本法与传统成本会计方法相比有如下特点：

（1）作业成本法提供的会计信息并不追求传统会计下的“精确”计算，只要求数据能够准确到保证制订计划正确性即可。

（2）作业成本有利于企业进行产品成本控制。在产品设计阶段，可以通过分析产品成本动因对新产品的影响，达到降低产品成本的目的；而在产品生产阶段，则可以通过成本系统反馈的信息，降低新产品成本，并减少无价值的作业活动。

（3）作业成本可用于分析企业生产能力的利用情况。以成本动因计算的作业量，能更准确地反映企业实际消耗的作业量水平。如果将作业成本系统建立在标准成本计算法上，将会提高间接成本差异分析的有效性。

（4）作业成本法可用于制订产品生产种类的决策。产品的开发、减产和停产等决策与企业未来经营活动密切相关，因而企业的未来差量收入和差量成本将变为对决策有用的关键信息。作业成本信息则为预测这些未来成本数据提供了基础。

5. 作业成本法核算程序

（1）确认各项作业的成本动因　成本动因的确认是否客观合理，是实施作业成本法有无成效的关键。因此，成本动因的确认与筛选，应由有关技术人员、成本会计核算人员和管理人员等共同分析讨论。

在确定成本动因时，应遵循三个原则：

1）确定的成本动因应简单明了，能从现有的资料中直接分辨出来。

2）在选择成本动因时，为避免作业成本计算过于复杂，要筛选具有代表性和重要影响的成本动因。

3）选择信息容易获得的成本动因，以降低获取信息的成本。

（2）对作业进行筛选整合，建立作业中心及作业成本库　首先对各项作业进行确认，其确认的方法主要有业务职能活动分解法、过程定位法、价值链分析法和作业流程图分析法等。其中，业务职能活动分解法是将企业各业务职能部门的活动进行分解，确定每一个部门应完成的作业有几种、多少人参与该项作业以及作业耗费的资源；作业流程图分析法，是通过绘制作业流程图来描述企业各部门的作业以及它们之间的相互联系，以便确定完成特定业务所要求的各项作业、各项作业所需要的人员以及所要消耗的时间。

在确认作业的基础上，对作业进行筛选与整合。在一个企业内部，其作业数量的多少取决于其经营的复杂程度，生产经营的规模与范围越大，复杂程度越高，导致成本产生的作业量也就越多。事实上，如果列示全部的作业数量，有可能过于繁琐和复杂，并增大信息采集的成本。因此有必要对这些作业作必要的筛选与整合，确保最后可设计出特定而有效的作业中心。

作业筛选与整合的原则是：

1）重要性原则　从成本管理角度分析每项作业的重要性，以便评价其是否值得单独列示为一个独立的作业中心。对于非重要的作业，可与其他作业合并为一个作业中心。

2）相关性原则　从成本动因角度分析和确认作业的相关性，以便评价各项作业的成本性质是否同质，从而考虑其是否可能被合并为同一个作业中心。

在确认作业中心之后，应按每个作业中心设置相应的作业成本库，以便归集作业成本。

二、物流中心运作成本控制

1. 物流成本控制的概念及方法

控制是调节系统能达到预期目标的手段。物流成本控制是采用特定的理论方法、制度等对物流各环节发生的费用进行有效的计划和管理。

物流成本控制方法，包括绝对成本控制法和相对成本控制法。绝对成本控制法是把成本支出控制在一个绝对金额以内的成本控制方法；绝对成本控制从节约各种费用支出、杜绝浪费的途径进行物流成本控制，要求把营运生产过程发生的一切费用支出都列入成本控制范围，标准成本和预算控制是绝对成本控制的主要方法。相对成本控制是通过成本与产值、利润、质量和功能等因素的对比分析，寻求在一定制约因素下取得最优经济效益的一种控制方法；相对成本控制扩大了物流成本控制领域，要求人们在努力降低物流成本的同时，充分注意与物流成本关系密切的因素，诸如产品结构、项目结构、服务质量水平、质量管理等方面的工作，目的在于控制成本支出的效益，即减少单位产品成本投入，提高整体经济效益。两种成本控制的比较见表 11-1。

表 11-1　绝对成本与相对成本控制的比较

比较项目	绝对成本控制	相对成本控制
控制对象	成本支出	成本与其他因素的关系
控制目的	降低成本	提高经济效益
控制方法	成本与成本指标之间的比较	成本与非成本指标之间的比较
控制时间	主要在成本发生时或发生后	主要在成本发生前
控制性质	属实施性成本控制	属决策性成本控制

2. 标准成本控制法

标准成本控制法是企业应用的较为普遍的成本控制法，物流中心可在其基础上，结合活动成本法进行物流成本控制的实践。

（1）标准成本的概念　标准是比较各数量值或各质量值的指标或基准。标准成本是指在一定假设条件下应该发生的成本。由于对标准宽严程度的看法不同，理论上有多种不同的标准成本概念。

1）理想标准。理想标准是指在现有情况下最理想、最有利的作业情况下，达到最优水平的成本指标。

2）过去业绩标准。依据以前各期成本实际水平制订的标准。

3）良好业绩标准（正常标准）。它是指在目前的生产经营条件下，尽力提高生产效率，避免损失、耗费的情况下所应达到的水平。良好业绩标准广泛应用于企业的标准成本控制之中。

（2）标准成本的制订　产品的标准成本是由产品的直接材料费、直接人工费和制造费用组成的，其基本形式是以各自“数量”标准乘以相应的“价格”标准。制订物流作业的标准成本，业务数量标准通常由技术部门研究确定；费用（价格）标准由会计部门和有关责任部门研究确定，同时尽可能吸收负责执行标准的职工参加各项标准的制订，从而使所制订的标准符合实际物流活动的要求。

第三节　降低物流中心运作成本的策略

一、降低配送成本的策略

配送是按用户的订货要求，在物流中心进行分货、配货工作，并将配好的货物送交收货人的活动。它是流通加工、整理、拣选、分类、配货、装配、运送等一系列活动的集合。通过配送，才能最终使物流活动得以实现。而且配送活动不仅增加了产品价值，它还有助于提高企业的竞争力。但完成配送活动是需要付出代价的，即配送成本。对物流配送成本的管理就是在满足一定的客户服务水平与配送成本之间寻求平衡：在一定的配送成本下尽量提高客户服务水平，或在一定的客户服务水平下使配送成本最小。下面着重介绍在一定的客户服务水平下使配送成本最小的五种策略。

1. 差异化策略

差异化策略的指导思想是：产品特征不同，客户服务水平也不同。当企业拥有多种产品时，不能对所有产品都按同一标准的客户服务水平来配送，而应按产品的特点、销售水平，来设置不同的库存、不同的运输方式以及不同的储存地点，忽视产品的差异性会增加不必要的配送成本。例如，一家生产化学品添加剂的公司，为降低成本，按各种产品的销售量比重进行分类：A 类产品的销售量占总销售量的 70% 以上，B 类产品占 20% 左右，C 类产品则为 10% 左右。对 A 类产品，公司在各销售网点的物流中心都备有库存，B 类产品只在地区分销物流中心备有库存而在各销售网点的物流中心不备有库存，C 类产品连地区分销物流中心都不设库存，仅在工厂的仓库才有存货。经过一段时间的运行，事实证明这种方法是成功的，企业总的配送成本下降了 20%。

2. 混合法策略

混合法策略是指配送业务一部分由企业自身完成。这种策略的基本思想是，尽管采用纯策略（即配送活动要么全部由企业自身完成，要么完全外包给第三方，如专业物流公司完成）易形成一定的规模经济，并使管理简化，但由于产品品种多变、规格不一、销量不等等情况，采用纯策略的配送方式超出一定程度后不仅不能取得规模效益，反而还会造成规模不经济。而采用混合策略，合理安排企业自身完成的配送和外包给第三方完成的配送，能使配送成本最低。例如，美国一家干货生产企业为满足遍及全美的 1 000 家连锁店的配送需要，建造了 6 个物流中心，并拥有自己的车队。随着经营的发展，企业决定扩大配送系统，计划在芝加哥投资 700 万美元再建一个物流中心，并配以新型的物料处理系统。董事会讨论该计划时，却发现这样不仅成本较高，而且就算物流中心建起来也还是满足不了需要。于是，企业把目光投向租赁公共物流中心。结果发现，如果企业在附近租用公共物流中心，增加一些必要的设备，再加上原有的仓储设施，企业所需的仓储空间就足够了，但总投资只需 20 万美元的设备购置费，10 万美元的外包运费，加上租金，也远远没有达到 700 万美元。

3. 合并法策略

合并法策略包含两个层次，一是配送方法上的合并，另一个则是共同配送。

（1）配送方法上的合并　物流中心在安排车辆完成配送任务时，充分利用车辆的容积和载重量，做到满载满装，是降低成本的重要途径。由于产品品种繁多，不仅包装形态、储运性能不一，在堆密度方面，也往往相差甚远。车上如果只装堆密度大的货物，往往只是达到了载重量，但容积空余很多；只装堆密度小的货物则相反，看起来车装得满，实际上并未达到车辆载重量。这两种情况实际上都造成了浪费。实行合理的轻重配装、容积大小不同的货物搭配装车，不但可以在载重方面达到满载，而且也充分利用了车辆的有效容积，取得最优效果。可以借助计算机管理系统确定货物配车的最优解。

（2）共同配送　共同配送是一种产权层次上的共享，也称集中协作配送。它是几个企业联合，集小量为大量，共同利用同一配送设施的配送方式。其标准运作形式是：在中心机构的统一指挥和调度下，各配送主体以经营活动（或以资产为纽带）联合行动，在较大的地域内协调运作，共同对某一个或某几个客户提供系列化的配送服务。

4. 延迟策略

延迟策略（Postponement Strategy），是为了降低供应链的整体风险，有效地满足客户个性化的需求，将最后的生产环节或物流环节推迟到客户提供订单以后进行的一种经营策略。传统的配送计划安排中，大多数的库存是按照对未来市场需求的预测量设置的，这样就存在着预测风险，当预测量与实际需求量不符时，就出现库存过多或过少的情况，从而增加配送成本。延迟策略的基本思想就是对产品的外观、形状及其生产、组装、配送应尽可能推迟到接到顾客订单后再确定。一旦接到订单就要快速反应，因此采用延迟策略的一个基本前提是信息传递要非常快。

（1）实施延迟策略的前提条件　一般说来，实施延迟策略的企业应具备以下几个基本条件。

1）产品特征　模块化程度高，产品价值密度大，有特定的外形，产品特征易于表述，定制后可改变产品的容积或重量。

2）生产技术特征　模块化产品设计，设备智能化程度高，定制工艺与基本工艺差别不大。

3）市场特征　产品生命周期短，销售波动性大，价格竞争激烈，市场变化大，产品的提前期短。

（2）实施延迟策略的方式　实施延迟策略常采用两种方式：生产延迟（或称形成延迟）和物流延迟（或称时间延迟），而物流中心中往往存在着加工活动，例如某墙漆生产企业将配漆过程放在物流中心来进行，这既大大减少了不同产品的存货数量，又增加了产品的保质期限。实施配送延迟策略既可采用形成延迟方式，也可采用时间延迟方式。具体操作时，常常发生在诸如贴标签（形成延迟）、包装（形成延迟）、装配（形成延迟）和发送（时间延迟）等领域。美国一家生产金枪鱼罐头的企业就通过采用延迟策略改变配送方式，降低了库存水平。历史上这家企业为提高市场占有率曾针对不同的市场设计了几种标签，产品生产出来后运到各地的分销仓库储存起来。由于顾客偏好不一，几种品牌的同一产品经常出现由于某种品牌的畅销而缺货，而另一些品牌却滞销压仓。为了解决这个问题，该企业改变以往的做法，在产品出厂时都不贴标签就运到各分销中心储存，当接到各销售网点的具体订货要求后，才按各网点指定的品牌标志贴上相应的标签，这样就有效地解决了此缺彼涨的矛盾，从而降低了库存。

5. 标准化策略

标准化策略就是尽量减少因品种多变而导致附加配送成本，尽可能多地采用标准零部件、模块化产品。如服装制造商按统一规格生产服装，直到顾客购买时才按顾客的身材调整尺寸大小。采用标准化策略要求厂家从产品设计开始就要站在消费者的立场考虑节省配送成本，而不要等到产品定型生产出来了才考虑采用什么技巧降低配送成本。

物流中心在实际运作过程中，要考虑自己的运作对象、运作环境等要素，以上述几种降低配送成本的策略为指导，确定出降低配送成本的具体措施。

另外，降低物流中心配送成本还可以采用如下对策。

1. 加强配送的计划性

物流中心成本中一般有40%以上来源于配送所发生的成本，因此，合理配送、严格配送作业管理就显得尤为重要。在配送活动中，临时配送、紧急配送或无计划的随时配送都会大幅度地增加配送成本，因为这些配送会使车辆不满载，浪费里程。为了加强配送的计划性，需要建立分店的临时配送或紧急配送管理制度，用价格的方法、奖励的方法对非正规的配送需求加以限制。在实际工作中，应针对商品的特性，制定不同的配送申请和配送制度。

（1）不同货品的订货周期尽量相同，以增加每次送货的货品数量，降低单位成本。

（2）对普通干货商品，应定期向物流中心订货，订货量为两次订货的预计需求量。实行定期配送，分店只要预测订货周期内的需求量，就可以降低经营风险。

（3）对于有温度要求的冷冻、冷藏货品，要按照店面最大的订货周期订货，避免频繁订货所发生的费用。

（4）对鲜活商品，应定时定量申请，定时定量配送。分店一般一天申请一次，商品的采购量应以控制在当天全部售完为宜。

2. 确定合理的配送路线

采用科学的方法确定合理的配送路线，是配送活动中的一项重要工作。确定配送路线的方法很多，既可采用方案评价法，拟定多种方案，以使用的车辆数、驾驶员数、油量、行车的难易度、装卸车的难易度及送货的准时性等作为评价指标，对各个方案进行比较，从中选出最佳方案；也可以采用数学模型进行定量分析，采用加权迭代方法优化出最佳送货路线。无论采用何种方法确定配送路线，都必须考虑以下条件。

（1）满足所有分店对商品品种、规格和数量的要求。

（2）满足所有分店对货物发到时间范围的要求。

（3）各配送路线的商品量不得超过车辆容积及载重量。

（4）在物流中心现有运力及可支配运力的范围之内配送。

（5）在交通管理部门允许通行的时间内送货。

3. 进行合理的车辆配载

各分店的情况不同，订货情况也就不大一致，一次配送的货物可能有多个品种。这些商品不仅包装形态、储运性质不一，而且密度差别较大。密度大的商品往往达到了车辆的载重量，但体积空余很大；密度小的商品虽达到了车辆的最大体积，但达不到载重量。可考虑合并法策略中配送方法上的合并，实行合理的轻重配装，这样既能使车辆满载，有能充分利用车辆的有效容积，会大大降低运输费用。

二、降低仓储成本的策略

存货是指物流中心在经营过程中为销售或生产耗用而储备的资产，包括仓储、流通加工中和配送途中的各种物品。物流中心为了达到一定的客户服务水平，必须有一定量的存货。

存货是一项重要的流动资产，它势必会占用大量的流动资金。因此，存货的管理、利用情况如何，直接关系到企业的资金占用水平以及资产运作效率。在不同的仓储管理水平下，企业平均资金占用水平差别很大，而实施正确的仓储管理方法，通过降低企业平均资金占用水平，提高存货的流转速度和总资产周转率，将会最终提高企业的经济效益。

此外，从市场营销的角度来看，存货作为物流中心的重要成分，其成本降低的潜力比任何其他市场营销环节要大的多，物流中心仓储成本能占到营销成本的50%。在美国，直接劳动成本不足生产成本的10%，并且还在不断下降，全部生产过程只有5%的时间用于加工制造，余下的95%时间都用于储存和运输。由此看来，降低仓储成本已经成为“第三利润源泉”的主要部分。

降低仓储费用首先要对仓储费用的组成要素进行分析，有针对性地找出对影响费用最大的因素并加以控制，以达到对症下药的目的。例如，国外发达国家的仓储费用中，人工费用占到50%以上，而我国目前仓储费用中的资产费用占据了相当大的一部分。控制仓储费用应首先采取的措施是从快速见效的部分入手。减少仓储费用可以从以下几方面考虑。

（1）加强库存管理，排除无用的库存　定期核查仓库中货品，将长期不用、过期、过时的货品及时上报清理。无用的库存即占用空间，又浪费库房运作费用，要建立相应的制度对无用库存货品进行及时处理。

（2）减少库存量　仓储费用的发生与库存数量有成比例的关系，在满足存货保证功能的前提下，将存货数量减到最低，无疑是减少仓储成本的最直接办法。库存数量的减少既要靠存货控制部门合理的计划，与客户和供应商的良好的沟通，也要靠仓储部门的良好管理。仓储部门快速的信息传递，账物的准确，都能为减低库存提供良好的支持。

（3）存货管理信息化　物流中心的存货信息包罗万象，信息量十分大，而且种类庞杂，变动频繁。它既包括存货本身信息，如存货的种类、名称、数量、质量等，还包括与存货有关的业务信息，如存货的收发盘点、运输等信息。

存货成本决策是决定与存货成本有关的业务如何进行。这包括存货的购进和发出的时间、地点，存货的种类、数量、质量等。手工处理方式下，企业在存货的管理上面临着较为复杂的局面：管理的存货种类繁多、数量巨大，业务繁忙，管理人员每天往往被大量的单据、台账所淹没，无法实时准确地掌握存货信息，造成信息处理速度低，且容易出错，导致企业物流不畅，影响效益。这种情况下，采用先进的信息化技术可以轻松地管理种类繁多的存货，处理大量的单据信息，大大减轻业务人员的工作强度，降低出错几率；增加预测的准确性；提高发货、供货能力，减少工作流程周期；加快市场响应速度；减少库存；帮助物流中心实现科学高效的库存管理。

（4）采用有效的“先进先出”法　有效的“先进先出”方式主要有两种：

一是采用计算机存取系统。根据物品入库时的时间，依靠按时间排序的软件，可以自动排列出出货的顺序，从而实现“先进先出”。这种计算机存取系统还能将先进先出和快进快出结合起来，加快周转，减少劳动消耗。二是在仓储中采用技术流程的办法保证“先进先出”。最有效的方法是仓库中的技术流程采用贯通式货架系统，这样既可提高仓库的利用率，又能使仓库管理实现机械化、自动化，从而降低仓储成本。

(5) 虚拟仓库和虚拟仓储　采用虚拟仓储方式，可以防止实际仓储带来的一切费用和弊端，同时可以有效实现仓储的功能。在网络经济时代，这是将信息技术、网络技术、市场经济条件下买方市场环境结合起来的一个创新，它不仅对于解决仓储问题有意义，而且对于优化整个物流系统都有着重大意义。

案例评析

【案例】 中国长虹公司的物流成本管理

长虹公司是我国家用彩色电视机较大的厂商。1998 年长虹将设置在全国各地的分公司处理的保管和配送等业务，从各分公司中分离出来，设置物流中心，在那里制订长虹公司的物流战略计划。

过去长虹公司采取的方法是，将工厂装配好的产品，直接运到各地从事经营的商店，让其暂时保管，然后再根据客户的订货配送到客户所在地。不管配送件数多少，各分店中都必须配备运货人员和货车。经计算运输费用占物流费用的 70% 以上。物流费用的上升严重影响了企业的竞争力，因此长虹采用了商物分离的运作模式，以及设置物流中心使物流趋于合理化的物流计划。

物流中心建立在分公司集中的大城市内，一个中心可以承担约 20 个分公司的商品配送业务。建立物流中心，分公司的车辆和送货人员就可以压缩，这样就能用较少车辆运送大量货物。更进一步还可实行从工厂到消费者的一贯制产品运输，从而可以取得大批量运输等相当好的成效。

这样的例子还有许多，长虹公司所采取的措施是各企业所采取的物流合理化措施中具有代表性的措施。这种合理化措施不但可以达到规定的服务水平，还可以降低费用。

案例分析：

物流运作水平的高低对企业的竞争力有着至关重要的影响，这一点已在企业界得到共识。为了降低物流成本，长虹公司采用了商物分离的运作模式，这一策略值得其他企业学习和借鉴。

商物分离的运作模式指的是商流与物流的路线要分离，如果商流经过了哪些环节物流也经过哪些环节，就会导致物流路线的不合理，导致物流环节的增加和物流费用的上升。长虹公司的商物分离的运作模式具有如下优点：

（1）由原来各分店都设仓库，改为取消各地仓库，变各地分散保管为由物流中心集中保管。这大大减少了库存费用，降低了物流运作成本。

（2）各分店由于减少了仓库的面积，可使销售面积扩大。各分店为了促进销售，一般都选址在市内比较繁华的地方，这些地方的地价非常高昂。所以商物分离，可使分店的销售面积最大化。

（3）由原来的一对一配送改为回路配送。长虹公司原来是将工厂装配好的产品，直接运到各地从事经营的商店暂时保管，然后再根据客户的订货配送到客户所在地。由于是一对一的配送，配送量小，配送成本高。而由物流中心负责20个分公司的商品配送业务，可以实现回路配送，提高运输设备的利用率，降低配送成本。

【本章小结】

物流成本管理是物流中心管理的一个非常重要的内容。物流中心的物流服务项目、物流技术及组织管理水平，与物流成本有很大关系。掌握物流成本分析和成本控制，加强物流成本管理是物流中心的一项长期而重要的工作。本章首先介绍了物流成本的分类及计算方法，物流成本从不同的角度划分就有不同的类型，本节从三个不同的角度对物流成本进行了分类；对物流成本进行正确计算的关键是确立统一的物流成本计算标准。第二部分介绍了物流中心物流成本分析与控制的方法，以求得企业降低物流成本，提高经营效益的实际效果。第三部分介绍了降低物流中心运作成本的策略，从构成物流中心成本的两个主要方面，即配送成本和仓储成本，分述了降低策略。本章最后一部分简单介绍了国内长虹公司降低物流成本的一些做法。

【复习思考题】

1. 什么是物流成本？试从不同角度说明物流成本的构成情况。
2. 计算物流成本的目的是什么？
3. 绝对成本控制与相对成本控制有何不同？
4. 美国物流成本在宏观上是如何测算的？对我们有哪些启示？
5. 试说明如何利用盈亏平衡模型对物流项目进行决策。
6. 简述作业成本法的基本原理。
7. 降低配送成本五种策略的基本思想各是什么？

第十二章　物流中心运作绩效评价

【知识目标】

通过本章学习，了解物流中心绩效评价的概念及意义；熟悉物流中心续效评价的设计要求；掌握物流中心绩效评价的几个要素；掌握运输、仓储、存货控制系统常用的绩效评价指标。

【能力目标】

通过本章学习，使学生具备对物流中心的运输、仓储等主要环节进行运作绩效评价的基本能力；并且通过绩效评价，能够对物流中心的经营水平作出客观、准确的评价，为进一步提高物流中心的经营管理水平提供依据。

第一节　概　　述

一、物流中心绩效评价的意义与作用

物流中心绩效是指在一定的经营期间内物流中心经营效益和经营者的业绩。物流中心的绩效评价分析是运用数量统计和运筹学方法，采用特定的指标体系，对照统一的评价标准，按照一定的程序，通过定量、定性分析，对物流中心在一定经营期间的经营效益和经营者的业绩，作出客观、公正和准确的综合判断。开展绩效评价能正确判断物流中心的实际经营水平，提高经营能力和管理水平，从而增加物流中心的整体效益。

为了能评价物流中心的运营给客户提供服务的质量和给自身带来的效益，首先需要对物流中心的运行状况进行客观的度量，其次根据度量结果对物流中心的运行绩效进行评价。对物流中心进行绩效评价主要有以下四个方面的作用。

（1）对整个物流中心的运行效果作出评价　主要考虑物流中心之间的竞争，为物流中心在市场中的生存、组建、运行和撤消等决策提供必要的客观依据。目的是通过绩效分析评价而获得对整个物流中心的运行状况的了解，找出物流中心运作方面的不足，及时采取措施予以纠正。

（2）对物流中心内各个部门的工作作出评价　主要考虑物流中心对其各部门的激励，调动各个部门的积极性。

（3）对物流中心内部门与部门之间的合作关系作出评价　主要考察物流中心为客户提供的产品和服务的质量，从用户满意度的角度来评价质量。

（4）激励物流中心人员　除对物流中心运作绩效的评价外，这些指标还可起到对物流中心的各个部门和人员的激励作用。

二、物流中心绩效评价体系

绩效评价是物流中心管理的基础工作，如果不能测评，管理工作就不能有效进行。建立物流中心绩效评价体系的工作内容就是根据企业的经营战略目标，建立能够有效测量物流系统运作情况的评价指标体系，并建立相应的绩效评价运作体系。

（一）建立绩效评价指标的基本原则

1. 目的性原则

绩效指标的建立应该具有很强的目的性，以提高物流业务运营的效率和企业整体经济效益为目的。

2. 科学性原则

科学性原则是指设计的绩效评价指标体系要能够客观、公正地反映物流运营的实际情况，通过科学的测评方法，能够获得真实的评价结果。

3. 可行性原则

可行性原则是指设计的绩效评价指标体系要简单易行，便于操作人员掌握和使用。也就是说指标的设计要充分考虑统计资料的可得性，有利于提高绩效评价工作效率，便于推广使用，并且要考虑指标设计的相对稳定性和可比性，保证统计资料的连续性。

4. 系统性原则

系统性原则是指在绩效指标体系设计时应将物流中心的各个业务环节联系在一起作为一个系统工程来考虑，形成一个能够综合、全面地评价物流中心运营状况的指标体系，各项指标之间要相互协调，不能相互矛盾。

5. 责权利相结合的原则

绩效评价的目的是为了提高管理水平，为达到这个目的，在绩效考核指标体系设计时，应分析绩效考核结果的责任归属，这是非常重要的，以便于对相关责任人进行奖惩，促使其改善管理绩效。

（二）现行的绩效评价指标的特点

现行的绩效评价指标往往侧重于评价物流中心的内部职能部门或者员工个人，其评价指标在设计上有如下一些特点：

（1）现行企业绩效评价指标的数据来源于财务结果，在时间上略为滞后，不能反映物流中心的动态运营情况。

（2）现行企业绩效评价主要评价物流中心职能部门工作的完成情况，不能对物流中心的业务流程进行评价，更不能科学、客观地评价整个物流中心的运营情况。

（3）现行企业绩效评价指标不能对物流中心的业务流程进行实时评价和分

析，而是侧重于事后分析。因此，当发现偏差时，偏差已成为事实，其危害和损失已经造成，并且往往很难补偿。

因此，为衡量物流中心整体运作绩效，以便决策者能够及时了解物流中心的整体状况，应该设计出更适合于度量物流中心绩效的指标和评价方法。

（三）物流中心绩效评价指标体系的构成

物流中心的绩效评价指标体系主要由物流工作的质量指标、数量指标、效率指标、经济性指标和安全性指标构成。

1. 物流工作的质量指标

该类指标用于衡量物流中心各项业务的工作质量情况，是对物流系统提供的物品在数量、质量、时间、地点上的正确性的评价。数量的正确性指物流过程中物品的实际数量与要求数量的符合程度，常见的指标有仓储物品盈亏率、收发货差错率等、采购计划完成率等。质量的正确性指物流过程中保持物品完好性的度量，常见的指标有仓储物品的完好率、运输物品完好率、进货质量合格率等。时间的正确性指物流过程中物品流动的实际时间与要求时间的符合程度，常见的指标如进货及时率、准时发货率等。地点的正确性指物流过程中物品流向的实际地点与要求地点的符合程度。对于物流中心工作质量的管理，一方面要建立起合理的质量标准，另一方面要重视作业过程的监控，尽可能避免不必要的货损货差，提高客户的服务质量。如表 12-1 为部分物流目标质量指标及统计计算公式。

表 12-1　物流目标质量指标

指标名称	计算公式
服务水平指标	满足要求的次数/客户要求的次数 ×100% 或满足要求的数量/客户要求的数量 ×100%
交货水平指标	按交货期交货的次数/总交货的次数 ×100%
交货期质量指标/天	规定的交货期天数 − 实际的交货期天数
商品完好率指标	交货完好商品的数量/物流商品的总数量 ×100%
货损货差赔偿费率	货损货差赔偿金额/同期业务收入总金额 ×100%

2. 物流工作的数量指标

物流工作的数量指标是测量各项物流业务数量的指标，如计划期内仓库的吞吐量、运输货物的周转量等，这些指标反映了在计划期内物流工作的繁忙程度。

3. 物流工作的效率指标

物流工作的效率指标用于衡量物流中心资源的投入产出效率。它主要包括以下几方面的指标：

（1）设施空间利用率　该指标用于衡量整个物流中心空间设施是否已充分利用。所谓设施，指除人员、设备以外的一切硬件，包括办公室、休息室、仓储区、拣货区、收货区和出货区等区域空间的安排及一些消防设施等周边硬件。

设施空间利用率是指设施空间的利用程度，即实际利用的空间与设施可用总空间的比率，如仓库面积利用率、仓容利用率等指标。

(2) 人员利用率　该指标用于衡量每一个员工在工作中是否尽到了自己最大的能力，用于对员工的作业效率进行考核分析，是每一个物流中心经营评估的重要指标。人员利用率主要考虑人员编制和人员效率等方面。人员编制要求人员的分配达到最合理化的程度，避免忙闲不均，这里包括上班作息时间的安排。通常要研究工作需要性、工作量、劳逸合理性、人员流动性、加班合理性等方面的问题。人员效率管理的目的，是为了提高人员的工作效率，使每一个作业人员作业期间内能发挥最大的生产效率。

(3) 设备利用率　该指标用于衡量资产设备是否发挥了最大产能。物流中心的设备是指支持保管、搬运、存取、装卸、配送等物流作业活动所使用的作业设备。设备利用率要从两个方面进行考核，一是设备的时间利用率，二是设备的能力利用率。设备的时间利用率是指在计划期内设备的实际使用时间与额定工作时间的比值，它反映了设备在时间上的利用程度。设备的能力利用率是指设备在计划期内实际完成的作业量与额定作业量的比值，该指标反映了设备的工作能力是否得到充分发挥。

4. 物流工作消耗指标

该类指标用于衡量物流系统运营过程中所消耗的成本费用情况。常用指标为成本费用利润率。

成本费用利润率指物流中心一定时期的税后利润净额同物流中心运营所消耗的成本费用总额的比率。计算公式如下：

$$成本费用利润率 = 税后利润净额/成本费用总额 \times 100\%$$

式中　成本费用总额——物流中心营业成本、营业费用、财务费用之和。

成本费用利润率越高表示物流企业为取得收益所付出的代价越小，成本费用控制得越好，获利能力越强。

5. 物流工作的安全指标

物流系统的安全性也是物流中心运营的重要绩效考核指标。安全性指标应围绕货物的安全性、设施设备的安全性和人员的安全性三个方面设计相应的绩效指标。

三、物流中心绩效评价体系的实施步骤

物流绩效评价既包括物流企业内部的运作评价，又包括企业外部参与的对企业经营管理的评价。企业内部的运作评价是建立在员工考核基础之上的，是企业日常管理的一部分。而企业外部进行的评价是对企业的管理水平、市场竞争地位的核查。一般要按照正规的评价过程进行逐步实施，它主要包括以下几项内容。

（一）确定评价工作实施机构

1. 评价组织机构

评价组织机构直接组织实施评价工作，评价组织机构负责成立评价工作组，并选聘有关专家组成专家咨询组。如果委托社会中介机构实施评价，应先同选定的中介机构签订委托书，然后由中介机构成立评价工作组及专家咨询组。无论谁来组织实施评价工作，对工作组及专家咨询组的任务和要求都要明确化。

2. 参加评价工作的成员应具备的基本条件

（1）熟悉物流中心绩效评价业务，有较强的综合分析判断能力。

（2）具有较丰富的物流管理、财务会计、资产管理及法律等专业知识。专家咨询组的专家还应具有一定的工程技术方面的知识。

（3）专家咨询组的专家应在物流领域中具有高级技术职称，有一定的知名度和相关专业的技术资格。

（4）评价工作主持人员应有较长的经济管理工作经历，并能坚持原则，秉公办事。

（二）制定评价工作方案

由评价工作组根据有关规定制定物流中心评价工作方案，经评价组织机构批准后开始实施，并要将方案送专家咨询组的每位专家。

（三）收集并整理基础资料和数据

根据评价工作方案的要求及评分的需要收集、核实及整理基础资料和数据。

（1）选择物流行业同等规模的评价方法及评价标准值。

（2）收集连续三年的会计决算报表、有关统计数据及定性评价的基础材料，并确保资料的真实性、准确性和全面性。

（四）评价计分

运用计算机软件计算评价指标的实际分数，这是物流中心绩效评价的关键步骤。

（1）按照会计决算报表及统计数据计算定量评价指标的实际值。

（2）根据选定的评价标准，计算出各项基本指标的得分，形成“物流中心绩效初步评价计分表”。

（3）利用修正指标对初步评价结果进行修正，形成“物流中心绩效基本评价计分表”。

（4）根据已核实的定性评价基础材料，参照绩效评议指标参考标准进行评议指标打分，形成“物流中心绩效评议计分汇总表”。

（5）将“物流中心绩效基本评价计分表”和“物流中心绩效评议计分汇总表”进行校正、汇总，得出综合评价的实际分数，形成“物流企业绩效得分总表”。

（6）根据基本评价的四部分（财务效益、资产营运、偿债能力、发展能力）得分情况，计算各部分的分析系数。

（7）对评价的分数和计分过程进行复核，为了确保计分准确无误，必要时用手工计算校验。

（五）评价结论

将绩效基本评价得分与物流产业中同行业及同规模的最高分数进行比较，将四部分内容的分析系数与相同行业的比较系数进行对比，对物流中心绩效进行分析判断，形成综合评价结论，并听取物流中心有关方面负责人的意见，进行适当的修正和调整。

（六）撰写评价报告

评价报告主要内容包括：评价结果、评价分析、评价结论及相关附件等。评价报告须送专家咨询组征求意见，评价项目主持人签字，报送评价组织机构审核认定，如果是委托中介机构进行评价须签字认可。

（七）评价工作总结

将评价工作背景、时间地点、基本情况、评价结果、工作中的问题及措施、工作建议等形成书面材料，建立评价工作档案，同时报送物流中心备案。进行行业或多家企业同时分析和排序，其步骤为：确定评价对象，选定评价标准值，收集和核实基础资料，用计算机计算分数和排序，评价分析，撰写并报送评价分析报告。

第二节　运输系统的绩效评价

运输是物流系统的核心功能之一，它主要是以改变商品的位移特性来实现商品的价值。物流中心的运输系统要以及时、准确、安全、经济、便利为原则进行组织。

一、运输绩效评价标准的选择

具体进行绩效评价与分析时，运输活动评价标准可选择以下内容。

（1）运输、取货、送货服务质量良好，即准确、安全、迅速、可靠。

（2）能够实现“门到门”服务，而且费用合理。

（3）能够及时提供有关运输状况、运输信息及其服务。

（4）当货物丢失或损坏时，能够及时处理有关索赔事项。

（5）认真填制提货单、票据等运输凭证。

（6）与客户长期保持真诚的合作伙伴关系。

二、运输绩效评价量化指标

对于运输运作而言，无论是外包承运还是物流中心自己运输，以下的指标都可以用来作为衡量运输管理效益高低的标准。

1. 运输数量评价指标

运输数量评价指标主要是商品运输量，有两种计算方法。

（1）以实物件为计量单位

$$商品运输量(t)=\frac{商品件数\times 单件商品重量(kg)}{1\ 000}$$

（2）以金额为计量单位

$$商品运输量(t)=\frac{运输商品总金额}{该类商品每吨平均金额}$$

2. 运输质量评价指标

运输质量评价的主要指标为货损货差率、运输损失率和运输准时率。

（1）货损货差率

$$货损货差率=\frac{货损货差的票数}{办理商品运输的总票数}\times 100\%$$

（2）运输损失率

$$运输损失率=\frac{经济损失之和}{运输业务收入}\times 100\%$$

（3）运输准时率

$$运输准时率=\frac{准时运送次数}{运送总次数}\times 100\%$$

3. 运输消耗指标

衡量运输消耗的常用指标包括运输费用效益率、平均燃油消耗、车辆维修费用、吨千米成本。

（1）运输费用效益率

$$运输费用效益率=\frac{经营盈利额}{运输费用支出额}\times 100\%$$

（2）百吨千米燃油消耗

$$百吨千米燃油消耗(L/100t\cdot km)=\frac{报告期实际燃油油耗量}{报告期实际吨千米/100}$$

（3）千米维修费

$$千米维修费=\frac{报告期车辆维修费用}{报告期内车辆行驶的千米数}$$

（4）吨千米成本

$$吨千米成本=\frac{报告期内运输总成本}{报告期内货物总周转量(t\cdot km)}$$

4. 安全性评价指标

运输安全评价主要是评价车辆的行车安全性，常用的评价指标有万车千米事故率和安全行驶间隔里程。

（1）万车千米事故率

$$万车千米事故率=\frac{报告期内事故次数}{报告期内总行驶千米/10\,000}$$

（2）安全间隔里程

$$安全间隔里程=\frac{报告期内总行驶里程}{报告期内总事故次数}$$

5. 运输效率与效益评价指标

（1）车辆满载率

$$车辆满载率=\frac{车辆实际载重量}{车辆装载能力}\times100\%$$

（2）车辆工作率

$$车辆工作率=\frac{报告期内车辆工作车日}{报告期内车辆总车日}\times100\%$$

（3）车辆里程利用率

$$车辆里程利用率=\frac{报告期内车辆重车行驶里程}{报告期内车辆总行驶里程}\times100\%$$

（4）吨位运量

$$吨位运量=\frac{报告期内完成的运量}{报告期平均总吨位}$$

（5）单车经济效益

$$单车经济效益=单车营运总收入-单车营运总成本$$

第三节　仓储系统的绩效评价

仓储也是物流系统的核心功能之一，它主要是以改变商品的时间特性来实现商品的价值，并以物流点的节奏化运作来配合物流系统实现商品价值的最大化。

一、仓储活动的原则

商品仓储活动要遵循以下原则。

（1）快速　物流中心的仓储功能强调的是动态的商品流通过程，商品快速、有序地经过物流中心是仓储管理的努力目标。

（2）准确　仓储管理的准确性包含信息的准确、货品不丢失、账面数据准确地反映库存商品的真实数量等方面。

（3）有序　物流中心货品的多样化给仓储管理的合理组织带来了极大的挑战，如何合理有序地组织仓库中货品的流动，人员的合理调配是仓储管理人员的工作重点。

（4）可核查 流经仓库的货品要有真实、完备的数据记录。货品的可核查是保证通过物流中心的货品的安全性和可追踪性的前提条件。

二、仓储活动绩效评价量化指标

仓储环节的主要作业内容包括订单处理、进出货、装卸搬运、储存保管、盘点、拣货等作业活动。对仓储环节的绩效评价就是对这些作业活动用量化的指标进行衡量。物流中心管理人员需研究的问题包括：进出货作业人员的工作量安排是否合理；进出货装卸搬运设备的利用率；进出货站台停车泊位的利用率；供应商进货时间的可控制性；客户、门店要求的时间集中度控制等。

（一）订单处理作业的评价指标

1. 订单处理的数量指标

通过对日均受理订单数、每订单平均订货数量和平均订货单价的分析，观察订单的变化情况，以拟定客户管理策略及业务发展计划。

（1）日均受理订单数

$$日均受理订单数=\frac{订单数量}{工作天数}$$

（2）每订单平均订货数量

$$每订单平均订货数量=\frac{出货数量}{订单数量}$$

2. 订单处理的质量指标

（1）订单延迟率

$$订单延迟率=\frac{延迟交货订单数}{订单总数量}\times 100\%$$

该指标用于衡量交货的及时性，其改善对策包括：找出作业瓶颈，加以解决；研究物流系统前后作业能否相互支持或同时进行，谋求作业的均衡性；掌握库存情况，防止缺货；合理安排配送时间。

（2）订单满足率

$$订单满足率=\frac{实际交货数量}{订单需求数量}\times 100\%$$

该指标是用于衡量订货实现程度及其影响的指标。改善对策包括：及时掌握库存的状况，防止缺货情况发生；制定严格的管理及操作规程，防止货损货差的发生。

（3）紧急订单响应率

$$紧急订单响应率=\frac{未超过12\text{h}出货订单数量}{订单总数量}\times 100\%$$

该指标用于分析物流中心快速订单处理能力及紧急插单业务的工作情况。其改善对策包括：制订快速作业处理流程及操作规程；制订快速送货计费标准。

（二）进出货作业的评价指标

进出货作业的评价指标主要应该对作业人员的工作效率及作业设施设备的利用情况进行评价。

1. 作业人员的工作效率及工作时间指标

若进出货作业人员分开管理，进出货作业评价指标如下：

（1）每人每小时处理进货量

$$每人每小时处理进货量=\frac{进货量}{进货人员数\times 每日进货时间\times 工作天数}$$

（2）每人每小时处理出货量

$$每人每小时处理出货量=\frac{出货量}{出货人员数\times 每日出货时间\times 工作天数}$$

（3）进货时间率

$$进货时间率=\frac{每日进货时间}{每日工作时间}$$

（4）出货时间率

$$出货时间率=\frac{每日出货时间}{每日工作时间}$$

若进出货人员共用，则以上指标应将进出货量、时间合并计算，计算公式如下：

（1）每人每小时进出货量

$$每人每小时进出货量=\frac{进出货量}{进出货人员数\times 每日进出货时间\times 工作天数}$$

（2）进出货时间率

$$进出货时间率=\frac{每日进出货时间}{每日工作时间}$$

指标分析及改善的对策：若每人每小时处理进出货量高，且进出货时间率也高，表示进出货人员平均每天的负担较重，其原因出在物流中心目前的业务量过大。可考虑增加进出货人员，以减轻每人的工作负担。若每人每小时处理进出货量低，但进出货时间率高，表示虽然物流中心一日内的进出货时间长，但每位人员进出货负担却很轻。其原因是：进出货作业人员过多或者商品进出货处理比较繁杂、进出货人员作业效率较低。针对这种情况，可采取以下措施：考虑缩减进出货人员；对于工效差的问题，应随时督促、培训，同时应尽量想办法减少劳动力及装卸次数（如托盘化）。若每人每小时进出货量高，但进出货时间率低，表示上游进货和下游出货的时间可能集中于某一时段，以致作业人员必须在此段时间承受较高的作业量，这时可考虑采取分散进出货作业时间的措施，来平衡作业人员的劳动强度。

2. 进出货工作的质量指标

（1）进货数量误差率

$$进货数量误差率 = \frac{进货误差量}{进货总量} \times 100\%$$

（2）进货品合格率

$$进货品合格率 = \frac{进货品合格的数量}{进货总量} \times 100\%$$

（3）进货时间延迟率

$$进货时间延迟率 = \frac{延迟进货的货品数量}{进货总量} \times 100\%$$

（4）出货数量误差率

$$出货数量误差率 = \frac{出货误差量}{出货总量} \times 100\%$$

（5）出货时间延迟率

$$出货时间延迟率 = \frac{延迟出货的货品数量}{出货总量} \times 100\%$$

3. 进出货设施设备利用率

（1）站台利用率

物流中心的仓库与运输配送车辆之间的衔接部分称为站台。站台的数量是否合理直接影响进出货工作的效率。对站台设置的合理性进行评价的主要指标是站台利用率。

当进出货作业共用站台时，站台的利用率计算公式为

$$站台利用率 = \frac{进出货车次装卸停留总时间}{站台泊位数 \times 工作天数 \times 每天工作时数}$$

进出货作业站台分开单独使用时，站台利用率分为进货站台利用率和出货站台利用率，它们应分别计算如下：

$$进货站台利用率 = \frac{进货车次装卸货停留总时间}{进货站台泊位数 \times 工作天数 \times 每天工作时数}$$

$$出货站台利用率 = \frac{出货车次装卸货停留总时间}{出货站台泊位数 \times 工作天数 \times 每天工作时数}$$

（2）站台高峰率

$$站台高峰率 = \frac{高峰期车辆数}{站台泊位数}$$

若站台使用率偏高，表示站台停车泊位数量不足，会造成交通拥挤。可采取下列措施：增加停车泊位数；为提高效率，要做好时段管理，让进出物流中心的车辆能有序地行驶、停靠、装卸货作业；增加进出货人员，加快作业速度，减少每辆车停留装卸时间。若站台使用率低，站台高峰率高，表示虽然车辆停靠站台

时间平均不高，站台停车泊位数量仍有余量，但在高峰时间进出货仍存在拥挤现象，此种情况主要是由于没有控制好进出货时间带引起的，关键是要将进出货车辆的到达作业时间岔开。可采取以下措施：要求供应商依照计划准时送货，规划对客户交货的出车时间，尽量降低高峰时间的作业量。若无法与供应商或客户达成共识分散高峰期流量，则应特别安排人力在高峰时间，以保持商品快速装卸搬运。

（3）装卸搬运设备利用率

在进出货作业过程中，一般使用装卸搬运设备进行装卸搬运作业，对装卸搬运设备的评价主要是对其利用程度进行评价，评价指标为装卸搬运设备利用率。对设备的能力利用率和时间利用率的两方面进行测评，其计算公式如下：

$$设备能力利用率=\frac{设备的实际装卸搬运量}{设备的额定装卸搬运量}$$

$$设备时间利用率=\frac{设备的实际工作时间}{设备的额定工作时间}$$

（三）储存保管作业的评价指标

储存保管作业的主要任务是妥善保存货物，并对在库物品进行检核，科学利用储存空间，提高储存空间利用率。储存保管作业的主要评价指标：

1. 储存效率指标

（1）仓库的面积利用率

$$仓库面积利用率=\frac{存货占用的场地面积}{仓库可利用面积}\times 100\%$$

仓库面积利用率是指一定的点上，存货占用的场地面积与仓库可利用面积的比率。仓库可利用面积是指仓库内部除去支撑梁柱和固定设施（如楼梯等）所占用的面积后剩下的可用面积。仓库的面积利用率主要是评价储存区通道及储位布局的合理性，合理的储存区域布局应该充分考虑作业设备空间需求和选择恰当的设施布置模式，以尽量提高仓库面积利用率。

（2）仓库空间利用率

$$仓库空间利用率=\frac{存货占用的空间}{可利用的存货空间}\times 100\%$$

（3）单位面积保管量

$$单位面积保管量=\frac{平均库存量}{有效面积}$$

（4）库存周转率

库存周转率是考核物流中心货品库存量是否适当和经营绩效的重要指标。

$$库存周转率=\frac{出货量}{平均库存量}=\frac{营业额}{平均库存金额}$$

库存周转率越高，库存周转期越短，表示用同样的资金完成了较多的物资周转量，资金的使用效率越高，企业利润也会随货品周转率的提高而增加。

通常可采用下列措施来提高库存周转率：缩减库存量，通过物流中心自行决定采购、补货的时机及存货量；建立预测系统；增加出货量。

2. 储存质量指标

（1）呆废货品率

$$呆废货品率=\frac{呆废货品数量}{平均库存量}\times 100\% =\frac{呆废货品金额}{平均库存金额}\times 100\%$$

呆废货品率可用来测定物流中心货品损耗和影响资金积压的状况，它是评价储存保管质量的指标。减少呆废货品率的措施：验收时力求严格把关，防止不合格货品混入；检查储存方法、设备与养护条件，防止货品变质，特别是对货品的有效期管理更应重视；随时掌握库存水平，特别是滞销品的处置，减少呆废货品积压资金和占用库存。

（2）缺货率

$$缺货率=\frac{缺货次数}{客户订货次数}\times 100\%$$

缺货率是用于衡量缺货程度及其影响的指标。改善对策：加强库存管理；分析库存需求的变化规律；掌握采购、补货时机；督促供货商及时送货。

3. 储存消耗指标

$$库存管理费率=\frac{库存管理费用}{平均库存量}$$

库存管理费率是衡量物流中心每单位存货的管理费用指标。

一般库存管理费用包括以下内容：

（1）仓库租金。

（2）仓库管理费用：入出库验收、盘点等人工费，警卫费，仓库照明费，空调费，建筑物，设备及器具的维修费等。

（3）保险费。

（4）损耗费：变质、破损、盘亏等费用。

（5）货品淘汰费用：流行商品过时、季节性商品换季等造成的费用损失。

降低库存管理费率的对策：对库存管理费用进行研究分析，寻找可能降低费用的任何作业环节，并提出改善措施。

（四）盘点作业的评价指标

在物流中心的工作过程中，不断地进行着入库和出库作业。经过一段时间以后可能由于种种原因造成实际库存数量与理论库存数量不符合。为了有效地掌握库存物品的数量和质量，必须定期或不定期地对库存进行清点作业，即盘点作业。

通过盘点工作搞清库存物品的实际数量与账面数量相符的程度，寻找出现差错的原因，及时进行盘点结果处理。

评价盘点作业的常用指标：

（1）盘点数量误差

$$盘点数量误差=实际库存数-账面库存数$$

（2）盘点数量误差率

$$盘点数量误差率=\frac{盘点数量误差}{实际库存数}\times 100\%$$

（3）盘点品项误差率

$$盘点品项误差率=\frac{盘点误差品项数}{盘点实际品项数}\times 100\%$$

（4）单位盘差品金额

$$单位盘差品金额=\frac{盘点误差金额}{盘点误差量}$$

（五）拣货作业的评价指标

每张客户订单都至少包含一项以上的商品，而将这些不同种类数量的商品从物流中心中取出集中在一起，即称为拣货作业。由于拣货作业多数依靠人工配合简单机械化设备进行作业，属于劳动密集型的作业。因此，必须重视拣货人员的负担及作业效率的评价。拣货的时程及拣货策略是影响出货时间长短最主要的因素，而拣货的准确度则是影响出货质量的重要工作环节。拣货作业是物流中心中最复杂、最费时间的作业，其耗费成本也较大，因此，拣货成本也是管理人员关心的重点。对拣货作业的评价主要是对拣货人员作业效率、作业时间、工作质量和作业成本的评价。

1. 拣货人员作业效率指标

（1）人均每小时拣货品项数

$$人均每小时拣货品项数=\frac{拣货单笔数}{拣货人数\times 每日拣货时数\times 工作天数}$$

改善对策：拣货路径合理规划；储位合理配置；确定高效的拣货方式；拣货人员数量及工况合理安排；拣货的机械化、电子化。

（2）拣取品项移动距离

$$拣取品项移动距离=\frac{拣货行走距离}{订单总笔数}$$

这项指标用于研究拣货规划是否符合动作效率，并可检查拣货区布置是否合理。指标过高，表示人员在拣货过程中耗费太多的时间和体力，影响整体效率的提高。

（3）批量拣货时间

$$批量拣货时间=\frac{拣货人数\times 每日拣货时间\times 工作天数}{拣货分批次数}$$

批量拣货时间短，表示拣货作业时间快，即订单进入拣货作业系统至完成拣货作业所花费的时间短。

2. 拣货数量指标

（1）单位时间处理订单数

$$单位时间处理订单数=\frac{订单数量}{每日拣货时数\times 工作天数}$$

（2）单位时间拣取品项数

$$单位时间拣取品项数=\frac{订单数量\times 每件订单平均品项数}{每日拣货时数\times 工作天数}$$

（3）单位时间拣取体积数

$$单位时间拣取体积数=\frac{发货品体积数}{每日拣货时数\times 工作天数}$$

3. 拣货质量指标

$$拣误率=\frac{拣取错误笔数}{订单总笔数}\times 100\%$$

降低拣误率的主要措施有：选择最合理的拣货方式；加强拣货人员的培训；引进条码技术、电脑辅助拣货系统等先进的拣货技术，以提高拣货的准确度和拣货作业效率。

4. 拣货成本指标

（1）每订单投入拣货成本

$$每订单投入拣货成本=\frac{拣货投入成本}{订单数量}$$

（2）单位商品投入拣货成本

$$单位商品拣入拣货成本=\frac{拣货投入成本}{拣货商品累计总件数}$$

（3）单位体积投入拣货成本

$$单位体积投入拣货成本=\frac{拣货投入成本}{发货商品体积数}$$

案例评析

【案例】　某物流公司绩效考核标准

一、目的

提高员工积极性，共同提高企业与员工的效益。

二、内容

（1）岗位工资评定。

（2）绩效工资评定。

（3）提成工资评定（包括年终奖）。

（4）雷区考核。

（5）行为规范。

（6）排名、晋升与淘汰。

（7）职工持股分配。

三、适用范围

所有公司员工以及子、分公司员工。

四、权责

（1）总经理：批准绩效考核办法，并落实资源，督促各部门执行。

（2）投资管理部：负责本办法的制定。

（3）各部门、各分公司：执行本办法。

五、一般原则

（1）上级对下级：对任何一个岗位的考核评定权均属于直接上级。

（2）客观性：对下属的评定应做到客观公正，不得偏袒。

（3）执行检查：要求下属执行本办法，并要检查执行效果及是否执行彻底且客观公正。

（4）公正公开：考核结果必须公正，并公布于所有员工，以确保公正。

（5）申请仲裁：对直接上司考核结果不满的可对上级申述，由上一级仲裁。

（6）反馈改善：投资管理部应经常进行收集反馈，了解考核办法是否有效促进员工绩效的改善，以便作相应修改。

六、目标制订及实施

（1）由公司营销部制订全年目标，将全年目标分解为月目标，分配各部门、各分公司执行。

（2）目标制订本着“尽力跳，够得着”的原则制订，不得偏离现实条件。

（3）各部门、各分公司应制订目标推移图，每月由营销部协同财务、投资管理等部门进行统计、公布、通告、奖励。

（4）考核结束后，总经理或授权相关部门组织有关部门进行检讨，例如：目标是否达成？达成后则修改新的目标，不达成则分析原因，提出对策和改善措施。

七、指标

（1）销售部门客观指标应占80%以上，其他部门可适当降低。

（2）雷区考核指标以零为最高目标。

八、考核标准

1. 岗位工资评定

(1) 每个岗位设岗位工资三级制（工资标准）。

(2) 主管对下属的业绩评定分为三个等级："能胜任"、"一般胜任"、"不太胜任"。标准如表12-2所示。

表12-2　主管对下属的业绩评定标准

等　级		标　准	奖　励
能胜任		连续6个月均能达到良或优。连续4个月全优	升一级岗位工资
一般胜任	中上	6个月均没有一项差，且至少有4个月均达到良或优。连续4个月达到良	保持、鼓励
	中下	6个月至少有4个月达到中或良。连续3个月均达到中或良	保持、批评
不太胜任		6个月中有3个月或以上差。连续2个月差	降一级工资

(3) 评定流程：各部门、各分公司评定；营销部复核；总经理审批。

(4) 审定时间及奖励：公司每6个月评定一次，对能胜任的加一级岗位工资，不太胜任的降一级岗位工资，对一般胜任（偏上或偏下的）分别表扬或批评。

(5) 入职评定：新职员入职一律按所任岗位最低一级工资待遇，特殊情况由总经理批准。

2. 绩效工资评定

(1) 由主管对下属进行评定，上一级主管备查。

(2) 绩效分值系数见表12-3。

表12-3　绩效分值系数

等　级	优　秀	良	中	差
绩效分值	90～100	80～90	60～80	60以下
绩效系数	3.0	1.5	1	0

(3) 绩效工资（月、年）

月绩效工资 = 月绩效系数 × 月奖金基准数

年绩效工资 = 全年绩效平均值所对应的绩效系数 × 年奖金基准数

注：年终奖基准由企业根据年终经营情况定。

(4) 部门、分公司各岗位绩效评定办法（详见附件）

1) 办公室：主任、行政、人事、文管、总务、驾驶员、办事员等。

2) 采购部：经理、采购员、质监员等。

3) 企划部：经理、企划师、展销主管、信息受理员、投诉受理员等。

4) 财务部：经理、会计、统计、出纳、审计、分公司财务等。

5) 分公司：经理、服务主管、区域代表、仓库主管、开单员、门市主管等。

3. 提成

（1）业务代表提成额

$$提成=(实际销量-目标销量)\times 2\%$$

每季度考核一次，发放50%，余额年终发放。

（2）分公司经理提成额

$$提成=(全年实际目标数-目标销量)\times 2\%$$

每半年考核一次，发放50%，余额年终发放。

（3）其他岗位

$$年终提成=(公司全年销量-全年目标)\times 岗位提成系数$$

岗位提成系数见表12-4。

表12-4 岗位提成系数

岗　位	岗位提成系数	备　注
企划部经理	5‰	公司销售
办公室主任	2‰	公司销售
采购部经理	2‰	公司销售
财务部经理	2‰	公司销售
服务部经理	2‰	公司销售
仓库主管	0.5‰	公司销售
门市经理	0.5‰	公司销售
一般员工	0.2‰	公司销售

（4）年销量低于实际目标时，扣除绩效工资奖，并降低全年相关的岗位工资加以处罚。

4. 雷区考核

（1）范围：包括奖罚规定，违反纪律制度，客户投诉，差错，不完成任务，不服从指挥等。

（2）扣分：按规定扣分累计。

5. 行为规范

（1）对照公司《公司服务标准》及有关行为规范，每月进行一次自查和主管评审，并开展讨论，自我检查。

（2）对严重偏离行为规范的员工公开批评，连续批评三次的员工视其业绩情况相应作出处分。

（3）对遵守公司行为规范的榜样员工，要公开表扬，并组织其他员工看齐学习。

6. 排名、晋升、淘汰

公司每半年或一年进行一次业绩排名，对业绩优秀的给予晋升，业绩中上的加以表扬鼓励，对业绩偏下的加以批评教育和辅导，业绩较差的给予降级或淘汰。

7. 职工持股分配

每年公司进行一次绩效考核，对优秀员工进行股权、收益权分配。

九、附件

1. 公司薪资福利标准，见表 12-5。

工资结构：工资 = 岗位工资 + 提成 + 津贴 + 雷区考核

表 12-5　公司薪资福利标准

职　务	岗位工资	月奖金基准	提　成	津　贴	雷区考核
公司经理	2 000 1 500 1 000	1 000			
经理助理 部门经理	1 800 1 300 800	800			
企划师及 特殊人才	1 500 1 200 800	800			
办事处主任 分部经理	1 200 1 000 800	800			
区域主管	1 000 800 600	600			
业务员 普通员工	800 700 600	400			

2. 公司各岗位绩效考核标准（见表 12-6、12-7）

表 12-6　公司服务部经理绩效考核标准

考核指标		权重	优	良	中	差	确认方法	备　注
绩效指标	内部满意度	0.3					满意部门/相关部门	每月调查一次
	外部满意度	0.5					满意经销商/一级经销商	每月调查一次
	提供信息量	0.2					由书面传递、相关部门验收	要求准确、及时、有价值

（续）

考核指标		权重	优 良 中 差	确认方法	备注
雷区指标	客户投诉	—	每次扣5～10分	客户对服务不满投诉	不合理投诉除外
	工作差错	—	每次扣5～10分	造成公司直接或间接损失的	严重另按规定处罚
	不完成任务	—	每次扣5～10分	不完成上级分配任务	严重另按规定处罚
参考指标	电话回访量	—	提供名单供抽查	每户按时间回访	
	收集客户意见	—	有书面报告	主管相关部门签收	
	行为规范	—	按服务标准自查	主管复核	

表12-7　公司仓库主管绩效考核标准

考核指标		权重	优	良	中	差	确认方法	备注
绩效指标	利用率	0.4					堆放量/最高可堆放量	
	仓损率	0.3					仓损量/进仓量	
	客户满意度	0.3					满意客户/经销商数	
雷区指标	客户投诉	—	每次扣5～10分				主管确认	
	工作差错	—	每次扣5～10分				主管确认	
	安全	—	有不安全因素存在每次扣5～10分				主管确认	
参考指标	规章制度	—	检查每次不合要求扣5～10分				主管确认	
	整洁卫生	—	有书面报告				主管确认	
	行为规范	—	按服务标准自查				主管复检	

案例分析：

绩效评价是通过科学的方法建立能够度量企业经营情况的评价指标体系，通过这个指标体系对企业的经营管理水平作出客观、公正和准确的判断，从而激发员工的积极性，提高企业的经济效益。

本案例针对某一物流公司的运作管理制定了绩效考核办法。考核的目的、内容、考核的程序及岗位考核标准明确，并规定了制订考核指标的一般原则，这些原则包括：上级对下级、客观性、执行检查、公正公开、申请仲裁、反馈改善。这些原则是客观的、科学的，按照这些原则制订的绩效指标有利于实现考核的目的——“提高员工积极性，从而提高企业的经济效益”。本案例中提出的岗位考核标准体现了不同岗位的职责要求，并且能够根据岗位职责要求确定考核的重点，以权重的方式表示出不同指标的重要程度，并将考核结果直接与员工的收入挂钩，整个考核办法体现了责、权、利的有机结合，因此，能够激发员工的工作积极性。它的不足之处有两点：①没有从系统的角度提出该公司的绩效考核指标体系；②缺少对该物流公司基本情况的说明，如公司的功能定位、核心业务、拓展业务等情况。

【本章小结】

物流中心绩效评价，是研究建立什么样的指标体系能够客观公正地评价物流中心运作管理的情况。这些评价指标不仅能为各级领导了解物流中心的运作情况提供数据资料，而且也能为物流中心之间进行横向对比，为运作绩效差的物流中心提供标杆数据资料。本章主要介绍了物流中心绩效评价的基本知识，绩效评价体系的构成，绩效评价工作的实施步骤。在此基础上较为详细地介绍了运输和仓储管理的绩效评价指标体系。最后一部分是案例评析，通过案例介绍，可以对绩效评价的内容了解得更为具体。

【复习思考题】

1. 物流中心绩效评价工作的作用是什么？
2. 简述物流中心绩效评价指标体系的构成。
3. 简述物流中心绩效评价工作的实施步骤。
4. 简述运输系统的绩效评价指标体系。
5. 简述仓储系统的绩效评价指标体系。
6. 通过调研了解某物流企业的经营情况，并针对该企业的经营管理设计合适的评价指标体系。

参考文献

[1] 李万秋. 物流中心运作与管理 [M]. 北京: 清华大学出版社, 2003.
[2] 李新华. 企业物流管理 [M]. 北京: 中国广播电视出版社, 2002.
[3] 黄福华. 现代物流运作管理精要 [M]. 广州: 广东旅游出版社, 2002.
[4] 胡怀邦, 郝渊晓, 刘全洲, 等. 现代物流管理学 [M]. 广州: 中山大学出版社, 2001.
[5] 丁立言, 张铎. 物流配送 [M]. 北京: 清华大学出版社, 2002.
[6] 宋华, 胡左浩. 现代物流与供应链管理 [M]. 北京: 经济管理出版社, 2000.
[7] 丁立言, 张铎. 物流系统工程 [M]. 北京: 清华大学出版社, 2000.
[8] 李军, 郭耀煌. 物流配送车辆优化调度理论与方法 [M]. 北京: 中国物资出版社, 2001.
[9] 丁立言, 张铎. 物流企业管理 [M]. 北京: 清华大学出版社, 2000.
[10] 孟祥茹, 吕延昌, 孙学琴. 现代物流管理 [M]. 北京: 人民交通出版社, 2002.
[11] 崔介何. 物流学概论 [M]. 北京: 中国计划出版社, 1997.
[12] 李雅芬, 郑磊. 物流客户服务业务管理模板与岗位操作流程 [M]. 北京: 中国经济出版社, 2005.
[13] 现代物流管理课题组. 物流客户管理 [M]. 广州: 广东经济出版社, 2002.
[14] 上海现代物流教材编写委员会. 现代物流管理教程 [M]. 上海: 上海三联书店, 2003.
[15] 上海现代物流人才培训中心. 现代物流管理案例、习题与实践 [M]. 上海: 上海人民出版社, 2002.
[16] 宋云, 陈超. 企业战略管理 [M]. 2 版. 北京: 首都经济贸易大学出版社, 2003.
[17] 许胜余. 物流配送中心管理 [M]. 成都: 四川人民出版社, 2002.
[18] 冯侠圣. 绩效系统的原理、应用、案例 [M]. 广州: 南方日报出版社, 2003.
[19] 施建年. 物流配送 [M]. 北京: 人民交通出版社, 2003.
[20] 王成. 现代物流管理实务与案例 [M]. 北京: 企业管理出版社, 2001.
[21] 王槐林. 采购管理与库存控制 [M]. 北京: 中国物资出版社, 2002.
[22] 吴清一. 物流基础 [M]. 北京: 清华大学出版社, 2000.
[23] 于肇波. 商品储运 [M]. 北京: 中国物资出版社, 2002.
[24] 崔介何. 电子商务与物流 [M]. 北京: 中国物资出版社, 2002.
[25] 陈梅君. 物资仓储管理 [M]. 北京: 中国物资出版社, 1992.
[26] 宋远方. 供应链管理 [M]. 北京: 中国经济科学出版社, 2000.
[27] 沈小静, 等. 采购管理 [M]. 北京: 中国物资出版社, 2003.
[28] 俞仲文, 陈代芬. 物流配送技术与实务 [M]. 北京: 人民交通出版社, 2002.
[29] 窦志铭. 物流商品养护技术 [M]. 北京: 人民交通出版社, 2002.

[30] 邓世祯．高效库存管理技法［M］．广州：广东经济出版社，2002.
[31] 王明智．物流管理案例与实训［M］．北京：机械工业出版社，2003.
[32] 陈梅君．物流学［M］．北京：中国物资出版社，1991.
[33] 郭世华．物流经理实务手册［M］．北京：机械工业出版社，2002.
[34] 王之泰．现代物流管理［M］．北京：中国工人出版社，2001.
[35] 罗纳德 H 巴罗．企业物流管理——供应链的规划、组织和控制［M］．王晓东，胡瑞娟，等译．北京：机械工业出版社，2002.
[36] 上海现代物流人才培训中心．现代物流管理［M］．上海：上海人民出版社，2002.
[37] Kent N Gourdin．全球物流管理——新千年的竞争优势［M］．北京：人民邮电出版社，2002.
[38] 李长江．物流中心设计与运作［M］．北京：中国物资出版社，2002.
[39] 赵刚．物流信息系统［M］．成都：四川人民出版社，2002.
[40] 俞仲文，陈代芬．物流配送技术与实务［M］．北京：人民交通出版社，2001.
[41] 董千里．供应链管理［M］．北京：人民交通出版社，2002.